辉 煌 历 程

庆祝新中国成立60周年重点书系

数字中国60年

金勇进　主　编

蒋妍　杜子芳　李静萍　王星　副主编

人民出版社

在新的历史起点上再创辉煌

——《辉煌历程——庆祝新中国成立 60 周年重点书系》总序

柳斌杰

1949 年 10 月 1 日，中华人民共和国诞生了！中国人民从此站起来了，中华民族以崭新的姿态自立于世界民族之林！新中国成立以来的 60 年，是中国社会发生翻天覆地变化的 60 年，是中国共产党带领全国各族人民同心同德、奋勇向前、不断从胜利走向胜利的 60 年，是中华民族自强不息、顽强奋进、从贫穷落后走向繁荣富强的 60 年，是举国上下自力更生、艰苦奋斗，开创社会主义大业的 60 年。60 年峥嵘岁月，60 年沧桑巨变。当我们回顾 60 年奋斗业绩时，感到格外自豪：一个充满生机和活力的社会主义新中国正巍然屹立于世界的东方。

在新中国成立 60 周年之际，系统回顾和记录 60 年的辉煌历史，总结和升华 60 年的宝贵经验，对于我们进一步深刻领会和科学把握社会主义制度的优越性、党的领导的重要性，进一步增强民族自豪感，大力唱响共产党好、社会主义好、改革开放好、伟大祖国好、各族人民好的时代主旋律，高举中国特色社会主义伟大旗帜，坚定走中国特色社会主义道路的决心和信心，在新的历史起点继续坚持改革开放，深入推动科学发展，夺取全面建设小康社会新胜利、开创中国特色社会主义事业新局面，都有十分重要的意义。

一

中国走社会主义道路，是历史的选择，人民的选择，时代的选择。在相当长的历史时期内，中国是世界上一个强大的封建帝国。1840年鸦片战争以后，由于帝国主义列强的侵入，中国由一个独立的封建国家变为半殖民地半封建的国家，中华民族沦落到苦难深重和任人宰割的境地。此时的中华民族面对着两大历史任务：一个是争取民族独立和人民解放，一个是实现国家繁荣富强和人民富裕；需要解决两大矛盾：一个是帝国主义和中华民族的矛盾，一个是封建主义和人民大众的矛盾。近代中国社会的主要矛盾和我们民族面对的历史任务，决定了近代中国必须进行反帝反封建的彻底的民主主义革命，只有这样才能赢得民族独立和人民解放，也才能开启国家富强和人民富裕之路。历史告诉我们，一方面，旧式的农民战争，封建统治阶级的"自强""求富"，不触动封建根基的维新变法，民族资产阶级领导的民主革命，以及照搬西方资本主义的其他种种方案，都不能完成救亡图存挽救民族危亡和反帝反封建的历史任务，都不能改变中国人民的悲惨命运，中国人民依然生活在贫穷、落后、分裂、动荡、混乱的苦难深渊中；另一方面，"帝国主义列强侵入中国的目的，决不是要把封建的中国变成资本主义的中国"，而是要把中国变成他们的殖民地。因此，中国必须选择一条适合中国国情的道路。"十月革命一声炮响，给我们送来了马克思列宁主义。十月革命帮助了全世界的也帮助了中国的先进分子，用无产阶级的宇宙观作为观察国家命运的工具，重新考虑自己的问题。走俄国人的路——这就是结论。"中国的工人阶级及其先锋队——中国共产党登上历史舞台后，中国革命的面貌才焕然一新。在新民主主义革命中，以毛泽东同志为代表的中国共产党人带领全党全国人民，经过长期奋斗，创造性地开辟了一条农村包围城市、武装夺取政权的革命道路，实现了马克思主义与中国实际相结合的第一次历史性飞跃，最终建立了伟大的中华人民共和国。从此，中国历史开始了新的纪元！

新中国成立初期，西方国家采取经济封锁、政治孤立、军事包围等手段打压中国，妄图把新中国扼杀在摇篮中。以毛泽东同志为核心的党的第一代中央领导集体，领导全国各族人民紧紧抓住恢复和发展生产这一中心环节，在继续完成民主革命遗留任务的同时，有步骤地实现从新民主主义到社会主义的转变，迅速恢复了在旧中国遭到严重破坏的国民经济并开展了有计划的经济建设。从1953年到1956年，中国共产党领导全国各族人民有计划有步骤地完成了对农业、手工业和资本主义工商业的社会主义改造，实现了中国社会由新民主主义到社会主义的过渡和转变，在中国建立了社会主义基本制度。邓小平同志在《坚持四项基本原则》一文中，对中国为什么必须走社会主义道路作了明确的说明："只有社会主义才能救中国，这是中国人民从五四运动到现在六十年来的切身体验中得出的不可动摇的历史结论。中国离开社会主义就必然退回到半封建半殖民地。中国绝大多数人决不允许历史倒退。"

但是，探索社会主义道路是一个艰辛的过程。社会主义制度是人类历史上一种崭新的社会制度，代表着人类历史前进的方向。建设社会主义是前无古人的崭新事业，没有任何现成的经验可资借鉴，只能在实践中不断探索适合中国国情的社会主义发展道路。毛泽东同志很早就指出："我们对于社会主义时期的革命和建设，还有一个很大的盲目性，还有一个很大的未被认识的必然王国。"正是由于中国共产党人有这种认识，所以这种探索贯穿在社会主义建设的全过程。

在新中国成立之初，以毛泽东同志为主要代表的中国共产党人在深刻分析当时国内外形势和中国国情的基础上，开始了从"走俄国人的路"到"走自己的道路"的历史性探索。这表明中国共产党力图在中国自己的建设社会主义道路中打开一个新的局面，反映了曾长期遭受帝国主义列强欺凌的中国人民站立起来之后求强求富的强烈渴望。探索者的道路从来不是平坦的。到了50年代后期，党的指导思想开始出现"左"的偏差。特别是60年代中期，由于对国际和国内形势判断严重失误，"左"倾错误发展到极端，造成了延续十年之久的"文化大革命"。"文化大革命"的十年内乱，给我们党和国家带来了极其严重的创伤，国民经济濒临崩溃的边缘，人民生活十分困难。1976年我们党依靠自身的力量，粉碎了"四人帮"，结束了十年内乱，从危难中挽救了党，挽救了革命，使社会主义中国进入了新的历史发展时期。在邓小平同志领导下和其他老一辈革命家支持下，党的十一届三中全会开始全面纠正"文化大革命"及其以前的"左"倾错误，冲破个人崇拜和"两个凡是"的束缚，重新确立了解放思想、实事求是的思想路线，果断停止了"以阶级斗争为纲"的错误方针，把党和国家的工作中心转移到经济建设上来，做出了实行改革开放的历史性决策。改革开放是党在新的时代条件下带领人民进行的新的伟大革命。从此以后，社会主义中国的历史掀开了新的一页。经济改革从农村到城市、从国有企业到其他各个行业势不可挡地展开，对外开放的大门从沿海到沿江沿边、从东部到中西部毅然决然地打开了，社会主义中国又重新焕发出了蓬勃的生机和活力。以党的十一届三中全会为标志进行了30多年的改革开放，巩固和完善了社会主义制度，为当代中国探索出了一条真正实现国家繁荣富强、人民共同富裕的正确道路。

二

新民主主义革命的胜利，社会主义基本制度的建立，实现了中国几千年来最伟大最广泛最深刻的社会变革，创造和奠定了新中国一切进步和发展的基础。中国是有着五千年历史的文明古国，但人民当家作主人，真正结束被压迫、被统治的命运，成为国家、社会和自己命运的主人，只是在中华人民共和国成立后才成为现实。在中国共产党的领导下，中国人民推翻了"三座大山"，夺取了新民主主义革命的胜利，真正实现了民族独立和人民解放；彻底结束了旧中国一盘散沙的局面，实现了国家的高度统一和各民族的空前团结；创造性地实现了从新民主主义到社会主义的转变，全面确立了社会主义的基本制度，使占世界人口四分之一的东方大国迈入了社会主义社会；

建立了人民民主专政的国家政权，中国人民掌握了自己的命运，中国实现了从延续几千年的封建专制政治向人民民主政治的伟大跨越；建立了独立的、比较完整的国民经济体系，经济实力、综合国力显著增强，国际地位大幅度提高。社会主义给中国带来了翻天覆地的变化。

那么，面对与时俱进的世界，中国的社会主义建设如何在坚持中发展呢？这就要进行新的探索，新的实践。胡锦涛同志在党的十七大报告中强调，"我们党正在带领全国各族人民进行的改革开放和社会主义现代化建设，是新中国成立以后我国社会主义建设伟大事业的继承和发展，是近代以来中国人民争取民族独立、实现国家富强伟大事业的继承和发展"。正是在改革开放的伟大实践中，中国共产党人开辟了中国特色社会主义道路。这是一条能够使民族振兴、国家富强、人民幸福、社会和谐的康庄大道，是当代中国发展进步和实现中华民族伟大复兴的唯一正确的道路。在当代中国，坚持中国特色社会主义道路，就是真正坚持社会主义。

"中国特色社会主义道路，就是在中国共产党的领导下，立足基本国情，以经济建设为中心，坚持四项基本原则；坚持改革开放，解放和发展社会生产力，巩固和完善社会主义制度，建设社会主义市场经济、社会主义民主政治、社会主义先进文化、社会主义和谐社会，建设富强民主文明和谐的社会主义现代化国家。"改革开放是中国的第二次革命，给我国带来了历史性的三大变化：一是中国人民的面貌发生了巨大变化，许多曾经长期窒息人们思想的旧的观念、陈腐的教条受到了巨大冲击，人们的思想得到了前所未有的大解放，解放思想、实事求是、与时俱进、开拓创新开始成为人们精神状态的主流。二是中国社会面貌发生了巨大变化，社会主义中国实现了从"以阶级斗争为纲"到以经济建设为中心、从封闭半封闭到改革开放、从高度集中的计划经济体制到充满活力的社会主义市场经济体制的伟大转折。我国获得了自近代以来从未有过的长期快速稳定发展，社会生产力大解放，社会财富快速增长，人民的生活水平实现了从温饱不足到总体小康的历史性跨越。满目疮痍、饱受欺凌、贫穷落后的中国已经变成政治稳定、经济发展、文化繁荣、社会和谐的社会主义中国。三是中国共产党的面貌发生了巨大变化，中国共产党重新确立了马克思主义的思想路线、政治路线和组织路线，在开辟中国特色社会主义伟大道路的过程中，在领导中国特色社会主义现代化进程中，始终把保持和发展党的先进性、提高党的执政能力、转变党的执政方式、巩固党的执政基础作为党的建设的重点，实现了从革命党向执政党的彻底转变，成为始终走在时代前列的中国特色社会主义事业的坚强领导核心。

新中国成立60年来，特别是改革开放30多年来的伟大成就生动展现了我们党和国家的伟大力量，展现了13亿中国人民的力量，展现了中国特色社会主义事业的伟大力量。"中国特色社会主义道路之所以完全正确、之所以能够引领中国发展进步，关键在于我们既坚持了科学社会主义的基本原则，又根据我国实际和时代特征赋予其鲜明的中国特色。"胡锦涛同志在纪念党的十一届三中全会召开30周年大会上的重要讲话中强调："我们要始终坚持党的基本路线不动摇，做到思想上坚信不疑、行动上坚定不移，决不走封闭僵化的老路，也决不走改旗易帜的邪路，而是坚定不移地走中国特色社会主义道路。"

坚定不移地走中国特色社会主义道路，就必须牢牢把握和坚持中国共产党的领导这个根本，这也是我们走上成功之路的实践经验。中国共产党是中国工人阶级的先锋队，同时是中国人民和中华民族的先锋队，是中国特色社会主义事业的领导核心。自诞生之日起，中国共产党就自觉肩负起中华民族伟大复兴的庄严使命，带领中国人民经过艰苦卓绝的奋斗，取得了革命、建设和改革的一个又一个重大胜利。中国特色社会主义道路是中国共产党领导全国各族人民长期探索、不懈奋斗开拓的道路，党的领导是坚持走这条道路的根本政治保证和客观的内在要求。没有共产党，就没有新中国，就没有中国的繁荣富强和全国各族人民的幸福生活。

坚定不移地走中国特色社会主义道路，就必须牢牢把握和坚持解放思想、实事求是的思想路线，充分认识我国处于并将长期处于社会主义初级阶段的基本国情，深刻认识社会主义事业的长期性、艰巨性和复杂性。过去的一切失误，在很大程度上就是因为没有正确地认识中国的国情，离开或偏离了发展的实际。我们要牢记教训，一切从实际出发，一切要求真务实。

坚定不移地走中国特色社会主义道路，就必须牢牢把握和坚持"一个中心，两个基本点"的基本路线。以经济建设为中心是兴国之要，是我们党和国家兴旺发达和长治久安的根本要求。四项基本原则是立国之本，是我们国家生存发展的政治基石。改革开放是决定当代中国命运的关键抉择，是发展中国特色社会主义、实现中华民族伟大复兴的必由之路。我们必须坚持改革开放不动摇，决不能走回头路。

中国特色社会主义事业是一项前无古人的创造性事业，是一项极其伟大、光荣而艰巨的事业。我们必须清醒地认识到，"我们的事业是面向未来的事业"，"实现全面建设小康社会的目标还需要继续奋斗十几年，基本实现现代化还需要继续奋斗几十年，巩固和发展社会主义制度则需要几代人、十几代人甚至几十代人坚持不懈地努力奋斗"。在新的国际国内形势和新的历史起点上，只要我们不动摇、不懈怠、不折腾，坚定不移地坚持中国特色社会主义道路，坚定不移地坚持党的基本理论、基本路线、基本纲领、基本经验，勇于变革、勇于创新，永不僵化、永不停滞，不为任何风险所惧，不被任何干扰所惑，就一定能凝聚力量，战胜一切艰难险阻，不断开创中国特色社会主义事业新局面。

三

把马克思主义基本原理同中国实际相结合，坚持科学理论的指导，坚定不移地走自己的路，这是马克思主义的本质要求，是中国共产党人在深刻把握马克思主义理论品质、清醒认识中国国情的基础上得出来的科学结论。毛泽东同志指出："认清中国社会的性质，就是说，认清中国的国情，乃是认清一切革命问题的基本的根据。"邓小平同志指出："马克思列宁主义的普遍真理与本国的具体实际相结合，这句话本身就是普遍真理。它包含两个方面，一方面叫普遍真理，另一方面叫结合本国实际。我们历来认为丢开任何一面都不行。"中国共产党之所以成功地领导了革命、建设和改革，就是因为以科学态度对待马克思主义，正确地贯彻马克思主义基本原理与中国具体实际相结合的原则，推动马克思主义中国化，并不断丰富和发展了马克思主义。

以毛泽东为主要代表的中国共产党人，创造性地运用马克思主义的基本原理，认真总结中国革命胜利和失败的经验教训，重新认识中国国情，探讨中国革命的规律性，把马克思主义与中国革命的具体实践结合起来，提出了新民主主义理论，阐明了中国革命的一系列重大问题，实现了马克思主义和中国实际相结合的第一次历史性飞跃，产生了毛泽东思想这一马克思主义中国化的重要理论成果，引导中国革命不断走向胜利，完成了民族独立和人民解放的历史任务，创建了新中国，建立了社会主义制度。新中国成立初期，我们党在把马克思主义和中国实际相结合方面做得比较好，因而社会主义革命和建设都比较顺利，很快建立起了比较完备的社会主义工业体系和国民经济体系，显示了社会主义制度的优越性。

党的十一届三中全会之后的30多年，我们党紧紧围绕中国特色社会主义这个主题，在新的历史条件下继续推进马克思主义中国化，形成和发展了包括邓小平理论、"三个代表"重要思想以及科学发展观等重大战略思想在内的中国特色社会主义理论体系。以邓小平同志为主要代表的中国共产党人，开创了改革开放的伟大事业，并在总结当代社会主义正反两方面经验的基础上，在我国改革开放的崭新实践中，围绕着"什么是社会主义、怎样建设社会主义"这个基本问题，把马克思主义基本原理和中国社会主义现代化建设的实际相结合，系统地初步回答了在中国这样的经济文化比较落后的国家如何建设社会主义、如何巩固和发展社会主义的一系列基本问题，创立了邓小平理论，实现了马克思主义和中国实际相结合的又一次飞跃，奠定了中国特色社会主义理论体系的基础。党的十三届四中全会以后，以江泽民同志为主要代表的中国共产党人，在新的历史发展时期，把马克思主义的基本原理与当代中国实际和时代特征进一步结合起来，在建设中国特色社会主义新的实践中，进一步回答了什么是社会主义、怎样建设社会主义的问题，创造性地回答了在长期执政的历史条件下建设什么样的党、怎样建设党的问题，形成了"三个代表"重要思想，进一步丰富和发展了中国特色社会主义理论体系。党的十六大以来，以胡锦涛同志为总书记的党中央，站在历史和时代的高度，继续把马克思主义基本原理与当代中国实际相结合，在推进中国特色社会主义的实践中，全面系统地继承和发展了马克思列宁主义、毛泽东思想、邓小平理论、"三个代表"重要思想关于发展的重要思想，依据我国仍处于并将长期处于社会主义初级阶段而又进到新的发展阶段这个现实，进一步回答了新世纪新阶段我国需要什么样的发展和怎样发展的重大问题，形成了科学发展观等重大战略思想，赋予中国特色社会主义理论体系以新的丰富内容。

胡锦涛同志在党的十七大报告中强调："改革开放以来我们取得一切成绩和进步的根本原因，归结起来就是：开辟了中国特色社会主义道路，形成了中国特色社会主义理论体系。高举中国特色社会主义伟大旗帜，最根本的就是要坚持这条道路和这个理论体系。"中国特色社会主义理论体系坚持和发展了马克思列宁主义、毛泽东思想，凝结了几代中国共产党人带领人民不懈探索实践的智慧和心血，是马克思主义中国化的最新成果，是党最可宝贵的政治和精神财富，是全国各族人民团结奋斗的共同思想基础。在当代中国，坚持中国特色社会主义理论体系，就是真正坚持马克思主义。只有坚持中国特色社会主义理论体系不动摇，才能坚持中国特色社会主义道路不动摇，才能真正做到高举中国特色社会主义伟大旗帜不动摇。

四

站在时代的高峰上回望我国波澜壮阔的奋斗之路，我们感慨万千。正如胡锦涛同志所指出的，"没有以毛泽东同志为核心的党的第一代中央领导集体团结带领全党全国各族人民浴血奋斗，就没有新中国，就没有中国社会主义制度。没有以邓小平同志为核心的党的第二代中央领导集体团结带领全党全国各族人民改革创新，就没有改革开放历史新时期，就没有中国特色社会主义"。"以江泽民同志为核心的党的第三代中央领导集体"，"团结带领全党全国各族人民高举邓小平理论伟大旗帜，继承和发展了改革开放伟大事业，把这一伟大事业成功推向21世纪"。我们"要永远铭记党的三代中央领导集体的伟大历史功绩"。

新中国60年的辉煌历程充分证明，没有共产党就没有新中国，没有中国共产党的领导就没有国家的繁荣富强和全国各族人民的幸福生活，也就不会有社会主义现代化的中国。新中国60年的伟大成就充分证明，只有社会主义才能救中国，只有中国特色社会主义才能发展中国，只有走中国特色社会主义道路才能建设富强、民主、文明、和谐的社会主义现代化国家。新中国60年的宝贵经验充分证明，只要始终坚持马克思主义基本原理同中国具体实际相结合，在科学理论的指导下，不断丰富和发展中国特色社会主义理论体系，就能坚定不移地走自己的路。新中国60年特别是改革开放30多年的伟大实践昭示我们，中国的崛起是历史的必然，只要我们高举"一面旗帜"，坚持"一条道路"，在新的历史起点继续推进改革开放的伟大事业，不断开创中国特色社会主义事业新局面，当代中国、整个中华民族，就一定能走向繁荣富强和共同富裕的康庄大道。

庆祝新中国成立60周年，是今年党和国家政治生活中的一件大事。新中国60年的辉煌历程、伟大成就和宝贵经验，蕴含着丰富的教育资源，是进行爱国主义教育的生动教材。深入挖掘、整理、创作、出版有关纪念新中国成立60年的作品，是出版界义不容辞的责任和光荣使命。为隆重庆祝新中国成立60周年，中共中央宣传部、新闻出版总署组织出版了《辉煌历程——庆祝新中国成立60周年重点书系》，目的在于充分展示新中国成立60年来翻天覆地的变化，充分展示中国共产党领导全国各族人民在革命、建设、改革中取得的伟大成就，深刻总结新中国60年的宝贵经验，努力探索人类社会发展规律、社会主义建设规律、中国共产党的执政规律；宣传中国特色社会主义，宣传中国特色社会主义理论体系，进一步坚定走中国特色社会主义道路的决心和信心；大力唱响共产党好、社会主义好、改革开放好、伟大祖国好、各族人民好的时代主旋律，不断巩固全党全国各族人民团结奋斗的共同思想基础；为在新形势下继续解放思想、坚持改革开放、推动科学发展、促进社会和谐营造良好氛围，激励和鼓舞全党全国各族人民更加紧密地团结在以胡锦涛同志为总书记的党中央周围，高举中国特色社会主义伟大旗帜，为开创中国特色社会主义事业新局面、夺取全面建设小康社会新胜利、谱写人民美好生活新篇章而努力奋斗。

该书系客观记录了新中国60年波澜壮阔的伟大实践，全面展示了新中国60年来社会主义中国、中国人民和中国共产党的面貌所发生的深刻变化，深刻总结了马克思主义中国化的宝贵经验，生动宣传了新中国60年来我国各方面所取得的伟大成就及社会主义中国对人类社会发展进步所做出的伟大贡献。该书系所记录的新中国60年的奋斗业绩和伟大实践，所载入的以爱国主义为核心的民族精神和以改革创新为核心的时代精神，都将永远激励我们沿着中国特色社会主义道路奋勇前进。

目　录

前　言

今年是一个特殊的年份，60年轮回，新中国迎来了自己60岁的生日。在传统的中国文化中，60是一个轮回。尽管历经波折，共和国的这一个轮回也算是完满的。60年，光辉岁月弹指一挥间，60年，中华大地沧桑巨变。从毛泽东宣布"中国人民站起来了"到今天的60年，从邓小平改革开放到现在的30载，中国经历了动荡与繁荣。中国30年的改革开放，走完了西方资本主义国家上百年的历程，取得的伟大成就来之不易。在庆祝新中国成立60周年之际，中国面临着来自经济、社会、环境等诸多方面的挑战，同时也见证着一个冉冉升起的负责任大国的历史使命。

时值祖国60岁华诞，每一个人都想通过一定的方式来表达自己心中对于祖国60年成长岁月的感慨，人们应该记下历史的点点滴滴，以便于了解一个完整的历史。本书的主题，则是希望把我们的心情和感悟，赋之于无声的数字之中，使之变得生动活泼，从而揭示出冰冷数字背后鲜活的事实。数字于我们，并不陌生，现代技术最重要的贡献，便是对于数字的记录，于是，历史在某种意义上变得不再神秘，那一串一串数字的轨迹，清晰地刻画出时代的痕迹。然而同样是数据，不同的人亦有不同的视角和感悟，历史也在这样不同的仰望中，变得生动多彩。

一位哲人曾经说过：读史使人明智。60年的轮回，60年的转折。纵观中国历史上各朝各代的开国60年，中国数千年的历史所呈现的轨迹值得细细品味和感叹。开国 60 年，于一个国家、一个民族，都是极其重要的。在共和国 60 年诞辰的历史节点上，蓦然回首，我们究竟该记忆些什么，梳理起来并非易事。本书的宗旨是想要努力呈现出过去的这 60 年里我们身边的各个方面，既有那些波澜壮阔的领域，又有那些与百姓生活息息相关的生活片断，努力从一个全面的视野，挖掘出数字的轨迹，回顾和总结这 60 年里发生的重大的或者细微的改变。在写作瞬间，我们突然感到，那些熟悉的数字竟然没有了以往的枯燥冰冷，而是变得温暖亲和，在数字背后，呈现的是一个气宇轩昂、波澜壮阔，一个充满朝气、积极乐观、不断成长的共和国，我们希望用冰冷的数字还原生动的 60 年！

60 年间的种种变化让我们感慨万千，我国解决了 13 亿人口的温饱问题，基本上实现了小康水平，用 30 年的时间把贫困人口从 2.5 亿减少到 2000 多万。一国两制的成功，三峡工程建设的壮观，神舟载人飞船升天的壮举，西部开发的激情，抗震救灾的英雄凯歌，奥运会的圆满成功……有太多的成就让我们自豪并感动。诚然，60 年的岁月中，总有一些让人遗憾的地方，我们无法逃避，只有正视历史，才能以史为鉴。短短 60 年，尚带着体温的历史，该如何解读，每一个人心中都有自己的想法，或许我们都该保持着一颗好奇的心，从对历史的仰望中，汲取应对未来的智慧和营养。

本书是由中国人民大学统计学院的几位老师和近二十位同学共同合作完成的。在本书写作过程中，得到了中国人民大学农业与农村发展学院庞晓鹏副教授、财政金融学院涂永红教授、统计学院王晓军教授以及首都体育学院董杰副教授所提供的诸多专业指点和宝贵建议，人民出版社的洪琼博士为本书的策划和编辑付出了辛苦的劳动，在本书完成之际，向所有上述人员表示深深的谢意。同时感谢人民出版社的相关人员，没有他们的努力，本书不可能以这么快的速度出版。

可以把本书看做是我们所有参与人员向伟大祖国 60 年华诞献上的

生日礼物！

金勇进

2009 年 7 月

增长的奇迹

在世界经济史中，中国一直是一个非同寻常的国家。有研究表明，自汉朝以来，直至19世纪90年代，在两千年的历史长河中，中国的经济规模一直独冠全球。然而，自鸦片战争以来，中国长期处于内忧外患的状态，经济迅速走向衰落。直至1949年新中国成立，中国才再次把握住了民族复兴的希望。

1952年，作为一个满目疮痍、百废待兴的落后国家，中国的国内生产总值仅为679亿元，人均国内生产总值仅为119元。虽然按照一些学者的研究，中国的经济规模此时仍处于世界第三的位置，但是试问有几人认可中国是经济强国的说法呢？

2008年，经历了60年的风风雨雨、起起伏伏之后，中国的国内生产总值位列世界第二，达到300670亿元，人均国内生产总值超过22698元①。虽然世界各国正面临金融危机的猛烈冲击，但是此时的中国经济已成为世界经济稳定和恢复发展的信心所在。

现在，让我们自豪地回望这60年来中国经济增长的壮美画卷……

---

① 2008年国内生产总值数据来自国家统计局：《中华人民共和国2008年国民经济和社会发展统计公报》，2009年2月26日；人均国内生产总值数据根据国内生产总值和公报提供的人口数据计算。

一、中国速度：创造经济增长的奇迹

新中国成立以来，以1978年为分水岭，中国的经济增长经历了两个不同的发展阶段（见图1至图3）。

（单位：亿元）　　　（单位：亿元）

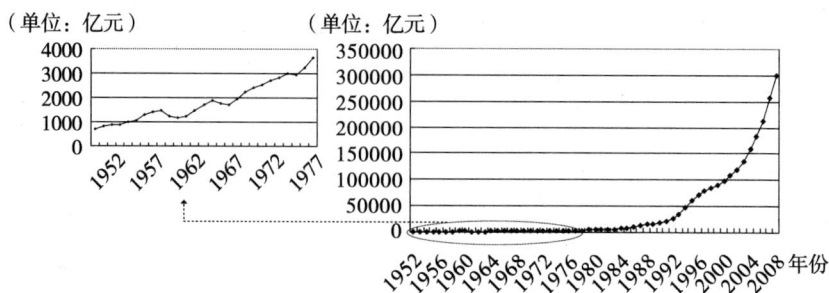

图1　1952—2008年中国国内生产总值

（资料来源：国家统计局编：历年《中国统计年鉴》，中国统计出版社出版；其中2008年数据来自国家统计局：《中华人民共和国2008年国民经济和社会发展统计公报》，2009年2月26日）

（一）第一个30年：计划经济时代的奠基

新中国成立后的第一个30年，是中国经济跌宕起伏的30年。在此期间，中国确立了计划经济体制，虽然经历了大跃进和"文革"等诸多磨难，但是凭借计划经济体制的优越性，集中了人力物力，迅速建立了一个独立而强大的现代工业化体系，陆续建成投产了一大批重点工程。当然，在某些特定的历史时期，中国的经济发展也曾走过弯路，经历过较为严重的困难和问题。新中国第一个30年的发展轨迹见表1。

（单位：%）

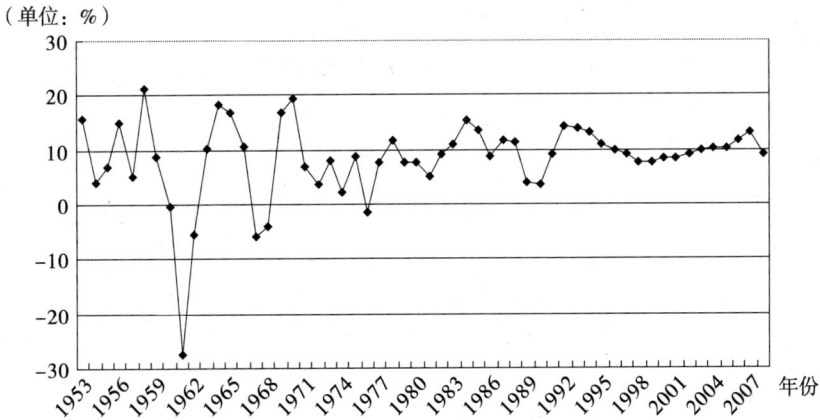

图2　1952—2008年中国国内生产总值的增长速度

（资料来源：国家统计局编：历年《中国统计年鉴》，中国统计出版社出版；其中
2008年数据来自国家统计局：《中华人民共和国2008年国民经济和社会发展统计公
报》，2009年2月26日）

（单位：%）

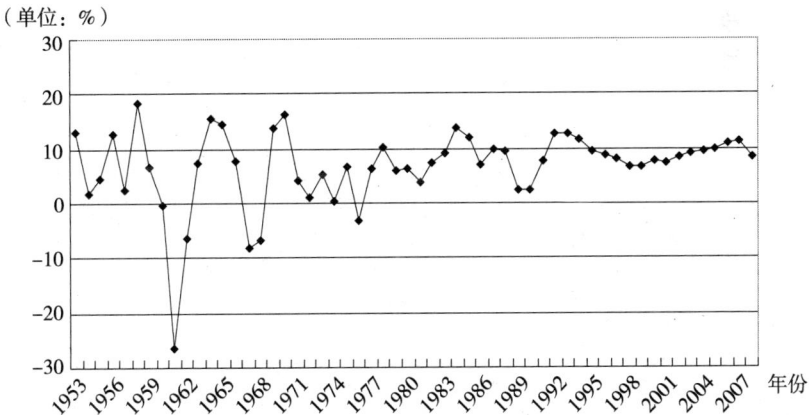

图3　1952—2008年中国人均国内生产总值的增长速度

（资料来源：国家统计局编：历年《中国统计年鉴》，中国统计出版社出版；其中
2008年数据来自国家统计局：《中华人民共和国2008年国民经济和社会发展统计公
报》，2009年2月26日）

表1　1949—1978年间中国经济的发展轨迹

时期	主要成就和问题
"一五"计划（1953—1957年）	1. 全国实际完成基本建设投资总额588亿元。 （1）施工限额以上的工矿建设项目921个，到1957年年底全部投入生产428个，部分投入生产109个。 （2）新增固定资产492亿元，相当于1952年全国拥有固定资产原值的1.9倍。 2. 1957年全国工业总产值达到783.9亿元，比1952年增长128.3%，平均每年增长18%。 （1）重工业生产在工业总值中的比重，由1952年的35.5%提高到45%。 （2）一大批旧中国没有的基础工业部门如钢铁、汽车、飞机、拖拉机、新式机床、重型机器、发电设备等开始建立起来。 3. 人民生活水平也逐步有所提高，全国居民平均消费水平年达到102元，比1952年的76元提高1/3强，其中职工平均消费水平由148元提高到205元，提高38.5%，农民由62元提高到79元，提高27.4%。
"二五"计划（1958—1962年）	1. 大跃进时期制定了过高指标，由于它完全违反了客观经济的发展规律，因而不仅没有达到预期的目的，反而使国民经济比例严重失调，造成了严重的后果。据统计，到1958年年底，我国共生产钢1108万吨，其中合格的钢只有800万吨。这一年公布的工业总产值比上年猛增54.8%，后来核实只有2.4%。 2. "大跃进"和三年自然灾害给人民生活造成了巨大的困难。1957—1962年，全国人均主要生活资料的年消费量大幅度下降，粮食由406斤减至329斤，食用植物油由4.8斤减至2.2斤，猪肉由10.2斤减至4.4斤，棉布由19.5尺减至10.6尺。
"三五"计划（1966—1970年）	1. 1966年5月，"文革"爆发，扰乱生产秩序，造成社会动荡，严重干扰了"三五"计划的实施。但是"三五"计划期间，中国经济发展仍然取得了一定的成就： （1）在"三五"计划实施期间，农业生产基本上是正常的，除1968年受灾较严重外，其他年份都是增产的，1970年产粮4750亿斤，达历史最高水平。 （2）工业生产在后两年也有较大的增长，1970年的原煤、发电、成品钢材的产量都达历史最高水平，特别是原油产量突破3000万吨，比1965年增长1.7倍。 （3）财政收入四年有结余，五年合计结余10.5亿元。 2. "三五"计划安排的三线建设和其他重点建设项目取得了重大成果。主要有我国第一颗氢弹爆炸成功，第一颗人造地球卫星上天，胜利油田全部建成投产，东风号万吨级远洋轮建成投入使用，南京长江大桥建成和成昆铁路胜利通车，北京东方红炼油厂提前竣工，长江葛洲坝水利枢纽工程正式上马，第二汽车制造厂建成，等等。

续表

时期	主要成就和问题
"四五"计划（1971—1975年）	1. 1971—1973年"四五"计划前期，在1969—1970年经济恢复、回升的基础上，国民经济出现了连续的增长。1973年经济建设取得巨大成就，当年计划的主要指标均完成或超额完成。工农业总产值比上年增长9.2%，其中农业总产值增长8.2%，工业总产值增长9.5%。工农业主要产品产量都有大幅度提高，粮、棉产量创历史最高水平，成为"文革"以来国民经济形势最好的一年。 2. 然而，1974年年初经毛泽东批准在全国开展的"批林批孔"运动，使国民经济急剧跌落。 3. 为了改变经济下滑的局面，1974年10月4日，毛泽东提议邓小平任国务院第一副总理。邓小平首先从当时影响整个经济运转和发展的关键铁路交通堵塞入手治理，继之狠抓工业生产的整顿，重点是钢铁工业的整顿。此外，邓小平还领导了对农业、科技教育、财政金融和军队、国防工业的整顿。使全面整顿在很短的时间内取得了显著的效果，国民经济止跌回升。到1975年，工农业总产值比上年增长11.9%，其中工业增长15.1%，农业增长4.6%。工农业主要产品产量均比上年普遍有所提高。 4. 1975年11月初，毛泽东作出了"批邓、反击右倾翻案风"的决策，"四人帮"大肆攻击邓小平，整顿工作被迫中止。全国的经济秩序又被打乱，生产逐渐停顿、下降，使国民经济的发展再次受挫，开始落入低谷。
1976—1978年	1. 1976年10月，"文革"结束之后，中国的经济社会发展进入了一个转折点，其时全国从上到下都充满着大干快赶的澎湃激情和浓厚情绪，1977年和1978年，中国经济保持了较高的增长速度。 （1）1977年，全国工业总产值3728亿元，比上年增长14.3%。80种主要产品中，完成和超额完成产量计划的有65种，超过历史最高水平的有52种。 （2）1978年，粮食产量达到6095亿斤，比上年增加440亿斤。棉花产量4334万担，比上年增加236万担。工业总产值比上年增长13.5%。80种主要工业产品中，有70多种产品的产量比上年增加，其中2/3以上的产品比上年增长15%以上。国内市场供应有所改善，对外贸易也有新的发展。 2. 但是，从1976年冬季开始，中共领导人和中央有关部门对农业机械化和粮食生产，对石油、煤炭、钢铁、化工的生产等方面，相继提出了不切实际的高指标和大口号。但是这种破坏国民经济按比例发展的原则，片面突出钢铁、石油、化工等重工业部门，追求高速度、高积累、高投资的做法加剧了国民经济比例失调的病态，投资效果较差。例如，1978年完成的基本建设投资额是历史上最多的一年，而投资效果是十几年来最差的年份之一。全部建成投产的大中型项目只有99个，投产率仅为5.8%。

（资料来源："一五"计划时期，来自黎铭：《社会主义制度确定"一五"计划胜利完成》，《历史教学》1993年第2期。"二五"计划时期，来自张学强：《"二五"计划的编制与大跃进时期的高指标》，《求索》2005年第8期；杨茂荣：《六十年代我

国经济建设战略布局的一次重大调整》,《党的文献》1996 年第 3 期。"三五"计划
时期,来自杨茂荣:《六十年代我国经济建设战略布局的一次重大调整》,《党的文
献》1996 年第 3 期。"四五"计划时期,来自田松年:《"四五"计划述略》,《党的
文献》2000 年第 2 期。1976—1978 年,来自廖胜平:《"大跃进"与"洋冒进"之
比较》,《兰州学刊》2009 年第 5 期)

可以看到,中国经济在 30 年间曾经经历了重大挫折,如 1960—1962
年以及 1967—1968 年,国内生产总值为负增长,其中 1961 年经济增长速
度为 -27.3%。但是,中国的经济增长仍然取得了惊人的成就:国内生产
总值总量从 1952 年的 679 亿元发展到 1978 年的 3645.2 亿元,年均实际增
长 6.1%;人均国内生产总值从 1952 年的 119 元提高到 1978 年的 379 元,
年均实际增长 4%。这样的增长速度即便在全世界也是较高的。

在此期间,一大批举世闻名的项目以及以"两弹一星"为代表的一
批世界高科技产品相继问世,这一系列伟大成就,不仅在当时对推动经济
社会发展起了巨大作用,而且为改革开放的建设积累了重要经验并奠定了
重要物质基础。

(二) 第二个 30 年:社会主义市场经济时代的赶超

1978 年 12 月,党的十一届三中全会拉开了改革开放的序幕。在随后
的 30 年中,中国经济由计划经济体制逐步转向社会主义市场经济体制,
生产力得到了极大的释放。在此期间,经济总量持续快速增长:从 1978
年到 2008 年国内生产总值年均实际增长 9.8%,人均国内生产总值年均
实际增长 8.6%。如此高速的经济增长,堪称世界经济增长史上的奇迹。
尤其是进入到 21 世纪以来,中国经济发展更是成为一种速度的象征,也
成为了国人引以为豪的成就。

二、结构优化：提升经济增长的质量

一个国家的经济发展不仅表现为经济总量的增长，同时必然伴随着产业结构的逐步演进。根据对各国经济发展历史的观察和总结，经济学家发现随着经济增长和收入水平的提高，一国的产业结构大体上沿着"一→二→三"的规律渐次演进。中国的产业结构演进也可以分为两个阶段，即第一个 30 年和第二个 30 年（见图4）。

（单位：%）

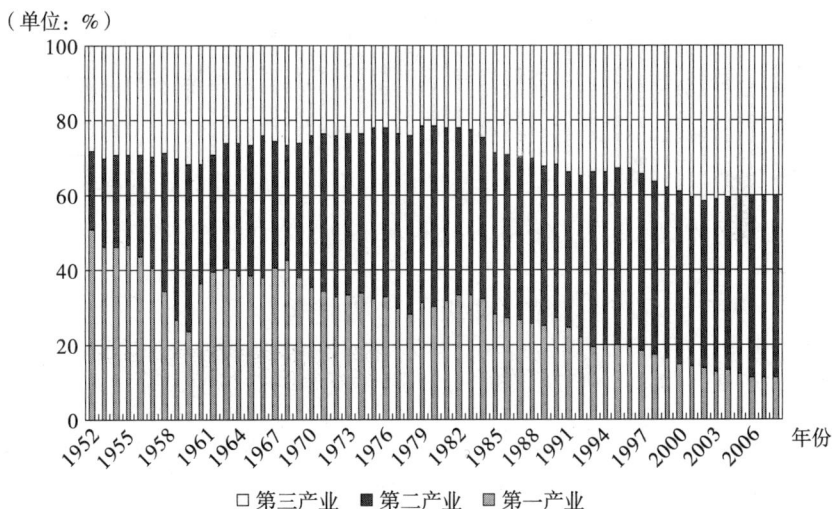

图4　1952—2008 年中国产业结构格局

（资料来源：国家统计局编：历年《中国统计年鉴》，中国统计出版社出版；其中 2008 年数据来自国家统计局：《中华人民共和国 2008 年国民经济和社会发展统计公报》，2009 年 2 月 26 日）

（一）第一个 30 年：长期畸形的产业结构

新中国成立之初，为了解决人民的温饱问题，中国大力发展农业，

1952—1957 年间，中国第一产业占国内生产总值的比重保持在 40% 以上，是三次产业中比重最大的产业。其后，虽然第一大产业的位置逐渐让位给第二产业，但是第一产业在中国的比重始终是偏高的，基本保持在 1/3 以上。

为了加快工业化进程，尽快赶超发达国家，中国的产业结构从 1958 年以后向工业、尤其是重工业加速倾斜。1958 年，中国第二产业在国内生产总值中所占的比重突破了 30%，并且在进入 20 世纪 70 年代以后，始终保持在 40% 以上，成为三次产业中比重最大的产业。

在第一个 30 年中，除个别年份以外，第三产业占国内生产总值的比重始终低于 30%，而且始终是三次产业中比重最低的产业。

截至 1978 年，中国的三次产业结构为 28.2%、47.9% 和 23.9%。这是一种"农业比重偏高、工业结构畸形、第三产业落后"的不合理状态。虽然工业尤其是重工业的发展对于促进中国经济增长和推进工业化进程发挥过重要的作用，但是由于工业与其他产业的发展不协调，且工业部门内部轻重工业发展不协调，这样一种产业结构是不可持续的，而且使得人民的生活水平长期处于低水平。

（二）第二个 30 年：优化升级的产业结构

改革开放以来，伴随经济的快速增长和市场机制的逐步深化，中国不断矫正过去畸形的产业结构，实现产业结构的升级和优化。由图 4 可以看到，经过 30 年的发展，第一产业比重稳步降低，第二产业比重基本稳定，而第三产业比重则逐步提高。2008 年，中国的三次产业结构为 11.3%：48.6%：40.1%。

产业结构的调整决定了中国经济增长的产业驱动结构发生了显著的变化。由图 5 可以看到，进入 20 世纪 90 年代以后，第一产业对中国经济增长的贡献率下降到 10% 以下，第二产业的贡献率稳中有降，而第三产业的贡献率则逐步增强。1978 年，中国三次产业对经济增长的贡献率分别为 10%：62.3%：27.7%，到 2008 年，则演变为 6.5%：50.6%：42.9%，第三产业在中国经济增长中正在发挥日益重要的作用。

（单位：%）

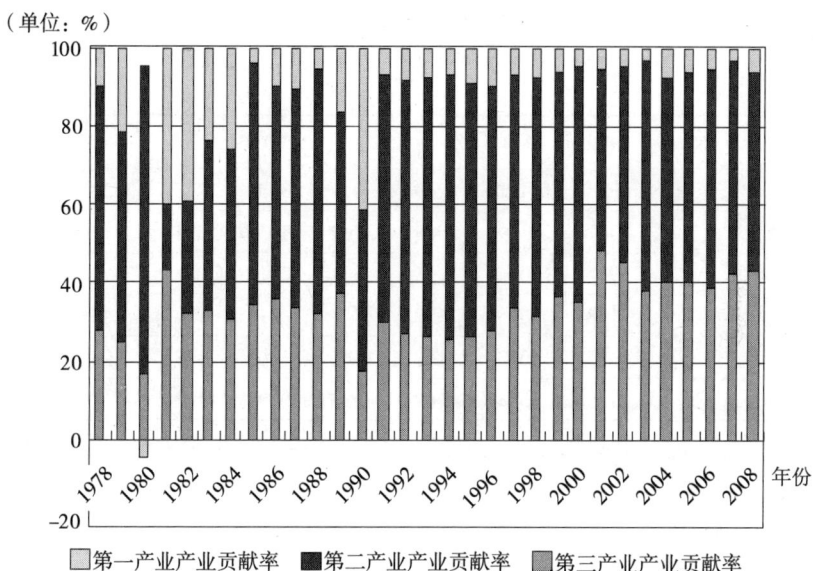

图5　1978—2008年中国各产业对经济增长的贡献率

（资料来源：国家统计局编：历年《中国统计年鉴》，中国统计出版社出版；其中2008年数据来自国家统计局：《中华人民共和国2008年国民经济和社会发展统计公报》，2009年2月26日）

在产业结构得到优化的同时，中国产业发展的质量也在不断提升。由表2可以看出，中国的高新技术产业发展迅猛，1995—2006年间，中国高新技术产业的各项主要经济指标年均增长率均在20%以上。

由此可见，中国的产业结构的变动趋势符合经济发展的基本规律，正在不断向着更高、更好的方向发展。

在肯定结构调整成绩的同时，也要认识到我国目前的产业结构仍存在一定的挑战。首先，农业比重仍然偏高，缩小农业比重，提高农业科技含量，促进农业现代化是我国产业结构调整面临的重要任务；其次，第二产业的比重仍然偏高且近年来出现上升趋势，提高第二产业的技术含量是深化中国工业化进程的重要使命；第三产业的比重则相对过低，这种结构性

的偏差明显滞后于我国工业化和城市化的进程，做大做强第三产业是我国
今后的产业结构升级的重中之重。

表2　中国高新技术产业的主要经济指标

（单位：亿元）

指标名称	1995	2000	2001	2002	2003	2004	2005	2006
当年价总产值	4098	10411	12263	15099	20556	27769	34367	41996
增加值	1081	2759	3095	3769	5034	6341	8128	10056
销售收入	3917	10034	12015	14614	20412	27846	33922	41585
利润	178	673	688	741	971	1245	1423	1777
利税	326	1033	1108	1166	1465	1784	2090	2611
出口交货值	1125	3388	4282	6020	9098	14831	17636	23476

（资料来源：http://www. stats. gov. cn/tjsj/qtsj/gjstjsj/gjstjsj 2006/t20080102_ 402455880.
htm）

三、并驾齐驱：拉动经济增长的未来

消费、投资和净出口，是拉动经济增长的三驾马车。由图5可以看
出，中国经济增长的拉动力可以分为三个阶段。

1985年以前，中国的改革开放的成就主要体现为国内经济体制的改
革所带来的生产力解放，消费和投资这两驾国内"马车"在中国的经济
增长中发挥主要的拉动作用，尤其是消费对经济增长的贡献率多在70%
以上，而净出口的贡献则基本为负值。

1985—2000年，伴随着对外开放的深化，中国在国际市场的竞争力
不断加强，净出口这驾国外"马车"对经济增长的拉动作用凸显，除个
别年份外，其对经济增长均有正向的拉动作用。这一期间，消费仍然是中
国经济增长的主要拉动力。但是，1993—1995年投资对中国经济增长的

贡献超过了消费。

进入 21 世纪以来，中国经济增长形成了以内需为主，三驾马车并驾齐驱的局面。其中一个突出的特点是投资与消费对经济增长的拉动作用渐趋平衡，而且在新世纪的多数年份中，投资是中国经济增长的首要拉动力。

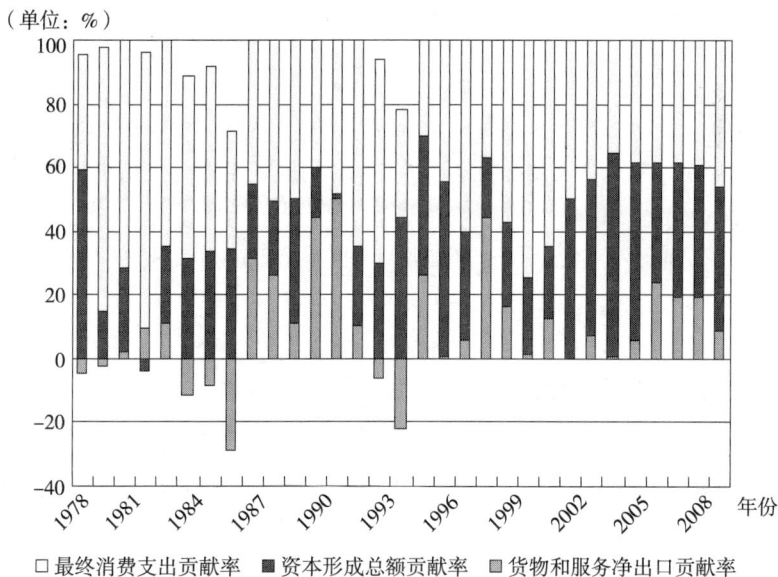

图 6　1978—2008 年中国经济增长的拉动力

（资料来源：国家统计局编：历年《中国统计年鉴》，中国统计出版社出版；其中 2008 年数据来自国家统计局：《中华人民共和国 2008 年国民经济和社会发展统计公报》，2009 年 2 月 26 日）

显然，中国经济增长受内需和外需的共同拉动，其未来的增长有充分的保证。不过也要意识到，全球正面临金融危机的严峻挑战，外需的马力在一定时期内面临较大的不确定性。同时，作为一个经济大国，中国的经济增长必须更多地依靠内需来拉动。另外，为了避免粗放型增长模式给中国未来经济增长带来负面影响，还需要适当纠正目前这种较多依靠投资拉动的格局，从而促使消费这驾马车更好地发力。

仅是如此粗略地回望中国经济增长的历史长卷，已使我们豪气满怀！60 年，对于一个国家和民族的历史而言，只是弹指一挥间，但就是这短短的 60 年，世界见证了中国近乎奇迹的经济增长速度，新中国的民族复兴拉开了壮丽的序幕。这是全国人民团结奋斗的成果，我们理应为此骄傲和自豪。当然，我们也要看到中国经济社会发展当中的不足，以史为鉴，放眼未来，在党的领导下，做好各项工作，共同努力，最终实现中华民族复兴的伟大目标。

参考文献

1. 黎铭：《社会主义制度确定"一五"计划胜利完成》，《历史教学》1993 年第 2 期。

2. 张学强：《"二五"计划的编制与大跃进时期的高指标》，《求索》2005 年第 8 期。

3. 杨茂荣：《六十年代我国经济建设战略布局的一次重大调整——"三五"计划的设想、制定和实施》，《党的文献》1996 年第 3 期。

4. 田松年：《"四五"计划述略》，《党的文献》2000 年第 2 期。

5. 廖胜平：《"大跃进"与"洋冒进"之比较》，《兰州学刊》2009 年第 5 期。

（执笔人：李静萍）

60年人口变迁

2005 年 1 月 6 日上午 10 点，在北京市西城区复兴门南大街 6 号的一间会议室里，中国人口和计划生育委员会主任张维庆通过电视电话向全国宣布："中国大陆总人口到今天达到 13 亿。"13 亿，一个庞大而又简单的数字，其背后凝聚了太多的含义。

国为民之柱，民为国之本，作为世界上当之无愧的人口大国，中国人口数目的变化对国本乃至对世界都有直接的影响。从 20 世纪 70 年代中国实行计划生育以来，共少生了 4 亿多人，成功缓解了"人口爆炸"的威胁，使中国 13 亿人口日推迟了大约 5 年，世界 60 亿人口日推迟了大约 4 年。

中国是世界上人口最多的发展中国家，"人口众多，资源相对不足"一直都是我们面临的难题。在新中国成立以来的 60 年里，中国政府不断调整人口政策，努力控制人口增长。时至今日，已初见成效。

一、人口数目增长，自然增长率下降

新中国成立伊始，百废待兴，经历多年战乱之后，彼时的中国人口数目不过 5.4 亿。在生活安定之后，"多子多福"的传统生育观又开始盛行，加上国家的鼓励，人口数目迅速增长，1954 年的自然增长率达到 24.79‰。在意识到人口急剧增加可能产生的诸多问题之后，国家开始重新考虑人口政策。几经波折，于 20 世纪 70 年代开始实行计划生育政策，控制人口数目。在 30 多年的时间里，取得了举世瞩目的成就：人口再生产类型由"高出生、低死亡、高增长"转向"低出生、低死亡、低增长"，总和生育率从 20 世纪 70 年代初的 5.8 下降到目前的 1.8，低于更替水平（2.1），比其他发展中的人口大国提前半个多世纪跨入低生育水平国家行列。

表1　新中国成立 60 年中国人口生育政策的演变

阶段	时期及政策
一、实施鼓励生育政策阶段	1. 1949—1953 年，鼓励生育政策
二、政策转变酝酿阶段	2. 1954—1957 年，政策转变酝酿 3. 1958—1959 年，上层思想反复
三、实施限制生育政策阶段	4. 1960—1966 年，确定限制生育政策并开展工作 5. 1966—1969 年，丧失政策实施环境 6. 1970—1980 年初秋，全面推行限制生育政策，晚、稀、少 7. 1980 年秋—1984 年春，晚、稀、少调整为晚、一孩 8. 1984 年春—1991 年春，完善生育政策，形成地方计划生育条例 9. 1991 年—现行计划生育政策的稳定

（资料来源：《中国人口政策的过去、现在与未来》，《人口研究》2000 年 7 月）

　　虽然计划生育的人口政策已见成效，人口自然增长率逐步下降，但并不能因此掉以轻心。现阶段的低生育水平尚不稳定，民众的生育意愿和政策规定仍有差距，多数地区人口增长存在反弹的可能。另外由于我国人口基数大，即使保持现在的低生育率，每年仍会增加 750 万—1000 万的人口。因此，控制人口始终是我国一项长期而艰巨的任务，需要每一个人为之付出努力。

（单位：亿）

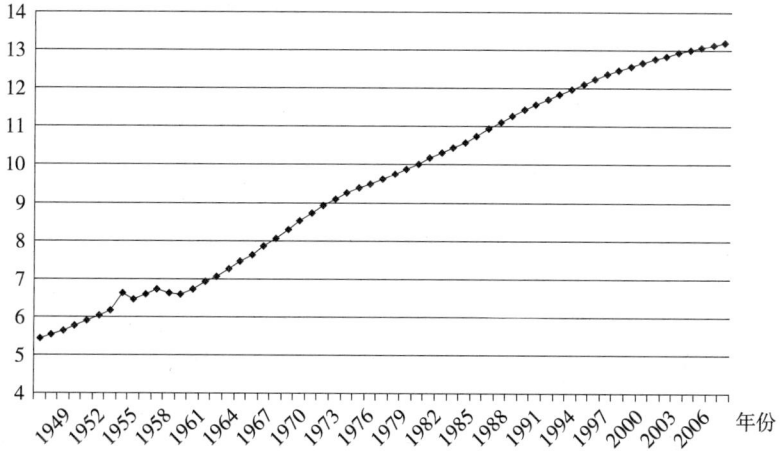

图 1　中国人口数目变化情况

（资料来源：国家统计局编：《中国统计年鉴·2008》，中国统计出版社 2008 年版）

（单位：%）

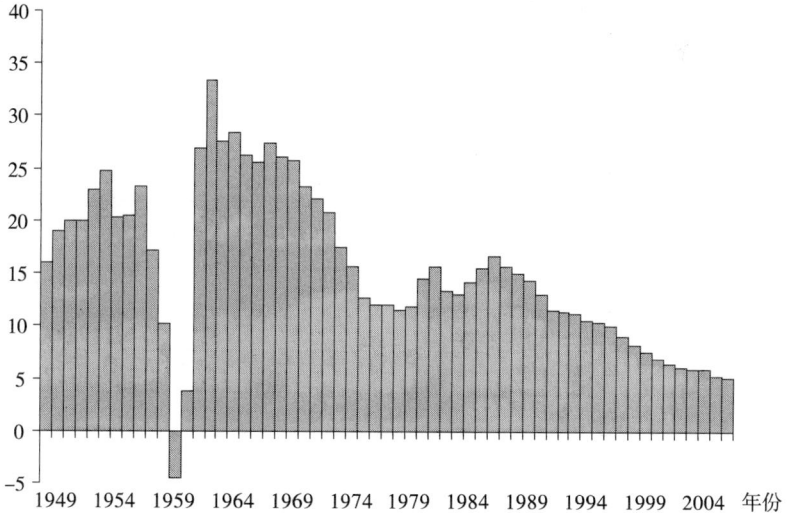

图 2　中国人口自然增长率变化情况

（资料来源：国家统计局编：《中国统计年鉴·2008》，中国统计出版社 2008 年版）

二、人口年龄结构步入"人口红利期"

年龄结构是最为重要的人口自然结构之一，而对人口"红利"与否的判断，则需要看总人口中 15—64 岁劳动年龄人口比重，以及少儿和老年人口抚养比指标。

自 1964 年起，我国 15—64 岁劳动年龄人口的数目就不断增加，2000 年时比重达到 70.15%，2007 年继续上升到 72.77%，表明我国的劳动力资源十分丰富，为经济的发展提供了有力的支持。与此同时，总人口抚养比不断下降，2007 年仅为 0.37，即每 5 个劳动者只需要负担不足两个的少儿和老人。劳动力人口比重大，抚养少儿、扶养老人的负担又相对比较轻，使得劳动力市场分外庞大，为各行业提供了充足的人力资源。预计未来十年内，"人口红利期"还将继续，为中国经济的腾飞奠定坚实的基础。

表 2　中国人口抚养比

年份	抚养比		
	少儿	老年	总
1953	0.61	0.07	0.69
1964	0.73	0.06	0.79
1982	0.55	0.08	0.63
1990	0.41	0.08	0.49
2000	0.33	0.10	0.43
2005	0.28	0.11	0.39
2007	0.24	0.13	0.37

（资料来源：国家统计局编：《中国统计年鉴·2008》，中国统计出版社 2008 年版）

（单位：%）

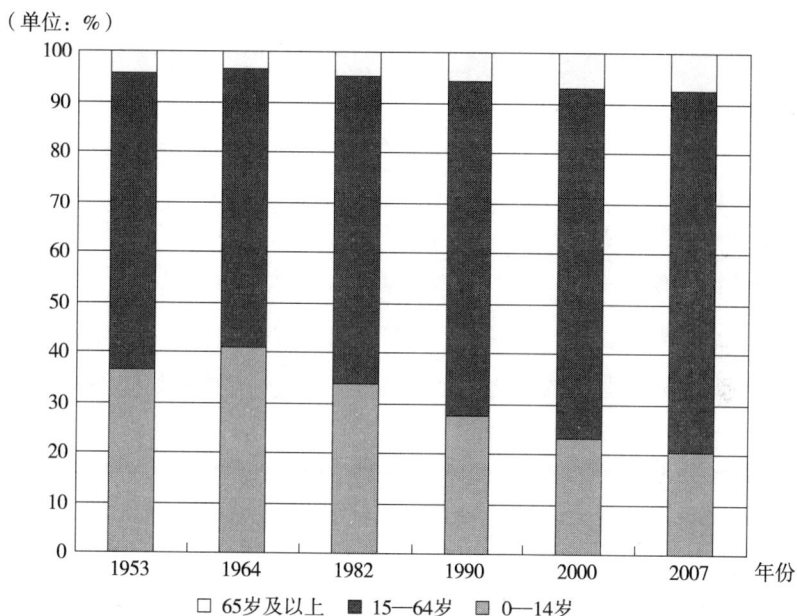

图3　中国人口年龄结构变化情况

（资料来源：国家统计局编：《中国统计年鉴·2008》，中国统计出版社2008年版）

　　除了劳动年龄人口不断增长之外，老年人口也在不断增长。由于中国经济的发展，综合国力的增强，人们的生活水平、医疗条件都在不断提高，平均寿命也因而延长。2000年65岁以上老年人口的比重达到7%，根据国际标准，这标志着中国已进入到老龄化社会。这一比例还在不断上升，2007年已达到9.4%。根据预测，到2020年，65岁以上的老年人口将达1.64亿，占总人口比重16.1%。总之，中国老龄化呈现速度快、规模大、"未富先老"等特点，这对经济发展、社会保障和公共服务体系都提出了很高的要求。

　　"老吾老以及人之老，幼吾幼以及人之幼"，先贤眼中的大同社会在如今的人口"红利"条件下，并不难实现。或许，在不久的将来，我们将处处皆见"扶老携幼"的温馨画面。

三、人口素质不断提高

电视剧《潜伏》的热播，使得目不识丁的"翠屏"广为人知。在新中国成立前，像翠屏一样的文盲比比皆是，尤其是在农村。而在新中国成立之后，政府对教育分外重视，"再穷不能穷教育"，推行九年义务教育政策，使得民众受教育的机会大大增加，平均文化程度也相应提高。

每十万人中拥有的受教育人口数

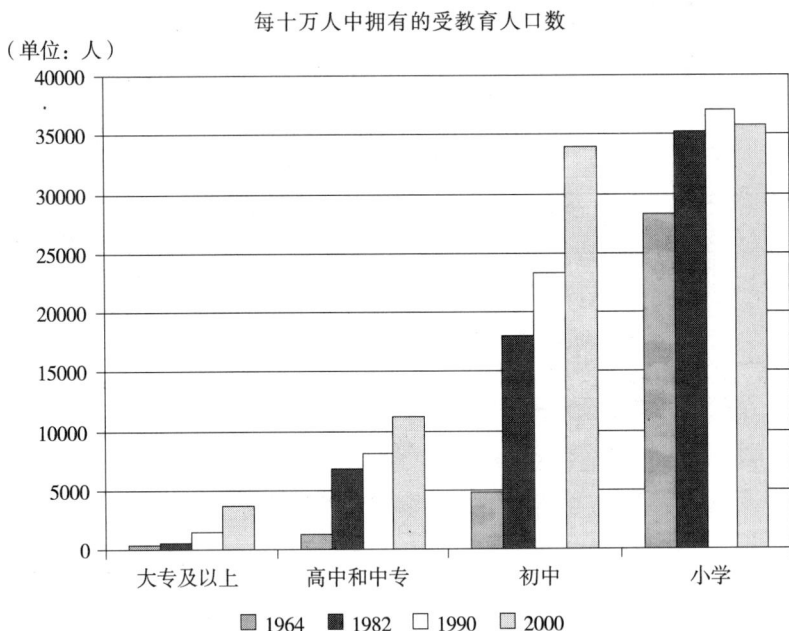

图 4　中国人口受教育程度变化情况

（资料来源：国家统计局编：《中国统计年鉴·2008》，中国统计出版社 2008 年版）

据调查结果显示，我国的文盲率逐年下降，人们受教育年限逐年增加。2004 年中国普及九年义务制义务教育的人口覆盖率达到 93.6％，6

岁及以上人口平均受教育年限达到 8.01 年（其中男性 8.5 年，女性 7.51 年），比 1990 年提高了 1.75 年。就教育程度而言，大专及以上占 5.42%、高中占 12.59%、初中占 36.93%、小学占 30.44%，受高等教育的人数大幅度增加，仅受小学教育人口比重逐步下降。

（单位：%）

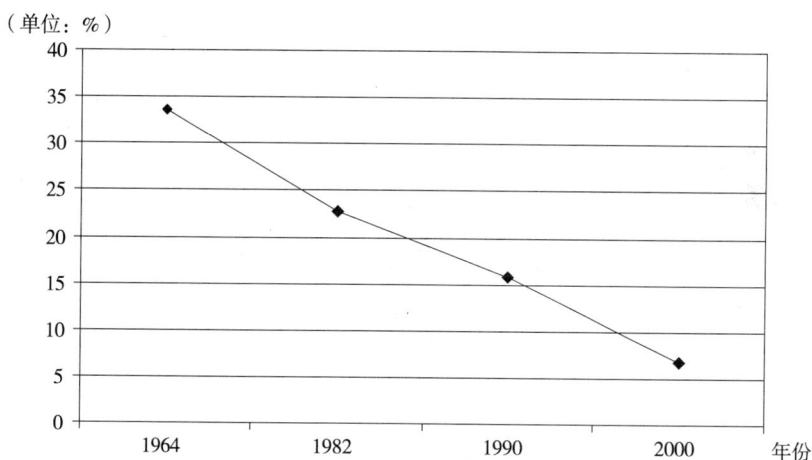

图 5　中国人口文盲率变化情况

（资料来源：国家统计局编：《中国统计年鉴·2008》，中国统计出版社 2008 年版）

虽然我国人口的科学文化素质呈现不断上升趋势，但是与发达国家相比，仍有不小的差距。"21 世纪最贵的是人才"，国家仍需要加大对教育的投资力度，为未来的发展培养后备力量。

此外，我国人口的健康素质也在不断提高。平均预期寿命已从新中国成立前的 35 岁上升到 2004 年的 71.8 岁，孕产妇死亡率从 20 世纪 50 年代初期的 1500/10 万下降到 2004 年的 51/10 万，婴儿死亡率从新中国成立前的 200‰下降到 2004 年的 29.9‰，5 岁以下儿童死亡率从新中国成立初期的 250‰—300‰下降到 2004 年的 28.4‰。可以说，由于我国对公共卫生事业的大力建设，我国人口的健康素质已经有了质的提高。然而，近年来"非典"的侵袭，禽流感、手足口病的肆虐，表明我们还有一段很长的路要走。

总而言之，无论是健康素质还是科学文化素质，中国人在 60 年里都有不小的提高。然而百尺竿头更进一步，"没有最好，只有更好"，人口素质上升的空间还很大，政府和人民都需要为之奋斗。

四、人口分布的城镇化

20 世纪 80 年代曾经有一部小说《陈奂生上城》很火，彼时农村人进城是件特别新鲜和了不起的事，如今连出国都不再遥不可及，更勿论进城了。

目前国家积极推进人口城镇化和产业结构升级，实施城市带动农村、工业反哺农业的发展战略，大量的农村人口涌进城市，城镇人口数目不断增加，城镇化率也逐年上升。据估计，目前的农村剩余劳动力仍有 1.5 亿—1.9 亿人，可以预见到将来仍会有大规模的劳动力流动。按照目前人口城镇化年增长 1% 的水平来测算，今后 20 年将有 3 亿农村人口陆续转化为城镇人口。

中国城镇化速度在 20 世纪 90 年代的后半期最快，进入到 21 世纪以后，城镇化速度有所降低。一方面城镇人口数目趋于饱和，对流动人口的吸纳力降低；另一方面国家对"三农"问题分外关注，出台各种优惠政策以提高农民收入水平，降低农民的税费负担，保障农民权利，这些措施都影响了农民外出打工的意愿。此外，由于经济的不断发展，城乡差别不断缩小，当城市的各种物品、设施在农村也可获得时，城市的吸引力也就相对小了。以上种种原因都有可能导致城镇化率不断提高，但增长速度减缓。

城镇化是未来中国社会、经济发展的必然趋势。由于城镇化与经济水平间呈正相关关系，我们有理由相信，随着中国小康社会的不断建设，未来的城镇化率将越来越高。

（单位：亿）

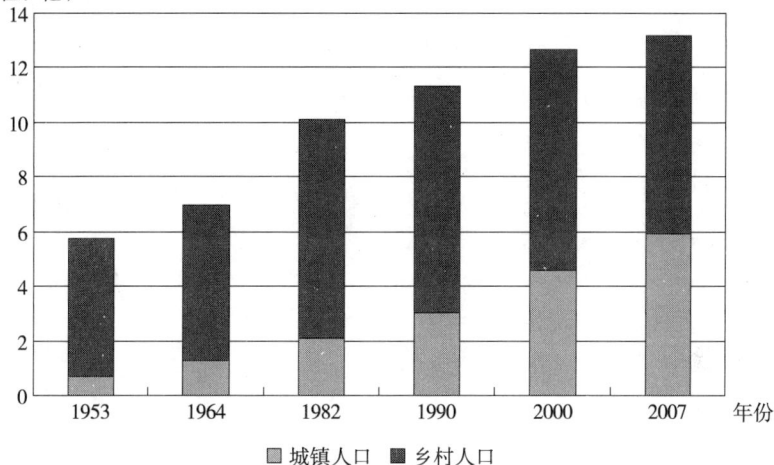

图 6　中国城乡人口数目变化情况

（资料来源：国家统计局编：《中国统计年鉴·2008》，中国统计出版社 2008 年版）

（单位：%）

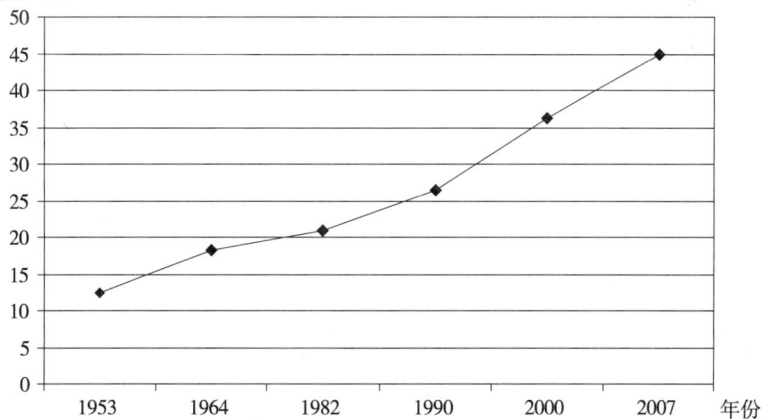

图 7　中国城镇人口比重变化情况

（资料来源：国家统计局编：《中国统计年鉴·2008》，中国统计出版社 2008 年版）

综上所述，新中国成立 60 年来，我国人口数量得到有效的控制，人口素质有所提高，人口结构不断优化，人口趋向城镇分布，其成就世人有目共睹。然而，我们不能沉溺于过去的辉煌之中，未来还有很长的路要走。如何协调不断增长的人口数目与环境、资源间的关系；如何在人口文化和健康素质上，缩小与发达国家的差距；如何解决劳动力人口急剧增加所带来的就业压力问题；如何保障城镇化健康有序的发展，这些问题都值得我们思考和探索。

（执笔人：杜岩英）

市场导向下的
就业发展

从 20 世纪 60 年代的"统包统配"到 80 年代的"铁饭碗",从 90 年代的下海到新世纪的淘宝网店,60 年来,人们的就业观念随着社会的发展和就业体制的变迁发生着深刻的变化。新中国成立 60 年来,我国的就业工作取得了令人瞩目的巨大成就,截至 2008 年年底,全国就业人口突破 7.7 亿人,占总人口近 60%。国家通过废除"统包统配"的就业政策,鼓励劳动力自主择业,拓宽就业渠道,"金饭碗"已不再炙手可热,人们通过自主择业进入社会的各行各业,不但增强了社会的流动性,更加强了经济的活力。在市场机制的作用下,人们的劳动积极性被充分调动起来,各尽其能,大大提高了生产的效率。

新中国成立 60 年来,我国已基本形成了以市场化为基本特征的就业体制。我国的就业的发展历程就是一部不断探索适合国情的就业体制、实现发展经济与扩大就业良性互动的历史。

一、就业规模不断扩大

新中国成立初期,国民经济正处于恢复时期,全国城镇劳动力普遍处于失业中。为了迅速扭转这种局面,政府采取了一系列的措施解决城镇就业问题。经过几年的努力,逐渐解决了解放前遗留的失业问题。

在大跃进时期,全国人民劳动热情高涨,就业人口出现了短期的增长,就业人口占总人口的比例也跃至40%,而经过自然灾害,就业人口又恢复到40%以下。从20世纪60年代起至改革开放前,由于受到"左"思想的影响,我国在劳动就业方面走了一些弯路。城镇就业采取"统包统配"的政策,同时城镇大量知识青年下乡。这一时期农村和城镇就业人口都有了一定的增长,但这主要是由于新中国成立初生育高峰的人口加入劳动力大军所致,总的就业水平并未提高,就业人口占总人口比例维持在40%左右,增长缓慢。

改革开放伊始,大量城镇知识青年下乡后返城,同时,"文革"期间全国从业人员特别是城镇就业增长缓慢,积累了大量剩余劳动力,全国面临极大的就业压力,这时,国家迅速对就业政策做出调整。1980年8月,党中央在北京召开的全国劳动工作会议上,按照党的十一届三中全会的精神,提出了解决就业问题的根本途径:在国家统筹规划和指导下,实行劳动部门介绍就业、自愿组织起来就业和自谋职业相结合的就业方针(简称"三结合")。这一政策拓宽了就业渠道,城镇人口就业人数迅速增加。同时,在1979年年初,农村开始推广家庭联产承包责任制,大大提高了农民的劳动积极性,推动了农业的发展,在政策的鼓励下,乡镇企业也迅速发展,吸收了大量农村剩余劳动力,乡村就业人口迅速增加。此外,允许个体经济、私营经济的发展对就业也有巨大的促进作用。在城镇和乡村两方面的作用下,就业人口占总人口的比例也迅速上升,在1980—1990的十年间迅速由40%升至近50%。

20世纪80年代末至90年代初,随着农业生产率的提高,农村剩余劳动力不断增加,同时,城市工业尤其是劳动密集型工业不断发展,在农村推力和城市拉力的共同作用下,大量农村人口进入城市就业,城镇就业迅速增长。全国的就业人口占总人口比例也出现了一个高峰,到2007年年底,已接近60%。

（单位：%）

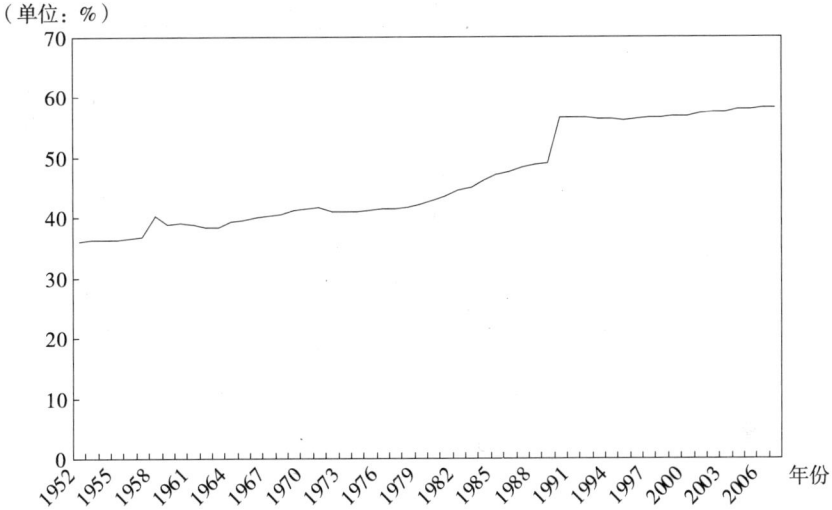

图1 1952—2007年全国就业人口占总人口比例

（资料来源：国家统计局编：《中国劳动统计年鉴·2008》，中国统计出版社2008年版）

（单位：万人）

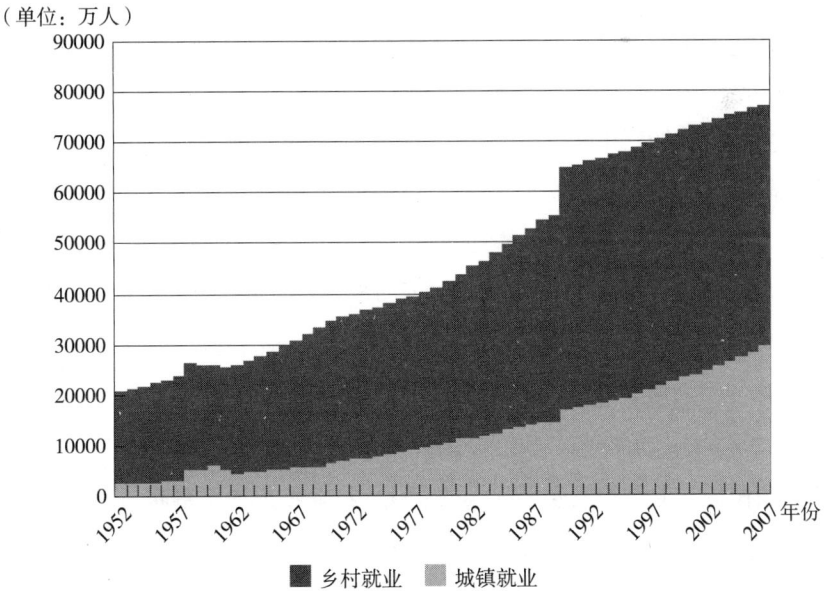

■ 乡村就业　■ 城镇就业

图2 1952—2007年全国乡村就业及城镇就业人数

（资料来源：国家统计局编：《中国劳动统计年鉴·2008》，中国统计出版社2008年版）

二、第二、三产业迅速发展，就业结构逐渐优化

新中国成立之初，我国基本处于农业社会，以工业为代表的第二产业十分落后，第三产业在国民经济中的比例更是微乎其微，80%以上的就业人口都从事农业生产。新中国成立初期国家决心大力发展工业尤其是重工业，在大跃进时期，就业结构出现了较大的波动，大量劳动力投入到"大炼钢铁"的队伍中，第二产业就业人口比例出现了短暂的高峰，而后又恢复到较低水平。

20 世纪 60—70 年代，政府逐渐建立了完整的工业体系，工业尤其是重工业有了较大发展，第二产业就业比例有了一定增加，由 1952 年的7%到 1977 年的 14%，比例增加了一倍，而第三产业始终停滞不前，在10%的水平上下波动。

党的十一届三中全会之后，我国经济结构调整明显加快，国家将发展重点转向与人民生活密切相关的商业、饮食、交通运输、邮政电信等第三产业，第二产业由重工业向轻工业转变，由资本密集型向劳动密集型转变。与此同时，国家和劳动部针对第三产业就业也出台了相应政策，"在安排城镇劳动力就业问题上，也要考虑开辟新门路：改变劳动力结构，发展各种各样的服务业，包括商业、金融、通讯、城市公用事业、科研教育、文化娱乐、旅游等，也就是国外所说的第三产业"。经过二十年的努力，我国的产业结构发生了很大的变化，产业结果逐步趋向合理。从业人员的结构也发生了相应的变化。第三产业就业人口比例迅速增加，到 90年代初期，第三产业就业人口比例已经达到 20%，与改革之初相比翻了一番。随着第二产业由重工业向轻工业的转变，大量劳动力进入第二产业，尤其是制造业，第二产业就业比例也开始大幅度增加，但与第三产业

相比，增长较为缓慢。到 90 年代初，第三产业的就业比例已经超过了第二产业的就业比例。

到了 90 年代末期，我国第二产业就业人口比例增长缓慢，但在第二产业的带动下，经济迅速发展，人民生活水平的提高拉动了第三产业的消费，因而第三产业就业人口比例也有了大幅度提高，到 2007 年年底，已超过 30%。

整体来看，第一产业就业比例一直处于不断减少的趋势中，这说明我国 60 年来农业生产率有了大幅提高。在这 60 年间，有大量的农村人口由原来的农业生产转入第二、三产业，这不仅是就业方式的改变，更是生活方式的改变。

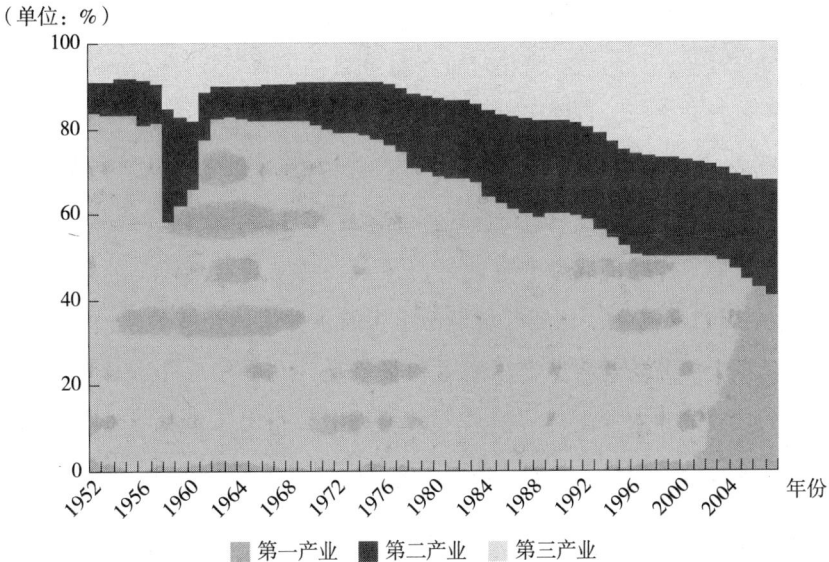

图 3　1952—2007 年三大产业就业人数比例图

（资料来源：国家统计局编：《中国劳动统计年鉴·2008》，中国统计出版社 2008 年版）

三、多种经济成分共同发展，
就业性质趋于多元化

　　新中国成立之初，国民经济是高度统一的计划经济，国家积极推行"一大二公"的所有制政策，即第一规模大，第二公有化程度高，限制集体，打击、取缔个人。在国营经济、集体经济占优势的条件下，不允许多种经济成分并存；而且强调集体所有制向全民所有制过渡，限制乃至消灭个体经济。这样，劳动就业的许多门路就被堵死了，剩下的只有国营企业和带有国营性质的"集体"企业。在实行这一政策的阶段，国有单位与集体单位就业人员比例一直稳定维持在80%和20%。

　　改革开放之后，我国经济体制乃至劳动制度都进行了改革。1980年8月，国家提出"三结合"的就业方针，即"在国家统筹规划和指导下，实行劳动部门介绍就业、自愿组织起来就业和自谋职业相结合"。这一方针实质上是三种经济成分并存的经济政策在劳动就业工作上的体现。其中，"组织起来就业"就是群众自愿组织的各种集体经济单位，"自谋职业"是指个体劳动者从事个体商业和服务业。1981年7月，国务院下发的《关于城镇非农业个体经济若干政策规定》指出，非农个体经济是公有制经济的必要补充，税务、公安等各部门应为其提供支持，使之可以发展生产、活跃市场。

　　在这些政策的鼓励下，国有单位和集体单位之外的其他单位形式迅速发展起来。在就业体制发生变革的同时，人们的就业观念也发生了根本性的变化，很多人离开国有和集体单位，进入混合经济单位就业，使得非公有制经济单位从业人数迅速增长，在其他单位就业的比例从1984年的不足1%逐渐扩大到1997年的7%。相应的，集体单位的就业比例有所减少，而国有企业就业比例维持在73%左右。

　　20 世纪 90 年代末期，我国国有企业劳动生产率低下的状况日益明显，国家对国有企业进行了大力改革，国有企业大量裁减人员，1998 年下岗职工近 600 万，对全国就业形势造成了极大冲击。同年国家开始实行"再就业工程"，鼓励帮助下岗职工"自谋职业"。由此，国有企业就业比例大幅下降，由 1997 年的 73% 减少至 2007 年的 54%。而在这一阶段，企业进行重组改革，同时我国进一步放开经济，大量外来资本进入我国，各种股份制企业和外资企业纷纷崛起。短短十年间，其他单位的就业比例由 7% 迅速增至 40%。而集体单位的就业继续萎缩，至 2007 年年底，其比例只有 6%。

（单位：%）

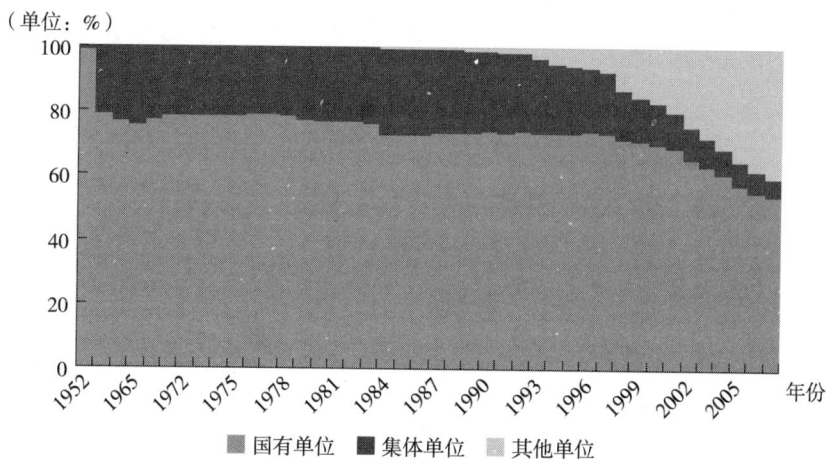

■ 国有单位　■ 集体单位　■ 其他单位

图 4　1952—2007 年各类单位就业人员比例①

（资料来源：国家统计局编：《中国劳动统计年鉴·2008》，中国统计出版社 2008 年版）

---

① 其他单位包括股份合作单位、联营单位、有限责任公司、股份有限公司、港澳台投资单位以及外商投资单位等其他登记注册类型单位。

四、城乡就业流动性增强

60 年来，我国城镇就业比例从新中国成立之初的 12% 增长到近 40%，从一个方面反映了越来越多的人口从农村进入城市就业。新中国成立伊始，城乡二元结构造成城镇人口和农村人口之间就业的隔阂。当时，我国农业人口占总人口的比重近 90%。在三年"大跃进"时期，城镇就业比例出现了短暂的增长，随后回落至原来水平。改革开放后，我国逐渐放开城乡就业政策，随着经济的逐步恢复，特别是工业化进程加快，大量的农村劳动力进入城镇就业。1990 年农村外出劳动力突破 5000 万人，农民工成为社会主义建设的重要力量，统筹城乡就业取得积极成效。2003 年，党的十六届三中全会《中共中央关于完善社会主义市场经济体制若干问题的决定》提出，取消农民进城就业的限制性规定，逐步实现城乡

（单位：%）

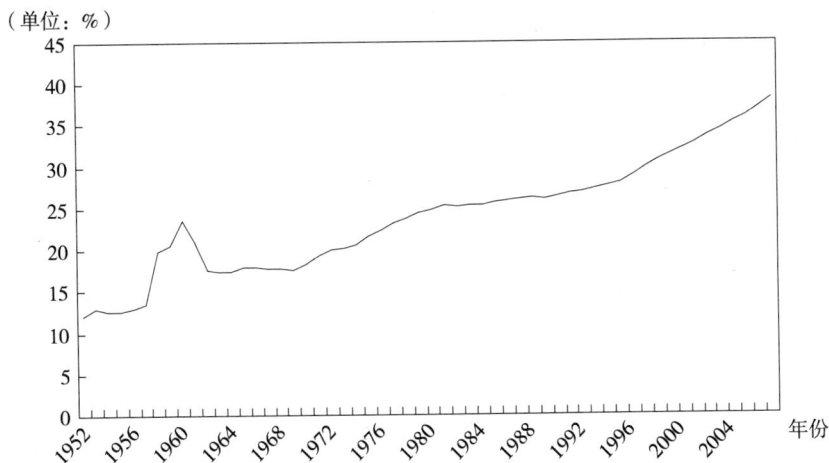

图5 1952—2007 年全国城镇就业占总就业人口比例图

（资料来源：国家统计局编：《中国劳动统计年鉴·2008》，中国统计出版社 2008 年版）

统一的劳动力市场,这一政策的提出无疑对城乡就业的流动产生深远影响。2005 年突破 1 亿人,2006 年达到 1.3 亿人。我国在 2020 年前的城镇化进程中,预计将有 3 亿农村人口进入城镇。农村人口在城镇就业,对于提高农民收入,加快我国工业化、城镇化水平具有极其重要的意义。这也改变了千百年来农民面朝黄土背朝天的历史,改变了中国农民的生活方式、人口结构,改善了农民的生活。

五、实际工资水平增长迅速

改革开放以后,单位职工的工资不断增加,在剔除价格因素后,工资一直呈上升趋势,在 20 世纪 80—90 年代,工资涨幅较小,环比增长率几乎都在 10% 以下,20 年间实际工资翻了一番。从 1999 年开始,工资的增长速度加快,每年的环比增长率都超过 10%,到 2007 年年底,实际工资已经是 1978 年的 7 倍之多。工资的上涨大大提高了人民的生活水平,促进了消费和第三产业的发展。

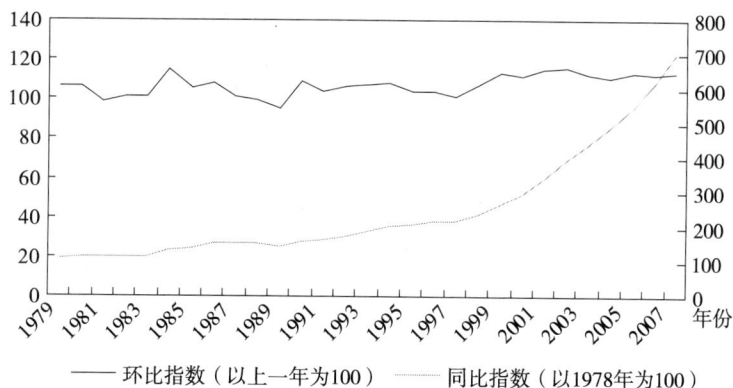

图 6　1979—2007 年职工实际工资指数

(资料来源:国家统计局编:《中国劳动统计年鉴·2008》,中国统计出版社 2008 年版)

新中国成立 60 年来，我国的就业工作取得了令人瞩目的巨大成就。新的以市场化为导向的就业逐渐取代了原有的计划经济就业体制。改革开放初期，国家废除了"统包统配"的就业制度，通过"三结合"的就业方针增强了劳动力的流动和就业结构的多元性，近年来，又通过国有企业改革解决了企业人员冗余的问题，提高了企业的效率。我国通过市场配置劳动力，使劳动力各尽其责、各尽其用，使人民的生活得到保障，并进一步提高生活水平，促进社会和谐稳定。劳动就业的发展可以说是我国经济发展和人民生活的一面镜子，从一个侧面反映了 60 年来的我国的制度变迁和经济社会发展历程。

参考文献

1. 国家统计局编：《中国劳动统计年鉴·2008》，中国统计出版社 2008 年版。

2. 董晶：《改革开放以来党的城镇就业政策研究》，华东师范大学硕士论文，2008 年。

（执笔人：刘亚文）

治国之实，本于财用

　　财政作为国家宏观调控的重要手段，对优化资源配置、促进经济发展、科教文卫事业发展、人民生活水平提高、巩固国家政权有着巨大的作用。新中国成立60年来，我国的国民经济和社会发展取得了举世瞩目的巨大成就，国家财政也不断发展壮大，为实现国民经济持续快速健康发展和社会进步作出了积极贡献。

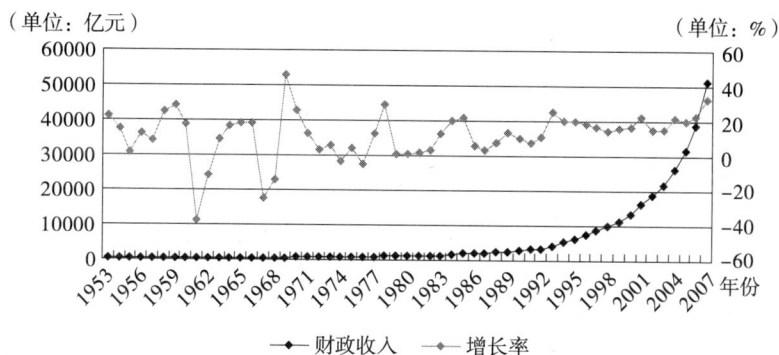

图1　1952—2007年我国财政收入及其增长

（资料来源：楼继伟：《新中国50年财政统计》，经济科学出版社2004年版；国家统计局编：《中国统计年鉴·2008》，中国统计出版社2008年版）

　　图1显示的是1952—2007年我国财政收入及其增长情况。从图1可以看出，60年来我国的财政事业取得了巨大的发展，尤其是改革开放之

后，伴随着国民经济的快速发展和改革开放的不断深入，我国财政发展出现了前所未有的变化，连续 30 年保持较高的增长的势头，实现了财政收入平稳快速的增长。

一、国家财政在经济发展和
改革开放中不断壮大

党的十一届三中全会以来，我国国民经济和各项社会事业发展全面开创了社会主义现代化建设的新局面，国家综合经济实力不断增强，人民生活水平持续提高。2008 年国内生产总值达到 300670 亿元，经济总量居世界第 3 位，按不变价格计算，比 1952 年的 679 亿元增长了 70.7 倍，平均每年递增 8.1%；其中，1978—2007 年年均增长 9.8%。随着国民经济的快速发展和改革开放的不断深入，我国财政发展也出现了前所未有的变化。

（一）财政实力不断增强

据财政部执行的初步统计数据显示，2008 年我国财政收入为 61316.9 亿元，与新中国成立之初 1950 年的 62.17 亿元的财政收入相比增长了 986 倍，年均递增 12.6%，其中，改革开放 30 年年均增长 14.2%。尤其是 1994 年新财税体制的顺利运行，调动了中央与地方两个积极性，给财政发展注入了新的活力，1994—2008 年，财政收入在 1993 年实现高增长的基础上，平均每年增加 4007.1 亿元，年均递增 19.2%。财政收入的快速增长，扭转了 1979 年以来财政收入占国内生产总值比重持续下滑的局面（见图 2）。从 1996 年开始，财政收入占国内生产总值比重逐步回升，意味着经过财税体制改革，国家财政收入稳定增长的机制已初步形成。此外，国家财政还通过发债筹集了大量的资金，2007 年中央财政债务收入

52074.65 亿元，其中，国内债务 51467.39 亿元。国家财政实力的不断增强，在经济和社会发展、深化改革和扩大对外开放、有效地履行国家职能和宏观经济调控等方面发挥着越来越重要的作用。

（单位：%）

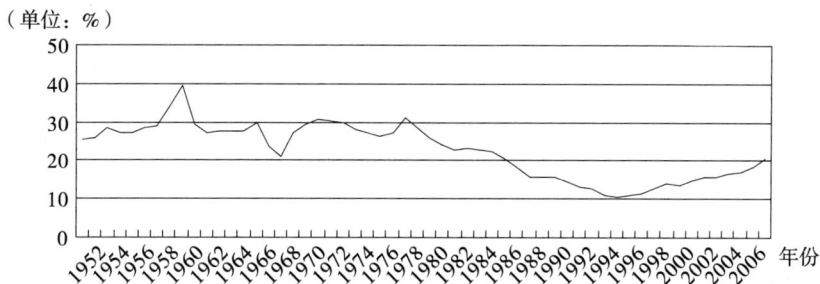

图 2　财政收入占 GDP 的比重

（资料来源：楼继伟：《新中国 50 年财政统计》，经济科学出版社 2004 年版；国家统计局编：《中国统计年鉴·2008》，中国统计出版社 2008 年版）

（二）税收收入逐步成为财政收入的主要来源

2007 年各项税收收入达到了 45621.97 亿元，比 1950 年的 48.98 亿元增长了 931.4 倍，年均递增 12.7%，增幅比同期财政收入高 0.1 个百分点；其中，改革开放 30 年年均增长 16.7%。各项税收收入占财政总收入的比重由 1950 年的 78.8% 提高到 2007 年的 89.8%，上升了 11 个百分点，税收收入成为财政收入的最主要来源。

分税种看，工商税收收入由 1950 年的 26.32 亿元，增加到 2007 年的 33971.06 亿元，增长了 1290.7 倍，年均递增 13.4；关税由 1950 年的 3.56 亿元，增加到 2007 年的 1432.57 亿元，增长了 402.4 倍，年均递增 11.1%；各项农业税收（农牧业税、契税、农业特产税、耕地占用税）由 1950 年的 19.1 亿元，增加到 2007 年的 1439.09 亿元，增长了 75.3 倍，年均递增 7.9%。

二、国家财政积极支持经济和社会事业发展

据财政部执行的初步统计数据显示，2008 年我国财政支出为 62427.03 亿元，比 1950 年的 68.1 亿元增长 917.4 倍，年均递增 12.5%，一些重点支持项目的开支都有了较大幅度增长，有力地支持了国民经济和各项社会事业的发展。随着我国财税体制的改革，各级财政逐渐建立起了与社会主义市场经济相适应的公共财政体系，着力调整财政支出结构，提高了对事关改革、发展和稳定大局的支出项目的保障力度。图 3 显示的是

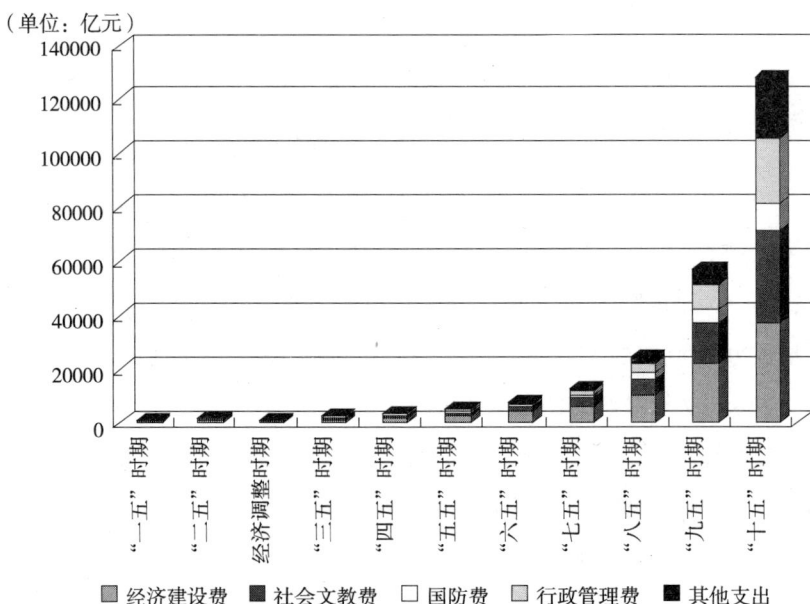

（单位：亿元）

图例：经济建设费　社会文教费　国防费　行政管理费　其他支出

图 3　各个计划时期国家财政按功能性质分类的支出

（资料来源：楼继伟：《新中国 50 年财政统计》，经济科学出版社 2004 年版；国家统计局编：《中国统计年鉴》（2000—2006 年），中国统计出版社 2000—2006 年版）

我国各个计划时期国家财政按功能性质分类的支出，从图上可以看出，我国在经济建设、社会文教、国防安全、行政管理等方面的财政支出都有显著的提高。

此外，各时期财政支出的结构也随着社会经济发展的要求不断调整，图4显示的是我国各时期国家财政支出的结构变化情况。从图4可以看出，新中国成立初期我国的经济建设财政支出比重高达50.8%，在随后的几个五年计划时期也呈现出增长的趋势，到第五个五年计划时期经济建设财政支出比重高达59.9%，从第六个五年计划开始，经济建设财政支出比重有所下降，"十五"时期已经下降到了29.1%，逐步与发达国家经济建设的财政支出比重相接近。此外，国防费的财政支出比重呈现下降趋势，"十五"时期仅为7.6%，低于世界一些主要大国的水平。相对于经济建设和国防建设财政支出比重的下降，社会文教费和行政管理费的财政支出的比重则呈现出上升的趋势，尤其行政管理支出近年来增长势头迅猛，"十五"时期行政管理费的财政支出比重达到了19.0%，这与我国行政机构人员编制极度膨胀有着密切的关系。

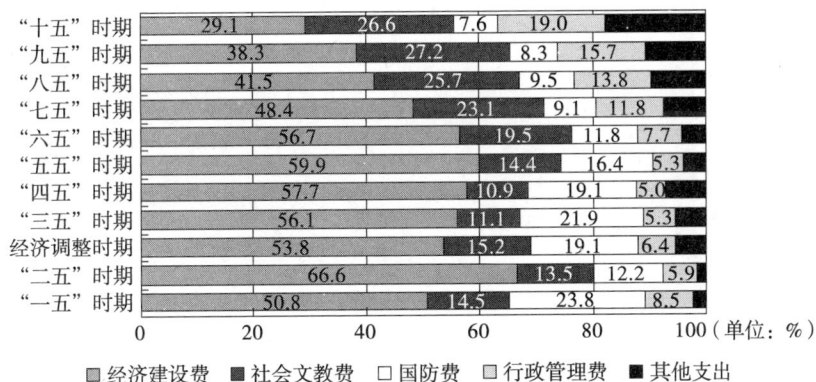

图4　各个计划时期国家财政支出的结构变化

（资料来源：财政部：《中国财政年鉴·2008》，中国财政杂志社2008年版）

（一）支持重点建设

2007 年，国家财政预算内安排固定资产投资 5857.1 亿元，比 20 年前（1988 年）增长了 13.6 倍，年均递增 14.7%，20 年来累计安排固定资产投资额 36368.5 亿元。近年来，国家财政在资金投向上注重投资结构调整，合理引导投资方向，鼓励和支持发展先进生产能力，保障基础设施建设和国民经济重点行业的发展，逐渐增加对基础产业的投资比重，相应对竞争性行业的投资，增加对高端产业的投入，相应减少低端相关产业的投入。

图 5 显示的是 2000—2007 年我国第二产业固定资产投资比重的变化情况。从图 5 我们可以看到，自 2000 年开始，我国第二产业固定资产投资的比重逐年上升，由 2000 年的 29.2% 增加到 2007 年的 44.5%，提高了 15.3 个百分点，从绝对值上看，由 2000 年的 4820.5 亿元增加到 2007 年的 61153.8 亿元，年均增长 8047.6 亿元。其中，以对技术要求较高的设备及机械为代表的制造业固定资产投资的比重上升更为明显，2000 年制造业占固定资产投资的比重只有 8%，2007 年猛增到 32.4%。

（单位：%）

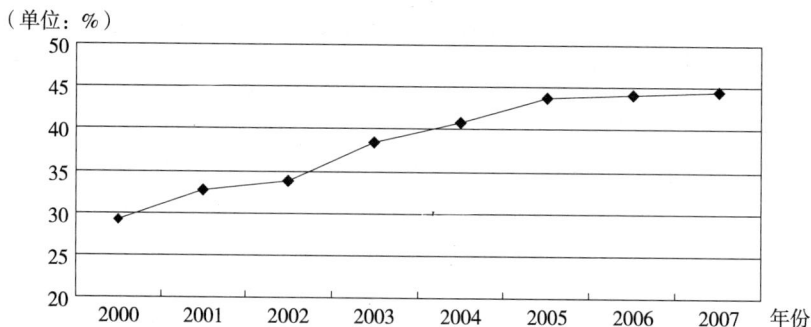

图 5　我国第二产业固定资产投资比重

（资料来源：国家统计局编：《中国固定资产投资统计年鉴》（2001—2008 年），中国计划出版社 2002—2009 年版）

（二）支持农业发展

新中国成立50年来，特别是改革开放以来，各级财政部门认真贯彻党中央、国务院关于加快农业发展的一系列方针政策，通过多种渠道增加对农业投入。2007年，国家财政用于支持农业和农村经济发展方面的支出达3404.70亿元，比1950年的2.74亿元增长了1242.6倍，年均递增13.3%。财政用于农业的支出占财政总支出的比重由1950年的4.0%提高到2007年的6.8%，上升了2.8个百分点。

从1988年起，国家财政还专门组织实施了全国农业综合开发工作，2007年全国投入资金363.3亿元。在增加农业支出的同时，各级财政部门还积极调整支农资金结构，重点支持农业社会化服务体系建设，促进了高产、优质、高效农业的发展。另外，还注意发挥支农资金和支农政策的杠杆作用，积极引导农村集体、农民个人和社会各方面的资金用于增加农业投入，2007年通过自筹方式获得的农业综合开发项目资金投入为138.3亿元，超过中央财政拨款17.2亿元。这对稳固农业基础地位，促进农村经济的全面发展起到了十分重要的作用。

图6显示的新中国成立之初至今每隔五年国家财政用于农业支出的比重情况。从图上可以看到，我国财政用于农业支出的比重并不高，并且存

（单位：%）

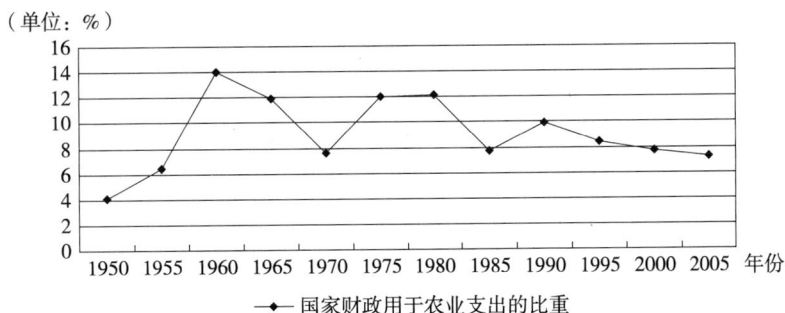

图6 国家财政用于农业支出的比重变化情况

（资料来源：楼继伟：《新中国50年财政统计》，经济科学出版社2004年版；国家统计局编：《中国统计年鉴·2007》，中国统计出版社2007年版）

在下滑的趋势，这是财政支出结构优化的结果。

（三）支持科技进步

改革开放后，国家财政把科学摆在优先发展的战略地位予以重点支持，加大了科技投入的力度，国家财政直接安排科学事业费支出之外，还通过科技三项费用、科研基建费等渠道增加科技投入。2007 年，国家财政用于科技方面的经费支出达 1783.04 亿元，比 1953 年的 0.56 亿元增长了 3184 倍，年均递增 16.1%。同时，国家财政还通过实行优惠政策，积极支持企业技术改造和新产品开发。

图 7 显示的是 1953—2007 年我国科学研究财政支出及增长情况。从图 7 可以看出，新中国成立之初，我国在科学研究方面的财政支出非常薄弱，且增长波动很大。随着社会经济的不断发展和改革开放的不断深入，科学技术的重要性日益显现，改革开放总设计师邓小平同志更是提出了"科学技术是第一生产力"的口号，国家财政对科学研究的扶持力度开始不断加大。自 1982 年开始，我国对科学研究的财政支出始终保持着较高

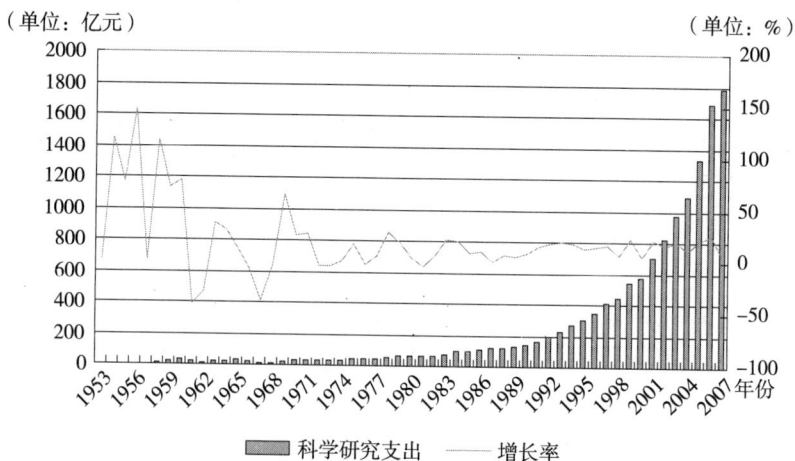

图 7　1953—2007 年科学研究财政支出及增长情况

（资料来源：楼继伟：《新中国 50 年财政统计》，经济科学出版社 2004 年版；国家统计局编：《中国统计年鉴》（2000—2008 年），中国统计出版社 2000—2008 年版）

且平稳的正向增长势头。

（四）支持发展教育事业

各级财政部门都把发展教育事业作为支出安排的重点，千方百计增加教育经费投入。2007 年，国家财政预算内安排的教育经费支出达 7122.32 亿元，比 1952 年的 11.03 亿元增长 645.7 倍，年均递增 12.5%。其中，改革开放 30 年财政预算内累计安排教育经费支出 40630.1 亿元，占新中国成立以来教育经费总支出的 97.9%，年均递增 17.0%。

图 8 显示的是 1952—2007 年我国教育财政支出及增长情况。从图 8 可以看到，最近五年我国教育财政支出呈现出迅猛增长的态势，2007 年增长率更是达到了 50.0%，教育财政支出占国内生产总值的比重也有所提高，2007 年教育财政支出占国内生产总值的比重达到了 2.9%。

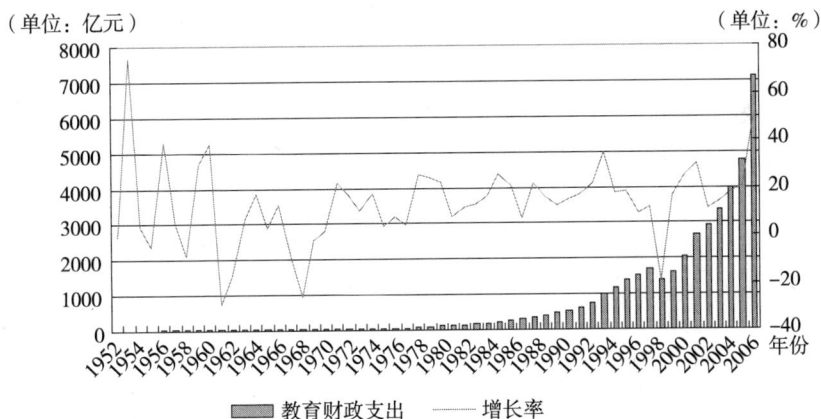

图 8　1952—2007 年我国教育财政支出及增长

（资料来源：楼继伟：《新中国 50 年财政统计》，经济科学出版社 2004 年版；国家统计局编：《中国统计年鉴》（2000—2008 年），中国统计出版社 2000—2008 年版）

（五）支持社会保障事业发展

随着社会主义市场经济体制的建立和发展，国家财政用于社会保障方面的支出不断增加。1998—2007 年，国家财政社会保障经费支出由 595.63 亿元增加到 5447.16 亿元，年均递增 27.9%，增幅比同期财政总支出高 10.3 个百分点。从分项情况看，2007 年国家财政对社会保险基金的补助为 1275.00 亿元，比 1998 年的 21.55 亿元增长 59.2 倍，年均递增 57.4%；用于自然灾害生活救助支出为 91.57 亿元，比 1998 年的 52.56 亿元增长 1.7 倍，年均递增 6.4%。另外，国家财政为支持国有企业改革，妥善解决下岗职工安置和再就业问题，安排了大量的资金，2007 年我国财政用于确保城市居民最低生活保障和就业补助的资金达 666.94 亿元，其中，用于确保城市居民最低生活保障的财政支出比 1998 年的 8.86 亿元增长 33.4 倍，年均递增 47.7%，用于就业补助的财政支出比 1998 年的 6.48 亿元增长 57.2 倍，年均递增 56.8%。

此外，国家财政还通过采取一系列优惠政策支持社会保障制度改革，促进社会保障事业发展。在国家财政的有力支持下，我国已初步建成了以社会保险、社会救助、社会福利、优抚安置和社会互助为主要内容的社会保障体系。

三、财政赤字可控制，债务负担可承受

从我国历年的财政收支数据来看（见图 9），我国的财政收支状况基本保持在健康、可持续的轨道上平稳发展。虽然从 1986 年开始出现连年赤字，但赤字率①都控制在 3% 以内，处于可控的安全范围之内。

改革开放之前，我国处于计划经济时期，国家几乎掌握了全部的社会资源，财政的平衡在相当程度上意味着全社会经济总量的平衡，因此，当

---

① 赤字率＝财政赤字/GDP，是衡量一个国家财政赤字水平的重要指标，《马斯特里赫特条约》中给出的财政状况稳定标准为赤字率控制在 3% 的警戒线以内。

（单位：%）

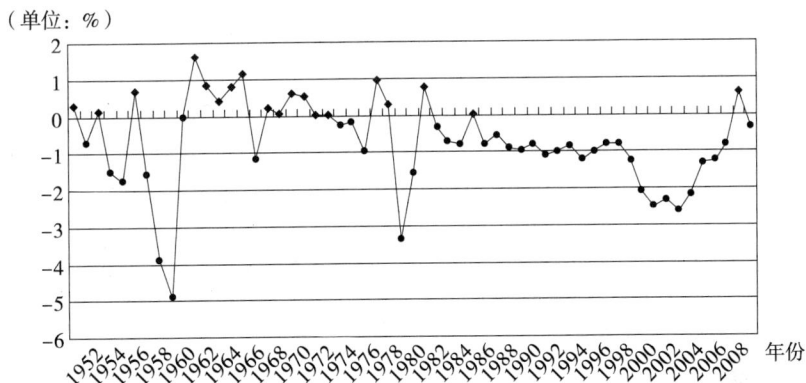

图9　1952—2008 年我国财政收支差额占 GDP 的比重①
（资料来源：财政部：《中国财政年鉴·2008》，中国财政杂志社 2008 年版）

　　时的财政政策有明显的"以收定支"的特点，政府严格恪守年度预算收支平衡。在 1950—1978 年 29 年的时间里，出现财政赤字的年份有 12 年，而且这些年份出现的赤字，大多是由财政的虚收所致，并不是政府的主观选择，因此在传统体制下政府的预算安排从来都是平衡的。

　　改革开放之后，坚持财政收支平衡的原则并没有发生变化。然而，在"放权让利"的旗帜下，财政政策的重心实际上落在调整政府和微观经济主体的分配关系、为经济体制改革服务上，其结果是国家财政的集中度下降，财政收入严重不足，而财政支出却刚性增长。在这种情况下，财政收支平衡难以维持，1979 年出现了严重的财政赤字，赤字率达到了 3.4%。为了弥补财政赤字，我国于 1980 年开始筹划、1981 年正式恢复了国债的发行。图 10 所示的是 1981—2007 年我国国债的发行量及增长速度。

　　从图 10 可以看到，我国自 1981 年开始恢复发行国债以来，国债发行规模不断扩大。从 1981 年的 48.66 亿元增加到 2007 年的 7637 亿元，年均

---

① 财政收支差额 = 财政收入 - 财政支出，财政收支差额 >0，表示出现财政盈余，图中用◆标出，财政收支差额 <0，表示出现财政赤字，图中用●标出。

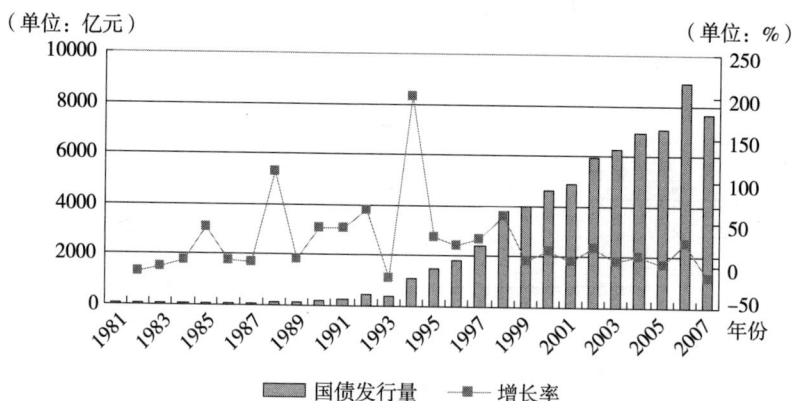

图 10　1981—2007 年我国国债的发行量及增长速度

（资料来源：国家统计局编：《中国统计年鉴》（1993—2008 年），中国统计出版社 1993—2008 年版）

增长 21.5%，截至 2007 年年底国债累计发行额 68928 亿元，国债余额达 53365.5 亿元。同时我国国债规模的变化还表现出明显的阶段性特征。

第一阶段：从 1981 年到 1993 年，国债年度发行规模较小，从 1981 年的 48.66 亿元增加到 1993 年的 381.32 亿元，年均增长 18.7%。这一阶段规模较小主要是由于改革处于初始时期，并且采用发债和向银行透支或借款的"双轨制"弥补财政赤字。

第二阶段：从 1994 年至今，国债发行规模剧增。1994 年国债发行额达 1137.55 亿元，约为 1993 年的 3 倍，1994—2006 年连续 13 年国债发行量逐年递增，只有 2007 年国债发行量较上年有所下降，由 2006 年的 8883.3 亿元下降至 2007 年的 7637.0 亿元。这一阶段国债数量增长过快，一是由于财政赤字的弥补由"双轨制"转为"单轨制"，不准向银行透支或借款；二是由于这一阶段还本付息数额增加，也相应地扩大了国债的发行量；三是由于积极财政政策的实施。

伴随着国家债务规模的扩大，债务负担问题日益引起关注，从应债能力指标和偿债能力指标来看，我国的国债发行量仍然处于可持续范围之内。2007 年我国的国债负债率为 21.4%①，单从这一指标看，我国国债发行的承受能力还具有较大的弹性空间；2007 年我国的国债依存度②为 15.3%，也低于国际警戒线 20%。

我国的财政事业经过风风雨雨的 60 年，为经济建设、农业发展、科教文化、社会保障等方面的发展作出了积极的贡献，保障了我国社会经济文化事业平稳健康地发展。在今后的发展道路上，虽然困难和问题不可避免，但相信我国的财政事业必将迎来美好的明天。

参考文献

1. 楼继伟：《新中国 50 年财政统计》，经济科学出版社 2000 年版。

2. 国家统计局编：《中国统计年鉴》（2000—2008 年），中国统计出版社 2000—2008 年版。

3. 财政部：《中国财政年鉴·2008》，中国财政杂志社 2008 年版。

（执笔人：周芳）

---

① 国债负债率＝国债余额/当年 GDP，《马斯特里赫特条约》中规定 60% 为国债负债率警戒线。

② 国债依存度＝国债发行额/当年财政支出，《马斯特里赫特条约》中规定 20% 为国债依存度警戒线。

固定资产投资的变迁

　　60 年来，新中国从百业待兴到如今的蒸蒸日上，中华大地上发生了翻天覆地的变化，一座座大楼拔地而起，一条条马路修筑而成，人民的生活水平显著提高。投资，作为拉动经济增长的三驾马车之一，既是扩大生产规模发展国民经济的重要手段，也是提高人民物质文化生活水平的条件。

　　图 1 显示的是 1981—2007 年全社会固定资产投资与国内生产总值的

（单位：%）

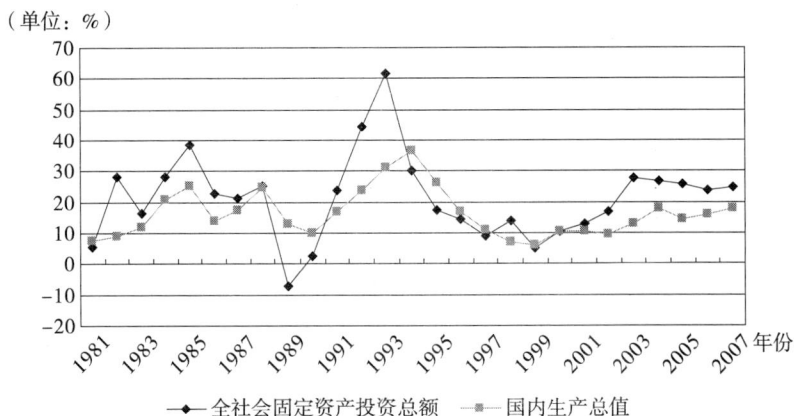

图1　全社会固定资产投资与国内生产总值增长速度

（资料来源：国家统计局固定资产投资统计司：《中国固定资产投资统计数典（1950—2000）》，中国统计出版社 2002 年版；国家统计局编：《中国统计年鉴·2008》，中国统计出版社 2008 年版）

增长速度。从图 1 我们可以看到，全社会固定资产投资总额除 1989 年出现一次负增长（1989 年全社会固定资产投资额较 1988 年下降了 7.2%）外，其他年份都保持着较高的增长势头，近五年的增长率都在 20% 以上。另外，从图 1 可以看出，国内生产总值的增长趋势和全社会固定资产投资总额基本保持一致，当固定资产投资额增加较快时，国内生产总值也会呈现出较快的增长。

一、公有制为主导，多种所有制共同发展

固定资产投资中各类经济类型的比重直接反映了我国经济体制的变迁，即所有制体制的改革。我国经济领域所有制结构的调整过程，实际上也是市场化改革逐步深入和非公有制经济崛起的过程。图 2 显示了 1980—2007 年各种经济类型投资比重的变化情况。从图 2 可以看出，国

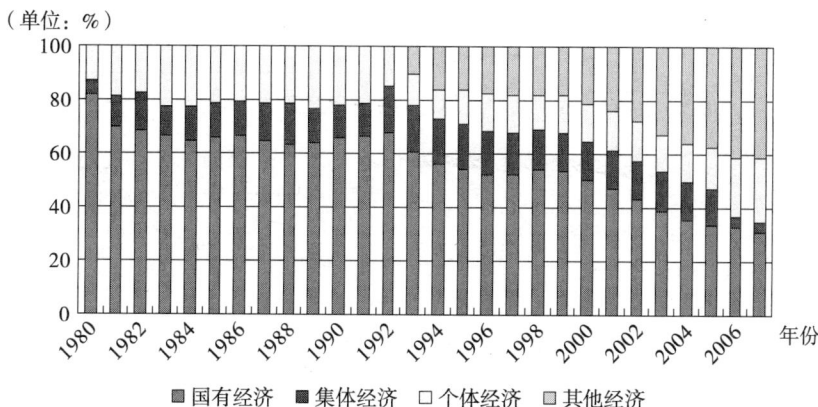

图 2　各种经济类型固定资产投资比重变化

（资料来源：国家统计局固定资产投资统计司：《中国固定资产投资统计数典（1950—2000）》，中国统计出版社 2002 年版；国家统计局编：《中国统计年鉴·2006》，中国统计出版社 2006 年版）

有经济的固定资产投资比重呈现出下降的趋势，由 1980 年的 81.9% 下降到了 2007 年的 30.8%，集体经济的固定资产投资比重较为稳定，维持在百分之十几的水平上，而其他经济类型（主要指股份制经济、外商投资经济、港澳台投资经济、私营经济和联营经济）固定资产投资比重则有了飞速的提高，由 1993 年的 10.3% 迅速提高到了 2007 年的 41.1%。值得注意的是，自 2004 年开始，其他经济类型的固定资产投资超过了国有经济，成为固定资产投资中比重最大的一部分，说明股份制经济、外商投资经济、港澳台投资经济和联营经济的固定资产投资已经成为推动我国经济发展的重要力量。当然，从总体上看，公有制经济的固定资产投资比重仍然占据主导地位，这与我国以公有制为主体、多种所有制共同发展的基本经济制度是相吻合的。

图 3 显示了 1980—2007 年各种经济类型固定资产投资的增长情况。从图 3 可以看到，自新中国成立以来，各种经济类型投资均表现活跃，增长较快。1980—2007 年，国有经济固定资产投资年平均增长 16.1%，个体经济固定资产投资年平均增长 23.2%。集体经济除 2006 年固定资产投资出现一次回落外，其他年份较上年均有所增长，1980—2005 年集体经

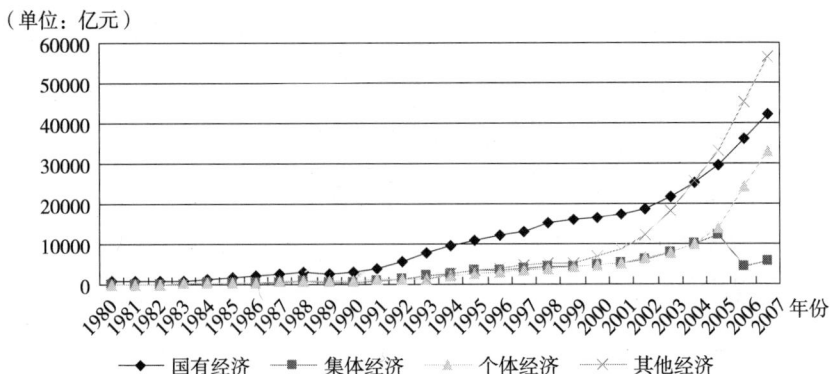

图 3 1980—2007 年全社会固定资产投资的增长（按经济类型划分）

（资料来源：国家统计局固定资产投资统计司：《中国固定资产投资统计数典（1950—2000）》，中国统计出版社 2002 年版；国家统计局编：《中国统计年鉴》（2002—2008 年），中国统计出版社 2002—2008 年版）

济固定资产投资的年平均增长率为 24.9% 。1993—2007 年，其他经济类型（主要指股份制经济、外商投资经济、港澳台投资经济、私营经济和联营经济）固定资产投资平均增长率则达到了 30.5% 。

非公有制经济的固定资产投资比重之所以从 1993 年开始呈现出大幅度提高，是由 1992 年的两个大事件触发的。改革开放之初，人们还难以摆脱姓"资"姓"社"的争论，在经济体制的改革方面还迈不开步子。1992 年春邓小平同志的南方讲话，对抓住机遇、加速发展的问题发表了精辟的见解，深刻回答了长期束缚人们思想的重大问题，同年 10 月中共十四大上正式确立了中国经济体制改革的目标是建立社会主义市场经济体制，从此，中国的改革开放再次进入了快车道，非公有制经济的固定资产投资也乘着改革的东风飞速前进。

二、基本建设为主体，房地产投资升温

按照管理渠道划分的固定资产分为基本建设投资、更新改造投资、房地产开发投资及其他。图 4 显示了 1953—2003 年按管理渠道划分的固定资产投资的比重变化。从图 4 可以看到，新中国成立之初，固定资产投资主要集中在基本建设投资，其他投资很少。随着经济的发展，基本建设投资所占的比重整体上呈下降趋势，不过仍然是固定资产投资的主要组成部分，目前维持在 60% 左右。

值得注意的是，从 20 世纪 80 年代中期开始，房地产开发投资开始逐步扩张。图 5 显示了 1987—2007 年房地产开发投资额及增长率情况。从图 5 可以看到，1992 年和 1993 年房地产开发投资额的环比增长率一度分别高达 117.5% 和 165.0% ，出现了较为严重的房地产投资过热。这种房地产过热对国民经济造成了一定的影响，不仅加剧了钢材、水泥、木材等建筑材料的供需矛盾，带动了其价格较猛上涨，而且由于挤占了过多的建

（单位：%）

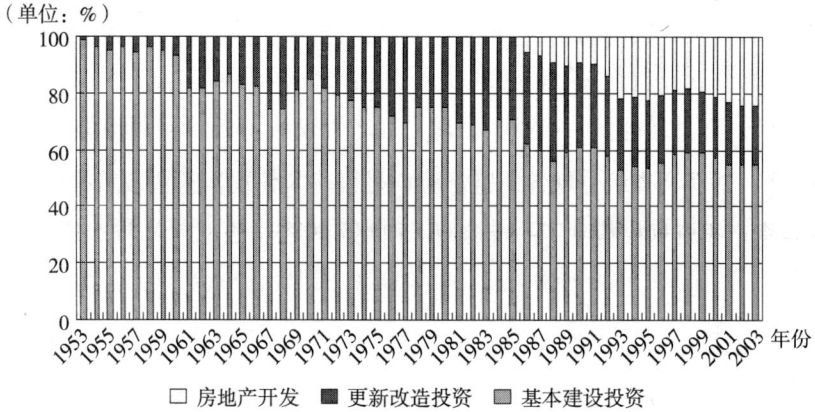

图 4　1953—2003 年按管理渠道划分的固定资产投资比重变化

（资料来源：国家统计局固定资产投资统计司：《中国固定资产投资统计数典
（1950—2000）》，中国统计出版社 2002 年版；国家统计局编：《中国统计年鉴》
（2002—2004 年），中国统计出版社 2002—2004 年版）

（单位：亿元）　　　　　　　　　　　　　　　　　　　　（单位：%）

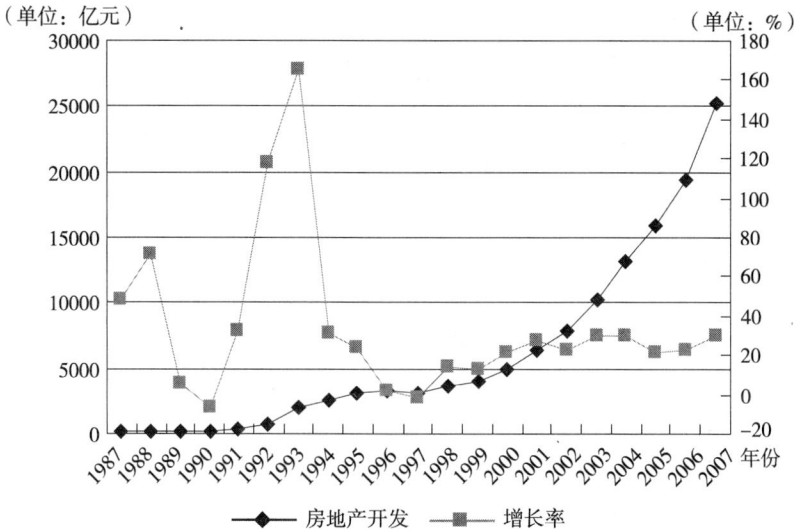

图 5　1987—2007 年房地产开发投资额及增长率

（资料来源：国家统计局固定资产投资统计司：《中国固定资产投资统计数典
（1950—2000）》，中国统计出版社 2002 年版；国家统计局固定资产投资统计司：
《中国固定资产投资统计年鉴》（2003—2008），中国统计出版社 2003—2008 年版）

设资金，致使一些国家重点建设项目资金不足；但从另一个角度来说，房地产市场的过热也反映出住房商品化、社会化、市场化的巨大发展潜力，以及对房地产市场进行有效引导的必要性。

1994年1月，国务院发出《关于继续加强固定资产投资宏观调控的通知》，并派调查组分赴各地监督检查贯彻落实情况。这些政策措施，使固定资产投资规模得到了一定控制，抑制了投资结构过度向房地产投资的倾斜。由图4和图5可以看到，自20世纪90年代中期以来，我国房地产开发投资的增长率较为平稳，固定资产投资的结构相对保持稳定。

三、东部投资领先，西部加速追赶

图6显示了1983—2007年东、中、西部地区①固定资产投资额及增长率。从图6可以看出，全社会固定资产投资额依东—中—西形成三个明显的梯次。2007年东部地区的固定资产投资总额为75250.27亿元，但西部地区只有20938.37亿元，不足东部地区的1/3。

为了加快西部地区的发展，1999年，我国提出西部大开发战略，针对西部地区在基础设施等方面相对薄弱的情况，国家重点加大了对西部地区重点建设资金的支持力度，带动了全社会固定资产投资的增长。1999—2007年，西部地区的固定资产投资保持着较快的增长速率，年平均增长率为21.21%，略高于同期全国水平的21.19%，其中，重庆全社会固定资产投资年平均增长25.0%，增速居西部省份首位。

从东、中、西部的横向比较来看，1999—2007年东部地区全社会固定资产投资年平均增长率为19.7%，中部地区为24.8%，西部地区为

---

① 东部地区指的是京、津、冀、辽、沪、苏、浙、闽、鲁、粤、桂、琼；西部地区指的是川、渝、黔、滇、藏、陕、甘、青、宁、新；其他省份归入中部地区。

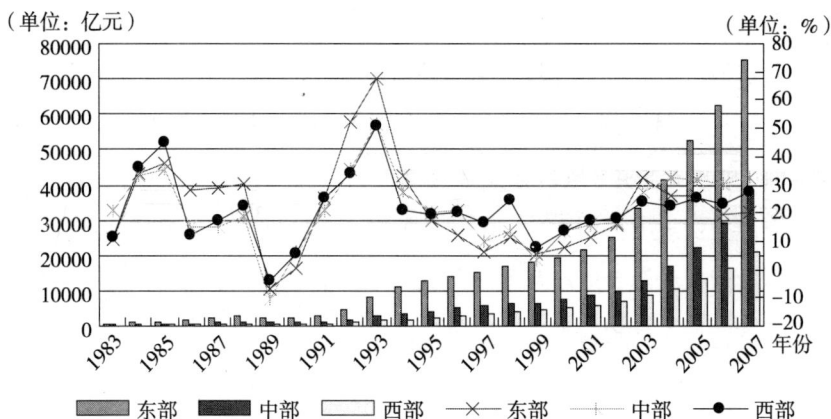

（单位：亿元）　　　　　　　　　　　　　　　　　　　　　　（单位：%）

图6　1983—2007 年东、中、西部地区固定资产投资额及增长率

(资料来源：国家统计局固定资产投资统计司：《中国固定资产投资统计数典
(1950—2000)》，中国统计出版社 2002 年版；国家统计局固定资产投资统计司：
《中国固定资产投资统计年鉴 (2003—2008)》，中国统计出版社 2003—2008 年版)

21.2%，虽然西部地区在固定资产投资额的绝对值上明显落后于东中部地
区，但从增长率上来看，毫不逊色于东中部地区，甚至高出东部地区 1.5
个百分点，呈现出加速追赶的态势。

四、适应经济要求，产业不断优化

　　新中国成立以来，我国的产业结构一直处于不断调整的状态。图 7 显
示了 1953—2000 年各个计划时期三次产业的基本建设投资情况。总的来
看，前 30 年中，我国固定资产投资的产业结构向第二产业倾斜，而后 30
年中，第三产业则逐渐占据了固定资产投资的首要位置。

　　回顾 60 年，我国固定资产投资的产业结构大致经历了如下几个阶段：

　　新中国成立之初，面对凋敝落后的工业和帝国主义的经济封锁，我国

年份

年份	第一产业	第二产业	第三产业
1996—2000		37.3	61
1991—1995		46.8	52.1
1986—1990		52.7	45.8
1981—1985		47.2	50.4
1976—1980		54.4	41.7
1971—1975		57.1	38.9
1966—1970		57.3	39
1963—1965		51.9	40.5
1958—1962		61.7	34.9
1953—1957		46.2	51.1

0　　20　　40　　60　　80　　100（单位：%）

■第一产业　■第二产业　□第三产业

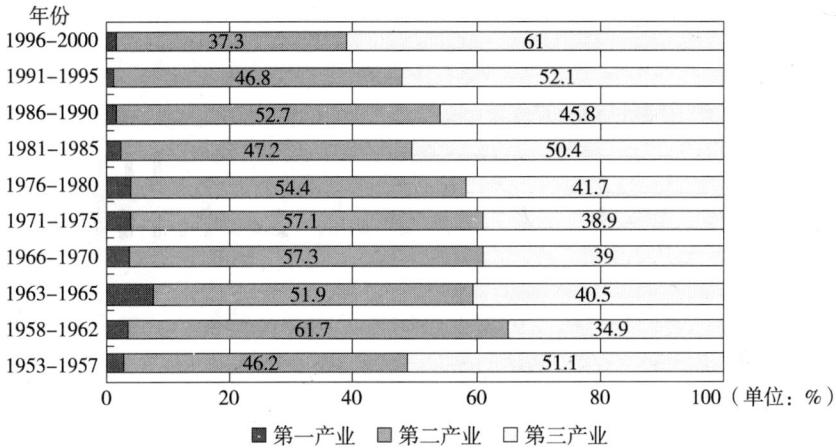

图7　各个计划时期三次产业的基本建设投资

(资料来源：国家统计局固定资产投资统计司：《中国固定资产投资统计数典 (1950—2000)》，中国统计出版社 2002 年版)

提出了要在短时间内实现国家工业化，尽快建立大体完整的工业化体系的目标。第一个五年计划期间，我国集中主要力量进行了以 156 个建设项目为中心的工业建设，我国在三次产业上的固定资产投资比重为 2.7%、46.2%、51.1%，形成了以重工业为主的产业结构体系。

1958 年开始了"大跃进"，使我国的产业结构严重失衡，农业的基础地位被削弱，工业方面的投入继续加大。第二个五年计划期间，我国在三次产业上的固定资产投资比重为 3.4%、61.7%、34.9%，与"一五"期间相比，第二产业的固定资产投资比重增长了 15.5 个百分点，第一产业仅增长了 0.7 个百分点，第三产业下降了 16.2 个百分点。

针对以上情况，1961 年国家提出"调整、巩固、发展、提高"的八字方针，着重解决产业结构失衡的问题。调整的方向是：在工农业发展顺序上，先农业后工业，适当缩短工业战线，放慢工业增长速度。1963—1965 年的经济调整时期，第二产业的固定资产投资比重已由第二个五年计划时期的 61.7% 下降到了 51.9%，第一产业的固定资产投资比重则由

3.4% 上升到了 7.6%。

1966 年掀起的十年文化大革命，使得我国的产业结构再次失衡。在"以钢为纲"方针的指导下及国防工业迅速发展的背景下，第三个五年计划和第四个五年计划期间，我国的第二产业固定资产投资又由经济调整时期的 51.9% 反弹到了 57.3% 和 57.1%，第一产业的固定资产投资下滑到了 3.7% 和 4%，第三产业中的商业、餐饮业、服务业，被压缩到最低限度。

1977 年，国民经济在经历了十年动乱之后开始恢复，但由于急于恢复经济的发展，第二产业的固定资产投入仍然居高不下，第三产业投入不足，产业结构的矛盾仍然突出。

1979 年，我国对产业结构进行了全面调整，主要内容有：大力发展农业，调动农民积极性；调整轻重工业比例关系，扩大消费品工业的生产规模，改善消费品生产结构；增加向基础产业的投入，重点解决交通运输业、邮电通讯业的效率问题，加快通信设施建设；发展第三产业。经过调整，1981—1985 第六个五年计划时期，我国的第二产业固定资产投资比重降至 47.2%，第三产业的固定资产投资比重升至 50.4%，第一产业的固定资产投资比重为 2.3%。

1984—1988 年，我国经济快速增长，工业生产以年递增 10% 以上的速度迅猛发展，尤其是加工工业成为这一时期成长最快的部门，而与此同时，基础产业中的电力、石油、原材料制造等产业的增长速度相对较慢，成为经济增长的"瓶颈"，农业生产率水平低，后继发展能力不足。1985 年以后，农业增长放缓，出现了农副产品供应短缺现象。我国的产业结构出现了"轻型化"倾向。

1989 年，我国对产业结构进行第三次重大调整。这次调整的目标是：优先发展农业、基础工业、高新技术产业。经过调整，产业结构中重大比例关系趋向协调，产业结构中"轻型化"倾向得到抑制。

从 2005 年下半年开始，中国的钢铁、电解铝、铁合金、电石、焦炭、铜、汽车等行业就开始显现产能过剩。我国通过重组、改造、淘汰等一系列重点举措推动产能过剩行业加快结构调整步伐，至此各项政策措施已取得积极成效，产能过剩行业和潜在过剩行业投资势头得到抑制，高耗能、高污染的落后生产能力逐渐淘汰，产品结构和技术水平有所改善。

作为经济发展的物质保障，我国固定资产投资虽经历波折，但总量却取得了巨大的成就，结构也得到了不断改善，为我国经济增长奠定了坚实的基础。现阶段，在可持续和科学发展观的指引下，我国的产业结构正朝高效、节约、生态型转变，因此必然要求固定资产投资进行相应的结构调整，有了60年结构调整的经验和教训，我们有理由相信固定资产投资一定会完成这一重大的历史使命。

参考文献

1. 刘新民：《我国产业结构调整及绩效分析》，《山西财经大学学报》2001年第4期。

2. 国家统计局固定资产投资统计司：《中国固定资产投资统计数典(1950—2000)》，中国统计出版社2002年版。

3. 国家统计局：《中国统计年鉴》(2002—2008)，中国统计出版社2002—2008年版。

4. 国家统计局固定资产投资统计司：《中国固定资产投资统计年鉴(2003—2008)》，中国统计出版社2003—2008年版。

（执笔人：周芳）

透过储蓄看生活

关于居民生活的讨论有很多角度，可以从多个方面展开这一话题，为什么要从储蓄看居民生活？这或许应该从其定义说起。城乡居民储蓄存款余额，指某一时点城乡居民存入银行及农村信用社的储蓄金额，包括城镇居民储蓄存款和农民个人储蓄存款，不包括居民的手存现金和企业、部队、机关、团体等单位存款。从此定义中，我们可以看出，储蓄存款余额不仅反映了居民的未来消费能力，也在一定程度上反映了居民提高当前生活水平的能力。

从1952年到1956年，我国经济恢复重建时期，居民储蓄存款高速增长，平均每年增长30%以上。但由于新中国成立初期，各项工作均处于起步阶段，存款余额基数小，高速增长的情况下存款余额的绝对量依然比较小。

从1957年到1977年，我国经历了大跃进时期、人民公社化早期和"文革"，政治环境动荡，国内经济发展不稳定，居民储蓄缓慢增长，甚至有些年份出现负增长，年平均增长率在6%左右。

从1978年到1988年，居民储蓄存款又开始高速增长，这一阶段储蓄存款平均每年增长30%以上。

从1989年到1996年，居民储蓄存款持续高速增长。在基数已经较大的情况下，储蓄存款余额继续保持旺盛的增长势头，年均增长率达到31.6%。

从 1997 年到 2000 年，储蓄存款减速增长，增长速度从 1994 年的 41.5%下滑到 2000 年的 7.9%。

从 2001 年至今，储蓄存款恢复性增长，储蓄存款增长速度重新加快，但平均增长速度保持在 15%左右。

最新数据显示，截至 2009 年 3 月 31 日，中国工商银行的客户存款余额已超过 8.9 万亿元人民币，一举超越欧美和日本银行同业，成为全球客户存款第一的商业银行。

这一连串的数字告诉我们什么？不可否认，中国在创造经济增长神话的同时，也创造了储蓄增长的奇迹，居民手中的闲钱越来越多，居民的口袋也越来越满。

一、储蓄存款余额的飙升

（一）从总额看居民储蓄存款

从表 1 我们可以看出，新中国成立以来，城乡居民民储蓄存款余额水平有很大的提高，平均水平从 20 世纪 50 年代的 30.26 亿元上升到 90 年代的 67538.11 亿元，增长速度相当惊人，特别是改革开放以后。80 年代，城乡居民储蓄存款余额的平均水平相当于 70 年代的 13 倍，90 年代的平均水平又相当于 80 年代的 34 倍之多，可能全世界也只有中国才可以创造这样的增长神话。

表 1　不同年代储蓄存款余额

（单位：亿元）

时期	20 世纪 50 年代	20 世纪 60 年代	20 世纪 70 年代	20 世纪 80 年代	20 世纪 90 年代至今
储蓄存款平均每年年底余额	30.26	62.96	151.46	1963.72	67538.11

此外，从图 1 和图 2 我们还可以看出，20 世纪 80 年代之前储蓄余额的增长速度远远不及 80 年代之后。在这里我们选择 1978 年作为分界点分别作图，原因之一就是 80 年代之前与之后，储蓄存款余额的数量级相差

（单位：亿元）

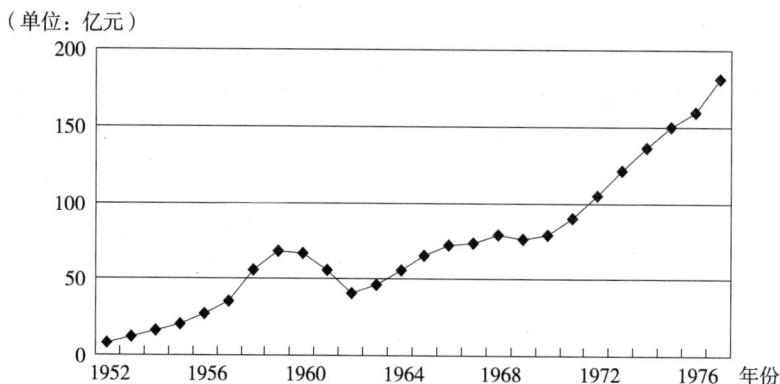

图 1 1952—1977 年储蓄存款年底余额

（资料来源：国家统计局国民经济综合统计司：《新中国五十五年统计资料汇编》，中国统计出版社 2005 年版；国家统计局编：《中国统计年鉴·2008》，中国统计出版社 2008 年版）

（单位：亿元）

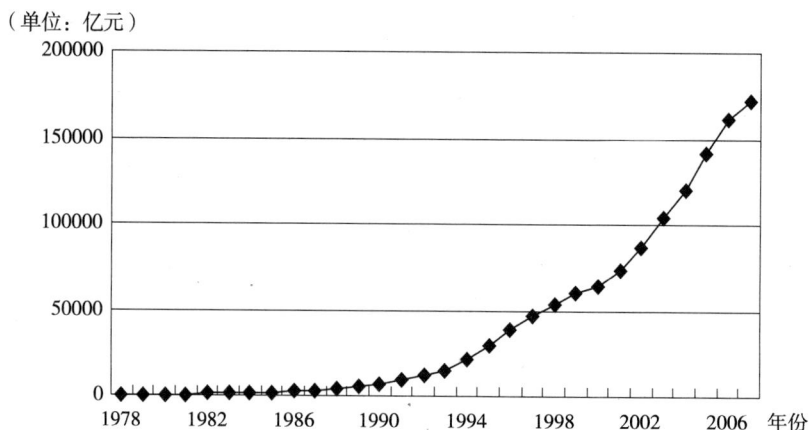

图 2 1978—2007 年储蓄存款年底余额

（资料来源：国家统计局国民经济综合统计司：《新中国五十五年统计资料汇编》，中国统计出版社 2005 年版；国家统计局编：《中国统计年鉴·2008》，中国统计出版社 2008 年版）

过大，以致于在同一张图中显示时，80年代之前的数字无法清晰地显示出来。不得不承认，改革开放创造了我国经济高速增长的神话的同时，也创造了居民储蓄的神话。

（二）从人均看居民储蓄存款

如果说储蓄存款总额代表一个国家的整体水平，不能体现居民个体实际拥有的存款数量，那么人均储蓄存款余额则从居民个体的角度反映储蓄存款余额的变化。以1978年作为分界点，改革开放之前，人均储蓄存款余额虽然也呈现出上升的趋势，但其增长速度较慢，增长率平均在10%左右，而且有些年份还出现负增长。1978年之后，改革开放的一系列举措带来了经济的高速发展，也带来了储蓄余额的大幅度上升，人均储蓄存款余额从1978年的22元上升到2007年的13058元。在人口基数庞大，人口增长速度较快的中国，人均增长速度能达到如此的水平，可谓是一大经济奇迹。

（单位：元）

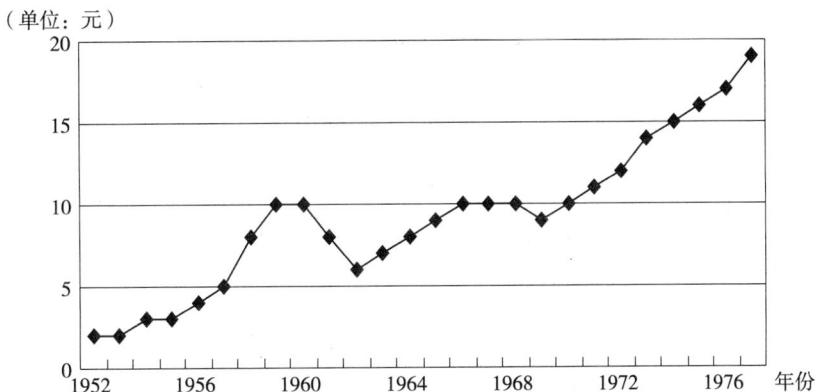

图3　1952—1977年人均储蓄存款余额

（资料来源：国家统计局国民经济综合统计司：《新中国五十五年统计资料汇编》，中国统计出版社2005年版；国家统计局编：《中国统计年鉴·2008》，中国统计出版社2008年版）

（单位：元）

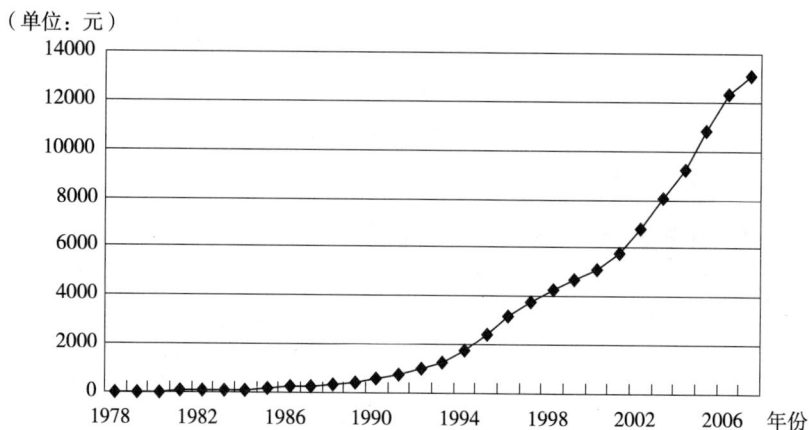

图 4 1978—2007 年人均储蓄存款余额

（资料来源：国家统计局国民经济综合统计司：《新中国五十五年统计资料汇编》，中国统计出版社 2005 年版；国家统计局编：《中国统计年鉴·2008》，中国统计出版社 2008 年版）

（三）从与 GDP 的比较看居民储蓄存款

我们将 GDP 的增长与储蓄余额的增长进行比较，图 5、图 6 很好地反映出二者之间的相依变化。从图 5、图 6 我们可以看出，新中国成立以来，伴随着 GDP 的高速增长，储蓄余额也在急剧增长。而且，在大多数年份，储蓄余额的增长率均大于对应年份 GDP 的增长率。这一方面证实了经济发展与储蓄余额增长二者之间高度的正相关（相关系数高达 0.99），经济的发展带来了储蓄余额的急速增长；另一方面也说明我国经济发展的成果已惠及到平民百姓，经济越发展，人民手中的财富就越多，手里的闲钱也越来越多。

（单位：%）

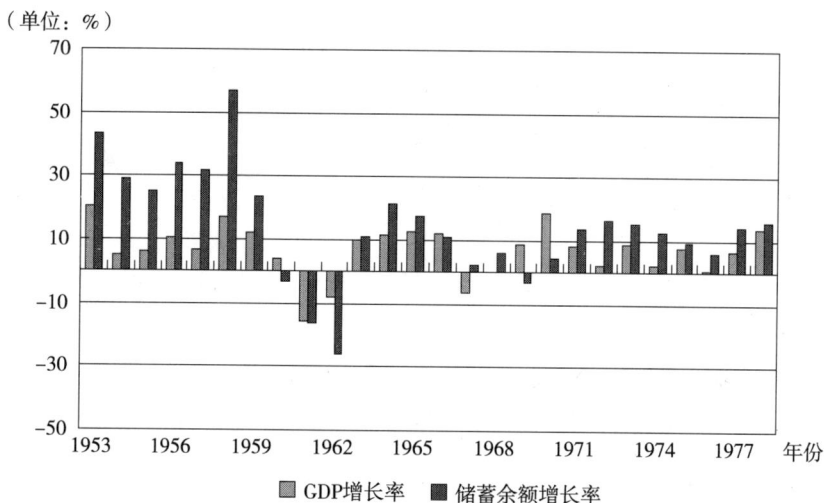

图5 储蓄余额增长率与 GDP 增长率的比较（1953—1978 年）

（资料来源：国家统计局国民经济综合统计司：《新中国五十五年统计资料汇编》，
中国统计出版社 2005 年版；国家统计局编：《中国统计年鉴·2008》，中国统计出版
社 2008 年版）

（单位：%）

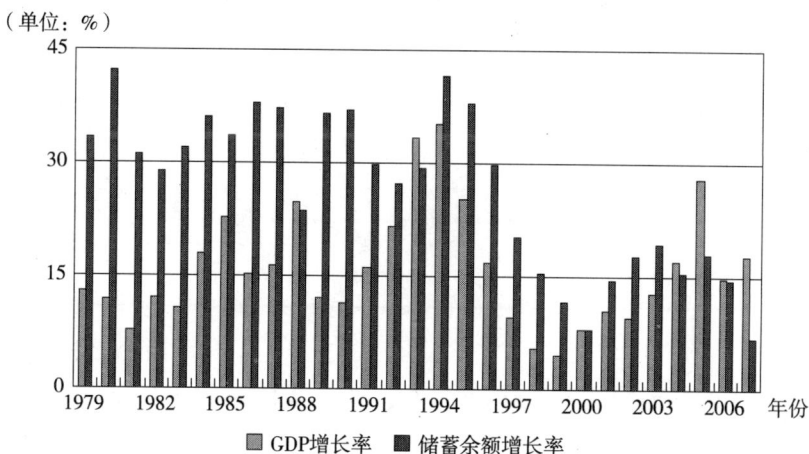

图6 储蓄余额增长率与 GDP 增长率的比较（1979—2007 年）

（资料来源：国家统计局国民经济综合统计司：《新中国五十五年统计资料汇编》，
中国统计出版社 2005 年版；国家统计局编：《中国统计年鉴·2008》，中国统计出版
社 2008 年版）

二、什么带动了储蓄的增长

（一）可支配收入

我们知道，居民储蓄是居民把可支配收入中暂时不用于消费的部分存入银行，故个人可支配收入是储蓄之源泉。改革开放以来，城镇居民人均可支配收入以 7.2% 的平均速度增长，农村居民人均纯收入以 7.1% 的平均速度增长，这为储蓄的增加奠定了坚实的基础。从图 7 可以看出，改革开放以来，我国人均储蓄存款余额增长率都为正数，且高于当年城镇居民人均可支配收入、农村居民人均纯收入的增长率（2007 年除外）。

（单位：%）

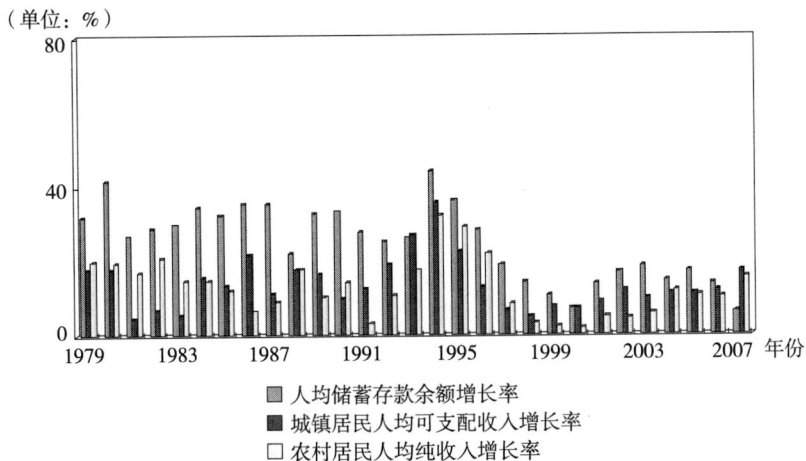

图 7　人均储蓄存款余额与人均可支配收入、农村居民人均纯收入的比较

（资料来源：国家统计局国民经济综合统计司：《新中国五十五年统计资料汇编》，中国统计出版社 2005 年版；国家统计局编：《中国统计年鉴·2008》，中国统计出版社 2008 年版）

（二） 对未来的预期

我国是从计划经济走向市场经济的，在计划经济时代，很多事情都是在预期之中的，居民的收入是稳定的，工作是铁饭碗，特别是在住房、医疗和教育方面，大部分都是由国家负担。自 1978 年改革开放以来，许多曾经由国家支付的成本，逐渐转向个人，并且成为人们的主要支出。而且由于市场的不确定，导致工作的不确定性也急剧上升，失业问题越来越严重。为了应对将来的不确定性，人们只能增加自己的存款，以防失业或不可预测的其他不利因素所带来的影响。

图 7 中，人均储蓄存款余额增长率高于当年城镇居民人均可支配收入、农村居民人均纯收入的增长率，从一定程度上反映了人们对未来不确定性的一种预期，储蓄存款的增长率要高于可支配收入的增长率，才能很好地应对未来的不测；而图 8 中定期与活期之比也从另一方面反映了人们的这种不确定性预期的心理。

定期储蓄是一种一次存入本金、分数次支取利息的存款方式，这种储蓄适合手头有整笔较大的款项，而在短时间之内又没有比较大的计划开支。而活期储蓄则是一种没有存取日期约束，随时可取、随时可存，也没有存取金额限制的存款方式。一般情况下，活期储蓄的利率要低于定期储蓄的利率。图 8 显示，改革开放之前，定期与活期存款的比值较小，均在 2 以下；改革开放之后，这一比值明显变大，市场经济时代的到来，使得人们对未来不确定性的预期变大，实际行动则体现在不断加大储蓄存款中定期存款所占的比例。

（三） 有价证券的投资回报率

一般情况下，股票、债券等有价证券的投资回报率越高，高于同期银行存款利率的预期越大，人们会将一部分储蓄存款转化为有价证券；反之，股市、债市的资金会流向储蓄存款。相对于数万亿元的储蓄存款余额而言，我国有价证券对存款资金的分流作用微乎其微。这主要是因为我国

定期/活期

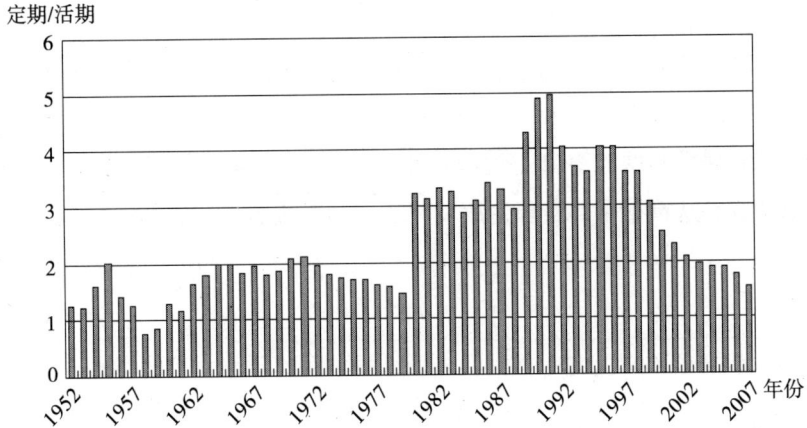

图 8　1952—2007 年间储蓄余额中定期与活期之比

（资料来源：国家统计局国民经济综合统计司：《新中国五十五年统计资料汇编》，
中国统计出版社 2005 年版；国家统计局编：《中国统计年鉴·2008》，中国统计出版
社 2008 年版）

股票、债券市场的不健全，风险偏大，回报率偏低，购买有价证券的性价
比过低，人们不愿意将自己手中的血汗钱，作为试验品交给一个处在起步
阶段的金融市场。

三、建议——从储蓄到生活质量

毋庸置疑，高储蓄告诉我们，居民手中的闲钱越来越多，我们摆脱了
"吃完上顿没下顿"的饥饿年代，开始一步一步踏上小康生活的康庄大
道。然而，储蓄额不断攀升的同时，居民最终消费率持续走低，越来越富
裕的中国人正变得越来越不敢花钱，这一看似矛盾的经济现象告诉我们什
么呢？探究居民储蓄的目的，我们不难发现，住房、教育、医疗日益成为
百姓生活中不能承受之重。虽然经济高速发展，但正在建设中的社会保障

制度、正在完善中的市场经济体制可能依然无法给人们足够的安全感！如何让居民放心大胆地消费，不为明天的事情而烦恼，是亟待解决的问题。

1978 年的改革开放给我们带来了经济的腾飞，储蓄的飙升，从物质层面而言，居民的生活质量得到大大的提高；但我们更希望在不久的将来，社会保障制度的健全，能让我们摆脱这诸多的压力，减少储蓄额，增加消费额，从精神层面实现生活质量又一次质的飞跃。

参考文献

1. 国家统计局国民经济综合统计司：《新中国五十五年统计资料汇编》，中国统计出版社 2005 年版。

2. 国家统计局编：《中国统计年鉴·2008》，中国统计出版社 2008 年版。

（执笔人：张璞）

消费市场的兴旺发达

1949 年 3 月，中共七届二中全会提出要把消费的城市变成生产的城市。为此，新华社于 1949 年 3 月 17 日发表题为《把消费城市变为生产城市》的社论。社论指出："随着革命战争的胜利发展……把城市工作做好的中心环节是迅速发展和恢复城市生产，把消费城市变为生产城市。"

新华社北京 2009 年 2 月 24 日电，第十七届中共中央政治局 2 月 23 日下午进行第十二次集体学习，中共中央总书记胡锦涛强调：中央要采取更强有力的措施扩大国内需求特别是扩大消费需求，以拉动经济增长……努力形成新的经济增长点和竞争优势。

将跨越 60 载的两个历史镜头放在一起，向我们展现的正是新中国消费品市场发展过程所处两个不同历史背景阶段的巨大差异：新中国成立初期的社会生产"一穷二白"，社会物质产品极其匮乏，国内消费品市场在"短缺经济"模式下长期受到抑制；如今的社会物质产品极大丰富，国内消费品市场在拉动经济增长中占有举足轻重的地位。只有充足的社会生产力和良好的经济发展环境，才能满足日益增长的社会物质产品消费需求，新中国成立 60 年来国内消费品市场的发展和完善，正是我国经社会生产力不断提升和经济实力不断壮大的真实写照。

一、市场发展：跨越 60 年的变迁

社会消费品零售总额是反映国内消费品市场发展景气度的最主要指标。通过对新中国成立 60 年来社会消费品零售总额的分析，可以发现我国的消费品市场发展大致经历了如下几个阶段的变迁。

新中国成立初期，百废待兴，国内社会生产基本停滞不前，作为提供社会主要消费品的城市生产能力遭到毁灭性的破坏；社会消费品极度匮乏，基本消费需求无法得到满足。为了迅速恢复生产，满足社会消费需要，党中央在新中国成立初期便作出把消费城市转变为生产城市的决策，使得城市生产很快得到恢复和发展，为国内经济恢复提供了条件。经过 1949—1952 年国民经济的三年恢复建设，到新中国政府统计体制建立的 1952 年，按照 1950 年的可比价格，全社会消费品零售总额达到 247.6 亿元，人均消费品零售总额为 43.1 元，国内消费品市场在新中国成立初期得到了迅速恢复。1956 年顺利完成社会主义改造后，计划经济体制得到确立，促进了社会生产力的提升和经济发展水平的提高，从而推动了消费能力的回升。如图 1 和图 2 所示，从 1952 年到 1960 年，虽然每年社会消费品零售总额增长幅度起落不定，但我国的消费品市场还是经历了第一轮长达 7 年的快速增长，根据 1952 年可比价格计算的年均增长速度达到了 11.2%。

到实施改革开放政策的 1978 年，按 1950 年可比价计算的社会消费品零售总额已达 1146 亿元，是 1952 年的 4.6 倍，人均消费品零售总额达到了 119.1 元。从 1960 年到 1978 年，这期间过于僵化的计划经济体制严重束缚了商品的流通和生产力的发展，加之又经历了"文革"，国家经济发展基本停滞。有限的生产能力无法满足社会消费需求，使得国内消费品市场长期处于"短缺经济"模式下，社会消费品零售总额年均增长速度在

（单位：亿元）

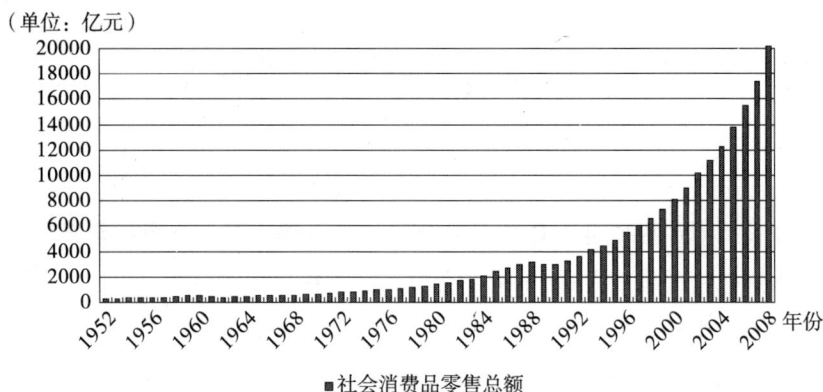

图 1　按 1950 年可比价格计算的历年社会消费品零售总额

（资料来源：根据《新中国五十五年统计资料汇编》、《中国统计年鉴·2008》、《中国统计公报·2008》整理）

（单位：%）

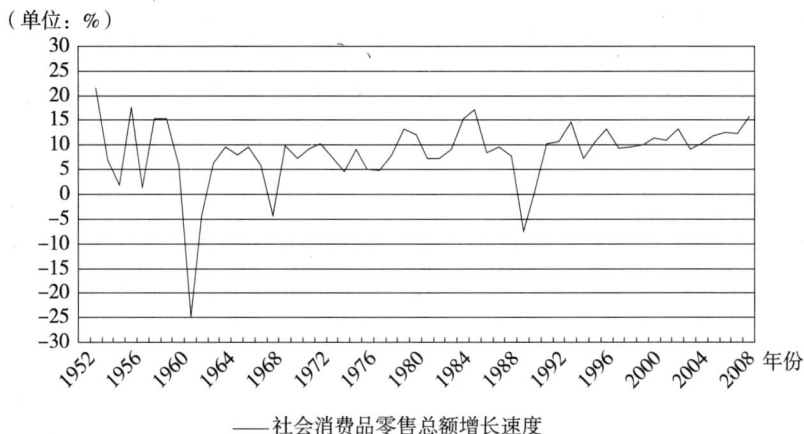

图 2　按 1950 年可比价格计算的历年社会消费品零售总额增长速度

（资料来源：根据《新中国五十五年统计资料汇编》、《中国统计年鉴·2008》、《中国统计公报·2008》整理）

低位徘徊，国内消费品市场发展缓慢。

　　1978 年实施改革开放政策后，随着社会主义市场经济体制的逐步建立和完善，生产力得到了极大的解放和提高，为社会消费提供了丰富的物质产品保证；各种所有制经济的出现和蓬勃发展，加快各种社会消费商品的流通。社会主义市场经济体制有力地促进了国内消费市场的快速发展，到1997年东南亚金融危机爆发前夕，我国的消费品市场在这18年间经历了第二轮的快速增长。历年社会消费品零售总额增长速度大部分维持在10%以上，根据1952年可比价格计算的社会消费品零售总额年均增长速度接近10%。

东南亚金融危机对我国1997—1998年的对外贸易产生了严重的冲击，加上1998年发生了百年一遇的大洪水，我国遭遇了自新中国成立以来第一次出现的"生产相对过剩"，许多产品积压，对国内消费品市场造成了一定的影响。国家及时调整宏观经济政策，通过一系列投资带动国内消费市场的发展，依靠不断增长的国内消费需求弥补了因外贸受阻而带来的不利影响。此后国内消费品零售总额进入第三轮快速增长时期，社会消费品零售总额历年增长速度基本维持在两位数。尽管又经历了2003年的"非典"影响，但国内消费品市场发展势头不减。2008年的社会消费品零售总额达到20000亿元左右，人均消费品零售总额则达到1500元左右，分别是改革开放初期1978年的近18倍和13倍，是新中国成立初期1952年的80多倍和30多倍，一个健康稳定的国内消费市场成为我国经济增长的不竭动力。

如图1所示，社会消费品零售总额从1952年的247.6亿元到2002年实现万亿元大关用了50年的时间，再到2008年迈过20000亿元的门槛却仅用了6年时间。今天的国内消费品市场已经告别昔日计划经济体制下的"短缺经济"时代，在满足社会各种消费需求的同时，国内消费已成为拉动中国经济增长不可或缺的主要动力。伴随着我国经济增长对外贸依存度较高，2008年以来的世界经济危机给我国的外贸出口再次带来了沉重的打击，降低了我国经济增长的势头。在这种背景下，如何进一步通过扩大国内消费需求，维持国内消费市场的兴旺发达对保持我国经济持续稳定的增长就显得越发重要。

二、增长动力：不断扩大的城市消费比重①

社会消费品零售总额按商品销售业务发生的销售单位所在地可以分为市销售额、县销售额、县以下销售额。从新中国成立到改革开放初期的30 年间，由于计划经济体制下对农村和城市人口流动的限制，各个地区的消费品市场规模基本与人口规模存在较大的相关性，庞大的农村人口消费占据了国内消费品市场的主要份额；城市消费规模则在低位"徘徊"，同时受制于几十年计划经济体制下"短缺经济"制约，城市的消费欲望始终得不到释放和满足。

如图 3 和图 4 所示，改革开放以来，城市消费品零售额稳步提高，在全社会消费品零售总额中的份额也是一路走高。1978 年的城市消费品零售额比重仅为 32%，远远低于县以下农村消费品零售额比重 44%。经过近十年的发展，城市消费品零售额比重在 1987 年与县以下农村消费品零售额比重持平，中国的城市消费比重在不断扩大。

改革开放后，市场经济的出现加快了各种商品的流动，丰富了城市消费品市场的内容；城市中多种所有制经济的出现促进了生产力的提高，保证了充足的消费品生产能力；城市消费品交易场所也由原来单纯的百货商店发展到大型超市、专卖店、购物中心、便利店、折扣店、仓储会员店等多种形式，这些都有力地刺激了城市消费品市场发展。此外，改革开放以来，随着我国城乡二元经济格局的形成，城市居民人均收入的增加幅度明显高于同时期的农村居民，收入的显著提高也为城市消费品市场活跃奠定了基础。

进入 20 世纪 90 年代，随着计划经济的彻底消失与社会主义市场经济

---

① 根据《中国统计年鉴》，按销售单位所在地划分的市销售额即是城市社会消费品零售额。

（单位：%）

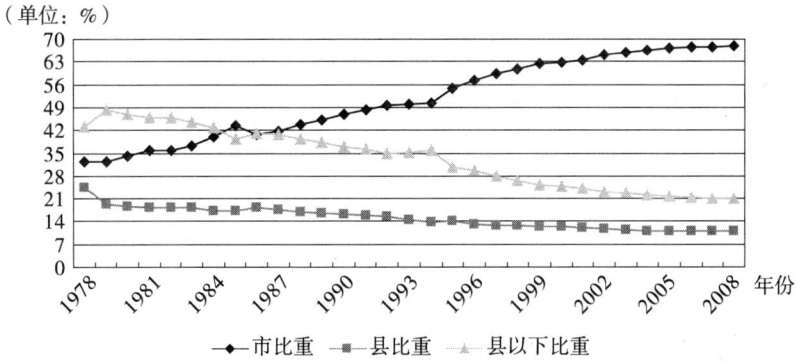

图3　历年按销售单位所在地分的社会消费品零售总额结构比重

（资料来源：根据《新中国五十五年统计资料汇编》、《中国统计年鉴·2008》、《中国统计公报·2008》整理）

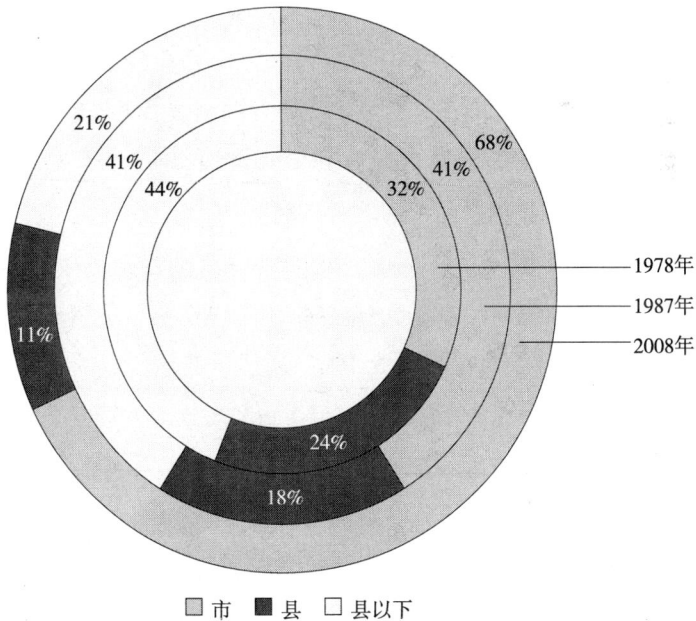

图4　改革开放30年来社会消费品零售总额的地域结构变化

（资料来源：根据《新中国五十五年统计资料汇编》、《中国统计年鉴·2008》、《中国统计公报·2008》整理）

的建立完善，社会生产力得到了彻底的解放，中国不仅完全告别了"短缺经济"时代，而且逐渐发展成为"世界工厂"。特别是随着城市的现代化步伐加速、城镇化水平的提高，城市消费品市场日益壮大与完善，到2008 年，城市消费品零售额比重已经接近 70%，远远高于县和县以下两者比重之和，城市消费品市场的蓬勃发展已成为国内消费品市场增长的强劲动力。

三、市场格局：异军突起的住宿和餐饮业消费

社会消费品零售总额按行业来源可以分为批发和零售业零售额、住宿和餐饮业零售额，其他行业零售额三部分。其中，批发和零售业所包含的范围最广，涉及城乡居民用于生活消费和社会集团用于公共消费的商品。如图 5 所示，新中国成立以来，批发和零售业的消费品零售额比重始终维持的高位水平，从 1952 年的 76.3% 到 2008 年的 84.1%，基本保持在80% 左右的比重，占据消费品市场的主导地位。

在剩余的行业零售份额中，住宿和餐饮业与其他行业并列，显得尤为重要。如图 5 和表 1 所示，新中国成立初期的 1952 年，住宿和餐饮业零售额仅占全部消费品零售总额的 5.1%，远低于其他行业的零售额比重18.6%，此后多年也都在 5% 左右徘徊。住宿和餐饮业发展状况是一个国家服务业发展水平和经济活力高低的主要体现标志之一，新中国成立后的实行计划经济体制制约了社会对住宿和餐饮服务的需求，住宿和餐饮业一直处于规模小、网点少的发展状况。到改革开放初期的 1978 年，住宿和餐饮业的发展跌至"谷底"，如表 1 所示，住宿和餐饮业零售额仅占全社会消费品零售总额的 3.5%。

改革开放后，随着市场经济的快速发展和居民物质生活水平的提高、生活节奏的加快、生活方式的创新，居民外出就餐、外出旅游的次数增

（单位：%）

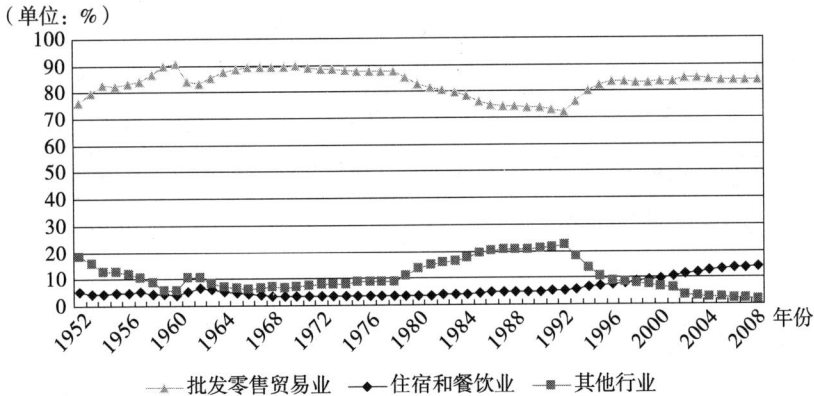

图5 历年按行业分的社会消费品零售总额结构比重

（资料来源：根据《新中国五十五年统计资料汇编》、《中国统计年鉴·2008》、《中国统计公报·2008》整理）

加。20世纪90年代以来，社会上各种类型的公务、商务活动频繁，国内和国际旅游业快速发展，有力地促进了住宿和餐饮业的快速发展，使其成为消费品市场一大亮点。住宿和餐饮业零售额一路走高，保持持续快速增长的格局，呈现淡季不淡、旺季更旺的销售局面，在消费品零售总额中的市场份额不断扩大。如图5和表1所示，1998年，住宿和餐饮业零售额比重首次超过了其他行业；到2008年，住宿和餐饮业消费品零售额比重已经达到14.2%，成为国内消费品市场中仅次于批发和零售业规模的行业，表现出对国内消费品市场起到较大的拉动作用。

表1 新中国成立60年来社会消费品零售总额的行业格局变化

年份	批发零售贸易业零售额比重（%）	住宿和餐饮业零售额比重（%）	其他行业零售额比重（%）
1952	76.3	5.1	18.6
1978	87.5	3.5	9.0
2008	84.1	14.2	1.7

（资料来源：根据《新中国五十五年统计资料汇编》、《中国统计年鉴·2008》、《中国统计公报·2008》整理）

此外，我国住宿和餐饮业近些年的异军突起得益于市场化改革、城市化进程的稳步提升、居民收入水平的不断增长和消费观念的转变。伴随着住宿和餐饮业的异军突起，多元化、连锁性的经营模式近年来成为与国际接轨的发展趋势。住宿和餐饮业由于其网点多、发展快、劳动密集的特点，已经成为吸纳社会就业的主要行业之一。截至 2007 年年底，我国限额以上住宿和餐饮业法人企业 25041 个，产业活动单位 36685 个，从业人员数达到 3417703 人。

四、展望未来：对经济增长的贡献越发重要

新中国成立以后，在一穷二白的基础上，政府通过大力发展城市生产力迅速恢复了社会生产能力，从而为国内消费品市场发展提供了必要的商品。在计划经济体制下，市场调节机制的缺失和生产能力的不足使得我国的国内消费品市场长期处于"短缺经济"的发展模式下，社会消费增长长期受到约束。改革开放以来，通过社会主义市场经济体制的逐步建立与完善，对外开放程度的加大，中国的生产能力得到了突飞猛进的发展，为国内市场提供了丰富的消费品。与此同时，中国的产品走向世界各地，对外贸易额飞速增长，远远超过了国内市场消费规模。如图 6 所示，国内消费市场在不断壮大和完善的同时，其在国内生产总值中的比重却在逐年下降。特别是 20 世纪 90 年代以来，国内消费品市场规模在 GDP 中的明显下降，我国经济增长的对外依存度逐渐增高。

在这种发展背景下，一旦我国的外贸出口受到影响，对我的经济增长影响将产生不利的后果。1997 年的东南亚金融危机虽然对我国的外贸出口和国内消费品市场都造成了冲击，但在外贸出口受阻时，政府的宏观经济调控政策刺激了国内消费品市场的发展，通过扩大内需实现了保持经济的稳定增长，能够在一定程度上弥补出口不足带来的负面影响。

（单位：%）

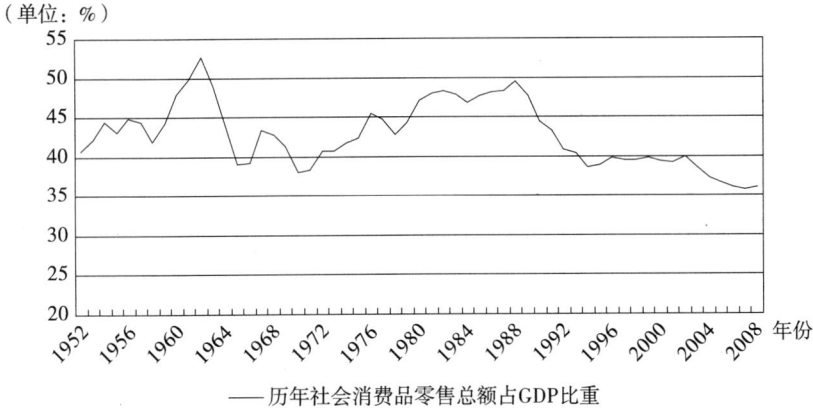

—— 历年社会消费品零售总额占GDP比重

图6　历年社会消费品零售总额占 GDP 比重

（资料来源：根据《新中国五十五年统计资料汇编》、《中国统计年鉴·2008》、《中国统计公报·2008》整理）

时隔十年后的 2008 年世界金融危机，再次向我们表明一个成熟稳定发展的国内消费品市场，是促进经济持续增长的关键。面对两次危机对我国的对外贸易产生的严重影响，政府应对的主要措施之一就是通过出台一系列政策刺激国内消费品市场，从而拉动经济的增长。庞大稳定的国内消费市场规模在一定程度上可以缓解出口减少所带来的影响，国内消费品市场的完善和稳定发展对保持我国经济增长起着不可或缺的作用。经过 60 年的发展，中国的国内消费品市场进一步朝着多元化、产业化的趋势发展，在拉动经济不断增长的同时，也势必吸纳了大量的就业劳动力。展望未来，一个完善有序的国内消费品市场在未来中国经济发展中必定至关重要。

参考文献

1. 国家统计局国民经济综合统计司：《新中国五十五年统计资料汇编》，中国统计出版社 2005 年版。

2. 国家统计局编：《中国统计年鉴·2008》，中国统计出版社 2008 年版。

3. 国家统计局编：《中国统计公报·2008》，中国统计出版社 2008 年版。

（执笔人：陶然）

居民消费的
现代化之路

　　新中国成立 60 年来，人民生活水平有了极大的提高。随着人均收入的大幅增长，吃得饱、穿得暖已经不再是人们追求的目标，取而代之的是寻求更高层次的生活。消费不但表现为广大人民群众生活水平的提高，同时消费也是经济发展的"三驾马车"之一，在整个社会主义市场经济建设的过程中，相对于投资和出口来看，消费不足一直是困扰我国经济发展的一个问题，特别是在世界经济陷入低潮的今天，扩大消费将成为我国经济工作的重要课题。

一、居民消费水平的变迁

　　居民消费水平是指按人口平均计算的居民消费额。居民消费水平表明国家对人民的物质文化生活需要的满足程度，它是反映一个国家（或地区）的经济发展水平和人民物质文化生活水平的综合指标。统计上，居民消费水平按国内生产总值口径，即包括劳务消费在内的总消费进行计算的。具体计算方式如下：

　　居民消费水平（元／人）＝报告期国内生产总值中的居民消费总额／

报告期年平均人口

由图 1 可以看到，自新中国成立以来城镇居民消费水平呈现出上升的趋势。改革开放前，消费水平的增长非常缓慢，1952 年城镇居民消费水平人均 154 元，到 1977 年才增长到人均 390 元。从 1978 年改革开放开始到 20 世纪 90 年代初期，消费水平增速加快，但总体仍然缓慢。1978 年城镇人均 405 元，到粮票制度取消时（1993 年），城镇居民消费水平增长为 3027 元。从 1994 年至今，居民消费水平的增长非常明显。2007 年，城镇人均水平已经达到将近 12000 元。

（单位：元/人）

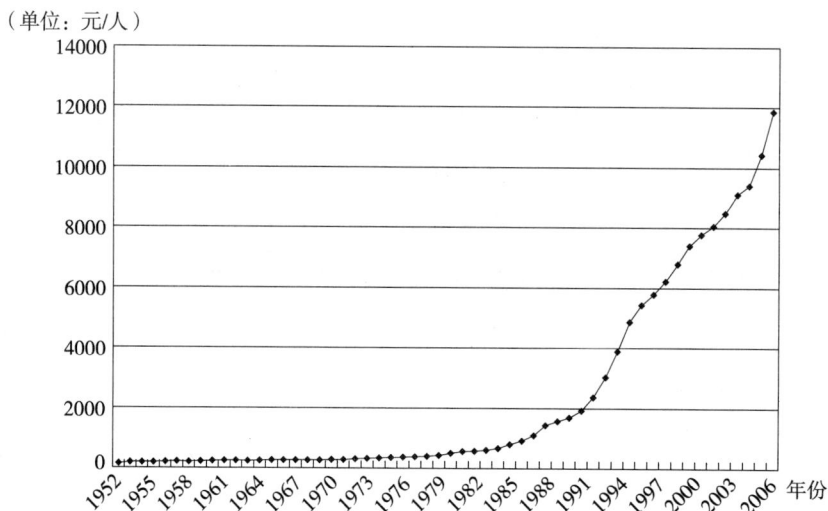

图 1　全国消费水平变化图（1952—2007 年）

（资料来源：国家统计局国民经济综合统计司：《新中国五十五年统计资料汇编》，中国统计出版社 2005 年版；国家统计局编：《中国统计年鉴·2008》，中国统计出版社 2008 年版）

由此，我们可以清楚地看到消费的增长呈现出非常明显的阶段性特征，新中国成立初到改革开放这一时期，国家经济先后经历了一系列重大的挫折和挑战，消费水平几乎限于停滞状态；改革开放以后，党的工作重心转向了经济建设，随着一系列新政策的出台，人均消费水平增速明显加快；自20世纪90年代起至今，国家宏观经济虽然也出现了一些波动，但总体保持着健康、快速发展，居民消费水平也随之节节攀升。

居民消费水平的提高，不仅仅表现在统计数据上，更加直接地表现在我们每一个人的身边。看餐桌上，各色菜肴丰富得天天像过大年。使用了40多年之久的粮票，而今是收藏爱好者们的新宠。曾经是一家人的银根，而如今的年轻一代则不知其为何物。以前愁的是"巧妇难为无米之炊"，现如今主妇们因为各式菜品不知如何搭配而做足了功课。超市里商品应有尽有，进口的、国产的，令人眼花缭乱。每逢节假日，商家使出浑身解数招揽顾客，打折、返券、赠品，让消费者应接不暇，完全找不到短缺经济时的影子。曾经是人们如数家珍的"四大件"——缝纫机、自行车、手表和收音机，早已变得平凡无奇。20世纪80年代的"新四大件"——黑白电视、电冰箱、洗衣机、录音机中，黑白电视变成了彩色电视，有纯平的，也有背投的；电冰箱有了无氟的、绿色环保的；洗衣机用上了全自动的；而录音机，则被录音笔等各种数码产品代替。以前那个时代，有辆自行车就是了不起的事情了，而在如今的北京、上海等城市，一家一辆小轿车也是非常普遍的事情。

二、居民消费结构的变迁

从消费结构上考虑，居民消费通常可以分为基本生存型消费和享受型消费两种类型，基本生存型消费包括"衣食和居住"消费支出；享受型消费包括"家庭设备用品"、"交通通讯"、"文化教育娱乐用品"、"医疗保健及其他商品和服务"等消费支出。判断居民消费结构是否趋向优化，可依据经济学理论的"基本生存型消费比重是否下降，享受型消费比重是否增长"来进行判断。下面将通过对恩格尔系数的考察反映"基本生存型消费比重是否下降"；而通过对三大件（洗衣机、电冰箱和电视机）

的考察反映"享受型消费比重是否增长"。

（一）恩格尔系数逐年变小，生存型消费比重下降

中国有句古话，叫"民以食为天"。在生活贫困时，食物是人们追求的最低标准，为了一口活命的饭而奋斗。当生活逐渐富裕起来，饭桌上的食物就丰盛起来。从"食"的变化中，可以反映出一个社会的发展、历史的变迁。

一个用来衡量"食"的指标就是恩格尔系数，它是食品支出总额占个人消费支出总额的比重，其目的是揭示一个国家或地区居民生活水平和发展阶段。一般情况下，随着家庭和个人收入的增加，收入中用于食品方面的支出比例将逐渐减小。根据联合国粮农组织提出的标准，恩格尔系数在 59% 以上为贫困，50%—59% 为温饱，40%—50% 为小康，30%—40% 为富裕，低于 30% 为最富裕。

图 2 显示了 1980 年以来城镇恩格尔系数的变化情况。可以看出城镇恩格尔系数有明显的下降趋势，而且自"九五"时期之后，下降趋势显著加快。1978 年，城镇家庭恩格尔系数为 57.5%，到 2007 年城镇家庭恩格尔系数下降到了 36.3%。虽然对恩格尔系数的统计口径还存在争议，但仍可以看出我国城镇居民已达到了比较富裕的生活标准。

（二）家用电器迅速增长，享受型消费日益重要

虽然在今天看来，电脑、手机已经相当普及，但毕竟这主要发生在近十年，难以用来衡量新中国成立 60 年来居民在享受型消费方面的支出。因此首先考察传统的家用电器消费需求的变化情况。

由图 3 可以看到，城镇居民每百户拥有的洗衣机数量自 20 世纪 80 年代中期呈现跨越式增长，到 90 年代平均每百户家庭拥有洗衣机已逾 80 台，而近年来已达到了几乎每户家庭都拥有一台洗衣机。城镇居民每百户拥有的电冰箱数量自 80 年代中期也呈现出快速增长，进入到 21 世纪平均每百户家庭拥有电冰箱数量也超过了 80 台。每百户拥有的电视机数量自

（单位：%）

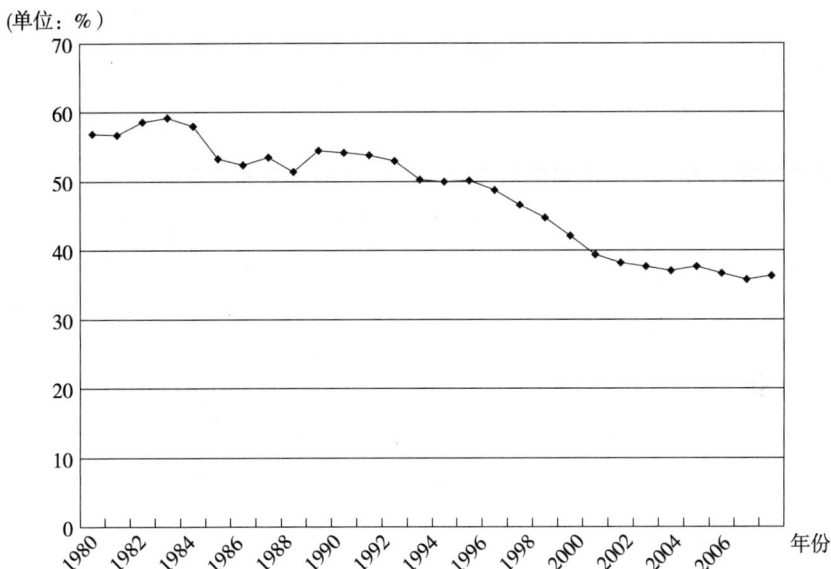

图2　城镇恩格尔系数变化图（1980—2007 年）

（资料来源：国家统计局国民经济综合统计司：《新中国五十五年统计资料汇编》，
中国统计出版社 2005 年版；国家统计局编：《中国统计年鉴·2008》，中国统计出版
社 2008 年版）

80 年代起呈现稳步快速增长，到 90 年代末就已经基本达到了户均一台的
标准。近年来，城镇居民每百户电视机拥有量仍在增长，到 2007 年已达
到了 140 台/百户。

随着村村通、家电下乡等活动的开展和逐步深入，不光城镇居民家用
电器的拥有量大幅提高，越来越多的农村家庭也都拥有了大型的家电，尤
其是在近两年，在国家相关政策的鼓励下，传统家用电器正经历着大幅的
换新和升级，逐步向节能环保型的方向发展。

事实上，家用电器普及这一结构升级在 20 世纪 90 年代中期就已基本
完成。这些年又形成了许多新的消费热点：如汽车消费、电子产品消费、
住房消费、旅游消费和教育文化消费等。繁忙的生活使得人们更加注重假
日的休闲时光，假日旅游增多。在北京，周末驾着私家车出行已经极为普

（单位：台）

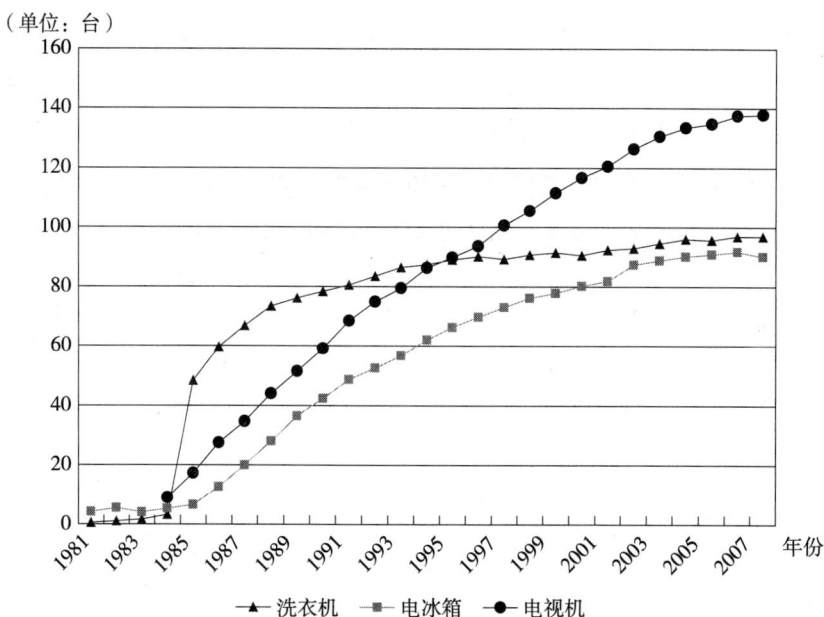

图3　城镇洗衣机、电冰箱、电视机每百户拥有量变化图（1981—2007 年）
（资料来源：国家统计局国民经济综合统计司：《新中国五十五年统计资料汇编》，
中国统计出版社 2005 年版；国家统计局编：《中国统计年鉴·2008》，中国统计出版
社 2008 年版）

遍。在黄金周等长假里，国内长线旅游红红火火。出国游等以前遥不可及
的生活方式，也如"旧时王谢堂前燕，飞入寻常百姓家"一般变得越来
越大众化。教育文化消费的比例也越来越大，在这个知识经济的时代，人
们也越来越愿意在教育上进行投资。比如各种资格证书的考取费用，上英
语培训班、考研培训、出国留学培训的费用等。同时，音乐会、电影话
剧、图书等文化类消费也成为都市人不可或缺的支出。这些都说明了：我
们的消费结构已经越来越走向多样化和合理化，通过不断的调整更加适应
我们的生活。

总的来说，新中国成立 60 年来，城镇和农村居民的消费水平都实现

了巨大的增长。新中国成立初期我们是在一穷二白的条件下进行经济建设，随后的 30 年可以说一直处于积累的阶段，加之物质产品的匮乏，居民消费自然徘徊在较低的水平；但自改革开放起，国民经济进入了快速增长的新时期，相应的居民消费水平的增长步伐也开始加快。经过又一个 30 年的增长，到今天，全国居民人均年消费达到了 7000 元，城镇居民更是突破了 12000 元，而且，居民消费结构也发生了重大改变，由低层次的生存型消费逐步转向高层次的享受型消费。由最初的"温饱"到之后的"小康"，再到近年的"全面小康"，从中央的政策中我们就可以明确感受到人民生活水平的提高。而生活水平的提高必然带动消费结构的升级，尤其是自 2003 年我国人均 GDP 突破 1000 美元后，国际经验表明居民消费将由实物消费为主走向实物消费与服务消费并重的阶段，即生活质量越加受到关注，以住房、交通、通信等消费为标志的居民消费结构升级趋势已愈发明显。

消费水平的快速增长，消费结构的逐步升级，是经济发展的必然趋势，也是人民生活水平提高的必然途径，同时居民的消费也逐渐被视为拉动我国经济增长的重要力量；而我国经济的持续、快速、健康发展也为消费水平的增长、消费结构的转变提供了最根本的前提和保证，从而进一步提高人民的生活水平。

参考文献

1. 国家统计局国民经济综合统计司：《新中国五十五年统计资料汇编》，中国统计出版社 2005 年版。

2. 国家统计局编：《中国统计年鉴·2008》，中国统计出版社 2008 年版。

（执笔人：黄媛）

住有所居

住房是人类适应自然和改善生活进程的文明标志，是经济社会发展水平的代表性特征，也是今后建设社会主义需要关注的问题。60 年来，各级政府为解决城乡居民的住房问题作出了极大的努力。在党中央、国务院的正确领导下，由于政府的高度重视，财政、税务、计划、国土、金融等各相关部门的大力支持，房改和房地产工作者的辛勤工作，住房制度改革取得了历史性突破，住宅与房地产业实现了持续快速发展，为国民经济和社会发展作出了重大贡献。

随着房地产业的发展和住房制度的改革，人们买上了自己中意的商品房，不管是居住面积还是小区环境都有了很大改善，生活质量也有了很大提高。但是房价居高不下，普通工薪阶层望房兴叹，住房被老百姓戏称为"新三座大山之一"。如此这般，住房问题已成为社会各界聚焦热议的民生问题之一。

一、住房改革三步曲

新中国的住房改革经历了三个阶段。

（一）计划化阶段（1949—1978 年）

1949 年新中国成立到 1978 年改革开放前，随着社会主义公有制的建立，房地产作为商品被严格禁止，房屋建设、土地开发纳入计划经济的基本建设体系之中，使得房地产业失去了成为专门产业发展的可能，房地产业基本上处于萎缩乃至消失状态。但是实物分配、低租房和土地无偿无限期使用政策，使得福利房分配在一定程度上解决了城镇居民的住房问题。

（二）商品化探索阶段（1978—1998 年）

随着改革开放不断推进，城市化进程加快，城镇人口迅速增长，改革以实物分配和低租金为主要特征的城镇住房政策迫在眉睫。这一时期我国城镇住房商品化改革大致经历了三个阶段：（1）1979—1985 年的探索、试点阶段。1978 年，针对城镇居民住房问题的严峻形势，邓小平提出住房供给商品化探索的建议，认为，允许私人建房或者私建公助，分期付款。1980 年 4 月，邓小平又提出：城镇居民个人可以购买房屋，也可以自己盖。不但新房屋可以出售，老房子也可以出售。可以一次付款，也可以分期付款，10 年、15 年付清。邓小平的讲话提出了住房政策改革的一些设想，为后来的住房政策确定了方向，掀开了住房商品化改革的序幕。1982 年开始在郑州、常州、四平和沙市进行试点，实行"三三制"补贴出售公房。（2）1986—1993 年为全面推进阶段。改革低租金，提租补贴，租售结合，以租促售和配套改革时期。但在改革开放的前 10 年间，每年仍有大量新建公房进入旧制度的轨道，甚至有的城市进入旧制度的新房多于出售的旧房。住房实物分配成为阻碍房改的症结。（3）1994—1998 年，房改的制度创新阶段。在总结经验的基础上，1994 年 7 月国务院颁发《关于深化城镇住宅制度改革的决定》，要求建立与社会主义市场经济相适应的新的城镇住宅制度，实现住宅商品化、社会化。1996 年建设部提出"把住宅建设培育成国民经济新的增长点"，房地产业开始在我国经济发展的大舞台中粉墨登场。

（三）全面、快速市场化阶段（1998 年至今）

1998 年 7 月至今，我国在全国范围内实行停止住房实物分配制度，推行住房货币化分配制度，稳步推进住房商品化、社会化的改革；基本停止住房实物分配，逐步实行住房分配货币化；建立住房公积金、个人住房贷款、住房补贴制度；建立和完善以经济适用住房为主的多层次城镇住房供应体系；发展住房金融，培育和规范住房交易市场，促使住宅业成为新的经济增长点。自此，我国住房政策转变为房地产产业政策，市场成为国民住房的主导供给机制，住房供给资源剧增，房地产业成为拉动我国经济增长的重要力量。但与此同时，过度的市场化催生房地产业"泡沫化"的危险，住房价格大大超越国民收入承受能力，使中低收入群体望"房"轻叹。

二、居民住房条件显著改善

我国全面推进城镇住房制度改革，城乡居民住房条件明显改善，特别是住房质量、居住功能和人居环境明显改善与提高。

解放前城镇居民每间瓦房或土房住 3—5 人的家庭占总户数 70% 以上，而且房租贵得惊人。解放后城镇居民的住房条件逐年改观。特别是改革开放以后，人民生活水平迅速提高，人均住房面积不断增加，住房设施也相应配套。据调查，1981 年城镇居民家庭中人均居住面积 8 平方米以上的家庭仅有 13.5%，1988 年上升到 48.1%，1998 年又扩大到 76.8%。而无房户、人均 4 平方米以下的拥挤户和大儿大女合居一室的不方便户，1981 年高达 37.5%，1988 年下降到 14.9%，1998 年仅有 0.9%。居住条件的改善更为明显，截至 1998 年年底，有 68.3% 的城镇居民家庭住上了单元配套住房，74% 的家庭居室内有厕所或浴室，72.6% 的家庭使用煤气

（单位：平方米）

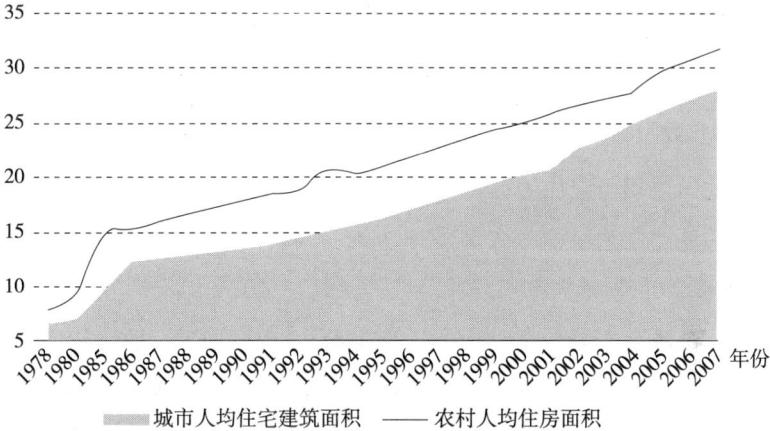

图1　城乡居民人均住宅面积（1978—2007年）

（资料来源：国家统计局编：历年《中国统计年鉴》，中国统计出版社出版）

或液化石油气，41.1%的家庭有可取暖的空调或暖气设备，63.8%的家庭安装了电话。38.1%的家庭住房有全部产权，23.9%的家庭住房有部分产权。1998年，国务院有关文件还明确提出，最低收入家庭由政府或单位提供廉租住房。目前，住房保障制度的建立，已累计帮助1790多万户城市低收入家庭改善了居住条件，住房公积金还累计帮助4700万职工解决了购房资金问题，多数棚户区和旧住宅区得到改造整治。

与此同时，农村人居环境也在逐步改善。在中央"三农"工作方针政策指引下，中央和地方政府不断加大投入，农村基础设施和教育、卫生等公共服务设施不断改善。不少地方积极推进基础设施城乡共享和公共服务向农村延伸，城乡联系更加紧密，一些村庄的居住环境焕然一新，农民生产生活条件明显改善。

进入小康生活的中国人，对住房的需求，已经开始从"生存型"向"舒适型"转变。

三、日益增加的住房需求

我国城镇新建住宅面积随着人们对住房的需求逐年递增。2007年我国城镇新建住宅面积达6.61亿平方米。同时商品住宅销售面积为6.91亿平方米，实现销售额25323.48亿元，比2006年分别增长24.7%和46.5%。从图2中可以明显看出20世纪90年代初试行城镇住房制度改革之后，城镇住房销售面积便开始呈现大幅度增长的态势。与住房新建面积对比，我们可以很明显地看出，在80年代，销售面积的份额相对新建面积非常小，缘于当时住房大都以福利分房为主，个人购买的比例少，而进入90年代之后，住宅私有化，房子的属性发生根本性转变，个人购房的比例奋起直追，"目前，中国城镇80%左右的住房，已经通过市场交易来

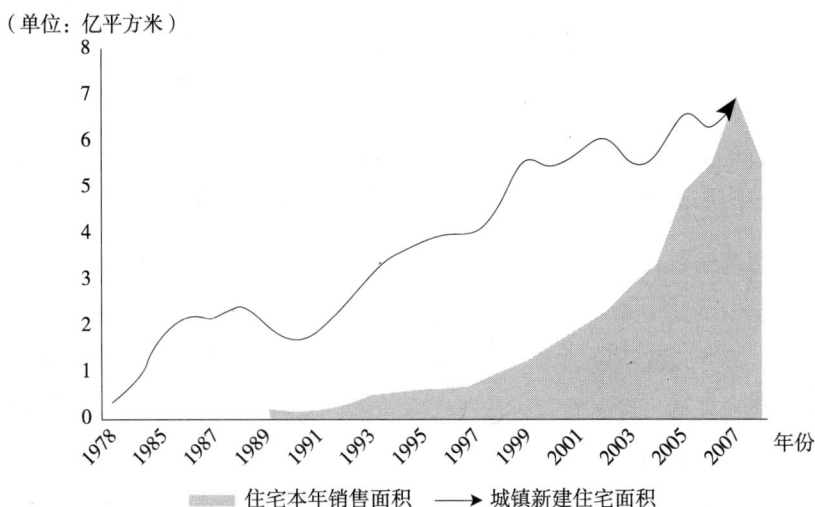

（单位：亿平方米）

住宅本年销售面积　　城镇新建住宅面积

图2　城镇新建/销售住宅面积（1978—2008年）

（资料来源：国家统计局编：历年《中国统计年鉴》，中国统计出版社出版；中经网统计数据库）

进行配置"。在中国发展高层论坛2008年会上，住房和城乡建设部部长姜伟新强调市场作用的重要性时如是说。正是由于市场的导向，近年来房地产开发投资尤其是住宅投资迅速增长。

（单位：亿元）

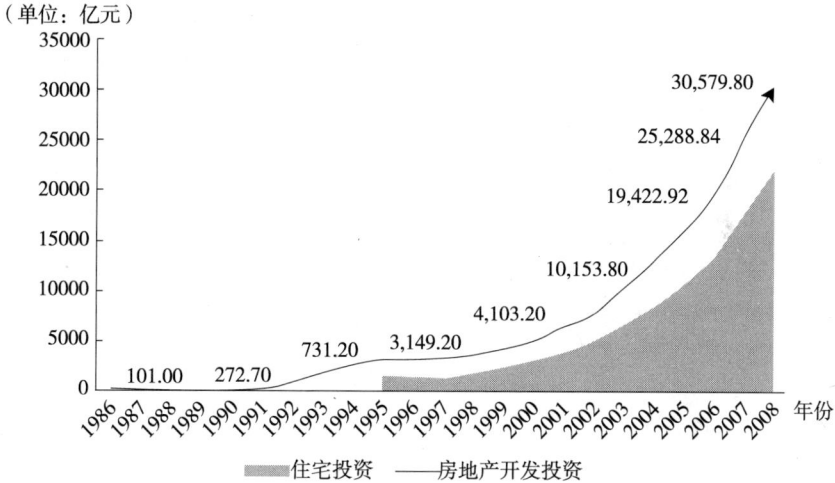

图3 1986—2008年的住宅和房地产开发投资

（资料来源：国家统计局编：历年《中国统计年鉴》，中国统计出版社出版；中经网统计数据库）

四、改革中波动的房价

　　房子是老百姓的依靠，是老百姓的希望，除了遮风挡雨，除了作为"家"来进行感情的交流维系之外，房改又使得住宅本身成为一种价值非常高昂的商品，并具有保值增值的特性。联合国的一项调查显示：住宅是世界上最大的个人财富储藏库。①

---

① See Shlomo Angel. *Housing Policy Matters-A Global Analysis.* Oxford University Press，2000，pp. 3－4.

从 1991 年到 2007 年，房价的变动有高有低，起伏跌宕。如图 4 所示：1991—1997 年的房改探索阶段，国内大城市普遍存在房地产泡沫，房价波动剧烈，年增长率也忽高忽低，1994 年出现了下跌的行情；1998—2002 年房改初级阶段，房子建筑标准较低，成本较低廉。由于 1998 年通货紧缩之后经济放缓，可以看出这一时期房价增长缓慢，增长率水平较低。2003—2007 年房改大力推行，土地成本上涨直接带动了房价的上涨，同时由于电梯等配套设施的完备，建筑成本增加也使得房价走高，尤以 2004 年房价上升得最为迅猛。近两年涌起的购房炒房风潮，使得举国上下对房价的预期一片乐观，更是推动了全国房价的快速上涨。开发商不计成本地疯狂拍地，导致地价攀升，购房者进一步恐慌购房，房价飞涨，由此形成恶性循环。2007 年房价一直飙到 3665 元/平方米，比 2006 年同期增长 17.5%，比同年的 GDP 增长率高 5.5 个百分点。2008 年尽管爆发了世界金融危机，但是国家统计局公布的数据表明：2008 年 70 个大中城市房屋销售价格比 2007 年上涨 6.5%。

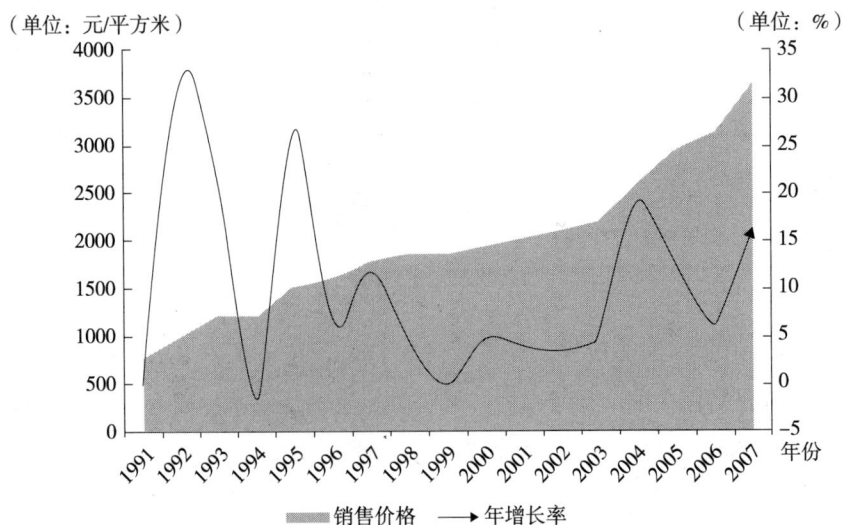

图 4 住宅商品房销售价格（1991—2007 年）

（资料来源：中经网统计数据库）

而在 1997—2007 年这 10 年中全国商品零售价格却下滑了约 0.011 个百分点，意味着同期商品住宅售价的年均实际增长率达到了 4.64% 的水平，住宅租赁价格的涨幅更加明显，如表 1 所示。正因为住宅具有相当可观的投资回报，许多人才抱着投机的心理将投资住宅作为获得高额回报的手段，这也是房价飞涨的原因之一。

表 1　我国各年住宅价格与商品零售价格指数变动

年份	商品零售价格指数	普通住宅销售价格指数	住宅租赁价格指数
1998	97.4	99.9	109.4
1999	97	100.2	102.4
2000	98.5	101.5	114.2
2001	99.2	102	108.1
2002	98.7	104.3	102.0
2003	99.9	106.2	107.5
2004	102.8	109.8	102.2
2005	100.8	108.2	100.5
2006	101	105.9	101.4
2007	103.8	108.6	102.6
2008	105.9	107.6	101.4

（资料来源：邓卫、宋扬编著：《住宅经济学》，清华大学出版社 2008 年版；中经网数据库）

五、住房保障力度加大

城市化水平的迅速提高，新增城镇人口对住房需求急剧增大。建设部原副部长、中房协名誉会长杨慎认为，中国每年 1600 万人进城，使城市住房供求矛盾加大。面对日益高涨的房价，如何让普通阶层人士拥有住房？大力改革城镇居民的住房保障制度，加快廉租房建设和经济适用住房建设，是必行之路。同时建立住房保障制度，多渠道解决中低收入和最低收入家庭的住房问题，也是贯彻落实党的十六大报告提出的以共同富裕为目标，扩大中等收入者比重，提高低收入者收入水平，全面建设惠及十几亿人口的更高水平的小康社会的重要举措。

从 1998 年房改之初的"多层次的住房供应主体系"，到 2003 年的"政策性商品住房"，再到 2005 年存废之争，房改过程中，经济适用房变迁总是重头戏。由于住房保障制度法制化欠缺，地方政府无法获得土地出让收入，开发商利润也较低，各方均缺乏投资建设的积极性，因此，2000—2005 年，经济适用房占住宅开发投资额的比重呈直线下滑的态势，如图 5 所示。

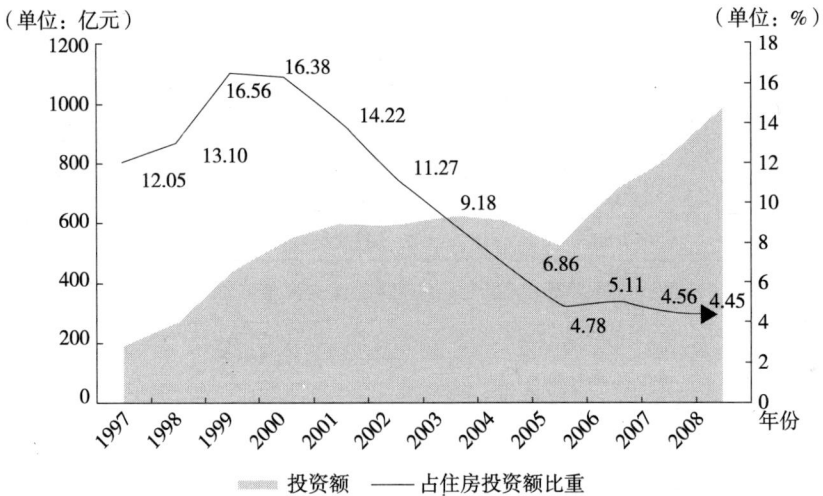

图 5　经济适用房房地产开发本年完成投资额（1997—2008 年）

（资料来源：中经网统计数据库）

针对这种情况，自 2006 年开始，国家陆续出台了一些规范经济适用房建设、加快廉租房建设的规定，将加大住房保障力度作为政府工作的重点。在地方各级政府的配合下，2006 年完成经济适用房完成投资 696.8

亿元，较上年增长34.2%。2007年经济适用房（包括集资合作建房），竣工面积超过了10亿平方米，累计解决了1200万户中低收入家庭的居住问题。①

温家宝总理在新加坡"取经"期间曾经提出，"如果提起人民生活，我最为关注的是住房问题"。2007年中央政府工作会议也提出2008年住房建设的任务：要完善住房保障体系，加快廉租住房建设，改进和规范经济适用房制度，着力解决城市低收入家庭住房困难。经济适用房供给的增加，有利于解决房地产领域供给结构失衡的问题，更有利于解决广大中低收入居民的住房需求。2009年第十一届全国人民代表大会第二次会议上温家宝总理提出加快落实和完善促进保障性住房建设的政策措施，争取用三年时间，解决750万户城市低收入住房困难家庭和240万户林区、垦区、煤矿等棚户区居民的住房问题。

"安得广厦千万间，大庇天下寒士俱欢颜"，从"居者忧其屋"，到"居者有其屋"，再到"居者优其屋"，但愿这个时间不会太久，每一个人都能尽快拥有一套称心如意的房子，安心地找寻到自己的"家"。

参考文献

1. 张泓铭、沈正超主编：《改革开放三十年的中国房地产业》，上海社会科学院出版社2008年版。

2. 金勇进主编：《数字中国》，人民出版社2008年版。

（执笔人：刘晓侠）

---

① See http：//gz. house. sina. com. cn/2008－07－25/10523821430. html.

服饰："穿"越60年

在经济学家的眼里，新中国60年全程都充满着戏剧诱惑的张力，却又不时地感到矛盾和困惑。

在社会学家眼中，新中国60年是一幅如史诗般壮观的人口迁徙图景——数亿的劳动力，从农村来到城市，这是中外历史上规模空前的人口大流动。

在小说家的笔下，新中国60年该是一部酣畅淋漓的时代传奇，从世界排名相对落后的综合国力到震惊世界的"中国奇迹"，而这奇迹或许只能诞生在我们这片土地上。

而在我奶奶眼中，她虽然只是一位没有上过学的普通老太太，她老人家的话语却让我觉得那是最经典、最华丽的语言——"六十年是咱老百姓日子慢慢变好的过程。"我知道，这话代表了很多人的心声。

——摘自一个老北京的散文

转眼间，新中国成立已60年。60年的光阴，带给我们的不仅仅是生活上的改变，还有很多记忆深处的怀念。谁也无法说清，究竟是我们改变了生活，还是生活改变了我们。在不同人的眼中，60年，有着不同的意义，更有着不同的魅力。有位哲人曾经说过：要想了解一个国家的历史与现状，就去街头看看他们的服装吧；穿着的改变一目了然地反映了一个国家与社会的变迁。也许我们看到的只是色彩的丰富、服装形态的改变，而在这种变化的背后，则有着更深层次的含义。泱泱中华五千年的历史，不仅留给了后人无穷无尽的文化宝藏，也留给了后人多姿多彩乃至辉煌灿烂的服饰记忆。而纵观新中国60年来人们穿着服饰的变迁，我们不仅要感慨万千，短暂而又漫长的60年，于中国服饰文化的历史长河之中，不过是一瞬间，然而于中国人民，却是黑白走向多彩，呆板走向生动的历史巨变。60年仿佛浓缩了五千年的变迁，人们的服装也从整齐规划，黑白无声，走向了多元多姿、栩栩如生。穿衣着裳，早已不仅仅是为了遮羞保暖，蕴含在服饰背后的，则是生活的转变、时代的映射。有位作家曾精妙地形容了新中国60年来各个时期服饰的变迁特点："温馨的50年代、革命的60年代、初醒的70年代、时尚的80年代、狂热的90年代、多元的21世纪初以及回眸变迁"。服饰的变迁，让我们看到了时代的力量，与之同时，也使得服饰文化深深地打上了时代的烙印，而这于新中国的60年，则显得尤为清晰明显。

"服装是一种记忆，也是一幅穿在身上的历史画卷。"

一、改革开放前

（一）萌动的50年代

新中国成立初期，人民逐渐结束了饥寒交迫的生活。然而由于底子薄，人口多，相对而言，夏有衫冬有袄就是很让人羡慕了。由于物资的匮乏，人民整体的穿着可以说是相当单调朴素的。人们提起20世纪50年代，无法不想起那最经典的中山装。中山装从50年代开始兴起，并迅速在全国风靡起来，男女老少都非常喜爱这样一款质朴而庄严的服装，并且为了满足不同人的需求，也出现了很多依据中山装进行设计改造的服饰，包括后来的"人民装"，也是老少皆宜。之后的"青年装"、"学生装"、

"军便装"等，都有中山装的影子。

1954 年起，国家开始发行布票，中国人民的服装开始进入了凭票的计划时代，而这也深深地影响了之后 20 年我国服饰文化的发展，并使之烙上了极浓重的计划经济的色彩，凭票政策在那个物资匮乏的年代自然有它积极的作用，但也在很大程度上抹杀了服装的多元化发展，与之相适应的，便形成了当时朴素、实用、色彩单一的着装风格，中国服饰也由此进入了历史上最单调规划的时期。

不过在百业复兴的 50 年代，由于三大改造开始轰轰烈烈地进行，人们的生活一天天地好起来，于是也短暂地出现了新中国服饰历史上第一个色彩斑斓的时期。1956 年 1 月，共青团中央和全国妇女联合会发出通知，明确提出："美和装饰是一种艺术，服装的整洁美观是一种有文化修养和热爱生活的表现。"提倡在全国丰富人民的服装饰物，从而形成了 50 年代以来人们在穿着上最活跃的时期。那时候从苏联传入的连衣裙"布拉吉"成为最受欢迎的服装。女青年们都开始穿上花布罩衫、绣花衬衣、花布裙子，而男子们也普遍穿起了春秋衫、两用衫、夹克衫、风雪大衣乃至西装等。这样一道靓丽的风景线在整个单调的 50 年代，显得尤为突出，也充分地显示出人民内心对于美的追求，始终并没有停止，这虽然只是一个短暂的萌动期，却让人捕捉到了美的影子，并能预感到，这种对美的追求，不会就这么停止。

（二）朴素的 60 年代

20 世纪 60 年代的服装，留给人民印象最深的，应该就是补丁了。现在的时尚潮人可能无法想象当时的人民穿着会是怎样。那是新中国历史上最为艰苦的时期，由于三年严重的自然灾害，导致棉花大量减产，纺织品供不应求，于是国家只好施行更为严格的票证制度，那时候每人每年的棉布定量仅为 21 尺，而且这些还是所有服装、棉布和日用纺织品加在一起的总量。所以为了尽可能地节约，人民已经无暇顾及衣服的样式外观，结实耐磨成为人民选择服装时首先考虑的因素，而那些耐脏的灰、蓝、黑也成为街头的主色调。曾经有人形容："在翻阅60年代的老照片时，就会发现在照片里想要找出一个人都是一件很困难的事情，不仅穿的都一样，甚至连照相时的表情都是一模一样的"。服装仿佛又回到了那个遮羞保暖的时代，然而艰苦朴素的中国人民，在面对这样的困苦时期，依然活出了自己的精彩。

那时候流行的就是"新三年，旧三年，缝缝补补又三年"，而女性最有面子的嫁妆就是当时"三大件"之一的缝纫机。勤劳的女性们白天干完活之后，晚上就在灯下用手工为全家人补衣纳鞋，心灵手巧的女子还能在针脚上缝补出美丽的图案，一件衣服可以在一家三代的身上传递着，磨旧的是衣服，磨不旧的是亲情。补丁成为了60年代最深刻的服饰记忆，艰苦的环境造就了补丁文化，也缝补了人民心中最艰苦的一段岁月。但是，纵使在这样艰苦的岁月里，我们依然能够看到人们在内心深处对于美的渴望，即使它被各种各样的条件所制约着甚至压抑着，但是那补丁上一针一线密密地织出的花纹和图案，却反映出了人民内心深处始终没于停息的关于美的追求和理解。正如《白毛女》中喜儿在大年三十晚上得到红头绳时的满足一样，艰苦的岁月磨灭不了人民对于生活、对于美的追求和向往。人们的爱美之心也依然会流露出来，这种自然而然传递出的美的追求，是这样一个补丁时代和灰色时代留在人们脑海中深深的印记，夹杂着说不出的酸楚和期望。

（三）复苏的70年代

"20世纪70年代末期的一期 *TIME* 杂志，其封面文章为《蚂蚁之国》，讲述的是改革开放前夜的中国故事。封面上密密麻麻地排满了穿中山装和军装的中国人，看不出男女，色彩极为单调。这就是当时西方人对于中国的印象——这是一个着装朴素、毫无个性的地方。"

70年代确实是单调的，老三套（青年装、学生装、军便装）仍是人们最常见的服装。然而由于生产水平的提高以及纺织技术的进步，人们也逐渐开始拥有更多的选择，的确良的男士衬衫、纱质的女士衬衫、涤纶的外套、中长纤维的裤子逐渐成为了流行的时尚。虽然颜色还比较单一,样式也没有很大的变化,但是已经足以为那个以灰白为基调的时代带来新鲜的活力。

然而整个 20 世纪 70 年代,留给人们太多可以回忆的东西。"文革"的结束和划时代的改革开放的开始,都给新中国的人民带来了太多不一样的东西,这样的变化亦难以用言语描述,只留给后人很多的思考与感慨。而新中国的人民,也在这样一个历史剧变期,第一次真正地接触到了世界的服饰文化,它所带给人们的震撼,不亚于一场惊天动地的社会变革,并动摇了这个被外媒称之为"蚂蚁社会"的数十年来的灰白单调、朴素寻常。

1978 年,世界时装界顶尖品牌范思哲首次进入中国;1979 年,服装设计大师皮尔·卡丹带着 12 位法国模特在北京民族文化宫做了一场时装表演。这两次的活动在人们心中留下了深刻的印象,也深深地冲击了 20 多年来人们对于穿衣的看法:原来服装可以这样绚丽多彩的,也可以这样充满情感的。正是这样的觉醒和认识,让我们看到了中国服饰文化复苏的希望。

二、改革开放后

改革开放带给人们的,不仅仅是国民经济腾飞,生活条件变好,更重要的是带给人民自信,赋予人民新的希望,并以更加强大的形象登上世界丰富的大舞台,而我们也在一次又一次与世界的亲密接触中,挖掘出自身的文化和审美观与世界的契合点,并在这样的心态调整中,创造出属于中国的也属于世界的独特服饰文化。

改革开放后,我国居民的消费水平一直在不断地上升,各种生活必需品和非必需品的消费水平都有了很大程度的提升,这也从一个侧面反映出

（单位：元）

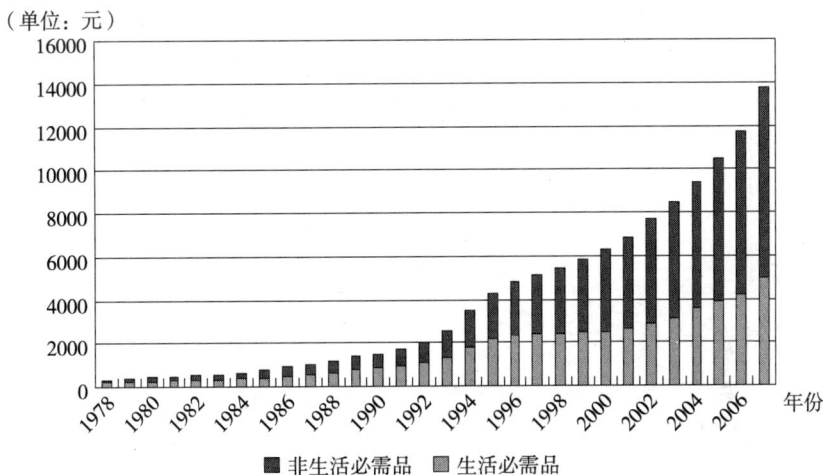

图 1　改革开放后我国居民消费支出对比图

（资料来源：国泰安经济金融数据库，数据服务，中国宏观经济研究数据库，居民收入与消费）

　　人们消费在服装服饰上的金额有了很大的提升，一方面是人们的选择性更多了，另一方面则是随着改革开放的推进和经济的发展，人们手里可支配的钱也多了起来，于是我们也就看到一个从灰白世界走向彩色世界的中国。

　　改革开放初期的 1985 年，全国城镇居民家庭人均衣着消费支出 98 元；而到了 2007 年，这一数字达到 1042 元，名义增长近 11 倍。与此同时，随着收入水平的不断提高，人民对于消费的选择也有了更多的空间，"穿着"这个基本消费项目的支出占总消费支出的比重总体上呈下降态势，1985 年城镇居民人均衣着消费支出占总消费支出的比重为 14.56%，而 2007 年，这一比重下降为 10.42%，比 1985 年下降 4 个百分点。

（一）叛逆的 80 年代

　　整个 20 世纪 80 年代都是叛逆的，被压抑了近 30 年的民众在终于迎

（单位：元）

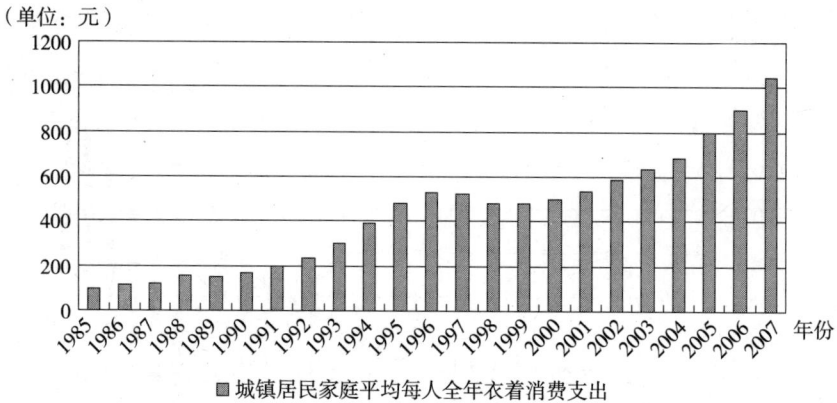

图 2　城镇居民家庭平均每人全年衣着消费支出

（资料来源：国泰安经济金融数据库，数据服务，中国宏观经济研究数据库，居民收入与消费）

（单位：%）

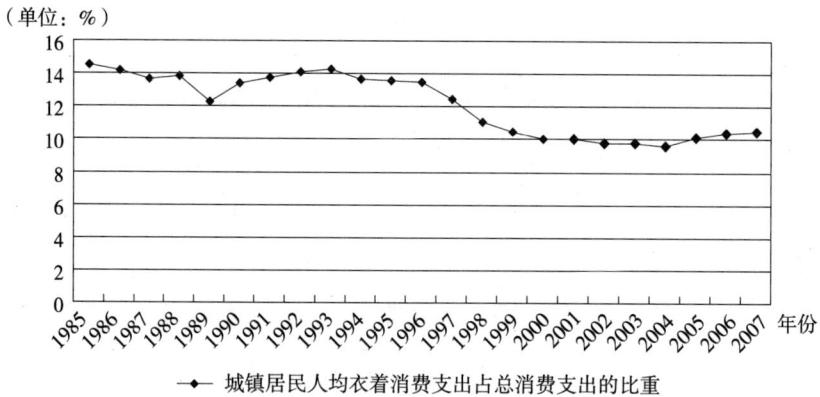

图 3　城镇居民人均衣着消费支出占总消费支出的比重图

（资料来源：国泰安经济金融数据库，数据服务，中国宏观经济研究数据库，居民收入与消费）

来了一次思想解放的高潮时，也开始用服装这种形式来宣泄压抑在心中很久的对于美的思念，并且一开始，便以一种夸张的方式，来表达这种强烈的情感。

1981年，中国大陆的第一支时装模特队成立，除了掀起空前的议论外，也开启了中国服饰与世界时装文化的亲密接触。1980年，《庐山恋》上映后，正当红的女主角张瑜穿着牛仔裤给《大众电影》五月刊拍摄封面，之后牛仔热潮在中国越掀越高，尤其是在年轻一代中流行开来，至今不衰，并因此影响了之后的几代人，创造了经久不衰的牛仔时尚和文化。

20世纪80年代留下了很多让人怀念的服饰，其中最经典的应该就是喇叭裤、蝙蝠衫、蛤蟆镜。这样一些夸张的服饰成为那个年代的年轻人标新立异的标志，特别是喇叭裤，彻底动摇了数十年来的整齐划一、黑白单调。喇叭裤当时在欧美地区已经流行许久，之后借助港台明星的旋风刮进内地，内地的人们也终于第一次赶上了世界潮流的变化。年长的人看不习惯，但年轻人却能从中找到个性和自我的感觉。这也是新中国的人们第一次开始用服装来表达出自己的个性和思想，衣服不一定是最适合的，但是却能折射出自己的一些想法，服装在中国也正式开启了它的个性时代。

（二）自由的90年代

如果说20世纪80年代的时候，人们还处在一种对服饰懵懵懂懂的追求期，或者说追赶期，那么90年代，就是个性彻底解放的开始，老百姓对于服饰的需求也在急速的变化中。整个90年代，由于经济变革的需要，我国正处于从计划经济向市场经济最激烈的转型期，人们的生活开始向小康过渡，生活理念更为开放，各种思想互相碰撞激荡，人们对于美的定义也一再地被颠覆，并且将这种对于美的理解映射在服饰上面，加之世界各地的服饰不断地进入中国市场，由此便形成了90年代独特的服饰解放的时期，人们的服饰行为开始向着开放化、自由化、随意化的方向发展，强调个性、不追逐流行本身也成为一种时尚。

20世纪90年代的人是幸运的，奇装异服不再是一个可耻的状态，而是开放与自由的象征。人们可以自由地通过服饰来表达自己的情感，服饰在某种程度上也不再仅仅是遮羞保暖之物，而更多的被赋予了各种元素和想法。"没有中心、没有权威，一切都可以打破再随意组合"，这就是90

年代服饰文化思想的核心，所以在大街上，任何的服装都是可以看见的也是被包容的。相比较于 80 年代的盲目追赶，此时的人们已经开始有更多自己的主见，很难再看到 80 年代那种全国上下一齐风靡的情景，没有人穿过的衣服就是最时尚的衣服。

（三）奔放的新世纪

当历史步入了 21 世纪，我们惊喜地发现，中国的服装文化再次出现了一次转变。如果说从改革开放初期到 20 世纪 90 年代，我们都是在试图追赶世界潮流的步伐，以拉近我们与国际时尚的距离，那么在新的世纪，中国服饰正开始用它独特的魅力和深厚的文化底蕴来引领世界的潮流。世界的时尚开始走向复古，越来越多的设计师也开始关注并研究中国五千年的服饰文化，并试图从中汲取灵感。2001 年 APEC 会议全体与会领导人打破惯例，不穿西装改穿"唐装"亮相，引起全世界无数人对于"唐装"的追捧，2002 年电影《花样年华》大热，张曼玉将旗袍演绎到一种极致，旗袍由此风靡世界。中国独特的民族服饰引起各国人民的好奇和喜爱，中国传统服装的元素也被广泛地重视起来。

新世纪才刚刚走过了 9 个年头，我们还无法猜测之后几十年服饰的发展走向，但是可以肯定的是，后来人会继续传承泱泱中华五千年的服饰文化，在世界时装的大舞台上演绎着绚烂多姿的精彩剧目。

三、会说话的服装

服装是一种记忆，是时尚变化最为灵敏的风向标，是一个社会、一个国家、一个时代最为鲜活生动的形象记录。有位作家曾说过：穿衣可知岁月之沧桑，着裳亦显国力之巨变。从一统的蓝灰色到如今的五颜六色，从缝缝补补到今天的量身定制，再从无标无牌到如今的一身名牌，最重要的是，从跟随潮流到引领潮流，服饰文化这样一次次的华丽转身，从一个生活的侧面证明了中国经济的腾飞，以及思想的解放。正如中国经济的发展一样，前30年，我们努力恢复，拼命追赶；后30年，我们奋发图强，勇于超越，并在世界发展的大浪潮中发挥着自身独特而重要的作用。服饰亦是如此，只有更加繁荣的社会，更加包容的社会，才能让更多的文化绽放出自己的光芒，而这对于人民来说，是一种最实在的幸福。

60年，弹指一挥间，带给人们的不仅仅是美好的回忆，也带给了人们对未来生活的憧憬。"穿"越60年，服饰的变化见证了思想开启的过程。

参考文献

1.《新中国服饰的演化（1949—1977年)》，中国国际服装服饰博览会，CHIC2008专刊，第18—19页。

2.《60年，走出中山装的国度》，网易2009年5月25日，http://news.163.com/special/00012Q9L/fushi090525.html。

3. 小茜:《"穿"越60年：服装变化折射时代变迁》，够牛网咨询2009年2月25日，http://news.gooniu.com/html/2009-02-25/2009225115813109.htm。

4.《奶奶眼里北京60年的变化——从穿着看经济发展》，新浪论坛2009年5月25日，http://bbs.book.sina.com.cn/tableforum/App/view.php? bbsid = 68&subid = 0&fid = 191447。

（执笔人：陈琳）

社会主义新农村建设

中国是一个农业大国，20 世纪 30 年代，农民占全国总劳动力的 79%，生产力十分落后，房屋破旧、食不果腹、衣难蔽体、疾病肆虐。就是在这样艰苦的自然条件下，中国共产党以"农村包围城市"的伟大战略成功地帮助中国人民获得解放，建立了新中国。

农村是中国革命的摇篮，早在新中国成立初期毛泽东就提出了建设社会主义新农村的伟大设想。60 年来，党和国家历经风雨沧桑，在实践中探索农村发展的道路。尤其是改革开放后的 30 年来，为彻底改变农村贫穷落后的面貌，从连续出台的 10 个一号文件到党的十六届五中全会上专门提出"三农"问题作为国家发展的头等大事，党和国家坚持不懈地推进农村改革和制度改革创新。伴随着中国经济的不断发展，广大农村面貌正在发生翻天覆地的变化，农村基层组织形式正在朝向适应农业现代化的方向不断变革，农村经济呈现多元化的发展态势，广大农民的生活有了普遍提高，农村的文化卫生以及社会保障不断深化，一部分农民已经富裕起来。勤劳朴实的中国农民不仅用自己的辛勤汗水实现了用仅占世界 7% 的耕地养活全球近 20% 的人口的伟大壮举，更是在社会建设的各个方面以坚强勇敢的形象彰显出中华民族的善良本色。

今天，中国农村人口超过 7 亿，约占全国总劳动力的 55%，全中国再次将目光聚焦在中国农村。"新农村建设"成为中国现代化历史进程中又一次重大的历史实践。

一、农村基层组织经历从无 到大再到精的体制变迁

新中国成立初期，农村基层组织在个体农民的土地私有制向社会主义集体所有制改造中发挥了特殊的历史作用，截至 1958 年，我国农村成立人民公社 23630 个。之后，由于中国农业遭遇灾害生产逐年大幅度下降，造成城乡食品供应紧张，中共中央于 1960 年号召干部下乡支援农村建设的通知，农村生产大队和生产队总支和支部呈现快速增长，到 1963 年增加到 80956 个。1970—1982 年间的乡镇数量相对稳定。村民委员会是农村按居住地区设立的基层群众性自治组织。从 1958 年的 47.2 万个增加到 1985 年的 94.1 万个。1983 年农村推行联产承包责任制以后，人民公社改为乡镇，表现为 1984 年的乡镇数量大幅增加，达到 7.2 万个。近些年来，为进一步为农民减负，各地区逐步撤并乡镇，精简机构，调整村委会，乡镇总数逐年减少，至 2005 年为 3.5 万个，农村村民委员会的数量逐年递减，至 2005 年为 64 万个。纵观 60 年，农村基层组织经历了从无到大，从大到精的体制变迁。

二、农村经济结构走向多元化

新中国成立 60 年来，我国农村的产业结构发生了巨大的变化。从整体上看，可以分为四个阶段：从新中国成立至改革开放初期，由于特定的历史条件和我国计划经济体制的现实，我国农村基本上是单一的第一产业，第二、第三产业很少，第一产业中又以种植业特别是粮食生产为主，

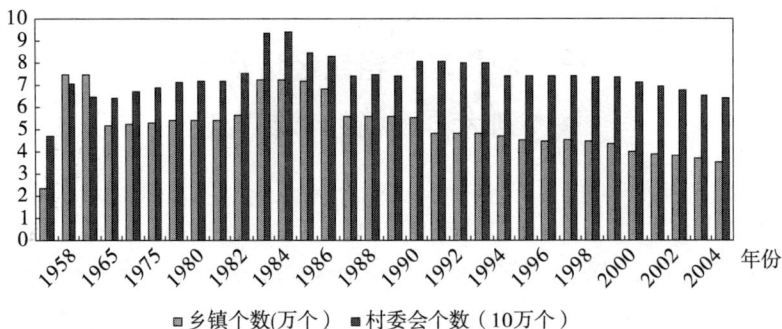

■ 乡镇个数(万个)　■ 村委会个数（10万个 ）

图 1　农村基层组织情况

（资料来源：国家统计局编：《中国统计年鉴·2008》，中国统计出版社 2008 年版；
国家统计局：《中国农业统计资料汇编》，中国统计出版社出版）

即所谓农业"以粮为纲"。第二个阶段从改革开放初期至 20 世纪 90 年代
初。1982 年，党的十二大正式提出在坚持公有经济的主导地位的同时发
展多种经济形式以为补充，这冲破了原有计划经济体制的藩篱，极大地解
放了思想，调动了广大农村群众的积极性，以乡镇企业和私营经济为代表
的多种产业形式飞速发展。第三阶段始于 1992 年党的十四大，这次大会
正式提出我国经济体制改革的目标是建立社会主义市场经济体制，为农村
产业结构的调整注入了新的活力。进入新世纪后，党的十六大指出，统筹
城乡经济社会发展、建设现代农业、发展农村经济、增加农民收入是全
面建设小康社会的重大任务。自此，我国进一步改革的焦点更多地聚集
在农村各项事业全面协调发展上，也开创了农村产业结构发展的第四个
阶段。

　　图 2 反映的是从 1990 年到 2006 年我国农村居民纯收入来源的变化
情况。

　　从图 2 可以看出，传统的第一产业范畴内的农、林、牧、渔业收入虽
然在农民纯收入仍占据较大比重，但其比重不断降低，第二、第三产业范
畴内的工业、建筑业、交通运输邮电业、批发零售业等行业收入在农民纯

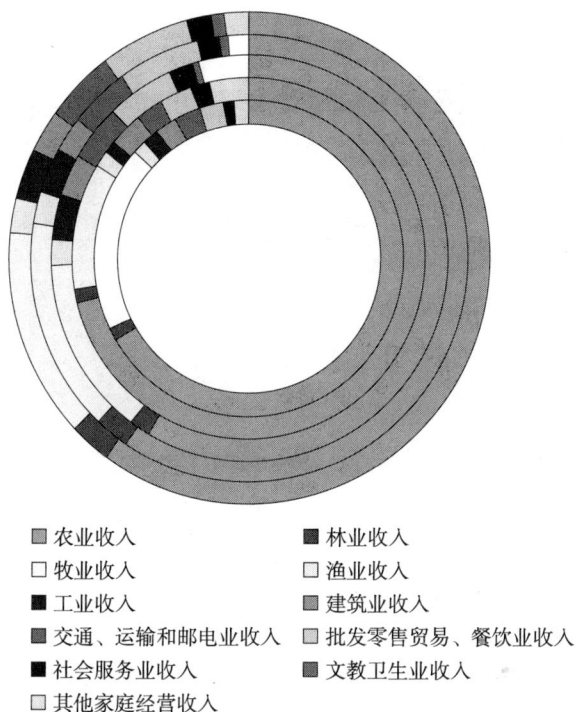

■ 农业收入　　　　　　　　■ 林业收入
□ 牧业收入　　　　　　　　□ 渔业收入
■ 工业收入　　　　　　　　■ 建筑业收入
■ 交通、运输和邮电业收入　□ 批发零售贸易、餐饮业收入
■ 社会服务业收入　　　　　■ 文教卫生业收入
□ 其他家庭经营收入

图2　农村居民纯收入构成（1990—2006年）

（资料来源：国家统计局编：《中国农村统计年鉴·2008》，中国统计出版社2008年版）

收入中的比重逐年增大。

　　农村居民从事职业构成也反映了农村产业结构的变迁。图3展现了从1985年至2004年农村居民从事职业的构成：

　　图3显示了我国农村的产业结构正在脱离原有的单一的第一产业特别是种植业主导的格局，转而走上多元化道路。

（单位：%）

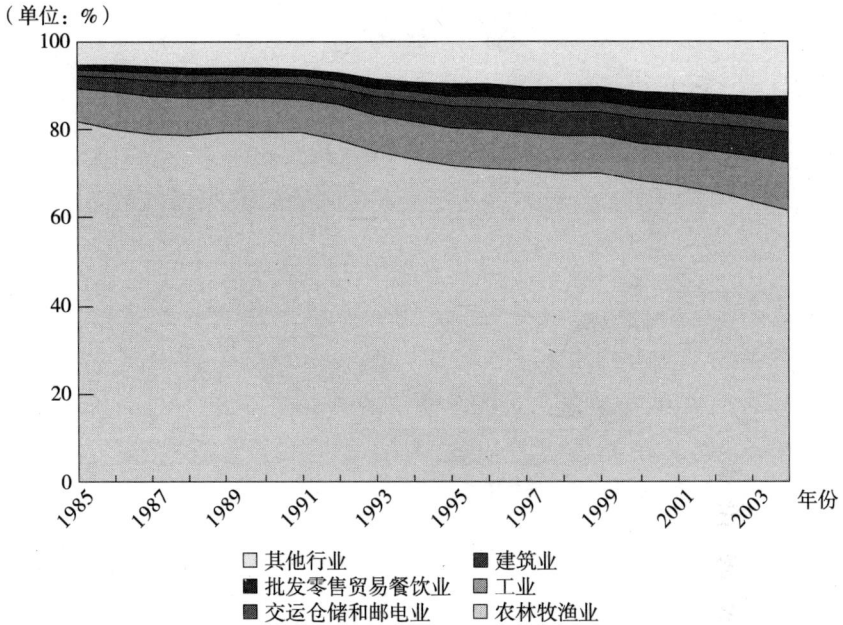

图 3　农村居民从业情况（1985—2004 年）

（资料来源：国家统计局编：《中国农村统计年鉴·2008》，中国统计出版社 2008 年版）

三、农村教育和卫生不断完善

（一）农村教育

　　"农业的根本出路在科技和教育"，"发展农村教育事业是落实科教兴农方针，提高农村人口素质的关键"，把发展科技和教育放在突出位置，进一步实施科教兴国战略，促进科技、教育与经济紧密结合，是我国长期的基本国策。实行农科教、经科教结合，提高广大农民的科学文化素质，推动教育为经济发展服务，是一项长期的任务，也是一项重要的历史使命，是我国农村教育发展的基本方向。

这些年我国的农村义务教育之所以能实现跨越式发展，经费有保障是一个重要的前提条件。2005 年年底，国务院决定建立农村义务教育经费保障新机制，政府对农村义务教育的财政保障负全责。2006 年，在西部地区实施农村义务教育经费保障机制改革，2007 年扩大至全国范围，农村义务教育阶段学生全部免除学杂费，全部免费提供教科书，对家庭经济困难寄宿学生补助生活费。在此基础上，教育部和财政部共同研究提高农村中小学的生均公用经费补助标准，提前实现国家规定的公用经费基准定额，提高农村校舍维修改造资金的补助标准。

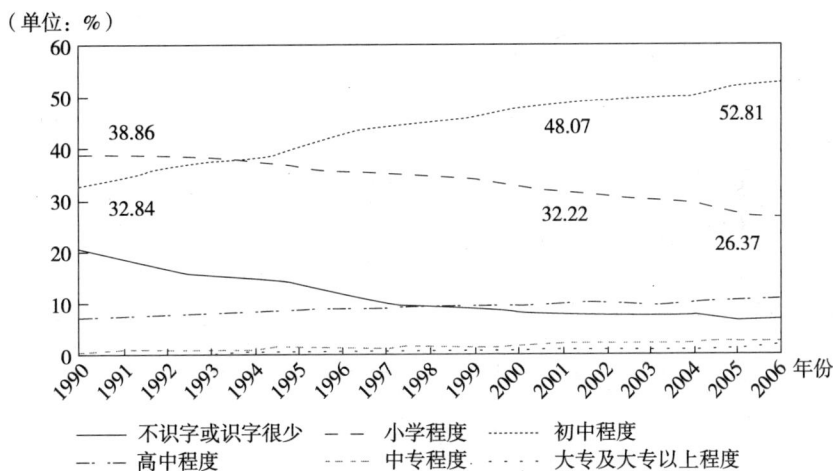

图4　农村人口教育程度

（资料来源：国家统计局编：历年《中国农村统计年鉴》，中国统计出版社出版）

随着九年义务教育的深化，农村人口中平均教育程度有明显提升。文盲率显著降低，仅有小学文化水平的人比重从 1990 年的 38.86% 降低到了2006 年的 26.37%。初中及以上文化水平的人则提升不少，同期从40.41% 增加到66.98%，增幅达到了 65.75%。中专和大专由于基数并不庞大，年均增幅分别达到了 10.16% 和 17.1%。

从 2003 年到 2007 年，5 年间，农村义务教育经费格局发生了明显的变化，首先，经费总量持续增加，且增幅较快。这一点正体现了"重中之重"。2007 年，农村义务教育投入总额 2992 亿元，比 2003 年 1365 亿元增加了 1627 亿元，增长 119%，年均增长 21.7%。同期全国教育经费总投入年均增长率为 18.3%，农村义务教育投入的年均增长速度比全国教育经费总投入的年均增长速度高 3.4 个百分点。其次，农村义务教育投入增长的主要原因是财政性经费，尤其是预算内拨款增幅较大。这一点体现了"政府负责"。2007 年，农村义务教育财政性经费投入总额 2839 亿元，比 2003 年 1143 亿元增加 1696 亿元，增长 148%，年均增长 25.5%，高于农村义务教育总投入的年均增长 3.8 个百分点。再次，农村义务教育投入占义务教育总投入的比例在上升，而同时城镇义务教育投入占义务教育总投入的比例在下降。这一点体现了"倾斜农村"。最后，农村中小学生均公用经费增长速度明显高于城镇中小学生均公用经费增长速度。这一点体现了"均衡发展"，2007 年农村生均公用经费约为 2003 年的 2.7 倍，而城镇约为 2003 年的 1.9 倍。

随着国家对农村教育的重视加强，农村教育经费投入的加大，农村人口中的教育水平显著提高。图 5 展示了农村人口中文盲率的变化情况，从 1990 年农村中不识字或识字很少的人占农村人口的 20.73% 减少到 2006 年的 6.65%。

（二）农村卫生

新中国成立以来，中国共产党领导全国人民进行社会主义建设，取得了辉煌胜利。在解决农村问题上取得的两大成就更受全世界瞩目：一是以只占全球 7% 的耕地养活了全球 22% 的人口，而且人均粮食产量高于世界平均水平；二是以相当于发达国家 1/170 的医疗卫生支出，使人均预期寿命达到 70 岁，接近发达国家水平。

新中国成立初期，全国 5.4 亿人口，平均每千人口只有卫生技术人员

（单位：%）

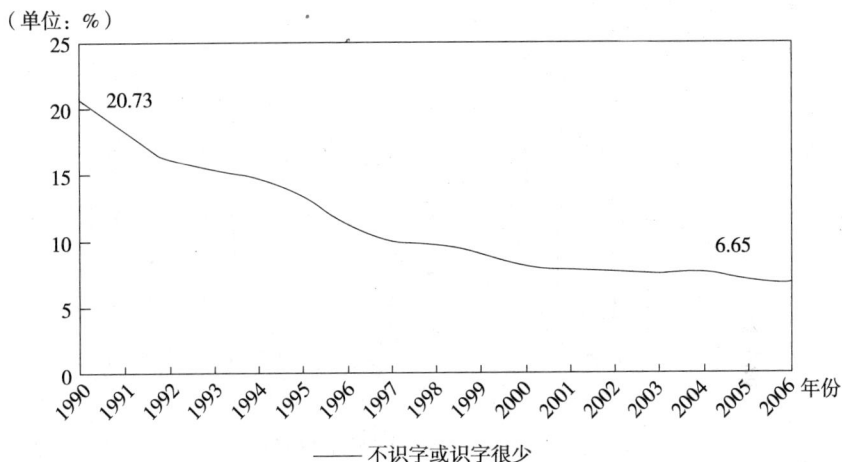

图5 农村人口文盲率

（资料来源：国家统计局编：历年《中国农村统计年鉴》，中国统计出版社出版）

0.93人，病床0.14张，80%设在大中城市，20%设在县城，广大农村基本上没有医疗设施。各种传染病、地方病广泛流行，人口死亡率高达20‰以上，人均预期寿命只有35岁。面对这种形势，必须寻找一个能够以很少的医疗卫生资源来支撑庞大人口对医疗卫生服务的需求，做到公平与效率并重的卫生工作模式，才能迅速克服上述困难、战胜疾病的挑战。从20世纪50年代中期开始经过几十年不懈的努力，逐渐在全国农村建立起三位一体的医疗卫生服务体制，即在党和人民政府领导下，以农业合作经济为依托，建立起县、乡、村三级医疗卫生机构、乡村医生队伍和合作医疗制度。这就是中国特色的、为世界所称道的中国农村卫生模式。

经过多年的发展，我国卫生事业取得了不小的成就，卫生机构数、医疗机构床位数、卫生人员、卫生总费用都达到了较高水平。其中每千人口卫生技术人员从1949年新中国成立时每千人口拥有的卫生技术人员从不足1人（实际为0.93）增长到1985年的3人（实际为3.28），其后一直比较稳定，到2008年的每千人口卫生技术人员达到了3.80人。

（单位：个/千人）

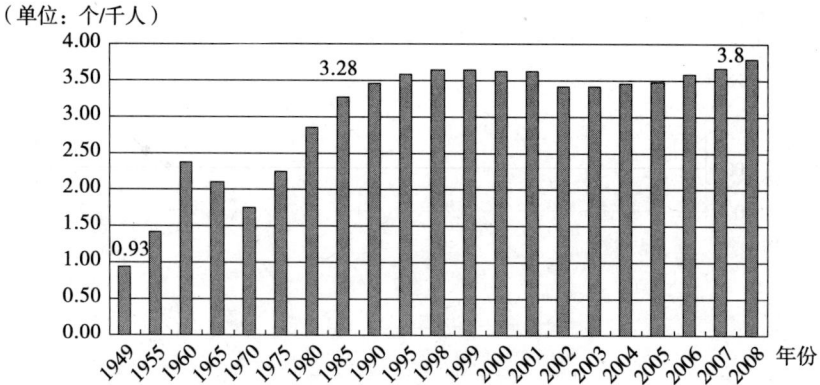

图 6　每千人口卫生技术人员数

（资料来源：卫生部编：《中国卫生统计年鉴·2008》，中国协和医科大学出版社 2008 年版）

　　中国卫生事业是社会公益事业，卫生事业发展必须与国民经济和社会发展相协调，人民健康保障水平必须与经济发展水平相适应。在社会主义市场经济条件下，发展卫生事业应该坚持以政府为主导，同时发挥市场机制作用的方针，坚持以农村为重点，坚持预防为主，坚持中西医并重，依靠科技教育，动员全社会参与，为人民健康服务，为社会主义现代化建设服务。

　　改革开放后，中国的经济保持了持续快速健康的发展，因此在卫生费用方面同经济一样保持了良好的发展。2007 年全国卫生总费用达 11289.5 亿元，其中，政府卫生支出 2297.1 亿元（占 20.3%），社会卫生支出 3893.7 亿元（占 34.5%），个人卫生支出 5098.7 亿元（占 45.2%）。在 1978 年总费用仅有 110.21 亿元，其中三方支出分别为 35.44 亿元、52.25 亿元、22.52 亿元。期间总费用年均增幅达 17.4%。2007 年，人均卫生费用 854.4 元，其中，城市 1480.1 元，农村 348.5 元。卫生总费用占到了 GDP 的 4.52%。

　　从农村方面来看，农村卫生费用从 1990 年的 351.39 亿元，人均 38.8

（单位：亿元）

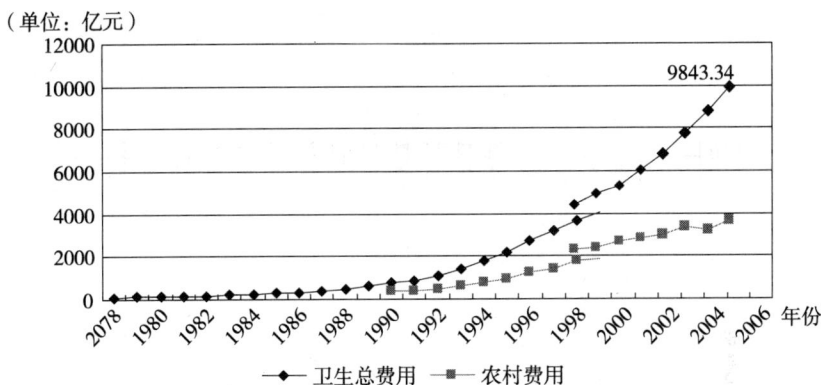

图7　1978—2006年卫生总费用情况表

（资料来源：卫生部编：《中国卫生统计年鉴·2008》，中国协和医科大学出版社2008年版）

元增加到2006年3262.02亿元，人均442.4元。年均名义增幅分别为14.94%和16.43%。

（三）新型农村合作医疗

新型农村合作医疗是由我国农民自己创造的互助共济的医疗保障制度，在保障农民获得基本卫生服务、缓解农民因病致贫和因病返贫方面发挥了重要的作用。合作医疗先后经历了20世纪40年代的萌芽阶段、50年代的初创阶段、60—70年代的发展与鼎盛阶段、80年代的解体阶段和90年代以来的恢复和发展阶段。面对传统合作医疗中遇到的问题，卫生部组织专家与地方卫生机构进行了一系列的专题研究，为建立新型农村合作医疗打下了坚实的理论基础。新型农村合作医疗制度从2003年起在全国部分县（市）试点，到2010年逐步实现基本覆盖全国农村居民。从2003年开始，本着多方筹资，农民自愿参加的原则，新型农村合作医疗的试点地区正在不断地增加，通过试点地区的经验总结，为将来新型农村合作医疗在全国的全面开展创造了坚实的理论与实践基础。短短几年间，这一新型农村合作医疗发展迅速。

截至2008年年底，全国已有2729个县（区、市）开展了新型农村合作医疗，参合农民8.15亿人，参合率为91.5%。2008年度筹资总额达785.0亿元，人均筹资96.3元。全国新农合基金支出662.0亿元；补偿支出受益5.85亿人次，其中，住院补偿0.51亿人次，门诊补偿4.86亿人次，体检及其他0.48亿人。

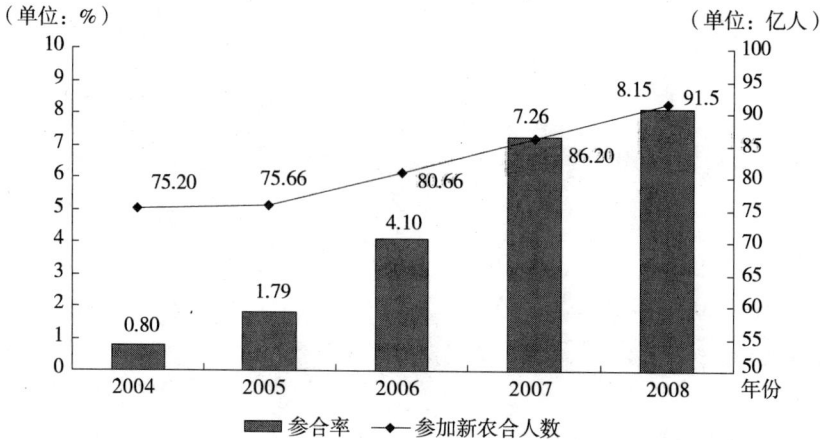

图8　新型农村合作医疗参加人数及参合率

（资料来源：卫生部编：《中国卫生统计年鉴·2008》，中国协和医科大学出版社2008年版）

四、农村居民生活

毋庸置疑，随着中国社会的快速发展，广大农村人民的生活发生了天翻地覆的变化。新中国60年，农村居民收入大幅度提高，生活水平持续改善，广大农民正逐步走进小康，走向富裕。

（单位：亿元）   （单位：亿人次）

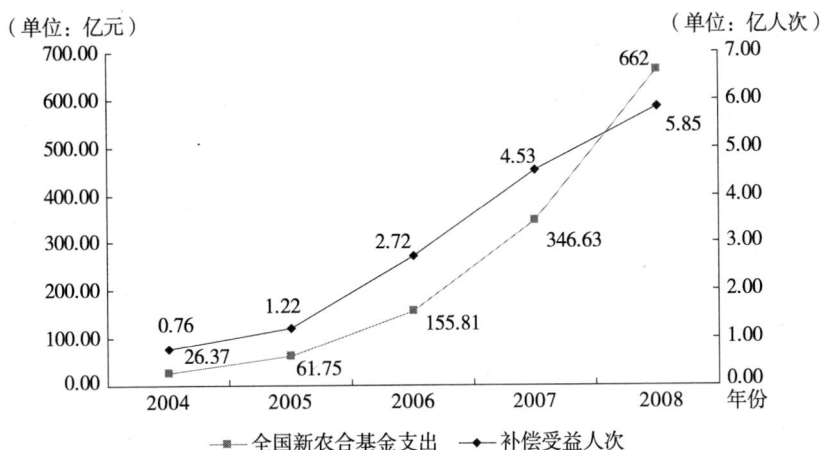

图9　新型农村合作医疗补偿支出受益人次和基金支出情况

（资料来源：卫生部编：《中国卫生统计年鉴·2008》，中国协和医科大学出版社
2008年版）

（一）农民收入

纵观60年来农民收入的增长轨迹，党和国家的各项政策，成为农民增收的主要推动力量。随着市场化改革的深入，农民收入来源市场化、多元化和非农化的趋势明显，农民收入格局发生了根本变化。

从新中国成立之初到1978年年底，农民人均纯收入从43.8元增长到133.6元。在增长的背后，中国的农村经历了三十年的改革与探索，在前进与波折中，最终找到了一条属于自己的正确道路。

1950年，3亿多无地少地的农民共分得7亿亩土地、296.74万头耕畜。农民实现了"耕者有其田"的愿望。这一年，农村人均收入为43.8元。

1957年，全国大部分地区实现了高级合作社，农民收入达到73.0元。同年，《人民日报》首倡"大跃进"。

1963年，三年自然灾害后，在中央政策的帮助下，农民纯收入首次

（单位：元）

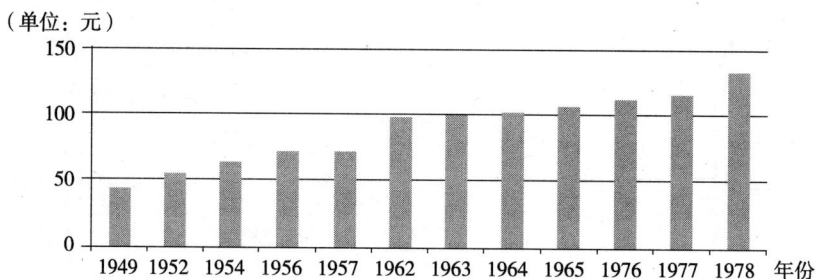

图 10　农民人均纯收入（1949—1978 年）

（资料来源：国家统计局编：《中国农村统计年鉴·2008》，中国统计出版社 2008 年版）

突破 100 元。

1978 年，安徽凤阳十八户农民秘密签订协议，决定将集体耕地承包到户，搞大包干。这一创举，既是新中国成立 60 年农村改革与摸索的产物，又成为中国农村腾飞的起点。

1978—2007 年，农民人均纯收入由 130 元提高到 4140 元，扣除物价因素，平均每年增长 7.1%。

图 11 展示了改革开放后，农民收入的波动的五个重要阶段。

第一阶段：1978—1984 年农民收入高速增长。这一阶段农民收入增长的主要特点是农民收入呈现高速增长态势。农民人均纯收入由 133.57 元增加到 355.33 元，增长 2.66 倍，年均递增 17.71%；1982 年的年增长率为 19.9%，为历史最高水平。这一时期农民收入高速增长主要得益于国家出台的两项重大政策：一是家庭承包经营制度的确立和推行；二是大幅度提高粮食等农产品收购价格。而随着 1982 年家庭承包经营制度的确立，家庭经营性收入成为农民收入的主要来源。

第二阶段：1985—1990 年农民收入在波动中缓慢增长。这一阶段农民收入的主要特点是农民收入的年增长率波动较大。在此阶段，农民人均纯收入由 397.5 元增长到 686.3 元，扣除物价影响后年均递增 3.54%。此

（单位：%）

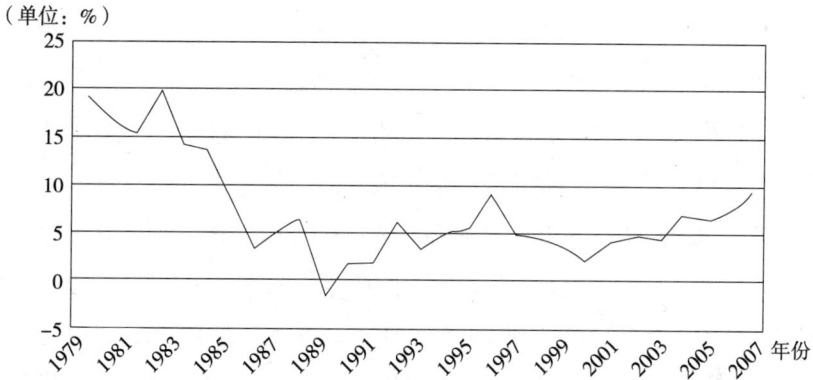

图11　农民人均纯收入扣除价格因素实际比上年增长（1979—2007年）

（资料来源：国家统计局编：《中国农村统计年鉴·2008》，中国统计出版社2008年版）

（单位：%）

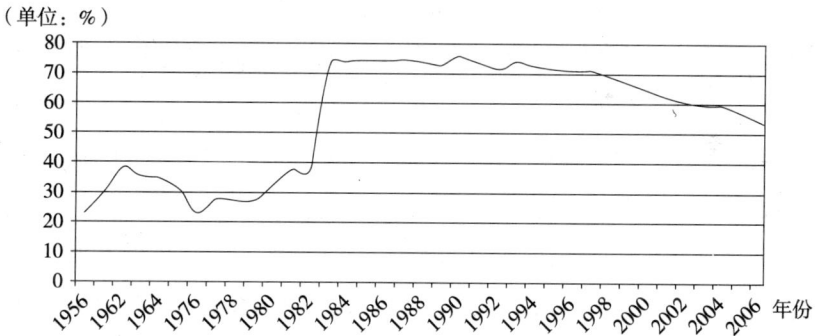

图12　家庭经营性收入占农民纯收入的比重

（资料来源：卫生部编：《中国农村统计年鉴·2008》，中国协和医科大学出版社2008年版）

阶段农民收入是先增长，后大幅下降，收入陷入低速徘徊局面。其中出现了1985年、1988年两个增长的高峰值，分别为7.8%和6.4%，1989年增长的低谷值为－1.6%。这阶段的农村政策主要集中在两个方面：一是取消了实行多年的粮食统购政策，放开农产品市场。二是大力发展乡镇企业。

第三阶段：1991—1996 年农民收入反弹回升。这一阶段农民收入的主要特点是农民收入出现了回升的趋势。此期间国家出台的农业政策主要有：一是深化粮食购销体制改革，充分调动农民发展粮食生产的积极性，提高了种粮农民的收入。据估计，这期间粮食产量增长对农民收入增长的贡献率达到了 22%。二是出台保护耕地措施。

第四阶段：1997—2000 年农民收入增幅下降。这一阶段农民收入的主要特点：一是农民收入增长缓慢。1997 年农民收入实际增长 4.6%，比上年回落 4.4 个百分点。1998 年继续下滑，增速只有 4.3%，1999 年增速进一步回落到 3.8%，2000 年收入增长速度只有 2.1%，农民收入增长幅度连续 4 年下降，这是改革开放以来的第一次。二是家庭经营收入仍然是农民收入增长的主体，但比重呈下降趋势。1997 年农民家庭经营收入占纯收入的比重是 70%，到 2000 年下降到近 60%，而截至 2007 年，这一比重已经下降为 53%。这一阶段的农业政策主要以调整农业结构为主。农业结构调整带动和加快了农业经营体制和管理方式的转变，以市场化为取向的农业改革不断深入。

第五阶段：2001 年至今，农民收入恢复并开始快速增长。这一阶段农民收入的主要特点是农民收入实现了恢复性增长。2001 年农民人均纯收入为 2366.4 元，比上年增加 113 元，增长 5%，扣除价格上涨因素影响，实际增长 4.2%，扭转了增幅连续 4 年下滑的局面，实现了恢复性增长。此后几年农民收入增长一直处于上升趋势，截至 2007 年，平均年增长 6.17%。2007 年更是达到了 9.5%。这一阶段，"四减免、四补贴"等支农惠农政策的实施，切实减轻了农民负担。2006 年，农业特产税、牧业税、农业税和屠宰税的取消，在很大程度上促进了我国农业结构调整，促进了农民增产增收。

（二）农村消费

伴随着收入的增加，农村居民的消费水平也不断提高。农民生活水平向全面小康迈进。从 1949 年到 1978 年，农村居民人均生活消费支出仅从

59.6 元增长为 116 元。恩格尔系数也仅从 68.6% 下降为 67.7%。而与之形成鲜明对比的是改革开放后的 30 年。农村居民人均生活消费支出由 116 元提高到 3224 元。恩格尔系数从 1978 年的 67.7% 下降到 2007 年的 43.1%，下降了 24.6 个百分点，表明农村居民消费结构不断优化。

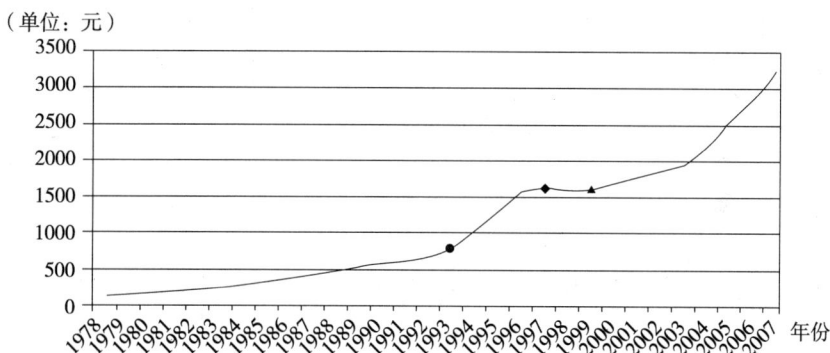

图 13　农民人均生活消费支出（1978—2007 年）

（资料来源：国家统计局编：《中国农村统计年鉴·2008》，中国统计出版社 2008 年版）

　　总体而言，除个别年份支出较前一年有所下降外，农村居民的生活消费支出是呈不断增长趋势的。但是在不同的阶段，农村居民消费水平增长速度的差异性很明显。比如在 1983—1991 年间，农村居民生活消费支出的增长幅度相对较小，1993 年农村居民生活消费支出较 1983 年只增加了 371.7 元，平均增长量为 46.5 元；从 1993 年后，农村居民的生活消费支出大幅度增加，截至 1997 年，农村居民生活消费支出就增加了 958 元，平均增长达 191.6 元；1997 年后，受到干旱以及洪灾的影响，农村居民生活消费支出经过了一个徘徊期，在 1998 年、1999 年出现消费支出较上年下降的情况，但 2000 年后，农村居民的生活消费支出又呈现出增长趋势。1990—2007 年，我国农村居民人均纯收入扣除价格因素后的年平均增长率为 5.4%。

　　在消费支出总量不断增加的同时，农村居民的消费结构也在发生着变化。

恩格尔系数是食品消费支出总额占个人消费总支出的比重，它是国际上通行的衡量一个国家或地区人民生活水平的重要指标。按照联合国粮农组织的生活分类标准，恩格尔系数在 59% 以上为贫困，50%—59% 为温饱，40%—50% 为小康，30%—40% 为富裕，30% 以下为最富裕。而经过60 年的发展，我国农村已经从绝对贫困逐步走进了小康水平。

（单位：元）

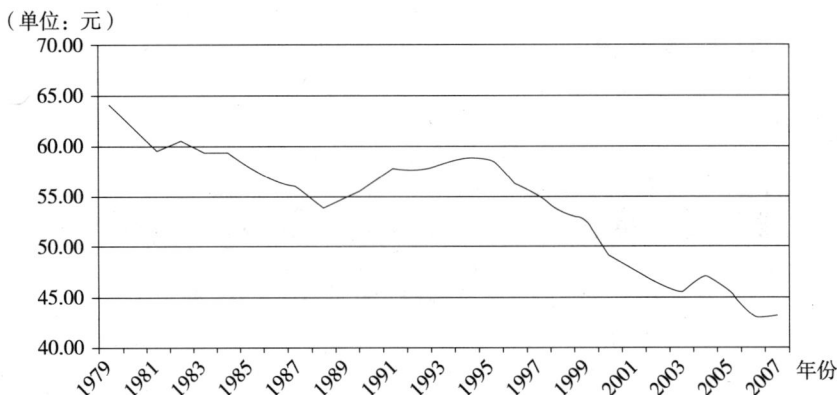

图 14　农村家庭恩格尔系数

（资料来源：国家统计局编：《中国农村统计年鉴·2008》，中国统计出版社 2008 年版）

下图展示了 1980 年、1990 年、2000 年和 2007 年我国农村居民消费的结构变化。

不难发现，在这十几年的时间里，我国农村居民消费结构变化的总体趋势是：食品、衣着支出比重逐年下降，住房以及人均文教娱乐、医疗保健、交通通讯等发展和享受性消费支出快速增长。事实上，从 20 世纪 80 年代中后期我国农村居民的温饱问题已经基本解决，食品在消费中的比重逐渐下降，但是质量提高、数量增加。

农村居民人均住房支出的迅速增长，说明农村居民在基本满足了吃、穿、用的需要后，开始重视居住条件的改善。从面积来看，农村居民每户

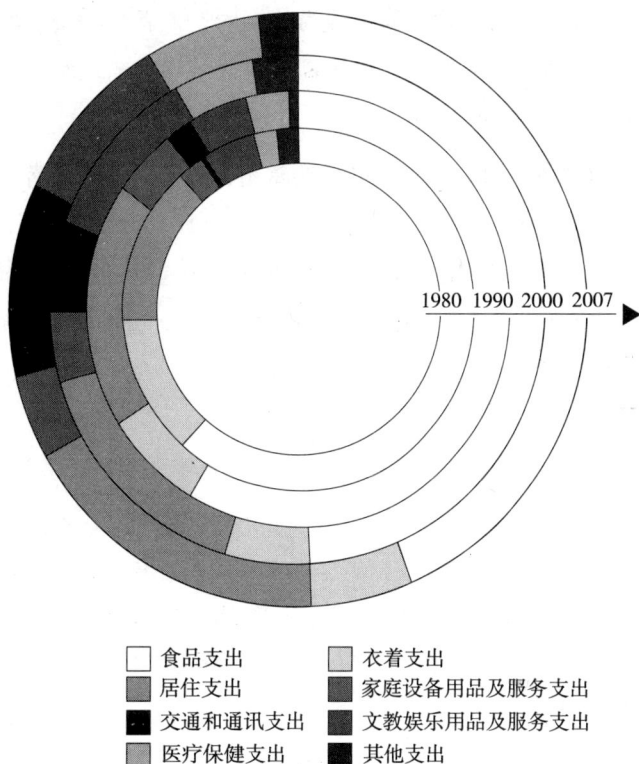

1980 1990 2000 2007 ▶

食品支出　　　　　　衣着支出
居住支出　　　　　　家庭设备用品及服务支出
交通和通讯支出　　　文教娱乐用品及服务支出
医疗保健支出　　　　其他支出

图15　农村居民消费结构图

（资料来源：国家统计局编：《中国农村统计年鉴·2008》，中国统计出版社 2008 年版）

年末人均住房面积由 1990 年的 17.83 平方米增加到 2006 年的 30.65 平方米，增大了居住地舒适度；从价值来看，农民年末住房每平方米从 1990 年的 44.60 元增加到 2006 年的 287.76 元。

截至 2007 年农村居民人均文教娱乐、医疗保健、交通通讯的支出水平分别达到 306 元、210 元和 328 元，在生活消费支出中所占比重比 1980 年分别提高了 4.4、4.4 和 9.8 个百分点。

与此同时，农村居民家庭生活逐步进入电气化、信息化时代。1949 年，农村居民家庭几乎没有任何电器，2007 年每百户农村居民家庭拥有的电视机、电冰箱和洗衣机等耐用消费品分别达到 106.5 台、26.1 台和 45.9 台。在传统耐用消费品稳步提高的同时，信息化设备在农村普及的速度加快，2007 年，平均每百户拥有电话机、移动电话和计算机分别达到 68.4 部、77.8 部和 3.7 台。

新中国 60 年，我国农村居民消费水平在不断提高，消费结构逐步优化，一些农村居民已经步入小康。然而从数据比较分析中我们也注意到，在农民收入、文化和卫生方面的城乡差距和地区差距都在不断拉大，继续深化农村体制改革减轻农民负担，反哺农业，收入分配向贫困地区农民倾斜、保持农村稳定的任务依然任重而道远。

参考文献

1.《建国后农村改革的成就》，《中共党史研究》2009 年第 6 期。

2. 国家统计局编：《中国统计年鉴·2008》，中国统计出版社 2009 年版。

3. 国家统计局编：《中国农业统计资料汇编》，中国统计出版社 2005 年版。

4. 国家统计局国民经济综合统计司：《新中国五十五年统计资料汇编》，中国统计出版社 2005 年版。

（执笔人：王剑、王伟伟、张波、房仲达、王星）

农业：春风化雨，
五谷丰登

农业是人类的衣食之源、生存之本。社会生产发展起源于农业，在农业发展的基础上才逐步产生了工业和其他产业的发展。农业是国民经济中最基本的物质生产部门，它的发展状况直接左右着国民经济全局的发展。中国是农业古国，我们祖先经营农业已有几千年之久。作为世界人口第一的农业大国，中国拥有全世界数量最多的农村人口，能否解决好中国农业发展的基本问题，是关系着国家安危、关乎着国计民生的关键。

新中国成立60年，从农业产值的增速来看，我国农业发展大致可划分为三个阶段：1.曲折前进：1949—1965年农业是在曲折中前进的，在三年自然灾害、"大跃进"等的影响下，农业在上下起伏波动中有所发展；2.低速增长：1966—1978年农业处于低速发展阶段，与前一阶段相比，此时农业稳步向前发展，但是发展速度偏低，无法满足人民日益增长的物质需求；3.快速增长：1979—2009年的20年，是我国农业经济全面和飞速发展阶段。自我国农村率先吹响改革号角之后，我国农业发生了巨大的变化，具体体现在：（1）废除了高度集中统一管理的人民公社制度，普遍实行了以农民家庭承包经营为基础的经营体制；（2）废除了由政府统一定价、实行国家计划收购、配给性销售的农产品流通体制，改行市场定价、自由流通的新体制。这些改革措施极大地调动了人民群众的生产积极性，农业生产呈现出迅速增长之势。目前主要农产品的供给已基本摆脱了短缺状况，粮食产量由 1978 年的 3.05 亿吨增加到了目前的 5 亿吨左右，已经实现了总量大体平衡，丰年略有结余。

一、农业生产投入

（一）机械化水平

新中国成立 60 年来，我国主要农业机械水平显著增加，农业机械化水平快速提高。1952 年我国农业机械总动力仅为 18.4 万千瓦，到 1978 年已达到 11749.9 万千瓦，增长了 638.6 倍。2007 年达到 76589.6 万千瓦，分别为 1952 年的 4162.5 倍和 1978 年的 6.5 倍，从而使我国农业机械化水平步入了中级阶段。

（单位：万千瓦）

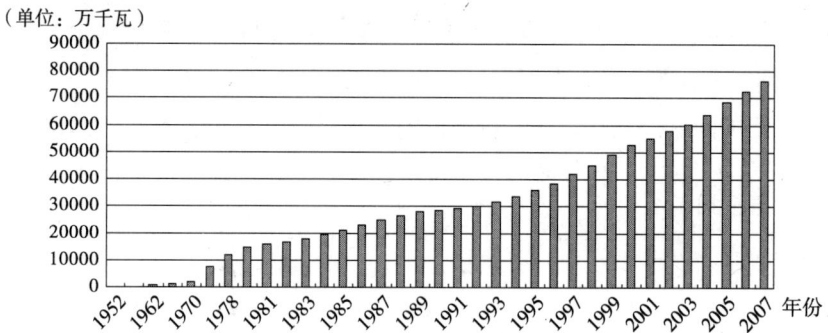

图 1　农业机械总动力

（资料来源：国家统计局编：《中国统计年鉴·2008》，中国统计出版社 2009 年版；国家统计局编：《中国农业统计资料汇编》，中国统计出版社 2005 年版）

（二）农村用电量

新中国成立以来，我国农村地区用电量的快速增长从侧面说明了农业生产能力和农民生活水平大幅提高。1952年我国农村用电量为0.5亿千瓦时，到1978年达到253.1亿千瓦时，增长506.2倍，截至2007年我国农村用电量达到5509.9亿千瓦时，为1952年的11019.8倍，是1978年的21.8倍。

（单位：亿千瓦时）

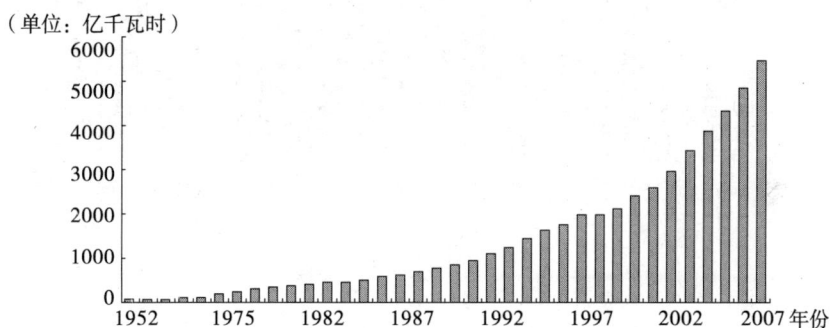

图2　农村用电量

（资料来源：国家统计局编：《中国统计年鉴·2008》，中国统计出版社2009年版；国家统计局编：《中国农业统计资料汇编》，中国统计出版社2005年版）

（三）有效灌溉面积与化肥施用量

随着我国水利的广泛开发和利用，我国农田的有效灌溉面积也得到显著的增加。1952年农田有效灌溉面积仅为1995.9万公顷，到1978年增加到4496.5万公顷。2007年为5651.8万公顷，是1952年的2.8倍，为1978年的1.3倍。

1952年我国化肥施用量（纯量）为7.8万吨，到1978年为884万吨。到2007年达到5107.8万吨，为1952年的654.8倍，为1978年的5.8倍。

（四）财政支出中的农业部分与农业科技投入

总体上，我国财政支出中用于农业部分的投资在逐年增加，特别是近

（单位：万公顷）

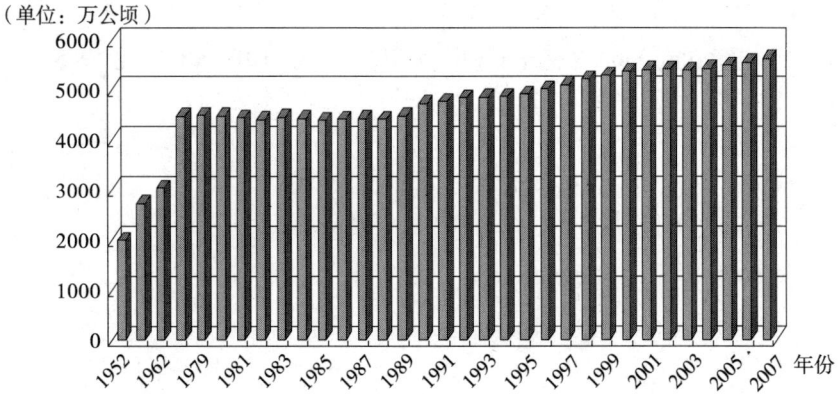

图3 有效灌溉面积

（资料来源：国家统计局编：《中国统计年鉴·2008》，中国统计出版社 2009 年版；
国家统计局编：《中国农业统计资料汇编》，中国统计出版社 2005 年版）

（单位：万吨）

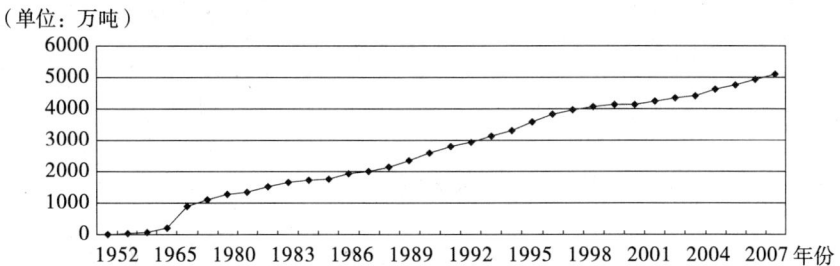

图4 化肥施用量（纯量）

（资料来源：国家统计局编：《中国统计年鉴·2008》，中国统计出版社 2009 年版；
国家统计局编：《中国农业统计资料汇编》，中国统计出版社 2005 年版）

几年，随着我国一系列关于农业发展的重大政策的提出和实施，财政支出
增加十分显著。改革开放以来，我国农业科技得到大力的发展，农业科技
投资额从 1978 年的 1.06 亿元增加到 2006 年的 21.42 亿元，增加了 20.2
倍，并且获得了显著的农业科技成果。

（单位：亿元）

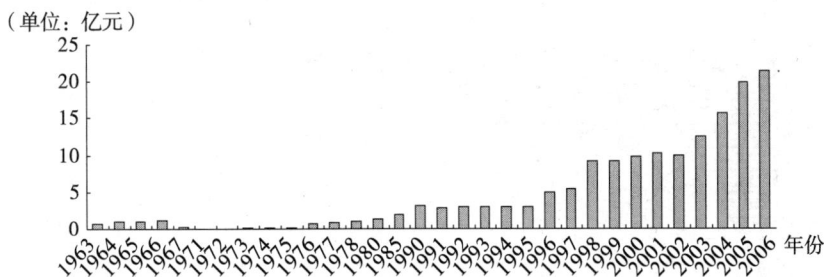

图5　农业科技三项费用

（资料来源：国家统计局编：《中国统计年鉴·2008》，中国统计出版社2009年版；国家统计局编：《中国农业统计资料汇编》，中国统计出版社2005年版）

二、农业生产产出

（一）农、林、牧、渔总产值

新中国成立以来，特别是改革开放以来，我国的农业经济得到快速的发展，农、林、牧、渔总产值不断创出新高。1952年我国农、林、牧、渔总产值仅为461亿元，到1978年增加到1397亿元，2007年总产值达到48893亿元。

（二）农业产业结构

新中国成立60年我国农业产业结构发生了巨大的变化。1952年农作物种植业产值占农、林、牧、渔总产值的85.9%占绝对的主导地位，此后这一比重逐年下降，到2004年下降到50.1%，其原因是，我国经济的持续增长以及人民的生活水平不断提高，我国人民对牧业产品和渔业产品的消费需求大幅增加，从而促进了这些产业的快速发展，使其比重逐年增

年份

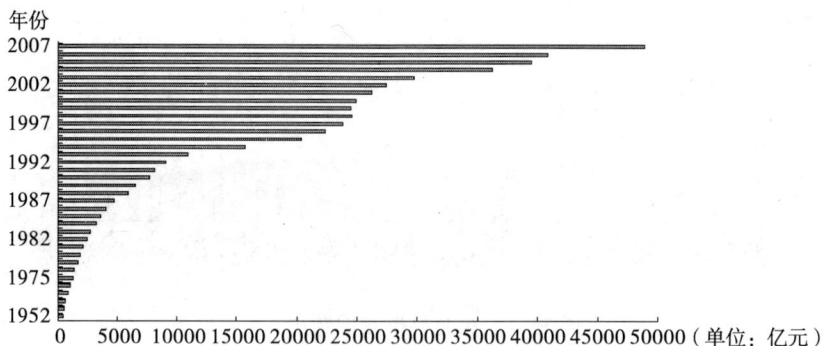

图 6　农林牧渔业总产值

（资料来源：国家统计局编：《中国统计年鉴·2008》，中国统计出版社 2009 年版；国家统计局编：《中国农业统计资料汇编》，中国统计出版社 2005 年版）

加。2004 年我国出台的《2004 年国家鼓励农民发展粮食生产的政策措施》中制定了一系列促进粮食主产区和种粮农民发展粮生产的政策措施，包括对种粮农民的直接补贴、降低农业税税率、取消农业特产税等 10 条具体内容，这很大程度上调动了农民种植粮食作物的积极性，从而使得农作物种植业占农业总产值的比重回升到 2007 年的 62.2%。纵观新中国成立 60 年我国农业种植业、渔业、牧业、林业的产值都有大幅的增加，其中增幅最大的是渔业，其次是牧业和林业。

（三）主要农产品农业生产

60 年来，我国农业综合生产能力得到显著提高，满足了不断增加的人口需求，解决了全国人民的温饱问题，粮食、棉花、肉类、禽蛋、水果和水产品产量均为世界第一。

1. 粮食

新中国成立以来，我国粮食生产无论是从总量上还是单位面积产量上都有了长足的发展。1998 年全国粮食总产量达到历史最高的 51230 万吨，为 1949 年的 4.5 倍，单位面积产量 4502 公斤每公顷，人均粮食占有量也

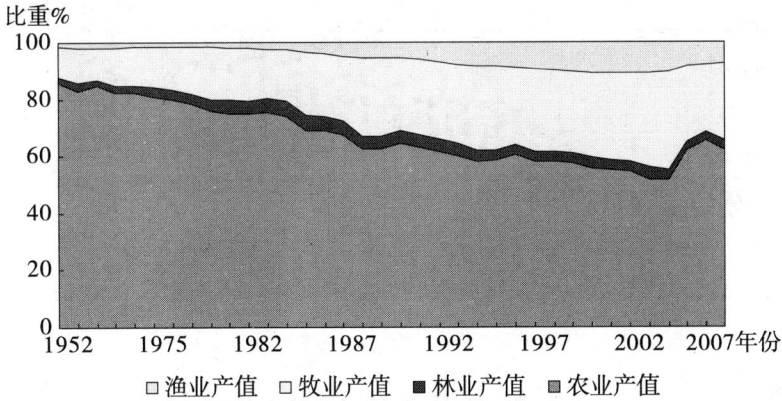

图7　农业产业结构

（资料来源：国家统计局编：《中国统计年鉴·2008》，中国统计出版社 2009 年版；
国家统计局编：《中国农业统计资料汇编》，中国统计出版社 2005 年版）

从 1949 年的 209 公斤提高到 1998 年的 412 公斤，基本实现了粮食自给。
此后，由于我国农业种植业的结构调整、1998 年的自然灾害以及退耕还
林政策的逐步实施，使得粮食产量有所减少。但是，随着农业科技的发展
和创新，单位面积粮食产量一直保持较快增长，而国家富农政策的实施也
大大促进了农民种粮的积极性，使得粮食生产大幅提升。到 2007 年，我
国粮食总产量达到 50160.3 万吨，单位面积粮食产量为 4748 公斤每公顷。

　　2. 棉花

　　1949 年我国棉花产量仅为 44 万吨，是紧缺物资之一。到 2007 年，我
国棉花产量达到 762.4 万吨，为 1949 年的 17.3 倍，同时人均占有量也从
1949 年的 0.8 公斤提高到 5.8 公斤。棉花也从严重短缺发展到现在已经自
给有余。

　　3. 油料

　　1949 年我国油料总产量 256 万吨，到 1978 年总产量达到 522 万吨。
改革开放以来，随着农村改革的深入，油料生产有了飞速发展，截至
2007 年总产量已经达到 2569 万吨，为 1949 年的 10 倍，人均占用量也从

（单位：万吨）　　　　　　　　　　　　　　　　　　　　　　　　（单位：公斤/公顷）

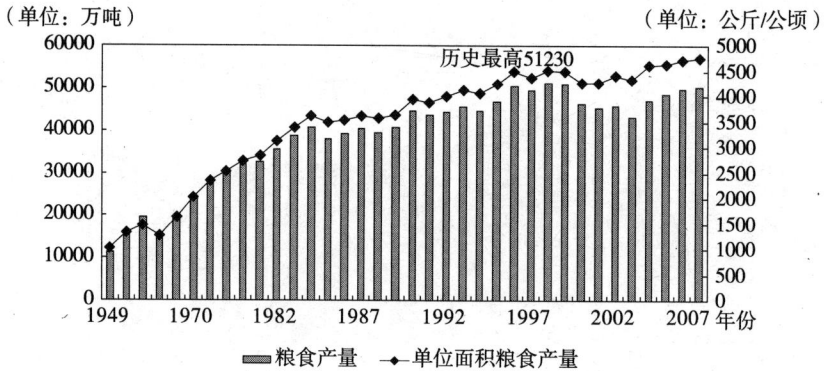

图8　粮食产量与单位面积粮食产量

（资料来源：国家统计局编：《中国统计年鉴·2008》，中国统计出版社2009年版；
国家统计局编：《中国农业统计资料汇编》，中国统计出版社2005年版）

1949年的4.7公斤提高到2007年的19.5公斤，为1949年的4.2倍。但
是由于我国进口油料作物的总量较大且增速较快，所以在一定程度上影响
了我国油料作物的生产。

4. 园林水果

1949年我国水果产量只有120万吨，人均只有2.2公斤，水果是仅次
于棉花的紧缺产品。经过60年的发展，特别是农村改革的30多年，我国
水果产量有了大幅度的提升。2007年水果产量达到18136万吨，增长了
151倍。2003年由于园林水果的统计口径发生变化，水果总产量加入了种
植业的瓜果产量，使得总产量大幅增加。

5. 猪牛羊肉类

随着我国经济的全面发展和人民生活水平的提高，畜牧业也发展迅
速。1949年我国猪、牛、羊肉产量仅为220万吨，到1978年达到865万
吨，到2007年增加到6865.7万吨，增长了31.2倍，人均占有量也达到
40公斤。我国现在也成为世界第一大猪肉生产国。

6. 水产品

1949年全国水产品产量为44.8万吨，人均占用量仅为0.8公斤。到

（单位：万吨）

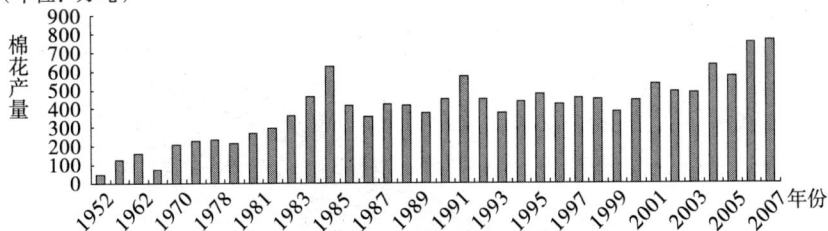

（单位：万吨）

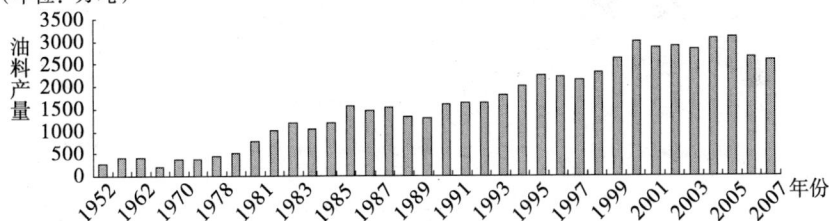

（单位：十万吨）

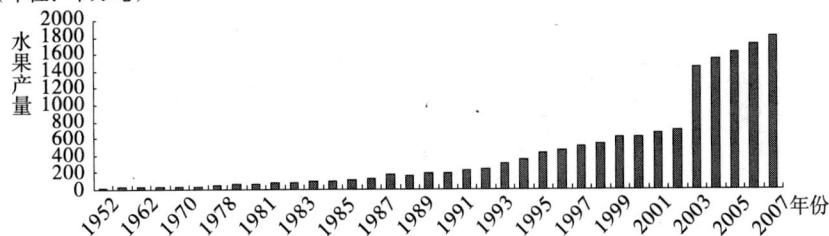

图9　棉花、油料、水果产量

（资料来源：国家统计局编：《中国统计年鉴·2008》，中国统计出版社2009年版；
国家统计局编：《中国农业统计资料汇编》，中国统计出版社2005年版）

2007年水产品产量达到4747.5万吨，同时人均占有36公斤，分别为
1949年的105.9倍和45倍。

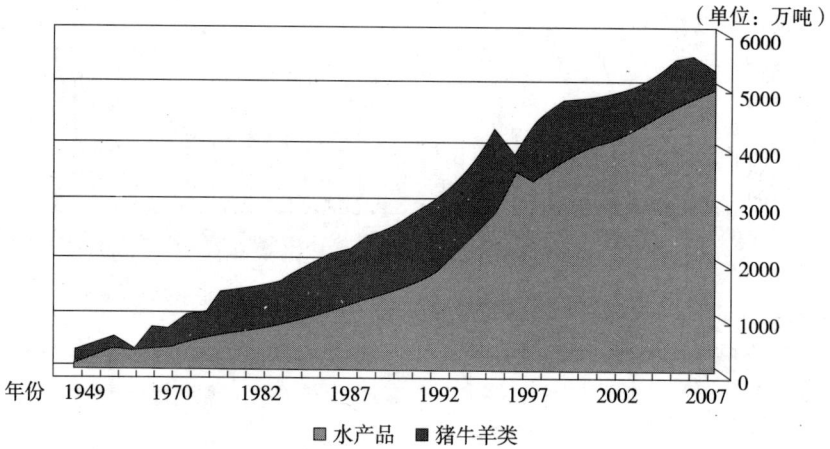

图10　水产品、猪牛羊肉类产量

（资料来源：国家统计局编：《中国统计年鉴·2008》，中国统计出版社2009年版；
国家统计局编：《中国农业统计资料汇编》，中国统计出版社2005年版）

（四）全国人均主要农产品占有量

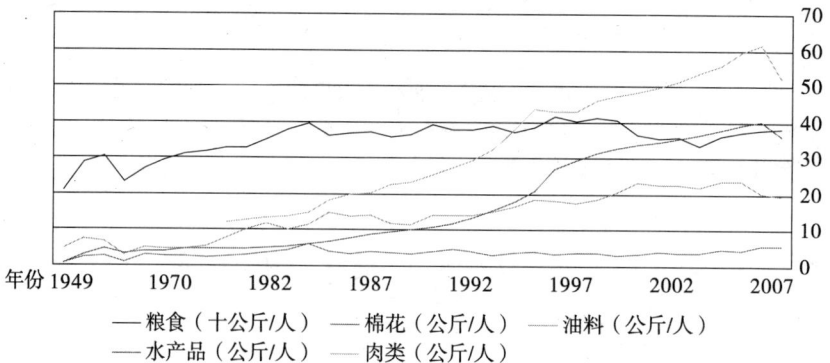

图11　全国人均主要农产品占有量

（资料来源：国家统计局编：《中国统计年鉴·2008》，中国统计出版社2009年版；
国家统计局编：《中国农业统计资料汇编》，中国统计出版社2005年版）

三、结语

我国农业自 1978 年以来稳定高速发展，取得了举世瞩目的成就，在满足人民群众日常消费需求的同时，更为第二、三产业的崛起提供了充足的生产原料，对我国国民经济的迅速发展作出了重大贡献。但与发达国家相比，我国农业技术落后、生产效率低下，每个农业劳动力所支持的人口数远远低于美国、日本等国家。从农业生产的投入和产出的规模来看，我国无疑是一个农业大国，但从生产效率角度来看，我国远非农业强国。一字之差，却指出了我国农业今后的发展道路还很漫长，所面临的形势相当艰巨。这一路上还有很多困难和问题需要克服和解决，但在党和国家的领导下，我国农业定能取得更大的辉煌。

参考文献

1. 国家统计局编：《中国统计年鉴·2008》，中国统计出版社 2009 年版。

2. 国家统计局编：《中国农业统计资料汇编 1949—2004》，中国统计出版社 2005 年版。

3. 国家统计局国民经济综合统计司编：《新中国五十五年统计资料汇编》，中国统计出版社 2005 年版。

（执笔人：张波、房仲达）

中国工业：创造辉煌

60 年前，中国的原煤产量仅为 3200 万吨，机械化程度不到 10%；今天，采用综合机械化采煤技术，中国的煤炭产量达到 23.2 亿吨，跨行业的煤、电、化、路、港、航的产业链已经形成。

60 年前，中国筹备修建第一个汽车制造厂，那时毛主席满怀希望地说："什么时候能坐上我们自己生产的轿车去开会就好了"；今天，中国汽车行业已有各类生产企业 5800 多家，汽车产量达到 5 百多万辆，汽车工业总产值已达 11000 多亿元。

60 年前，中国人根本制造不了家电，直到 1978 年，我们仅生产 2800 多台电冰箱和 400 多台洗衣机；今天，我们制造的家电不仅满足了 13 亿人的需要，并且远销海外，同时在竞争中脱颖而出成了享誉世界的品牌。

60 年，也许只是一个人寿命的时间，而中国的工业却在这短短的时光中创造了一个又一个让世界为之惊叹的奇迹！

一、60 年积聚坎坷历程，
三时期尽显工业变迁

工业①是指从事自然资源的开采，并对采掘品和农产品进行加工和再加工的物质生产部门。它决定着国民经济现代化的速度、规模和水平，不仅为自身和国民经济的其他各部门提供原材料、燃料和动力，还为人民物质文化生活提供工业消费品；并且它还是国家财政收入的主要源泉，是国家经济自主、政治独立、国防现代化的根本保证；同时，劳动密集型工业需要大量的人口，技术密集型工业随着产业的不断升级而不断调整，这对于人口就业和资源的合理充分利用也有着巨大的作用。

新中国成立初期，中国的工业企业只存在国有和集体两种所有制形式，尽管建立了门类齐全的工业体系，但由于推行重工业优先的发展战略，形成了扭曲的、重工业比例过大的产业结构。

1978 年以后，中国的工业开始由计划经济向社会主义市场经济转变。通过国有经济改革与促进非公有制经济共同发展，并建立与市场经济相配套的宏观调控体系，以及对政府机构改革、转变政府职能，实现由对企业的直接管理为主转向主要依靠经济、法律等间接管理为主等手段，使得中国的工业面貌焕然一新。

新世纪以来，尤其是加入 WTO 组织后，党和国家在不断完善社会主义市场经济体制的同时具体提出"要走出一条科技含量高、经济效益好、

---

① 工业具体包括：（1）对自然资源的开采，如采矿、晒盐、森林采伐等（但不包括禽兽捕猎和水产捕捞）；（2）对农副产品的加工、再加工，如粮油加工、食品加工、轧花、缫丝、纺织、制革等；（3）对采掘品的加工、再加工，如炼铁、炼钢、化工生产、石油加工、机器制造、木材加工等以及电力、自来水、煤气的生产和供应等；（4）对工业品的修理、翻新，如机器设备的修理、交通运输工具（包括小卧车）的修理等。

资源消耗低、环境污染少、人力资源得到充分利用的新型工业化道路"，使得中国工业在追求效益的同时得到更加理性、充分的发展。

二、何以见"总体规模之扩展"，
请君观"数量产值与人员"

描述工业总体规模的指标通常有工业企业数量、工业总产值以及就业人员数，其中企业数量是最直接的量化指标，而总产值和从业人员数分别从价值量化和劳动力量化角度刻画工业的总体规模。

（单位：百个）

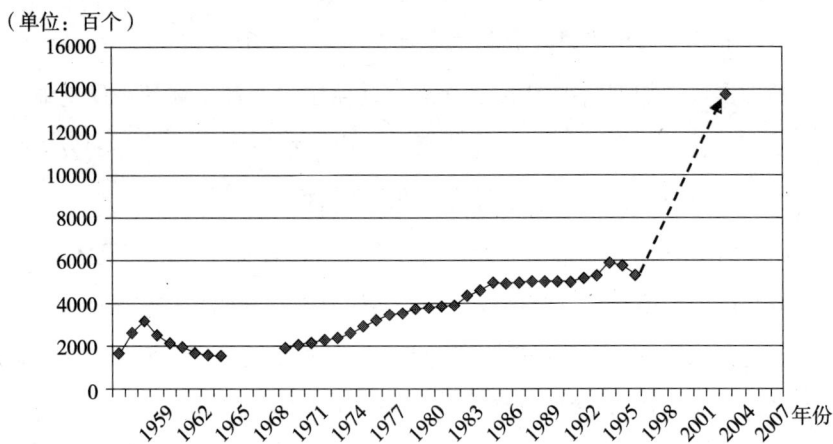

图 1　工业企业单位数量 1957—2007 年分布

注：（1）1985—1997 年企业单位数不包括村及村以下工业企业（以下同）；
　　（2）1998 年以后的数据由于统计口径的变化，只得到 2004 年一年的数据（以下同）。

（资料来源：国家统计局国民经济综合统计司：《新中国五十五年统计资料汇编》，中国统计出版社 2005 年版）

（一）企业数量：新中国成立初期一起一落；70 年后一路飙升

工业企业单位数量是反映工业规模的最基本量纲，由图 1 可以看到在 1964 年以前，中国工业处于萌芽期，加之自然灾害的冲击，企业数量并不稳定，表现为 1957—1959 年企业数陡然增多，至 1965 年时又回落到 1957 年水平。从 1965 年开始，党和国家不断鼓励和支持工业建设，中国工业企业规模总体上呈稳步上升趋势，1997 年以后由于统计口径的变化，符合原口径只有 2004 年一年的数据，但足以看到新世纪以后中国工业发展之迅猛。

（二）总产值：改革前蓄势式增长；开放后指数型攀升

工业总产值是以货币来表现的工业企业在报告期内生产的工业产品总量。它是反映一定时期内工业生产总规模和总水平的重要指标。

由图 2 可见，新中国成立后至 1978 年，我国工业总产值整体上呈现上升趋势，产值共出现两次回落，分别是自然灾害和"文革"造成的；而 1978—1985 年，经过深入改革，工业产值蓄势待发；从 1985 年以后，工业总产值开始攀升，直至 2004 年，总产值突破 20 万亿元。

（三）从业人员：1980 年后一波三折，从业人员起落又升

从业人员的数量是从"人"的角度来衡量企业规模的又一常用量纲，从业人员的多少反映了工业企业对劳动力的占有情况，从而间接反映工业的规模。

从图 3 中可见，对于国有及规模以上非国有企业来说，从业人员的平均人数从 1980 年以来相对比较稳定，分布在 5 千万和 8 千万人之间，并且整体上经历一个上升、下降、再上升的过程。这种变化规律不难让人联想在改革开放后，各类企业纷纷出现，导致从业人员的增多，当企业数饱和后，由于竞争以及机构的精简改革使得从业人员数下降，新世纪以来中国的工业企业获得了一个相对稳步和理性的发展，进而从业人员数

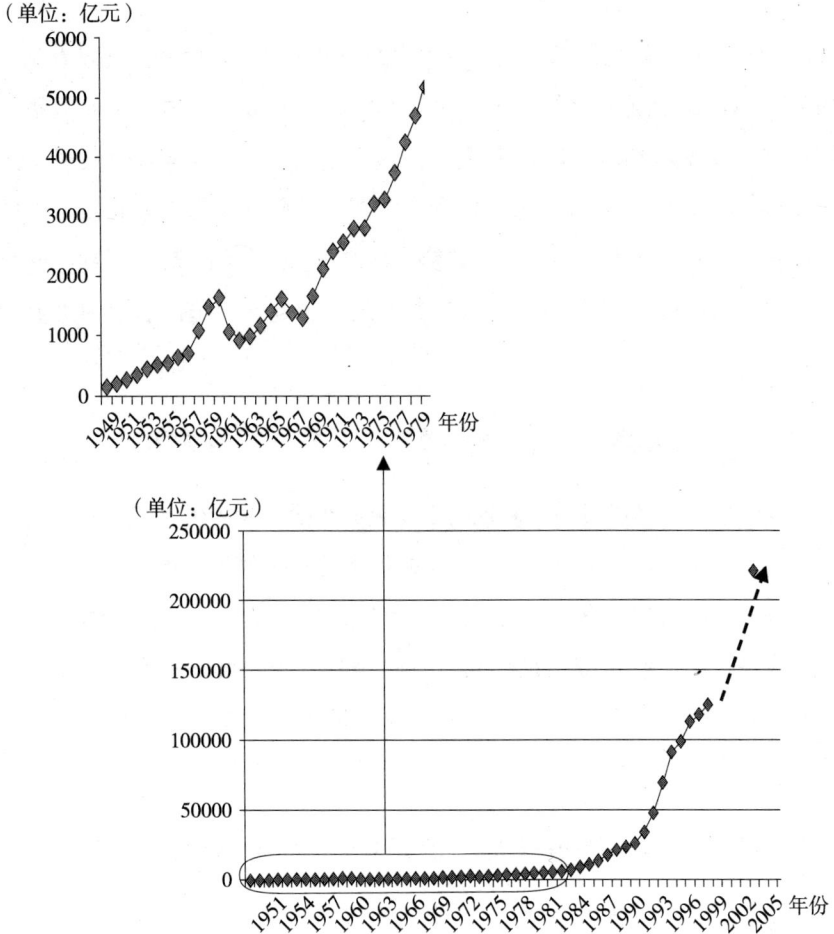

图 2　工业企业总产值 1949—2007 年分布

（资料来源：国家统计局国民经济综合统计司：《新中国五十五年统计资料汇编》，中国统计出版社 2005 年版；中经网数据库）

又稳健上升。

（单位：万人）

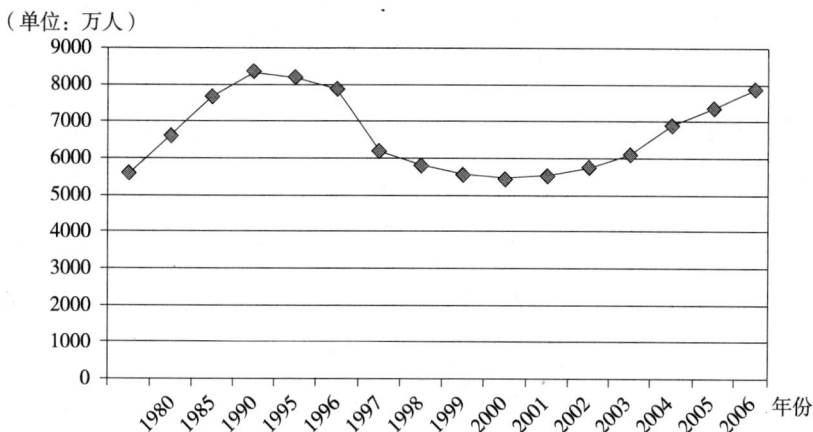

图3　国有及规模以上非国有工业企业平均从业人员数

（资料来源：国家统计局国民经济综合统计司：《新中国五十五年统计资料汇编》，中国统计出版社 2005 年版；中经网数据库）

三、公有企业主导社会主义，
数量产值呈现结构变迁

　　我国是社会主义国家，实行"生产资料公有制为主体，多种所有制共同发展"的经济制度。新中国成立初期，我国的工业企业基本是国有企业和集体企业，但改革开放后，其他各种类型的企业如雨后春笋般纷纷出现。那么，我国公有制企业的规模在所有工业企业中的分量是如何变化的呢？这一问题，使得研究我国工业的所有制结构变化十分有必要。

（一）所有制企业数量比例：非公有制从无到有；九成数量动地惊天

由图4可见，中国的公有制企业正在逐步减少，其比例由20世纪70年代的100%下降到如今的10%左右。其中，国有企业由60—70年代的30%下降到80—90年代的20%，而新世纪之后只占不到5%；集体企业在90年代之前其比例相对稳定在70%—80%上下，进入2000年其值仅仅为10%左右。说明了中国的市场经济在改革开放（尤其是新千年）后正在逐步发展和完善，非公有制经济大量涌现。

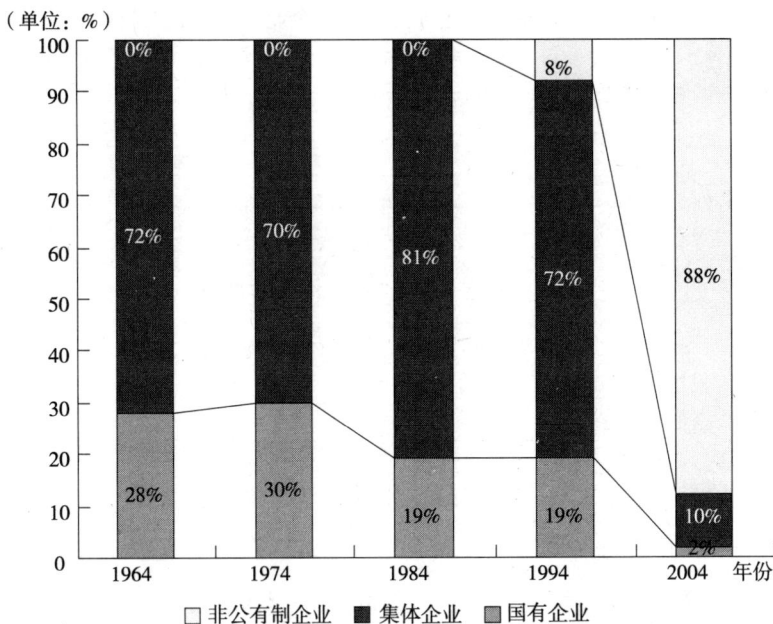

图4 公有制企业数量比例

（资料来源：国家统计局国民经济综合统计司：《新中国五十五年统计资料汇编》，中国统计出版社2005年版；国家统计局编：《中国统计年鉴·2006》，中国统计出版社2006年版）

（二）所有制企业产值比例：产值紧随数量变化；改革开放风光无限

由图5可见，公有制企业的总产值比例在1980年以前几乎占据所有工业产值的100%，而在1980年以后开始下降，至2004年只占工业总产值的15%。其中，集体企业的总产值比例呈现出先增后降的趋势，在20世纪90年代初其产值比例最大；而国有企业虽然随着时间的推移产值比例在下降，但结合图4可以看到，国有企业的实力并未减少。以2004年为例，数量仅占2%的国有企业却创造11%的工业产值，说明国有经济在中国掌控着经济的命脉。

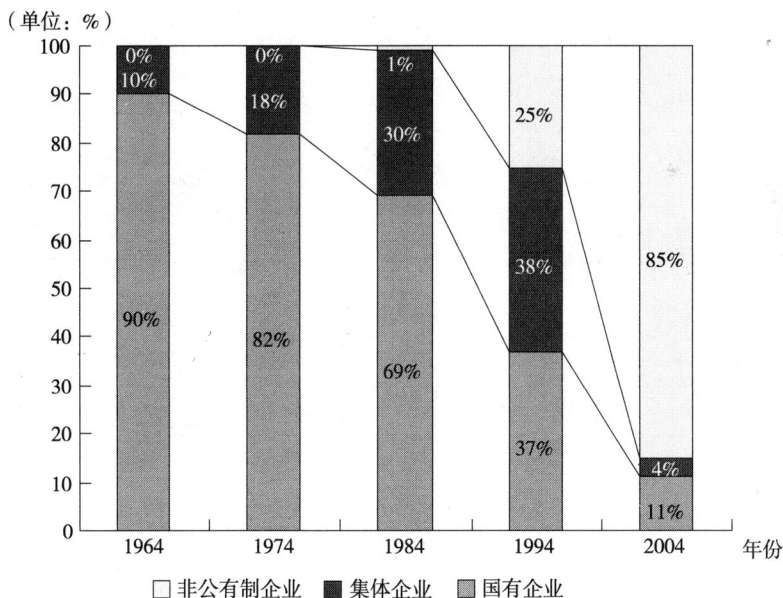

图5 公有制企业产值各年分布

（资料来源：国家统计局国民经济综合统计司：《新中国五十五年统计资料汇编》，中国统计出版社2005年版；国家统计局编：《中国统计年鉴·2006》，中国统计出版社2006年版）

四、轻重工业经历三大时期，
此消彼长推动经济发展

　　工业通常根据工业产品的性质将工业划分为轻工业和重工业①。中国的工业经历了初步工业化、动态调整和高加工度化三个阶段，突出表现为

（单位：%）

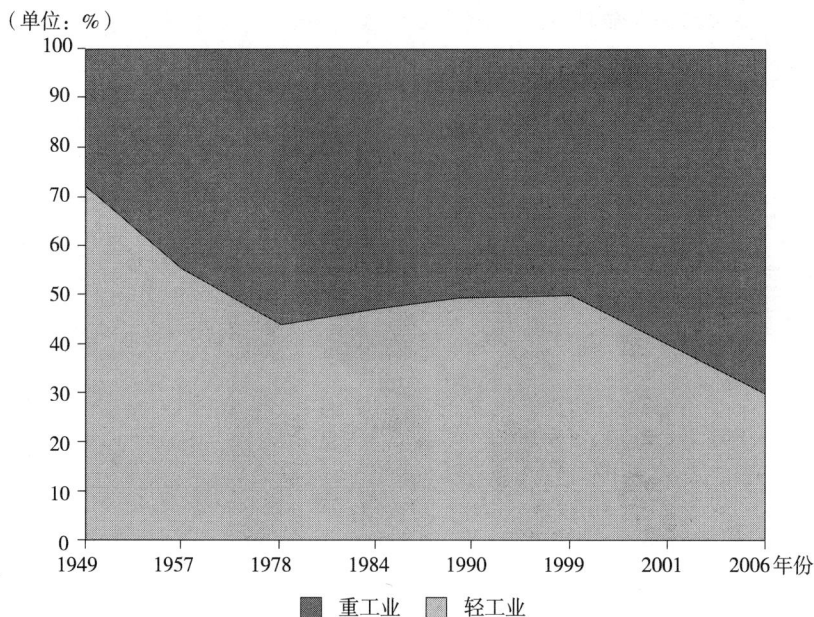

图6　轻、重工业产值比例变化

（资料来源：国家统计局编：历年《中国工业经济统计年鉴》，中国统计出版社出版；卢福财、秦川：《中国工业改革发展30年：1978—2008》，《当代财经》2008年第8期）

---

①《中国统计年鉴》中对重工业的定义是：为国民经济各部门提供物质技术基础的主要生产资料的工业；轻工业的定义为：主要提供生活消费品和制作手工工具的工业。

工业内部结构变化经历了"新中国成立初期至改革前的重工业优先发展——改革开放后的轻工业发展——新世纪开始的新的高度重工业化"的演进过程。

1949 年，中国轻工业产值占整个工业的 70％以上，而重工业比重不到 30％；进入"一五"时期，党和国家把优先发展重工业作为该时期的发展目标，重工业占全部工业的比重从 1952 年的 37.3％上升至 1957 年的45％。虽然在此之后中国的工业也经历的自然灾害、"文革"的冲击，但至 1978 年，中国的重工业产值比重达到了 56.9％。

改革开放以后，党充分认识到了重工业比例过大带来的负面作用，开始运用微观激励机制和宏观调整政策调整轻、重工业的比例，工业开始向"轻型化"发展，中国的轻工业比重由 1978 年的 43.1％上升至 1984 年的47.4％以及 1990 年的 49.4％，虽然 1992 年轻工业比例下滑至 46.6％，但至 1999 年，中国基本形成了轻、重工业产值各占半壁江山的局面。

进入新世纪，由于投资需求及大规模的基础建设使得工业再一次呈现"重工业化"特征，重工业的产值比重由 2001 年的 60.6％上升至 2006 年的 70.1％（见图 7）。能源、原材料工业增长迅猛，其中 2006 年的粗钢产量突破 4 亿吨，占当年全球粗钢产量的 1/3 以上。装备制造业发展迅速，装备水平快速提升。这些说明中国工业正从劳动密集型产业向资本密集型产业演进，进入重工业比重上升、工业发展速度加快的"重工业化"时代。

五、近 20 年经济效益备受关注，
三大指标凸显工业非凡成绩

随着改革的不断深入，统计体制的不断健全，1990 年后我国基本具有了较为系统的工业经济效益统计指标。其中最引人关注的自然是工业盈

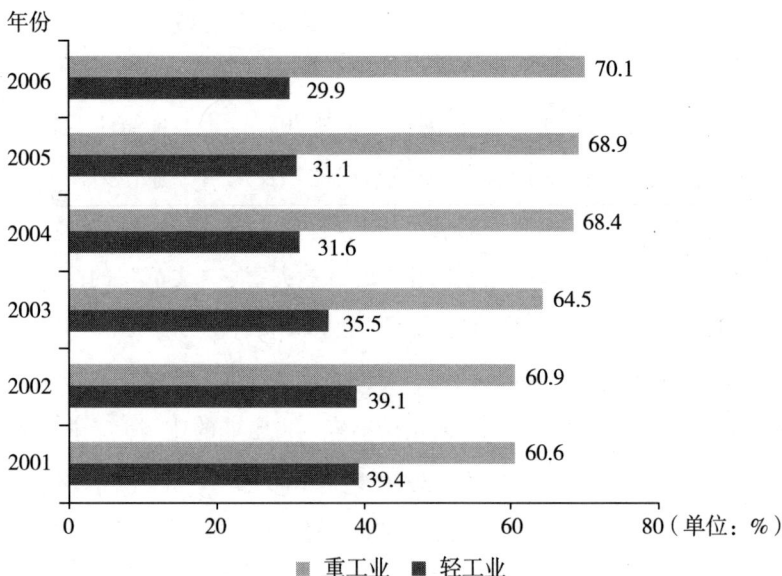

图7 2001—2006 年轻重工业产值比例

（资料来源：国家统计局编：历年《中国工业经济统计年鉴》，中国统计出版社出版；《中国统计年鉴·2008》，中国统计出版社 2008 年版）

利状况，即利润；此外，一些反映企业其他状况的指标亦越来越受到人们的重视，其中较为重要的是反映中间消耗程度和单位资产盈利能力的指标，即企业的工业增加值率和资产贡献率。

（一）利润：近20年指数增长，轻重工业齐头并进

由图8可知，进入1990年以后，随着改革的深入和国家调控体系的不断健全，中国工业及其组成（轻、重工业）的利润整体呈现增长趋势，尤其进入2000年以后，其利润增长飞速。并且可以看到，由于新世纪国家不断增大重工业的比例，使得重工业发展更为迅速，突出表现在各年重工业的利润均高于轻工业的利润，并且这种差距有逐年增大的趋势。

（单位：亿元）

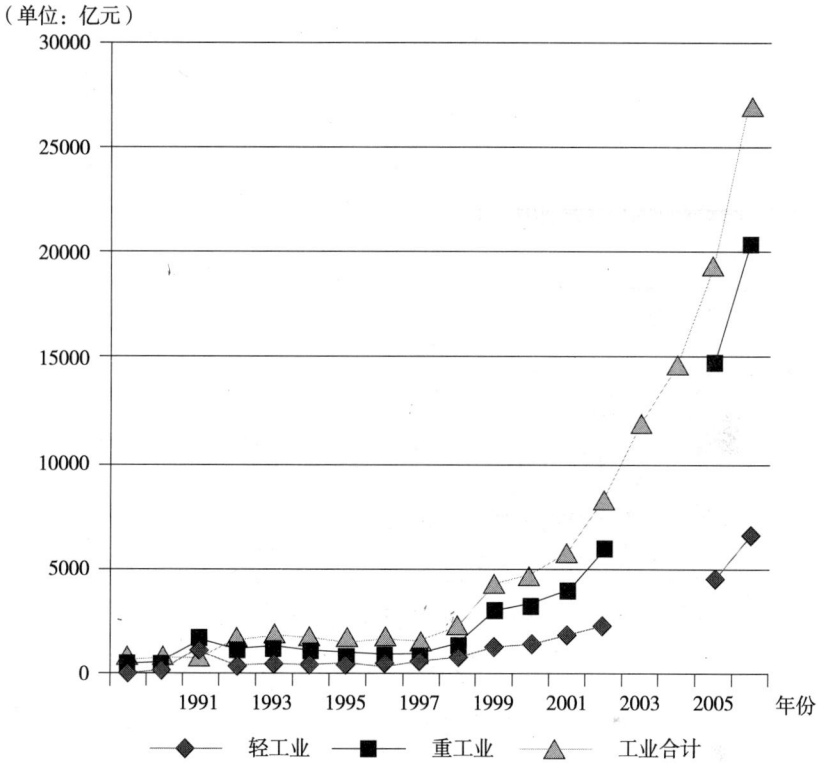

图8　工业及组成利润分布

（资料来源：国家统计局国民经济综合统计司：《新中国五十五年统计资料汇编》，
中国统计出版社 2005 年版；中经网数据库）

（二）增加值率和资产贡献率：增加值率稳中求胜，资产贡献 逐年递增

工业增加值率是指在一定时期内工业增加值占同期工业总产出的比重，反映降低中间消耗的经济效益。当工业增加值随工业总产值的增长而增长时，如果工业总产值的增幅大于工业中间投入的增幅，那么工业增加值率上升，这时，单位产品的成本费用降低，每单位销售收入所得的利税额上升，经济效益提高。由表1可见中国工业近10年增加值率一直维持在29%左右，其经济效益相对稳定。

表1　1998—2007 年国有及规模以上非国有
企业工业增加值率和总资产贡献率

年份	工业企业增加值率	工业企业总资产贡献率
1998	28.7%	7.1%
1999	29.7%	7.5%
2000	29.6%	9.0%
2001	29.7%	8.9%
2002	29.8%	9.5%
2003	29.5%	10.5%
2004	29.3%	12.3%
2005	28.7%	11.8%
2006	28.8%	12.7%
2007	28.9%	14.1%

（资料来源：国家统计局国民经济综合统计司：《新中国五十五年统计资料汇编》，
中国统计出版社 2005 年版）

总资产贡献率①是企业全部资产的获利能力的反映，是企业经营业绩和管理水平的集中体现，是评价和考核企业盈利能力的核心指标。表1 显示 10 年来我国工业企业资产贡献率有平缓上升的趋势，可见我国工业企业获利能力在不断增强。

六、风雨历程不负众望，
辉煌成绩有目共睹

新中国 60 年的风雨历程中，工业承载了中国人关于独立自强的伟大

---

① 计算公式为：总资产贡献率（％）＝（利润总额＋税金总额＋利息支出）/平均资产总额 ×100％。

梦想的"腿"，也在这历程中不断完善和飞速前进，取得了举世瞩目的成就：工业经济体制逐步完善，工业规模显著扩大，工业经济效益明显改善，工业化水平持续上涨，工业国际化程度大幅提升，工业竞争力和技术水平不断提高，等等。随着时间的推移，相信作为中国支柱产业的工业，定会继续发挥其强大的作用推动经济的发展，带领我们驰骋于脚下富饶的土地，稳固地屹立于世界民族之林，为中国乃至全世界开拓更加绚烂、美好的明天！

参考文献

1. 国家统计局编：历年《中国统计年鉴》，中国统计出版社出版。

2. 国家统计局国民经济综合统计司：《新中国五十五年统计资料汇编》，中国统计出版社 2005 年版。

3. 汪海波：《新中国工业经济史 1979—2010》，经济管理出版社 2001 年版。

4. 陈佳贵、黄群慧等：《中国工业化进程报告（1995—2005 年）：中国省域工业化水平评价与研究》，社科文献出版社 2006 年版。

5. 吕政主编：《中国能成为世界的工厂吗》，经济管理出版社 2003 年版。

6. 卢福财、秦川：《中国工业改革发展 30 年：1978—2008》，《当代财经》2008 年第 8 期。

7. 王胜利：《中国工业所有制结构 30 年变迁的解析》，《财经科学》2008 年第 6 期。

8. 金碚：《中国工业改革开放 30 年》，《中国工业经济》2008 年第 5 期。

9. 周叔莲：《中国工业改革 30 年的回顾与思考》，《中国流通经济》2008 年第 10 期。

10. 叶扬兵：《论一五时期优先发展重工业的战略》，《科学社会研究》2002 年第 5 期。

11. 路艳红：《中国工业化进程与新型工业化》，《经济纵横》2007 年第 1 期。

（执笔人：倪于健）

跃马扬鞭的交通事业

交通运输是国民经济发展的基础，是社会发展和人民生活水平提高的基本条件，交通运输的发达程度也是衡量一个国家现代化程度的重要标志。新中国成立初期，由于历史的原因和战争的破坏，我国交通运输网络支离破碎，交通基础设施规模小、等级低，交通运输量小，运输结构不完善，交通管理水平落后。新中国成立60年来，伴随着我国经济的高速增长和人民生活水平的不断改善，交通事业也发生了翻天覆地的变化，取得了举世瞩目的成就：以铁路、公路、水运、航空为主的综合运输网络初步形成；交通运输设施和装备水平显著提高；交通运输量大幅增长和运输结构不断优化。

一、综合运输网络初步形成

新中国成立60年来，我国交通运输业全面快速的发展，运输网络规模不断扩大，路网结构得到优化，运输限制明显减少，基本打破了长期以来交通对国民经济发展的瓶颈制约，改变了交通运输生产力严重不适应社会经济发展的状况，初步形成了以铁路、公路、水运、航空等为主的综合运输网络。

（一）铁路运输

我国幅员辽阔，人口众多，铁路运输具有运量大和长途运输优势明显等优点，在我国综合交通运输体系中有着举足轻重的地位。但是直到1949年新中国成立，我国只修建了2.18万公里的铁路，并且主要集中在东北和沿海地区。经过60年来的建设与发展，我国铁路不仅有量的增长还有质的提高，主要体现在营业里程数的增长和运输网络结构的优化。

（1）铁路营业里程数有大幅的增长。从图1可以看出，我国铁路营业里程数一直平稳地增长，具体来说可以分为以下几个增长阶段：1949—1952年的抢修和恢复铁路运输生产时期；1953—1978年铁路网骨架基本形成时期，从1953年开始，国家进入有计划发展国民经济时期，到1980年铁路经过五个五年计划时期，取得了辉煌的成绩；1979年至今为铁路发展的新时期，党的十一届三中全会以来，国民经济开始新的发展时期，提出了"北战大秦，南攻衡广，中取华东"的战略。1949年我国铁路运输线路仅为2.18万公里，2007年年底就已经达到了7.8万公里，约为1949年的3.6倍，平均每年增长936.7公里，铁路运输路网规模居亚洲第一，世界第三。

（2）铁路运输网络结构不断优化。一方面，铁路电气化里程数不断增长，从图1可以看出，我国铁路电气化从1969年才开始发展，经历了近十年的增长时期后，到1978年后有了飞跃式的发展。2007年年底我国电气化里程数已经跃居世界第二位，达到2.4万公里，占铁路总里程数的30.8%，这说明我国铁路电气化水平已经走在了世界的前列。另一方面，铁路网络覆盖区域进一步扩大，铁路建设在东、中、西三大地带都有快速的发展，路网结构趋向均衡化。2006铁路建设以青藏铁路开工为标志，迎来了西部地区铁路的大发展时期，从此我国省级行政单位不通铁路的时代永远成为历史。

(单位：万公里)　　　　　　　　　　　　　　　　　　　　(单位：%)

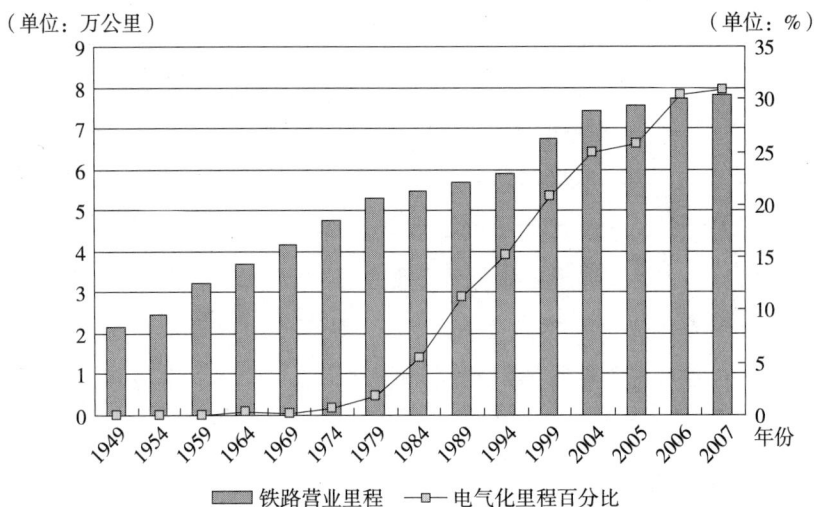

图 1　1949—2007 年中国铁路营业里程数及电气化里程数占总里程的百分比

(资料来源：国家统计局国民经济综合统计司：《新中国五十五年统计资料汇编》，中国统计出版社 2005 年版；国家统计局编：《中国统计年鉴·2008》，中国统计出版社 2008 年版)

(二) 公路运输

我国公路运输网络经过 60 年的建设与发展，总量从 1949 年的 8.07 万公里增长到 2007 年的 357.3 公里，增长了 44.28 倍。其中，等级公路的比重在逐年扩大，高速公路的发展从无到有。

(1) 公路线路运输网络规模大幅度扩大。特别是"八五"计划实施以来，随着国家对公路交通建设投资的扩大，我国公路交通运输网络有了长足的发展，目前已经形成以公路国道主干线为骨架，省道与经济干线公路为主干，县乡道路为基础的纵横交织的公路网。从图 2 可以看出，1990—2004 是公路总里程数的平稳增长时期，公路里程从 102.83 万公里增长到 187.07 万公里，平均每年增长 4.37%；2004—2007 年是快速发展时期，公路里程增长了 171.3 万公里，是前一时期增长量的 2 倍多，平均每年增长 24.20%，这说明了"十一五"计划期间我国公路交通取得了飞跃式的发展。

（单位：万公里）

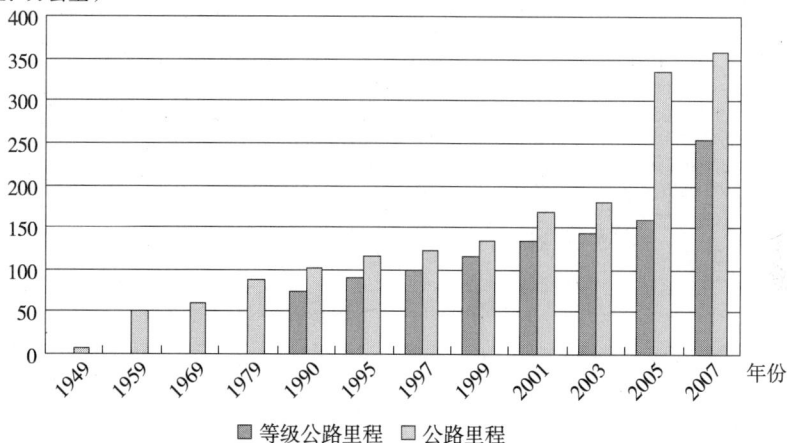

图2 1990—2007年中国公路里程数和等级公路里程数

（资料来源：国家统计局国民经济综合统计司：《新中国五十五年统计资料汇编》，中国统计出版社2005年版；国家统计局编：《中国统计年鉴·2008》，中国统计出版社2008年版）

（2）公路的等级水平大幅度提高，高速公路的发展尤为迅速。我国等级公路里程数一直保持平稳的增长（图2），截至2007年年底，等级公路里程数已经达到253.5万公里，占总公路里程的70.75%。等级公路中高速公路的发展尤其引人注目，高速公路作为经济社会发展的重要推动器，在提高运输能力、改善投资环境、优化产业布局、促进资源开发利用等方面发挥着重要的作用。我国的高速公路在1988年实现"零公里"的突破后，用了近20年的时间发展到了53900公里，跃居世界第二位。

（3）水路运输。我国境内水路运输主要分布在长江、珠江和淮河水系，分别占内河航道总里程数的50%、13%和14%，经过多年的建设与发展，长江干线已成为世界上水运最为繁忙和运量最大的河流，西江航线已成为沟通西南与粤港澳地区的重要纽带，京杭运河已成为我国"北煤

（单位：万公里）

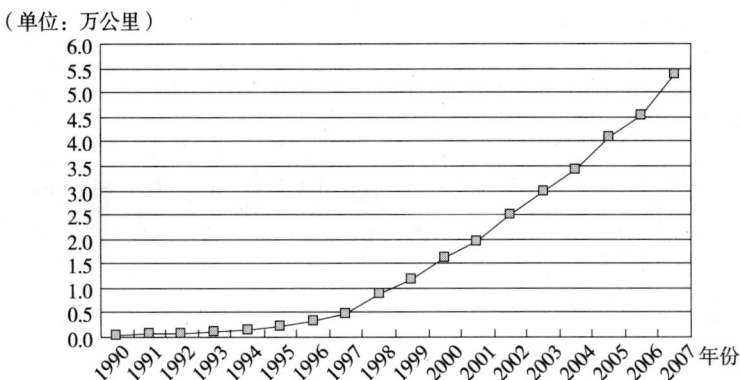

图 3　1990—2007 年中国高速公路里程数

（资料来源：国家统计局编：《中国统计年鉴·2008》，中国统计出版社 2008 年版）

南运"的水上运输大动脉，长三角、珠三角航道网已成为区域综合运输体系的重要组成部分。从图 4 可以看出新中国成立以来我国内河航道里程数的变化。实际上，我国内河航道建设经历了两个高潮时期，第一次发生在 20 世纪 50 年代中期到 60 年代中期，内河航道里程数从 1949 年的 7.36 万公里增长到了 1965 年的 15.77 万公里，增长了一倍多；另一时期发生在 80 年代以后，从 1979 年的 10.78 万公里增长到了 2007 年的 12.35 万公里。

（4）航空运输。60 年来，我国航空运输业的规模从小到大，发展迅速，主要体现在航线里程数的增加和航线条数的增长。1985 年我国民航运输里程仅为 27.72 万公里，2007 年已经达到 234.30 万公里，增长了 7 倍多，平均每年增长 10.19%；1985 年我国航线总条数仅为 268 条，2007 年达到了 1554 条，增长了近 5 倍，平均每年增长 8.32%。从图 4 看出，1985—1999 年我国航空运输业无论是运输里程数还是航线条数都有跨越式的发展，增长速度很快，之后就进入了平稳增长的时期。

（单位：万公里）　　　　　　　　　　　　　　　　　　（单位：条）

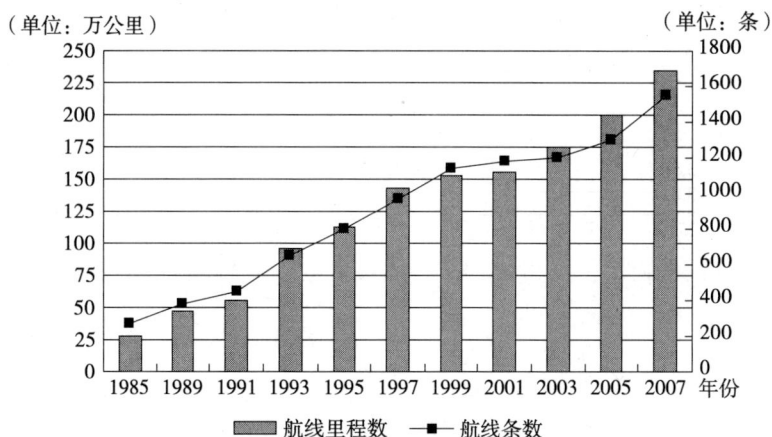

图4　1985—2007 年中国航线里程数和航线条数

（资料来源：国家统计局国民经济综合统计司：《新中国五十五年统计资料汇编》，中国统计出版社 2005 年版；国家统计局编：《中国统计年鉴·2008》，中国统计出版社 2008 年版）

二、运输设施和水平显著提高

60 年来，伴随随着我国经济发展水平的提高和综合国力的增强，各种运输设施不仅在数量上有明显的增长，而且在先进科学技术的推动下，综合交通体系的技术装备水平也有大幅度提升。

（1）铁路运输：机车数量的增长和列车运行速度的不断提升。一方面，国家铁路拥有的机车数量平稳增长，截至 2007 年底国家铁路拥有机车约 1.73 万台，为 1949 年的 4 倍多，其中内燃机车和电力机车所占比重逐年扩大。如今，我国铁路机车牵引动力全部实现内燃动力化，蒸汽机车已经退出了历史舞台。另一方面，旅客列车运行速度大幅提升。从 1997

年第一次大面积提速开始，十年间我国铁路一共进行了六次大面积的提速（图 5）。从 1997 年的 48.1 公里的平均时速提高到了 2007 年的 70.18 公里/小时，增幅达 45.9%。第六次提速后开通的动车组列车的平均时速更是达到了 150.3 公里/小时。总投资 2209.4 亿的京沪高速铁路也已经开始动工修建，预计 2012 年完成，时速可达到 350 公里，预计人们乘坐京沪高速列车从北京到上海只需 5 小时。2008 年 6 月 8 日通车的京津城际列车的速度现已达到 320 公里/小时，北京到天津只需 30 分钟的时间。

（单位：公里/小时）

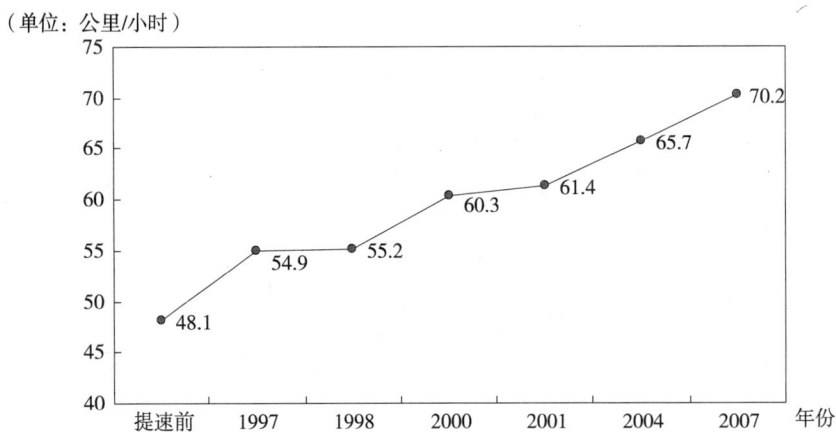

图 5   中国旅客列车平均时速变化

（资料来源：国家统计局编：《中国统计年鉴·2008》，中国统计出版社 2008 年版）

（2）公路运输：民用汽车，特别是其中的私人汽车发展迅速。随着经济的发展和人民生活水平的提高，我国民用汽车迅速发展。1985 年我国民用汽车保有量 321.12 万辆，其中私人汽车 28.49 万辆，到 2007 年民用汽车已达到 4358.36 万辆，其中私人汽车 2876.22 万辆，分别约为 1985 年的 13 倍和 100 倍，年平均增长率分别为 12.0% 和 22.2%。

从图 6 可以看出，民用汽车中的私人汽车发展尤为迅速。私人汽车不仅在绝对数量一直攀升，而且它在民用汽车中比重也在一直增长，截至 2007 年，私人汽车在民用汽车的比重已高达 66% 左右，而 1988 年这一比例仅为13%左右。这说明在人们生活水平普遍提高的条件下，很多人已经拥有了自己的汽车。

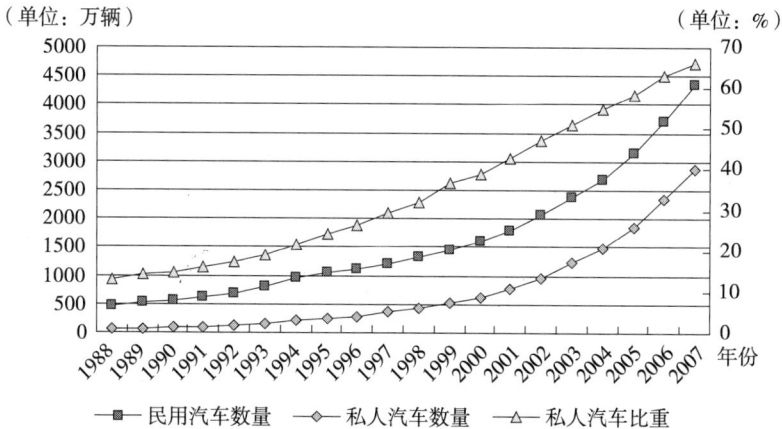

图6　1988—2007年我国民用汽车、私人汽车数量及私人汽车比重

（资料来源：国家统计局国民经济综合统计司：《新中国五十五年统计资料汇编》，中国统计出版社2005年版；国家统计局编：《中国统计年鉴·2008》，中国统计出版社2008年版）

（3）水路运输：运输船舶的大量增长和港口建设的迅猛发展。目前我国拥有专业化远洋运输船舶2284艘，沿海港口10万吨级以上的大型专业化泊位110个。截至2007年年底，我国民用运输船舶拥有量达到191771艘，全国港口拥有生产性泊位35947个，其中，万吨级深水泊位1337个，上海等14个港口进入亿吨大港的行列。深水筑港和航道整治技术取得重大突破，长江口深水航道工程抗软化成果世界领先。

（4）民航运输：飞机拥有量和机场建设成绩喜人。目前我国民航已拥有各类型飞机1813架，机场个数148个。在飞机个数和机场建设数量提升的同时，我国民航在技术上的升级改造也取得了优异成绩，尤其是在航管、通信、导航和气象保障系统的技术改造方面。目前，已在主要航路上实现了航管雷达覆盖和先进的通信导航设施联网，其中京穗、京沪、沪穗航路在7000米以上高空实现了二次雷达覆盖。民航首都机场、上海机场和广州机场等三大枢纽机场初步达到国际先进水平。

三、运输量的大幅增长和运输结构的不断优化

伴随着国民经济 60 年来的快速发展，我国交通运输业不仅在运输数量上有大幅度增长，而且运输结构也在不断朝着与国民经济发展水平相适应的方向优化升级。新中国成立以来，我国经济发展以 1978 年开始改革开放为分界点可大致分为两个不同的阶段，每个阶段的经济发展水平产生相应的交通需求及交通运输结构。

（1）运输量的增长

2007 年全国主要运输方式累计完成客运量 222.78 亿人、旅客周转量 21593 亿人公里，分别是 1949 年 1.37 亿人和 155 亿人公里的 163 倍和 139 倍，年均分别增长 7.8% 和 9.1%；完成货物运输量 228 亿吨、货物周转量 101419 亿吨公里，是 1949 年 16.1 亿吨和 255 亿吨公里的 14.2 倍和 397.7 倍，年均分别增长 4.7% 和 10.9%。从图 7 和图 8 可以看出，这一增长可以以 1978 年改革开放为分界点分成两个阶段。1949—1978 年处于低速增长阶段，这是因为 1978 年改革开放前中国一直处在封闭的状态之中，"深闭固拒"成为当时中国社会的一个特色，国内经济发展水平不高，交通需求量较小；1978—2007 年交通运输量急剧增长阶段，一方面是因为改革开放后国家经济实力的增强和人民生活水平的不断提高，对交通运输量提出了更高的要求；另一方面国家不断加大对交通基础设施的投资，增强和改善路网结构，这也在客观上为交通运输量大幅增长提供了条件。

（2）运输结构的优化

由图 9 和图 10 看出，1978 年改革开放以前，我国交通运输主要由铁路和水运承担，新中国成立至 1978 年，铁路和水运承担了 90% 以上的客运周转量和 70% 左右货运周转量，公路运输在客运量方面也占有一定比

（单位：亿人公里）　　　　　　　　　　　　　　　　　　（单位：百万人）

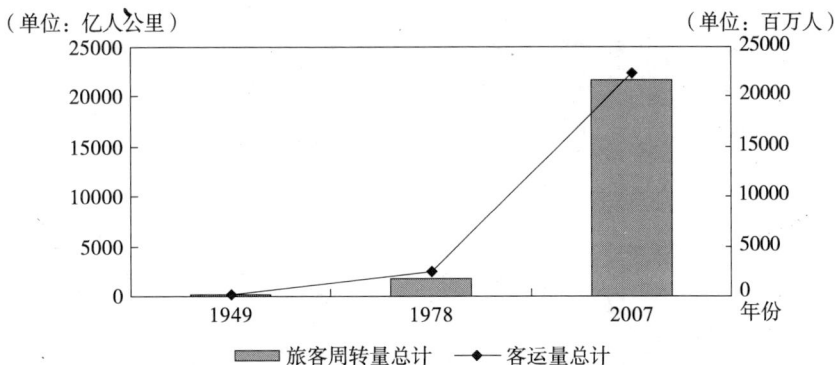

图7　1949—2007年中国各种运输方式①累计的旅客周转量和客运量

（资料来源：国家统计局国民经济综合统计司：《新中国五十五年统计资料汇编》，中国统计出版社2005年版；国家统计局编：《中国统计年鉴·2008》，中国统计出版社2008年版）

（单位：亿吨公里）　　　　　　　　　　　　　　　　　　（单位：百万吨）

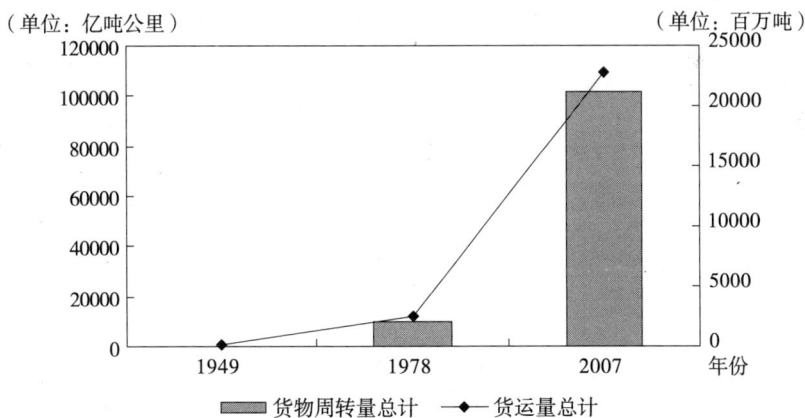

图8　1949—2007年中国各种运输方式累计的货物周转量和货运量

（资料来源：国家统计局国民经济综合统计司：《新中国五十五年统计资料汇编》，中国统计出版社2005年版；国家统计局编：《中国统计年鉴·2008》，中国统计出版社2008年版）

---

① 各种运输方式指铁路、公路、水运和民航等四种运输方式，余同。

（单位：％）

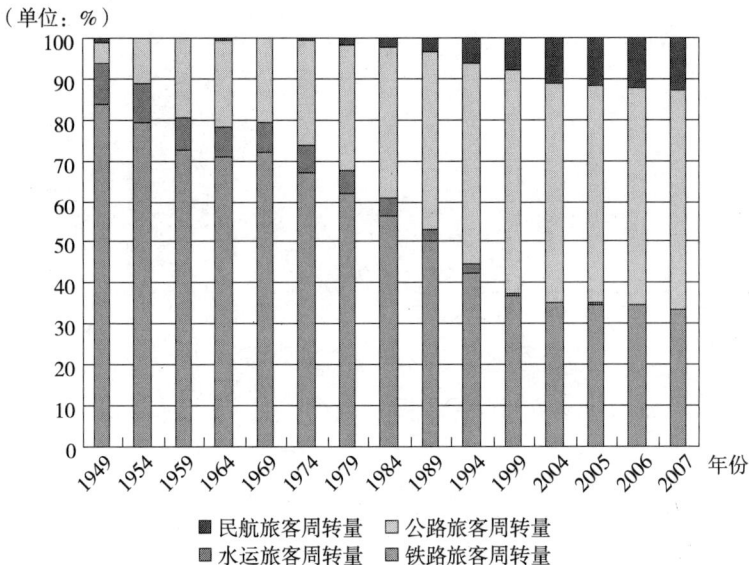

图9　1949—2007年中国各种运输方式客运周转量所占百分比

（资料来源：国家统计局国民经济综合统计司：《新中国五十五年统计资料汇编》，
中国统计出版社 2005 年版；国家统计局编：《中国统计年鉴·2008》，中国统计出版
社 2008 年版）

例，民航运量微乎其微，基本上可以忽略不计。这样的运输结构是由当
时的经济发展水平和产业结构决定的，新中国成立初期，国家把经济发展
的重点放在农业以及煤炭、矿石等初级产品和钢铁、石油等能源物资的生
产上，这些产品的运输最适于铁路和水运。

　　改革开放以后，我国经济高速发展，国民经济有了质的飞跃，产业结
构也发生了重大变化，在全新的经济形势下，我国交通运输得到较快发
展，交通运输结构也相应随之变化：铁路运输依然在综合运输体系中占有
较大的比重，但较 1978 年前有大幅下降；公路运输的地位日趋显著，在
客运周转量中比重显著提升，在货运周转量方面也有所增长；水路运输的
货运周转量大幅增长，到 2007 年已达到总货运周转量的 63% 左右，而水
路客运周转量趋于萎缩；民航运输客运周转量自 1978 年后有大幅度增长，

（单位：%）

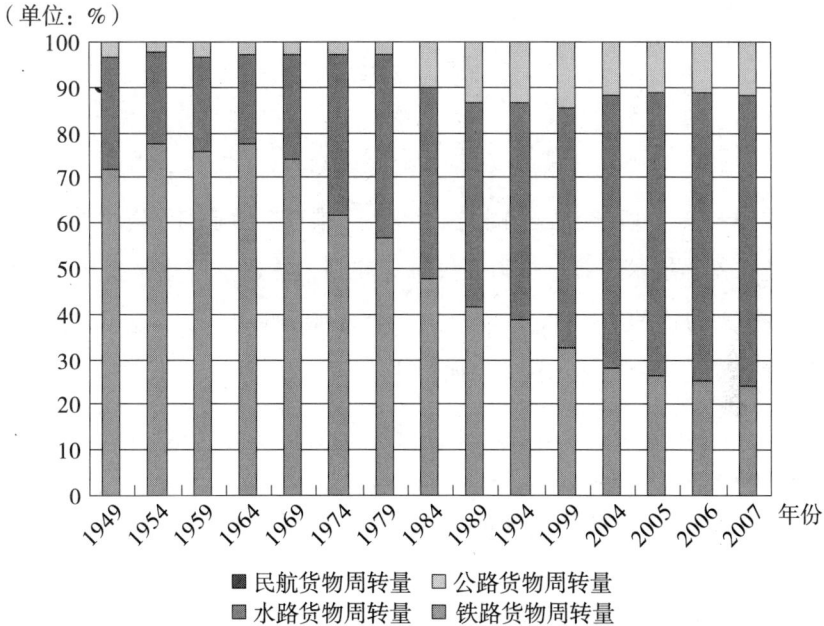

图10　1949—2007年中国各种运输方式货运周转量所占百分比

（资料来源：国家统计局国民经济综合统计司：《新中国五十五年统计资料汇编》，
中国统计出版社2005年版；国家统计局编：《中国统计年鉴·2008》，中国统计出版
社2008年版）

而货物周转量所占比重微乎其微。总的来说，如今交通运输结构的特点如
下：客运方面，铁路、民航在中长途旅客运输方面作用日益突出，极大地
提高了运输效率，充分满足了社会的运输需求；而短途运输公路占据主导
地位，使得出行方式更加方便灵活；货运方面，水路如今主要承担货物的
运输，这样就把水路运输从繁重的短途客运中解脱出来，运距长、运量
大、运输成本低的优势得到充分发挥。

四、结语

展望未来，我国交通运输将在继续大力推进交通基础设施建设的基础上，依靠科学技术进步，全力发展高速交通，并逐步解决来自环境、能源、安全等方面的严峻挑战，为建立一个可持续性的、以高速化和智能化为目标的新型综合交通运输体系而奋斗。

参考文献

1. 张文尝、王姣娥：《改革开放以来中国交通运输布局的重大变化》，《经济地理》2008 年第 9 期。

2. 刘敬青：《我国交通运输信息化 30 年发展回顾》，《中国交通信息产业》2009 年第 1 期。

3. 国家统计局：《改革开放 30 年系列：交通快车道》，国家统计局网站 2008 年 11 月 26 日。

（执笔人：毛世超）

沟通神州，信达天下

电话是人类最伟大的发明之一。我国1881年开始有电话，1900年上海、南京电报局开办市内电话，当时仅有16部电话。新中国成立初期到改革开放前的30年间，我国的电信业获得了快速的发展。从图1可以看到，这30年间，我国的长途电话和电报网络都得到很大拓展。

（单位：路）

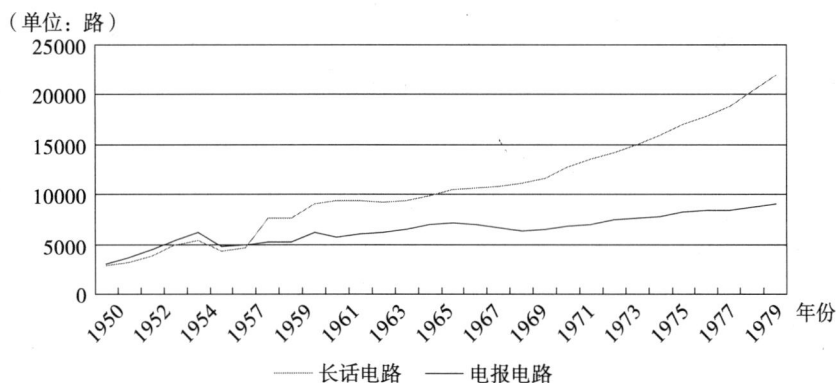

图1　我国长话和电报电路数量（1950—1980年）
（资料来源：国家统计局编：《光辉的三十五年》，中国统计出版社1984年版）

虽然如此，这一时期我国的电信行业仍然远远难以满足国家、国民经济各部门以及人民群众对通信的需求，截至1978年，9亿人口的中国只有电话交换机406万门，其中自动交换机116万门，尚不及仅400万人口的香港地区；电话普及率 0.4 门/百人，比当时非洲国家的水平还低。电话网容量严重不足、设备陈旧、畅通率低且制式不一，阻碍了电信行业的发展，电报和信函是当时最大众化的通信手段。

"美丽的夜色多么沉静，草原上只留下我的琴声，想给远方的姑娘写封信，可惜没有邮递员来传情。" 20 世纪 60 年代，一首《草原之夜》红遍了大江南北。悠扬的旋律中，传递着没有通邮通信的淡淡遗憾。这也是我国电信事业不够发达的生动写照。

经过改革开放 30 年的发展，中国的电信行业发生了脱胎换骨的蜕变，一跃成为世界电信龙头。

一、蓄势待发（1979—1998 年）

改革开放的头 20 年，是思想转变的 20 年，也是积蓄力量的 20 年。1978 年，中共中央在北京召开具有重大历史意义的十一届三中全会，全会的中心议题是讨论把全党的工作重点转移到社会主义现代化建设上来。1979 年 3 月 30 日至 4 月 23 日，第 17 次全国邮电工作会议在北京召开。会议贯彻党的十一届三中全会决议精神，厘清了一个关键的思想观念，即通信由无产阶级专政的工具向为社会经济和人民生活服务的手段的转变。1992 年邓小平同志南方谈话以后，为适应社会主义市场经济的需要，邮电通信由原先的服务职能转变为市场经济的重要组成部分之一。1993 年邮电部在香山召开全国邮电管理局长会议，提出邮电行业的重点工作是解放思想，转变观念；抓住机遇，加快发展；深化改革，加强管理；抓好经营，改善服务。从此，电信行业朝着市场化大步迈进，其在中国经济中的地位也不断提高，电信行业的业务量占国内生产总值的比重，从 1990 年的不足 0.5% 提升至 1998 年的 2.68%，而到 2008 年，这一比重已经提升至 7.46%。

（单位：%）

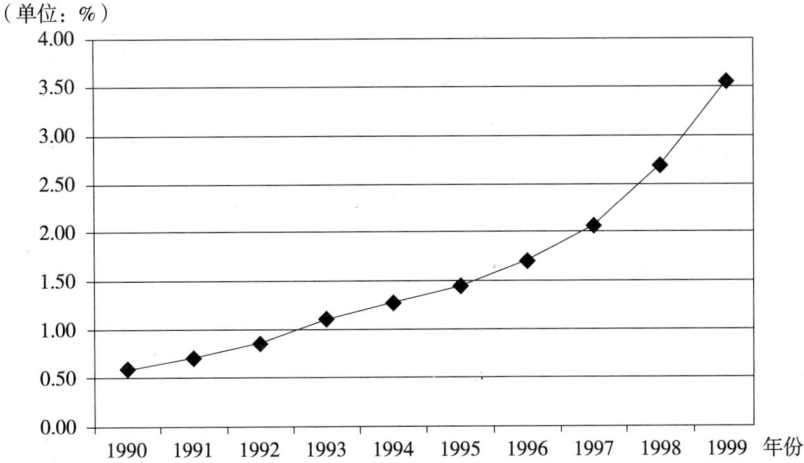

图 2　电信业务量占 GDP 的比重

（资料来源：中经网统计数据库）

　　转变思想后的电信人不断争取政策支持、充分利用外资，为中国电信的发展积蓄力量。1978 年年底，邓小平同志在日本友人的信件上批示：要重视邮电通信业的发展。1979 年，第十七届全国邮电工作会议确立了把通信及其基础设施建设确立为行业工作重点。1979 年 6 月，国务院批准实行电话初装费政策，初期全国指导性标准为 3000—5000 元，为通信持续高速发展提供了重要的资金来源。1984 年，时任国务院副总理的李鹏同志指出：邮电通信的发展一靠政策，二靠科技进步，三靠各方面的支持。从此拉开了通信发展起步的帷幕。同时，国家不仅对通信技术设备进口实行减免关税政策，对邮电通信的技术改造项目实行海关半税政策；还对使用外国政府贷款、世界银行和亚洲开发银行贷款购买的通信设备实行全免关税政策等，这些政策驱动为通信快速发展奠定了坚实的资本支持基础。

（一）电信能力飞跃式发展

伴随着思想的解放、政策的支持和外资的利用，我国的电信基础设施建设有了质的飞跃。光缆线路长度、长途电话交换机容量、局用交换机容量等电信基础设施指标都呈现指数增长，为接下了邮电行业的跨越式发展打下了坚实的基础。

从 1978 年至 1998 年，长途电话交换机容量增加 2410 倍，达到 449 万路；局用电话交换机容量增长 34 倍，达到 1.3 亿门；长途光缆线路长度也在 1988 年到 1998 年的 10 年中增长 394 倍。

中国电信行业在短短 20 年中产生了无数的第一次，尝试与创新成为电信前进的推动力。而电信基础设施建设也随之日渐完善。

（二）固定电话的腾飞与移动通信的起步

固定电话的大发展和移动通信、互联网的萌芽，成为 90 年代的重要标志。一方面，国务院规定的政企分开、转变职能、破除垄断等原则无疑为中国电信的发展方式指明了道路；另一方面，民族通信厂商的崛起则为电话进入千家万户提供了重要保证。

1994 年 7 月，中国联合通信有限公司成立，经营长话、市话、无线通信、电信增值和新兴通信业务。这是中国电信史上的里程碑，它打破电信行业长期存在的高度集中、独家经营的局面。对引入竞争、深化改革具有重要意义。

1995 年之前，我国的程控交换机市场基本被欧美日等国的设备制造商占据。1995 年、1996 年以巨龙、中兴、华为为代表的民族通信厂商纷纷推出自行研发的万门程控交换机产品。质优价廉的产品撼动了欧美日厂家的市场地位。1998 年大唐电信成立后，"巨大中华"的格局正式形成。

在政策的指导和民族企业的共同的努力下，电话逐渐成为人们日常生活中必不可少的通讯工具。中国的电信业也迎来了第一个发展高峰。

（单位：万户）

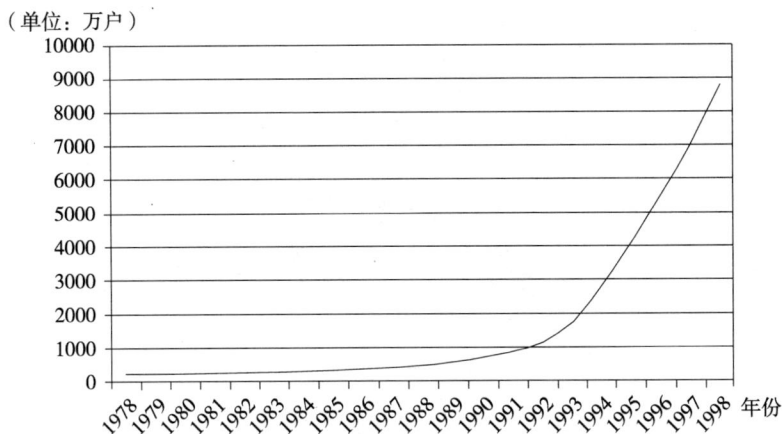

图3 本地电话用户数量变化趋势

（资料来源：国家统计局编：《新中国五十五年统计资料汇编》，中国统计出版社
2005 年版）

二、百花齐放（1999—2008 年）

这 10 年，中国的电信行业从单一的固定电话业务逐渐形成了以固定
本地电话、移动通信、长途电话、数据通信为主的四大收入支柱，同时增
值业务也发展迅速，成为电信行业的新生力量。电信行业已经形成了一个
庞大的产品网络。

以 2008 年为例，全国电信业务收入累计完成 8139.9 亿元，同比增长
7.0%。其中，移动通信网业务收入 4485.9 亿元，占电信业务收入的比重
为 55.1%；固定本地电话网业务收入 1685.7 亿元，占电信业务收入的比
重为 20.7%；长途电话网业务收入 1159.0 亿元，占电信业务收入的比重
为 14.2%；数据通信网业务收入 798.4 亿元，占电信业务收入的比重

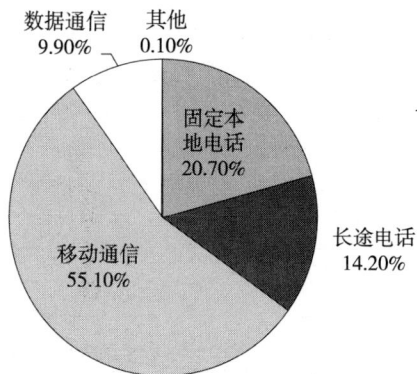

图4　2008年电信业务收入构成

（资料来源：工业和信息化部运行监测协调局：《2008年全国电信业统计公报》）

为9.8%。

电信行业的不断发展和变革，其影响也超越了通信的范畴，开始成为改变人们的生活方式和经济的发展模式的重要力量。从电话到短信，从QQ到飞信，人们之间的交流从未如此便捷；而电信发展所催生的电子商务，更在本质上改变着现代经济发展模式。

（一）改革促进发展

中国电信行业在一场范围广、力度大、程度深的改革中迎来了新的千年。1999年至2000年之间，在政企分开、移动独立、电信重组的指导思想下，中国网络通信有限公司、中国电信集团公司、中国移动通信集团公司、铁道通信信息有限责任公司和中国卫星通信集团公司先后挂牌成立，中国联合通信有限公司的重组方案也获得国务院批复。2002年，中国电信最终南北分拆方案确定，新中国电信集团及中国网通集团正式挂牌成立。随后，中国联通在上海A股市场上市，中国移动、中国网通在纽约、香港上市。电信市场化的步伐在新千年到来之际大大加快。

2001年年底，中国加入WTO后，也给中国电信行业带来了巨大的机遇和挑战。"如今看中国加入世贸组织，受益最大的不是纺织、服装业而是电信业"，对外经济贸易大学中国 WTO 研究院院长张汉林教授在谈到入世对中国影响的时候，甚至提出了这样的见解。由于我国在加入 WTO 之后参加了《信息技术协议》，信息产品进出口关税大幅度下降，中国的电信制造业在全球也是一枝独秀，同时为电信服务的蓬勃发展提供了技术基础。以华为、中兴通讯为代表的电信设备制造商，不仅在国内占据了绝对地位，在国际市场上也频频出手，参与全球竞争。再有，由于中国在技术和生产成本上的竞争优势，全球的手机生产制造商都把生产企业转移到了中国，中国一跃成为手机生产第一大国。WTO 还给电信业带来了竞争，这是电信行业取得巨大成就的不竭动力。我国电信业继续打破垄断，促进有效竞争，使得电信资费大幅下降，服务水平有了较大提高，进而使电信服务真正为广大消费者使用。

伴随着电信行业的市场化，中国电信行业取得了世界罕见的飞速发展，一跃成为世界最大的电信市场。到 2008 年年底，全国固定电话用户达到 34080.4 万户。固定电话普及率达到 25.8 部/百人。与固定电话用户数有所下降、有所不同，移动电话用户数不断攀升，由 1988 年年底的 0.3 万户增加到 64123.0 万户，年均增长 84.7%；移动电话普及率达到每百人 48.5 部，超过固定电话 22.7 个百分点。全国电话普及率由 1978 年每百人 0.4 部，提高到 2008 年的每百人 74.3 部，电话用户数跃居全球第一。

虽然之前的成绩斐然，中国电信业的改革仍在继续，2008 年 5 月 24 日，工业和信息化部、发改委以及财政部联合发布《关于深化电信体制改革的通告》，通告指出，鼓励中国电信收购中国联通 CDMA 网，中国联通与中国网通合并，中国卫通的基础电信业务并入中国电信，中国铁通并入中国移动，这标志着第二次电信重组拉开帷幕。

重组后的三家公司都将建设 3G 网络，发展 3G 业务作为企业发展的重点。2009 年 5 月 17 日，随着中国联通 3G 网络的正式商用，中国三大移动运营商正式展开了在 3G 业务上的竞争，可以预期，伴随着 3G 网络的不断发展成熟，其必将成为电信领域新的利润增长点。

（单位：万户）

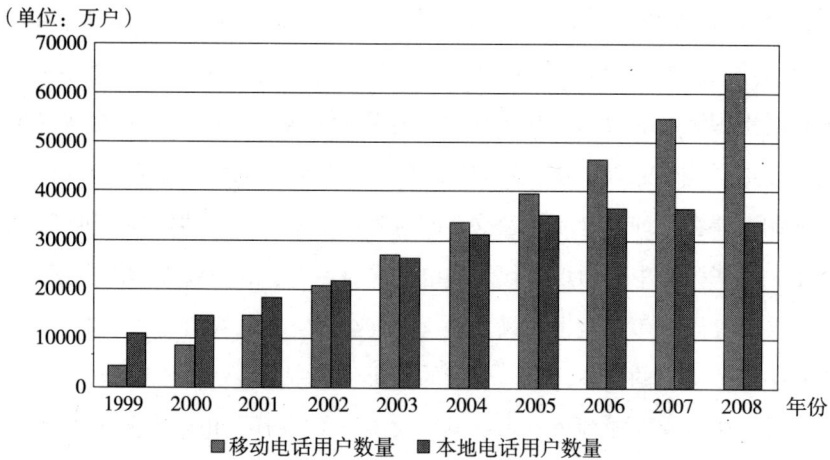

图 5　电话用户数量

（资料来源：中经网统计数据库）

（二）互联网和电信增值业务的繁荣

1994 年中国才正式加入国际互联网，1995 年中国公众互联网的建成标志着中国互联网开始走进百姓生活。经过十几年的快速发展，到 2008 年年底，网络覆盖到了全国 31 个省（区、市）的所有地区和大部分乡镇。仅 2008 一年，全国网民数净增 0.88 亿人，达到 2.98 亿人，超过美国居世界第一位。其中宽带网民数净增 1.1 亿人，达到 2.7 亿人，占网民总数的 90.6%；手机网民数净增 6720 万人，达到 11760 万人；农村网民数净增 3190 万人，达到 8460 万人。互联网普及率达到 22.6%，超过全球平均水平（21.9%）。宽带网民规模世界第一。此外，截至 2008 年 7 月，我国的 .cn 域名注册量也以 1218.8 万个超过德国的 .de 域名，成为全球第一大国家顶级域名。

以电子政务、电子商务、企业信息化等为代表的信息化应用热潮方兴未艾，信息技术、信息网络在各行各业得到了广泛应用，互联网已经极大程度地融入相当一部分人群的衣食住行、工作休闲之中。2006 年中国各级政府网站平均拥有率达到 85.6%；2005 年，我国电子商务交易额达到 12992 亿元，相当于国内生产总值的 7.1%。随着电子商务在支付方式、运营模式、物流配送、渠道建设等方面不断创新，随着《中华人民共和国合同法》相关条款的修订以及《中华人民共和国电子签名法》的出台，发展环境逐年改善，有越来越多的企业和个人加入到电子商务活动中来，到 2007 年年底，我国网民网络购物比例达到 22.1%；电信运营商开发建立各类涉农互联网站超过 6000 个，我国已跨入信息时代。

近几年来，在互联网快速发展的同时，我国增值电信业务种类不断增加，发展非常迅猛，呈现出一派蓬勃发展的景象。到 2008 年年底，全国共有增值电信企业 2 万家左右，基础电信企业实现增值电信业务收入 1769.2 亿元，同比增长 18.2%，占电信行业总收入的比重从上年底的 20.1% 上升到 21.7%，成为拉动电信业务收入增长的重要力量。2003—2008 年间，移动短信业务发展迅速，成为移动数据增值业务的第一大支柱，2007 年移动短信业务量达到 7230.8 亿条，同比增长 16.0。中国移动的彩铃、WAP，中国联通的"掌中宽带"等增值电信业务也迅速发展，为增值业务快速增长发挥了较大作用。

中国电信行业 60 年的历史是一部辉煌发展史，也是一部充满创新与变革的奋斗史。如今，大到国家的政策与信息的上传下达，小到百姓的日常沟通，都离不开电信行业。随着基础设施的不断完善，电信业务的多元发展和服务的提升，中国电信行业必将迎来新的发展高峰！

参考文献

1. 王一秋：《中国邮电：30 年间脱胎换骨》，《中国报道》2008 年第 11 期。

2. 工业和信息化部运行监测协调局：《2008 年全国电信业统计公报》。

3. 国家统计局：《改革开放 30 年报告之十三：邮电通信业在不断拓展中快速发展》。

（执笔人：王剑）

保险之伞，守护安康

.

    保险业作为现代金融的三大支柱之一，是现代经济不可或缺的重要组成部分。我国保险业发展的历史十分悠久，据《逸周书文传》记载，早在夏朝后期，古人已通过储粮备荒预防自然灾害。近代也有记载扬子江航运采用同乡船商收取会费的形式分散风险和补偿财物遭受意外损失，这些做法渗透着朴素的保险思想。近代中国保险业是随着帝国主义势力的入侵而传入的。从14世纪到20世纪，世界著名的大型保险公司纷纷进入广州、上海等城市。截至1949年5月，上海约有中外保险公司400家，其中华商保险公司126家。主要险种包括人寿、航运险、水险、火险等。新中国成立前中国的保险业务基本由外商垄断，未形成完整的市场体系和保险监管体系，民族保险公司力量弱小，由于自留额低，保费大量外流，处于被支配的地位。

    1949年新中国成立，中国保险业揭开了新的历史篇章，60年先后经历了四个发展时期：

    第一阶段（初创期）：1949年经中央人民政府批准成立了第一家全国性国有保险公司——中国人民保险公司。新成立的保险公司迅速扩张，至1952年年底已在全国设立了1300多个分支机构。1952年，中国人民保险公司由中国人民银行领导改为财政部领导。至此，我国国营保险公司垄断的独立保险市场开始形成。

    第二阶段（低谷期）：从1953年至1979年间，保险事业出现混乱，经历坎坷；1953年农业保险停办，整顿城市业务；1954年恢复农村保险业务，重点发展分散业务；1958年国内业务停办；1964年大力发展国外业务；1966年开始的"文化大革命"10年中本外币保险业务基本停办，仅保留了五大口岸城市的涉外险业务。

第三阶段（复苏期）：1980年恢复国内保险业务；1981年我国保险业进入一个新时期。伴随着中国改革开放和经济发展，中国人民保险公司从政府机构改制成专业公司，保险业迅速崛起，为国家经济建设和人民生活提供了诸多保障和服务，市场经营主体仍处于人保独家垄断状态。1985年《中华人民共和国保险法》颁布，1998年中国保险监管委员会的成立，为保险市场的运作提供了法律依据和运行规则。

第四阶段（迅速发展期）：从20世纪90年代到新世纪以来的迅速发展期。保险业独家垄断的格局被打破，取而代之的是中外保险公司多家竞争、共同发展的多元化新格局。1996年，中国人民保险公司在转变管理体制和经营方式、建立现代企业制度、与国际市场接轨等方面迈出一大步。

新中国成立60年，尤其是改革开放30年来，随着我国经济社会的蓬勃发展，中国保险业也获得了十足的发展和进步。与新中国成立初期全国只有一家保险公司相比，至2007年，全国保险机构已经达到120家，总资产达到29326亿元，实现保费收入7036亿元，市场规模迅速壮大，商业保险不断壮大，保险效益不断提高，社会保险发展迅速，监管能力不断增进。我国已逐步成长为一个新兴的保险大国。中国保险业务快速增长，服务领域不断拓宽，市场体系日益完善，法律法规逐步健全，监管水平不断提高，风险得到有效防范，国家抵御风险的能力明显增强，在促进改革、保障经济、稳定社会、造福人民等方面积极地发挥着越来越重要的作用。

一、商业保险不断壮大

（一）保费收入增长迅速

经过 60 年，尤其是近十年来的快速发展，作为我国金融行业的三大支柱之一，商业保险整体实力显著增强，成为国民经济中增长最快的行业之一。2002 年以来中国保费收入年均增长 17.3%，2008 年全国实现保费收入 9784 亿元，是 1985 年的 380 倍，平均年增长 28%，超过 1980 年到 1999 年 20 年全国保费收入的总和。

（单位：亿元）

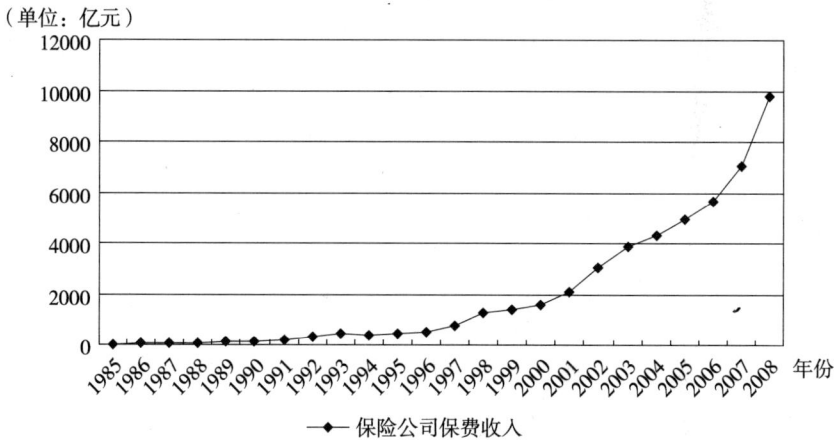

图 1　保险公司历年保费收入情况

（资料来源：国家统计局编：《中国统计年鉴·2008》，中国统计出版社 2008 年版；中经网统计数据库）

自 1997 年以来，人寿保险公司的保费收入和财产保险公司的保费收入都有大幅增加。其中，人寿保险的保费收入则从 1997 年的 390.48 亿元增加到 2008 年的 7447 亿元，年均增幅更是高达 30.74%；财产险的保费收入从 1997 年的 382.23 亿元增加到 2008 年的 2337 亿元，年均增幅达到了 17.89%。

（单位：亿元）

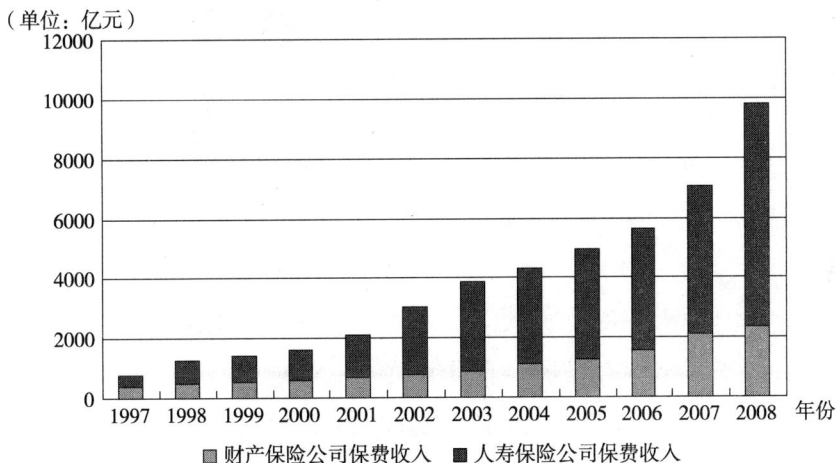

图 2　近十年来财险和寿险公司的保费情况

（资料来源：国家统计局编：《中国统计年鉴·2008》，中国统计出版社 2008 年版；中经网统计数据库）

（二）险种结构不断调整

随着国民经济的不断发展，我国商业保险种类不断变化，内容不断丰富，自 1980 年恢复保险业以来，以企财险、机动车辆险、货运险和家产险为主题的传统财产险获得了较大的发展，其中机动车险保险业务发展最为迅猛，于 1988 年首度超过了企业财产保险，成为我国财产险市场上第一大险种。

目前财险下主要有企业财产保险、家庭财产保险、机动车辆保险、工程保险、责任保险、信用保险、保证保险、船舶保险、货物运输保险、特殊风险保险、农业保险、健康险、意外伤害保险以及其他险。1998 年和 2008 年财险保费收入构成的比较可以大致反映财产险结构的变化情况。

从下图中不难发现我国财产险结构发生较大变化，其中机动车辆险比

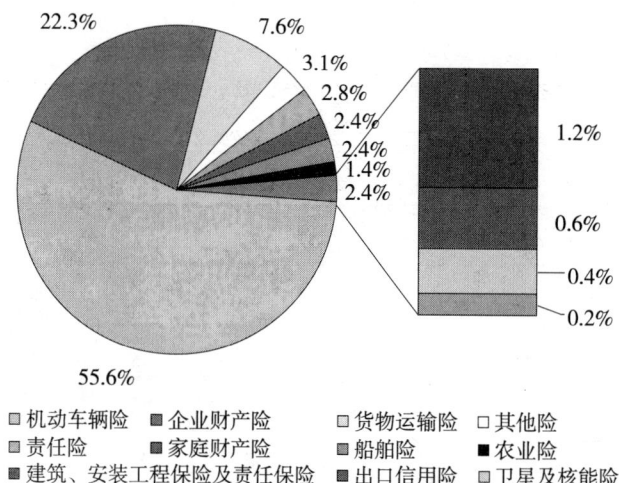

图 3 1998 年财险险种结构图

(资料来源：国家统计局编：《中国统计年鉴·2008》，中国统计出版社 2008 年版；中经网统计数据库)

重由 55.6% 上升到了 70.9%，比重增加了 15.3 个百分点。企业财产险等其他险种的比重则有不同程度的减少，其中企业财产险由 22.3% 减少到了 11.8%。

寿险，主要有以下几种：寿险、健康险和人身意外伤害险。对比 2000 年和 2008 年的保费收入构成，我们发现 2000 年三项保费收入分别是 174 亿元、12 亿元、32 亿元。2008 年则分别为 1315 亿元、146.6 亿元、34.1 亿元。除了人身意外险增长缓慢有所萎缩外，另外两个险种增长迅速。

（三）保险机构增多

从新中国成立之初到 1988 年一直就只有人保一家保险公司，人保"天下一统"的局面，由新中国成立以来，持续了 39 年。直到 1988 年才成立了另外一家保险公司——中国平安。此后，国内商业保险发展迅速，

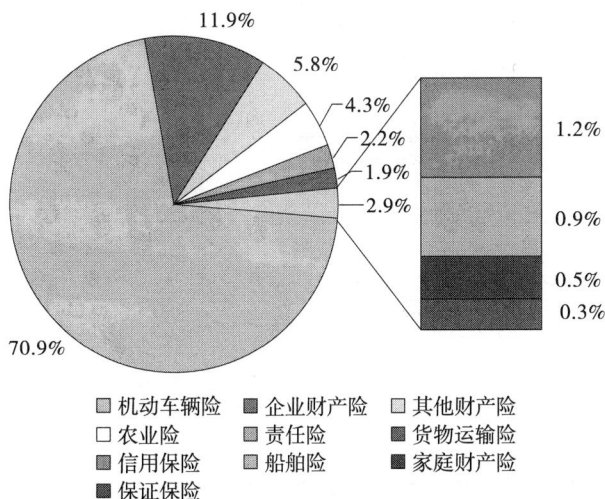

11.9%
5.8%
4.3%
2.2%
1.9%
2.9%
70.9%

1.2%
0.9%
0.5%
0.3%

☐ 机动车辆险　■ 企业财产险　☐ 其他财产险
☐ 农业险　　　■ 责任险　　　■ 货物运输险
■ 信用保险　　☐ 船舶险　　　■ 家庭财产险
■ 保证保险

图4　2008年财险保费收入构成

（资料来源：国家统计局编：《中国统计年鉴·2008》，中国统计出版社2008年版；中经网统计数据库）

外资企业也开始进入中国这个庞大的市场。保险机构的数量也从1988年前的只有一家保险公司发展到2002年的44个，并迅速激增到2007年的120个，其中包括8家保险集团公司、59家中资保险公司以及43家中外合资保险公司。初步形成了国有控股（集团）公司、股份制公司、政策性公司、专业性公司、外资保险公司等多种组织形式、多种所有制成分并存，公平竞争、共同发展的市场格局。

二、商业保险的社会效益增强

新中国成立以来，特别是最近几年来的快速发展，商业保险自觉将行业发展融入经济社会发展全局，不断增强服务和谐社会建设的能力，逐步

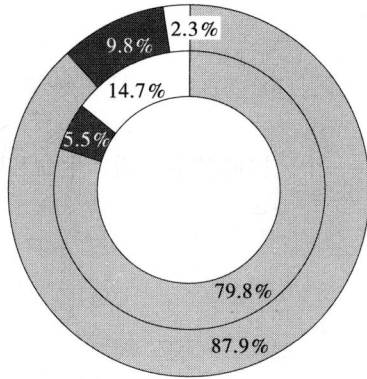

□ 寿险（亿元）　■ 健康险（亿元）　□ 人身意外伤害险（亿元）

图 5　2000 年和 2008 年的保费收入构成比较

（资料来源：国家统计局编：《中国统计年鉴·2008》，中国统计出版社 2008 年版）

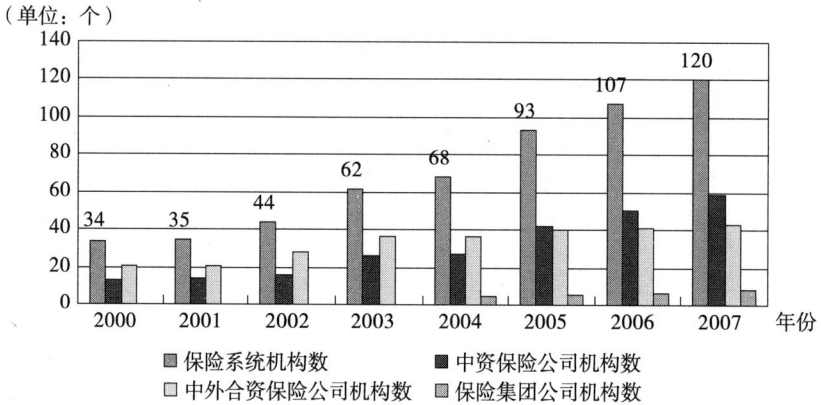

■ 保险系统机构数　　　　　■ 中资保险公司机构数
□ 中外合资保险公司机构数　■ 保险集团公司机构数

图 6　2000—2007 年保险机构数变化情况

（资料来源：国家统计局编：《中国统计年鉴·2008》，中国统计出版社 2008 年版）

成为服务民生、改善民生和保障民生的重要手段，成为支持投资、扩大消费和保障出口的重要因素，成为优化金融结构、提高金融市场资源配置效率的重要力量，成为促进社会管理和公共服务创新、提高政府行政效能的重要方式。

（一）保险保障能力提高

在逐步完善的市场经济体制中，风险无处不在，社会专业化分工越细、现代化程度越高、商品经济发展越迅速，不确定性的范围和程度就越大，风险也就越大。在一个公民的基本生活、生命和财产得不到保障的社会中，人们既不可能安心从事生产建设活动，也会由于遭受自然灾难和人为灾祸而导致生命财产损失。如果得不到及时救助和恢复必然会造成大量经济资源的损耗。在这种情况下，商业保险最基本的功能就是为人们提供人身财产安全保障，解决人们生活的后顾之忧，从而促进社会的协调稳定。伴随着商业保险的壮大，商业保险的保障功能也越来越强大，随着人们的生活水平的提高、保险意识的加强，更多的人愿意投保，从而得到的风险赔付也不断增加。我国保险公司的赔款给付在 1985 年仅有 12.5371亿元，在 2008 年这一数字达 2971.2 亿元。年均增长率为 26.83%。

（单位：亿元）

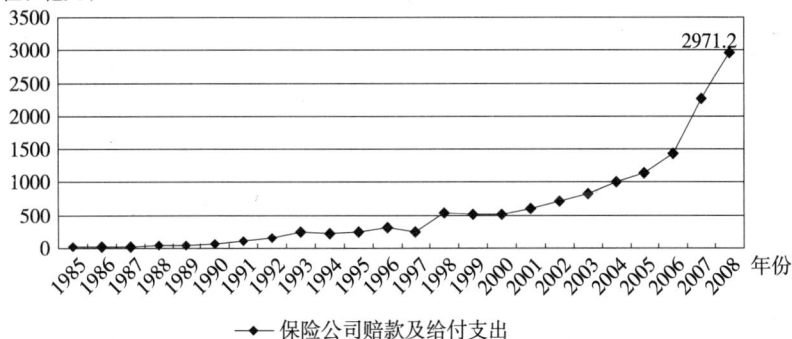

图7　1985—2008 年保险公司赔款及给付支出情况

（资料来源：国家统计局编：《中国统计年鉴·2008》，中国统计出版社 2008 年版；中经网统计数据库）

分别来看的话，财产保险公司的赔款及给付在 1997 年、2008 年分别是 214.69 亿元和 1475.5 亿元。人寿保险公司的赔款及给付则分别是

（单位：亿元）

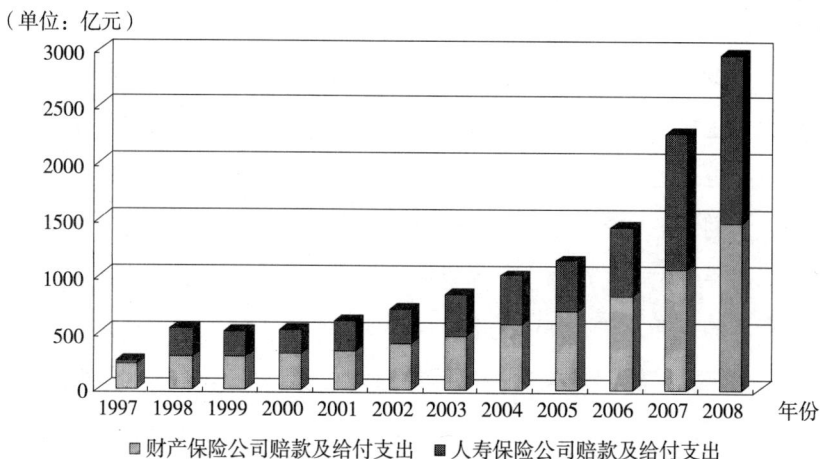

图 8　1997—2008 年财产险和寿险赔款支出

（资料来源：国家统计局编：《中国统计年鉴·2008》，中国统计出版社 2008 年版；中经网统计数据库）

32.46 亿元和 1495.7 亿元。

（二）商业保险吸纳就业能力增强

2005 年中国保费收入世界排名第 11 位，占全球总保费收入的 1.8%，比 2002 年提高了 0.4 个百分点。2006 年全国保费收入达到 5641 亿元，是 2002 年的 1.8 倍，在世界排名第 9 位，比 2000 年上升了 7 位。也就是说，中国保险业的国际排名平均每年上升 1 位。这其中，中国人保、中国人寿、中国平安 3 家龙头企业的保费收入合计 3410 亿元，比 2003 年增长 30.9%，企业的不良资产率均在 0.06% 以下，企业的偿付能力充足率均超过 100%，中国人寿更达到 350%。庞大的保险市场也极大地促进了就业，2001 年，全国 35 个保险机构共有职工 185502 人，到 2007 年，120 家保险机构中有职工 506223 人。到 2007 年底，我国城镇金融业单位数为 51645 个，从业人员数为 3897128 人。其中，银行业单位数为 40815 个，从业人员为 2567384 人；证券业单位数为 1019 个，从业人员为 82710 人；

保险业单位数为 8574 个，从业人员为 1197247 人；其他金融业单位数为 1237 个，从业人员为 49787 人。保险行业吸纳的从业人员占到了金融业从业人员的30.7%。伴随着中资保险公司的迅速壮大，中资保险公司的员工数量也相应地迅速增加，并且占了整个商业保险系统在职员工的绝大部分。

（单位：人）

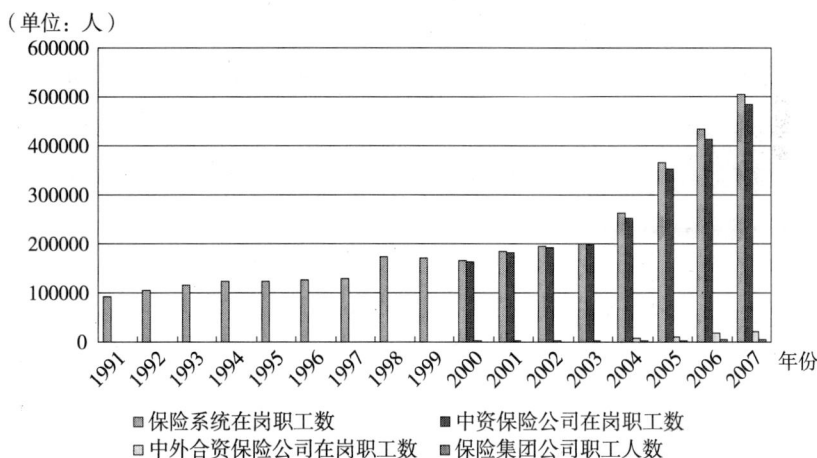

图 9　1991—2007 年保险业在岗职工数比较

（资料来源：国家统计局编：《中国统计年鉴·2008》，中国统计出版社 2008 年版）

三、社会保险发展迅速

社会保障制度是现代国家的一项基本制度，社会保障制度是否完善已经成为社会文明进步的重要标志之一。在我国，社会保障工作直接关系到坚持党的全心全意为人民服务的宗旨，关系到维护人民群众的切身利益，关系到保证改革开放和经济建设稳定发展的大局。社会保障体系是否健全，这方面的法制是否完备，对国家的经济发展和社会稳定，会产生直接的影响。社会保障制度的作用主要表现在：（一）建立健全同经济发展水平相适应的社会保障制度，是深化经济体制改革、完善社会主义市场经济体制的重要内容；（二）建立健全社会保障制度是社会稳定和国家长治久安的重要保证；（三）社会保障制度是社会公平的平衡器。一般来说，社会保障由社会保险、社会救济、社会福利、优抚安置等组成。其中，社会保险是社会保障的核心内容。

随着社会各个方面的快速发展，社会保险也发生了巨大的变化，单从社保基金收入来看，1989 年，全国社会保险基金收入为 153.55 亿元，到了 2007 年，这一数字增加到了 10812.3 亿元，是 1989 年的 70 多倍，平均年增长达到了 26.7%。

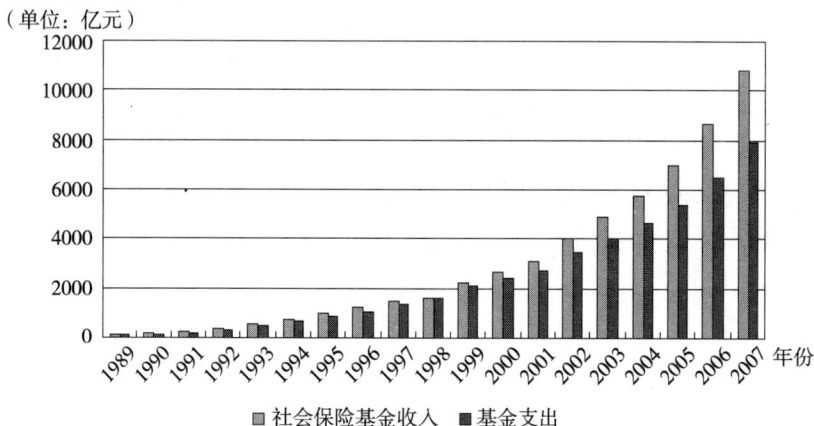

（单位：亿元）

图 10　1989—2007 年社会保障基金收支情况

（资料来源：国家统计局编：《中国统计年鉴·2008》，中国统计出版社 2008 年版）

我国的社会保险包括养老保险、医疗保险、失业保险、工伤保险、生育保险五种。其中基本养老保险占到了绝大部分，2007 年占到了全年社会保险收入的 72%。

养老保险包含了城镇职工基本养老保险、企业年金、个人储蓄性养老

（单位：亿元）

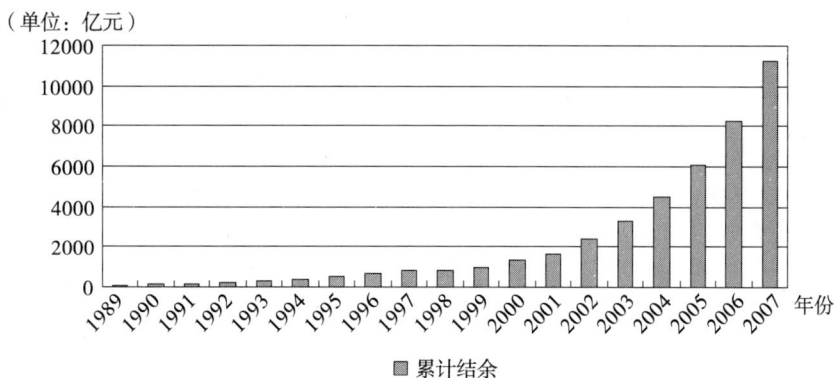

图11　1989—2007年社会保障基金累计结余情况

（资料来源：国家统计局编：《中国统计年鉴·2008》，中国统计出版社2008年版）

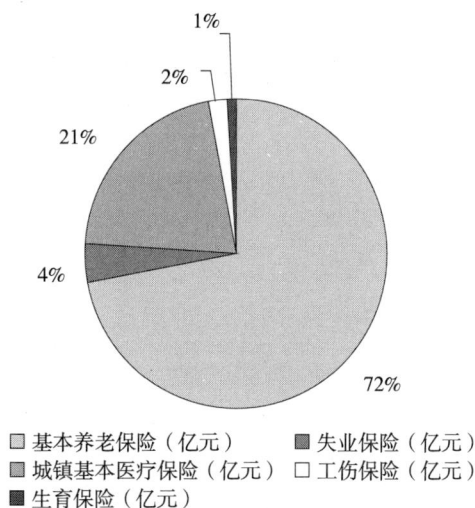

　□ 基本养老保险（亿元）　　■ 失业保险（亿元）
　■ 城镇基本医疗保险（亿元）　□ 工伤保险（亿元）
　■ 生育保险（亿元）

图12　2007年社会保险收入构成情况

（资料来源：国家统计局编：《中国统计年鉴·2008》，中国统计出版社2008年版）

保险、农村养老保险等，它是社会保险中发展最为迅速的一块，其保费收入从1989年的146.7亿元增加到了2007年的7834.2亿元，年均增幅也达到了24.7%。此外，城镇基本医疗保险也发展迅速，该保险基金从1993

年的 1.4355 亿元增长到 2007 的 2257.2 亿元，成为仅次于养老保险的第二大社会保险。

（单位：亿元）

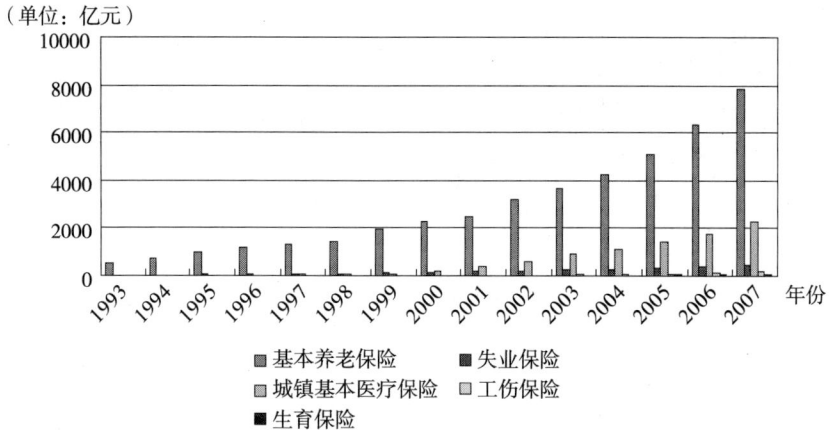

图 13　五类社会保险收入情况比较

（资料来源：国家统计局编：《中国统计年鉴·2008》，中国统计出版社 2008 年版）

伴随着改革开放和经济社会的转型，中国社会保障制度也在改革中渐进发展，能够适应时代发展的新型社会保障体系正在得到确立。从社会保障制度的整体转型，到越来越多的城乡居民受惠于新型社会保障制度，中国的社会保障制度取得了巨大的成就。这一制度不仅较好地化解了市场经济改革带来的社会风险，为经济改革和发展创造了条件，而且还保障了越来越多的城镇居民的基本生活权益。截至 2007 年被职工基本养老保险、基本医疗保险、覆盖的城镇劳动者逾 2 亿人；参加工伤保险、失业保险的人数超过了 1 亿人。社会保险所起的作用越来越大。参保人数逐年稳步增加。

（单位：万人）

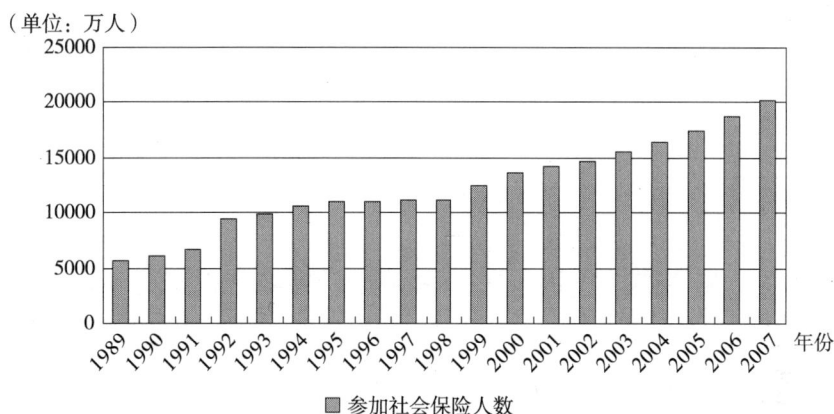

图 14　1989—2007 年参加社会保险人数

（资料来源：国家统计局编：《中国统计年鉴·2008》，中国统计出版社 2008 年版）

四、监管能力不断增进

新中国成立以来，保险监管机构经历了三个发展时期：

（一）中央银行和财政部交替监管时期

新中国成立初期，根据政务院批准的《中国人民银行试行组织条例》，保险业归中国人民银行领导和主管。1952 年 6 月，受苏联模式的影响，保险业归财政部领导，成为国家财政体系中的一个独立核算的组成部分。1959 年，国内保险业务停办，保险业又重归中国人民银行领导。

（二）人民银行为监管主体的领导权弱化，监管体制筹备建制时期

1979 年，中国人民保险公司恢复组建。1981 年，中国人民保险公司从政府机构改制成专业公司，为国家经济建设和人民生活提供诸多的保障和服务，但是这个时期的保险管理体制还是银行管保险。中国人民保险公司独家垄断的时代也到来了。作为全国唯一国家独资的保险企业，其经营管理体制上"统得过死"、"责、权、利不清"的弊端逐渐显露出来。之后的 10 年，中国人民银行对保险业的直接领导职能弱化，监管职能逐步加强。1995 年《中华人民共和国保险法》正式颁布实施，标志着我国保险体制改革和保险监管在法制化、规范化的道路上迈出关键一步。这个时期的中央一级保险监管机构组织如图 15 所示。

（三）专门保险监管机构建立和发展时期

随着保险业和银行业、证券业实行分业经营，保险机构的不断壮大和业务领域的不断扩展。1998 年，原中国人民保险公司分拆成立中国人民保险公司和中国人寿保险公司后，国务院于 1998 年 11 月 18 日批准设立中国保险监督管理委员会，专司保险监管职能。中国保险监管委员会的成立标志着我国保险监管机制走向了规范化和专业化的新阶段。它的建立为保险市场的运作提供了法律依据和运行规则，加强了保险业监管和防范化解保险经营风险，有利于促进我国保险业持续快速健康发展。这个时期保险监管委员会的机构组织如图 16 所示。

中国保监会作为我国商业保险的行政管理部门和监管部门，成立 10 年来，保险监管在以下几个方面形成了新体系：一是三支柱现代保险监管框架初步建立。二是防范风险的五道防线基本形成。以公司治理和内控为基础、以偿付能力监管为核心、以现场检查为重要手段、以资金运用监管为关键环节、以保险保障基金为屏障，构筑了防范风险的五道防线，从事前防范、事中控制和事后化解三个环节，形成了防范化解风险的长效机

```
                        ┌──────────────┐
                        │  中国人民银行  │
                        └──────┬───────┘
         ┌─────────────────────┼─────────────────────┐
   ┌──────────┐          ┌──────────┐           ┌──────────┐
   │ 外资金融机 │          │  保险司   │           │  稽核司   │
   │ 构管理司  │          └──────────┘           └──────────┘
   └────┬─────┘
```

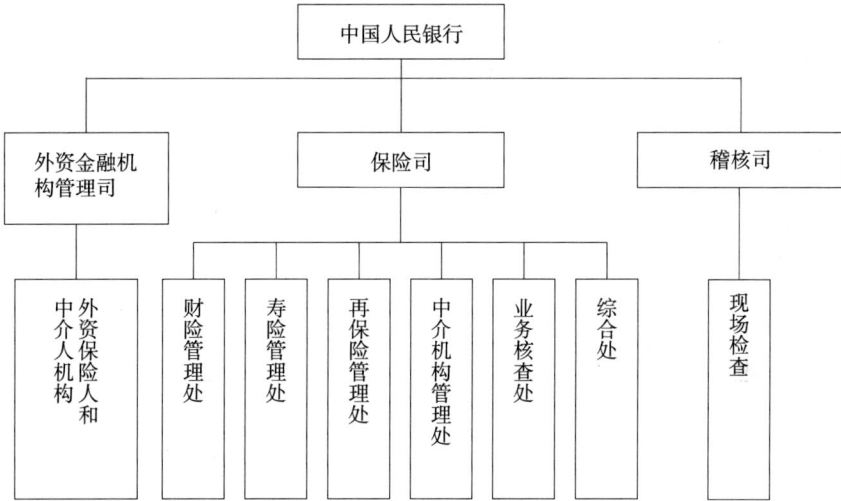

图 15　保险监督委员会成立之前的中央一级保险监管机构

（资料来源：江生忠主编：《中国保险业发展报告（2003 年)》，南开大学出版社
2003 年版）

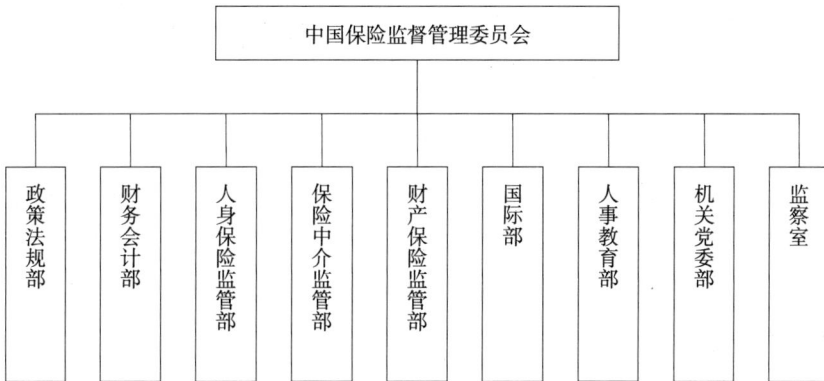

图 16　保监会的主要监管机构

（资料来源：江生忠主编：《中国保险业发展报告（2003 年)》，南开大学出版社
2003 年版）

制，在培育保险市场、鼓励保险业改革创新、推进保险业对外开放、防范风险、依法保护被保险人权益、提高保险业服务水平、做大做强保险业、服务和支持经济社会发展方面正在发挥着积极的作用。

五、结语

改革开放 30 年来，我国保险业迅速从许多业务领域从无到有、从小到大发展起来，市场规模不断扩大、保费收入持续增长，保险业险种结构日益优化，行业整体实力明显增强，市场结构日益优化，保险能力和产生的社会效益巨大。加入世界贸易组织对我国的保险业而言既是机遇又是挑战，2004 年 12 月 11 日过渡期结束，保险业进入全面对外开放的新时期，随着对国外保险公司的约束减弱，一些外资保险公司面向中国客户的健康保险、团体保险以及养老保险销售额已经有了大幅增加。一些评论家在谈到保险业的未来时认为，与世界其他国家和地区保险业发展的水平相比，还是与我国经济发展和人民生活提高的内在需要相比，我国保险市场的发展还处在生长期。保险之伞，为天下百姓挡风遮雨；守护安康，将是未来保险共同努力的方向。

参考文献

1. 吴定富主编：《中国保险业发展改革报告（1979—2003）》，中国财政经济出版社 2004 年版。

2. 江生忠、刘玮：《中国保险业发展改革报告（2004—2005）》，中国财政经济出版社 2007 年版。

3. 江生忠主编：《中国保险业发展报告 2003 年》，南开大学出版社 2003 年版。

4. 我国保险业的起源，www.jrj.com，2009 年 4 月 4 日。

5. 李克穆：《做大做强中国保险业前沿专题系列讲座——推动保险理论创

新》，http：//video.cs.com.cn / roadshow/bxjz_2/xcbd.htm，2003 年 10 月 24 日。

（执笔人：王伟伟、王星）

金源五湖，融通四海

我国的传统信用机构可谓历史悠久，这些机构主要是不同程度兼营信用业务的银钱业，其历史可以上溯到公元5世纪的南北朝时期。但我国近代意义上的金融业则始于18世纪30年代。在这一时期，随着国内商业的发展，我国传统银行开始产生。同时，英、法、美等资本主义国家积极拓展对华贸易，外国金融资本和外国新式保险业开始进入中国。两次鸦片战争之间，我国形成了土生土长的传统银行和外来的新式银行并存的局面。在19世纪60年代发端的洋务运动及清末新政中，中国民族资本主义经济诞生并取得了一定发展，民族保险业和华商证券市场形成，民族银行业开始从传统银行向新式银行发展，中国的金融业开始与世界金融市场相联系。但由于专制制度的束缚和民族资本的"先天不良"，此时的中国金融业缺乏组织管理，市场秩序混乱，金融恐慌频发。

从民国肇始到20世纪20年代，中国民族资本主义迅猛发展，对金融服务的需求明显扩大，受此刺激，民族金融业特别是新式银行业迎来了发展的高潮。但自1928年南京国民政府在名义上统一全国之后的20多年间，我国的金融制度逐步从自由竞争型转变为政府垄断型。在这一时期，国民政府在国内建立起了强有力的中央集权，干预经济和金融，大力发展国有金融事业，并且在抗日战争时期进一步加强了对金融业的垄断和干预。虽然在抗日战争的特殊时期客观上存在着对金融进行统一管理的要求，但这种垄断和干预在实质上沦为官僚资产阶级剥削广大人民（包括民族资产阶级）的工具。这个阶段中形成的四大国有银行，凭借其权力背景迅速壮大，而民族资本在金融业中的地位则一落千丈。到1949年解放前夕，全国金融秩序基本陷于混乱之中，各地物价飞涨、民怨沸腾。

新中国的金融业就是在这样的基础上逐步发展起来的。新中国金融业的发展可粗略地分为1948—1978年的计划金融体制时期和1979年之后逐步确立的多元化金融体系时期。

一、高度集中的计划金融体制

（一）功能单一管理集中的计划金融

在1949—1952年我国国民经济"三年恢复"时期，由于延续了国内革命战争年代解放区的金融制度和以苏联银行体制为参考，我国逐步形成了以计划经济体制为依托、并按照计划经济体制的要求进行运作、为计划经济体制提供服务的高度集中的金融制度。

在我国的计划经济内部的三大管理体制——计划体制、财政体制和金融体制中，计划体制居于核心位置，起支配作用，金融体制实际上从属于计划体制和财政体制。相对于计划指令而言，我国的银行实际上成了完成计划指令的执行杠杆和操作工具，即所谓"计划点菜，财政结账，银行付款"。

在这种制度下，我国金融体系的所有制结构、业务经营方式和管理手段均趋于一元化和简单化：只剩下唯一的中国人民银行，所有从事金融业的部门基本上都是中国人民银行的下属机构。在中国人民银行的统一领导和管理下，存在着一个为数众多、但其功能有限的农村信用合作社体制。中国人民银行既是国家金融管理和货币发行的机构，又是统一经营全国金融业务的金融组织，可以说是身兼两任，同时承担中央银行和一般银行的双重任务。从这一时期开始，我国的金融业走上了与世界大多数国家的金融业截然不同的发展道路。

（二）计划金融增强国力，为民造福

从新中国成立初期直到改革开放之前，计划金融体制为我国的经济建设筹集了大量资金，保证了最大限度地集中资金和物资用于重点建设，保证了我国国民经济整体的有效运行。在"计划点菜，财政结账，银行付款"的体制下，金融业对我国社会主义建设事业的贡献体现在其对国家财政支出的支撑上。图1中可以看到从1950年到改革开放前后，我国国家财政支出总额的增长情况。图2显示的则是我国财政支出的主要构成。

（单位：亿元）

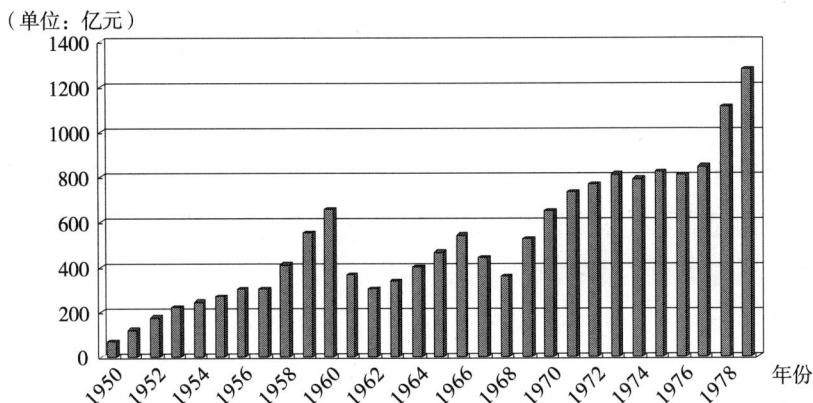

图1　国家财政支出（1950—1979年）

（资料来源：国家统计局编：《光辉的三十五年》，中国统计出版社1984年版）

从图1中可以看到，从1950年到1957年我国国家财政支出基本保持稳步增长。这一时期的头四年（1950—1953年）由于国内革命战争、朝鲜战争和特殊的国际环境等因素，我国国防战备费占了国家财政开支的30%以上，但在1951年后逐年下降，而基本建设费的比重则始终在迅速增长，这表明我国在反对美帝国主义侵略暴行、履行国际主义义务的同时，并未放松国内经济建设的步伐。持续增长的财政投入，为我国国民经

（单位：%）

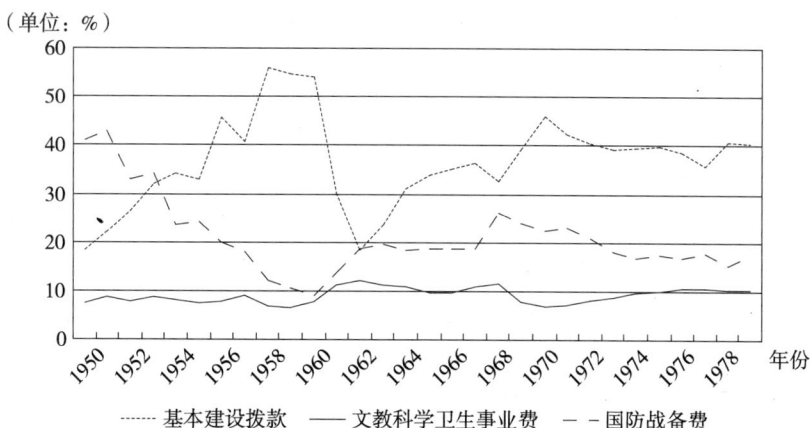

图2　各主要项目在国家财政支出中的比例（1950—1979 年）
（资料来源：国家统计局编：《光辉的三十五年》，中国统计出版社 1984 年版）

济的恢复和发展注入了强大动力。

　　然而，在 20 世纪 50 年代末，整个国民经济和计划金融体制受到了政治运动的冲击。1958 年到 1960 年的"大跃进"时期，在"左"的指导思想影响下，金融部门只能支持"大跃进"对资金的需求，导致金融工作脱离实际，瞎指挥和浮夸风等现象严重，金融管理松弛，加剧了国民经济的比例失调，给国民经济带来了不利影响。1961—1965 年的经济调整时期，国家对国民经济采取"调整、巩固、充实、提高"的八字方针，并重新重视发挥金融部门的作用，对金融工作作出了一系列调整和改进，加强管理，对国民经济的恢复发展起了积极的作用。从图 1 中可以看到我国财政支出在 1958—1960 年，由于"大跃进"的冲击而异常迅速地提高，1957—1958 年形成了明显的拐点。到 1961 年，随着金融管理的加强，畸高的财政支出迅速下降。从 1962 年至 1965 年，随着国民经济的逐步恢复，国家财政支出也在逐渐恢复增长的势头。

　　"文革"给党、国家和人民带来了深重灾难，金融工作也受到了严重破坏。自新中国成立以来金融工作的成绩被全盘否定，正确的业务指导思想和政策原则被打翻在地，金融部门思想混乱，各项金融业务受到沉重打击。从图 1 中明显可以看到，"文革"开始后的 1967—1968 年，我国金融机构所支撑的国家财政支出迅速萎缩，这也是当时我国正常的生产生活遭到严重破坏的一种反映。同时，金融机构之间盲目精简合并，严重影响了银行工作的统一管理。

1976 年 10 月，"文革"结束，我国的经济和金融业开始了全面整顿。经过 1977—1978 年为期两年的整顿，基本理顺了我国金融业的运行秩序，财政支出较之前大幅增长。但这一时期的调整和整顿仍没有跳出产品经济思想的束缚，实际上还是旧体制的延续和强化。

从我国计划金融体制所支撑的国家财政支出的规模和构成，可以看到建国以来我国所走过的曲折道路。

我国的计划金融是计划经济体制的一部分，是保证计划经济有效运行的重要部门。计划金融体制在适应了当时我国的计划经济运作要求、为国家建设作出重要贡献的同时也存在着巨大的局限，这主要体现在它扭曲了我国银行的基本运作方式，既不能保证对货币供给的严格控制，又难以适应市场经济的客观需要，逐步显现出其僵化、呆板和阻碍生产力发展的严重弊端。

二、多元化的现代金融体制

1979 年 10 月，邓小平明确提出：要把银行作为发展经济、革新技术的杠杆，必须把银行办成真正的银行。据此理论界展开了深入的探讨，逐渐明确了改革原有计划金融体制，建立以中央银行为核心，商业银行为基础，多种金融机构相配套的现代多元化金融体系。

自 1979 年以来，经过 30 年的发展，我国的现代金融体系已基本成型，有力地促进了我国的经济建设，成为了国民经济中的重要部门。2007

年，温家宝总理在《全面深化金融改革促进金融业持续健康安全发展》一文中对此作出了评价：中国金融业迅速发展壮大，金融改革迈出重大步伐，金融各项功能进一步发挥，金融领域对外开放稳步扩大，整个金融业发生了历史性的变化。

（一）金融业对国民经济的巨大推动作用

我国金融业在改革开放后的快速发展对我国国民经济起到了巨大的推动作用。按不变价格计算，2007 年我国金融业创造的增加值超过 1978 年的 33.6 倍，年均增长 12.88%，比同期按不变价格计算的国内生产总值增长率高 3.09%。根据图 3 的数据，金融业增加值的增长不仅超过国内生产总值，还大幅超过了同期第一产业、第二产业和第三产业中其他部门的增长。根据相关数据，金融业创造的增加值在我国国内生产总值中的比重

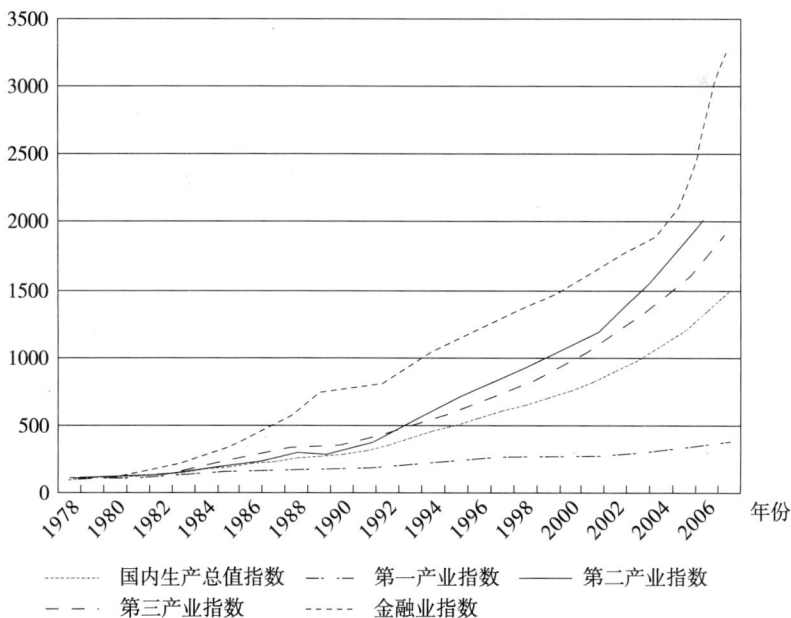

图 3　金融业与国内生产总值指数（1978—2007 年）

注：按不变价格计算，1978 年等于 100。

（资料来源：中国国家统计局）

从1978年的仅1.87%上升到了2007年的4.4%，这表明我国金融业对国民经济的发展有突出的贡献。

图4展示了从1989年以来近20年间我国金融机构的信贷资金总量。所谓信贷资金，指金融机构以信用方式积累和分配的货币资金。金融机构信贷资金的来源有各项存款、对国际金融机构负债、流通中货币、银行自有资金及当年结益等；信贷资金的运用有各项贷款、黄金占款、外汇占款、财政借款及在国际金融机构中的资产等。信贷资金的规模体现了金融业对国民经济发展的推动作用。从图4中，可以发现信贷总量变化的两个较明显的转折点，分别是1992—1994年和2000—2003年，在这两个时期金融机构信贷总量的增幅均有较大的提高。这两个转折点分别对应着1992年邓小平南方谈话和我国加入WTO这两个对我国国民经济的发展影响极为重大的时期，这反映了我国金融的发展与国民经济的密切联系。

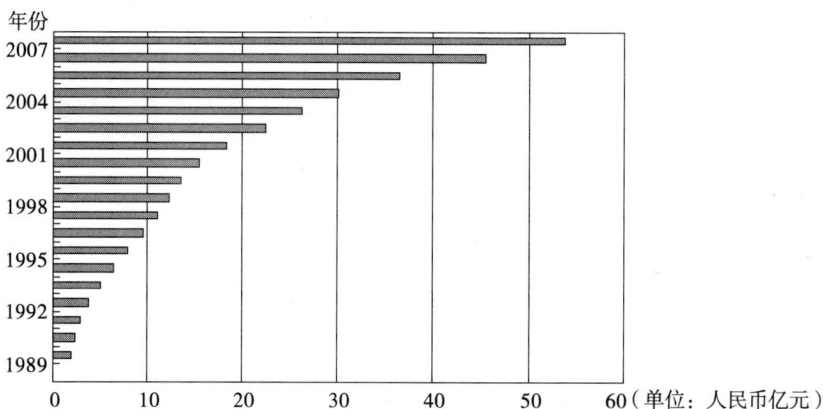

图4　金融机构信贷资金总量（1989—2008年）

（资料来源：中经网统计数据库）

到2008年，当年我国金融机构信贷资金总量已增加到53.84万亿元人民币，规模如此庞大的资金都来自何方？数据显示，我国金融机构的资金超过80%来自各种存款，以2008年为例，各项存款约占金融机构资金来源总和的 86.6%，其中又以储蓄存款（40.5%）和企业存款（29.3%）所占份额为最大，其他各类存款与资金来源所占比例鲜有超过 10%。这在很大程度上体现了随着我国居民收入和生活水平的提高，居民储蓄能力大幅增长。

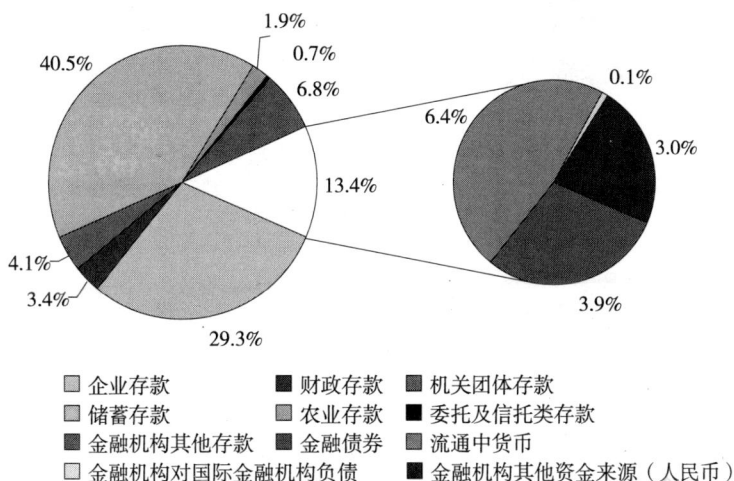

图 5　金融机构资金来源构成（2008 年）

（资料来源：中经网统计数据库）

下面考察信贷资金的去向。数据显示，各类贷款、外汇占款、有价证券即投资是我们金融机构资金的主要运用去向，三方面合计达到资金运用总和的 99.76%，其中各类贷款所占比例高达 56.4%，外汇占款占 31.3%，有价证券及投资占 12.1%。如此充裕的资金投入，为我国国民经济的发展注入了强大动力。

（二）金融业走上体系健全、质量提高、规模扩大的健康发展道路

自金融体制改革以来我国金融业的机构和功能也日趋完善和健全。仅以银行体系为例，在改革开放以前，我国只有独此一家的高度集中的中国

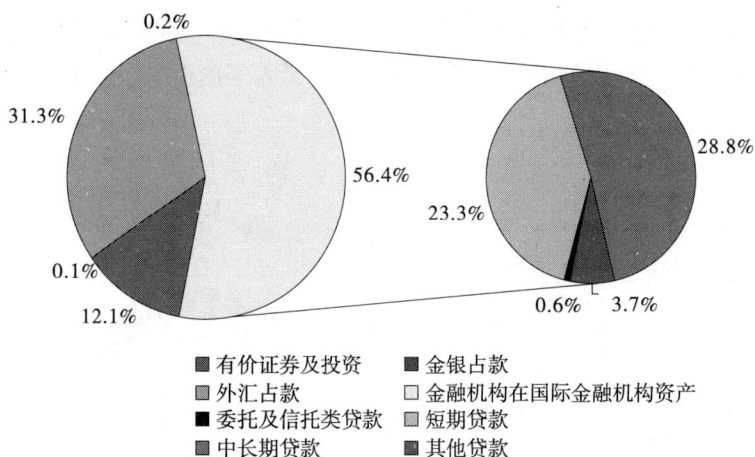

图6　金融机构资金运用构成（2008 年）

（资料来源：中经网统计数据库）

人民银行，其实质仅仅是计划金融体制中国家财政的出纳部门，并非现代意义上的中央银行。

在改革开放，特别是明确了建设社会主义市场经济的目标之后，我国对国民经济的管理模式发生了深刻变革，从过去基本依靠行政命令直接控制企业生产的方式转为更多地利用经济、法律等手段进行间接调控，对各种经济和金融工具的使用要求大大提高。在这种情况下，计划金融体系中的过度集中的中央银行制度已经难以满足新形势的要求。为适应国民经济发展所产生的新要求，我国银行体系进行了大刀阔斧的改革。

1979—1985 年，我国相继重建或新建了中国银行、中国农业银行、中国建设银行和中国工商银行这四家国有专业银行，由它们逐渐分担了原来中国人民银行在计划金融体制中所承担的大部分具体金融业务活动，中国人民银行从 1984 年开始专门行使我国中央银行的职责。

自 20 世纪 80 年代后，经过 10 多年的探索和发展，到 1993 年年底出台了《国务院关于金融体制改革的决定》，其核心内容是以建立社会主义市场经济体制为目标，实现政策性金融业务和商业性金融业务的彻底分离，把中国人民银行办成真正的中央银行，把国有专业银行办成真正的商业银行。在该文件的指引下，各个专业银行不再局限于某些具体业务，逐步转化为国有商业银行。与此同时，我国又重建和新建了一批全国范围和地区范围的银行业金融机构，现代多元化的银行体系逐步确立。

从1994年到2002年，我国金融业进一步加快金融法制建设，依法清理整顿，开始关注和着力化解历史遗留下来的历史风险，深化商业化改革。从2003年至今，基本完成了各个国有独资商业银行的股份制改造及其他银行业金融机构的改革重组，化解了历史风险，并随着我国加入WTO的大潮而走向了全面对外开放的道路。

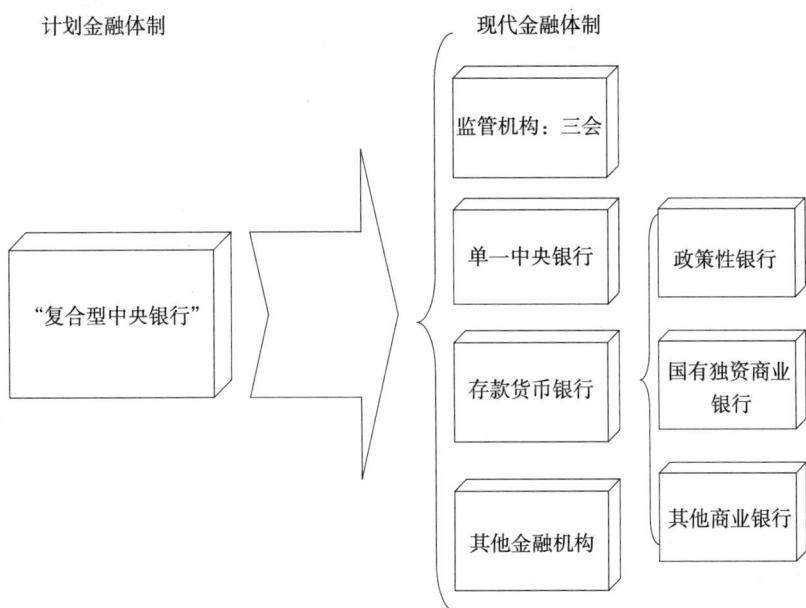

图7　金融体制改革前后以来我国金融机构体系的对比

在形成现代金融体系的同时，我国金融业的整体实力明显增强。仍以银行业为例，从资产规模上看，改革开放初期的1978年我国银行业资产总量不过数千亿元；而截至 2008 年，我国银行业资产总额高达 62.4 万亿元，是 1978 年的 323 倍，年均增长率达 21.2%。中国工商银行、中国建设银行、中国银行进入了全球最大 15 家银行的行列。

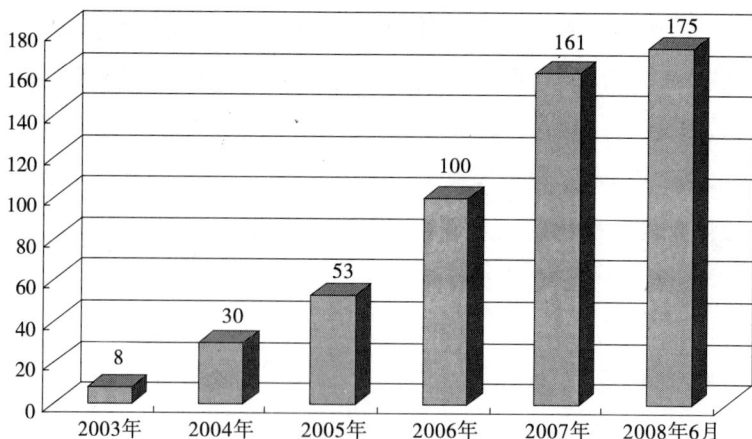

图 8　商业银行资本充足率达标情况（2003—2008 年）

（资料来源：中国银行业监督管理委员会）

我国银行资产质量也在不断提高。我国银行业不良贷款率已从 1978 年的 30% 左右下降到目前的 8% 左右，其中已股改国有商业银行平均不良贷款率仅为 2% 左右，已经达到或接近国际先进银行的平均水平。以上情况表明，我国银行业整体实力与 30 年前相比，已经有了质的飞跃。图 8 形象地说明了我国金融机构资产质量的提高。

除银行业外，金融业中在我国属于新兴事物的证券业和保险业也取得了迅速发展。

以证券业中的股票市场为例，通过图 9 可以看到，我国股票市场在规模上获得了相当大的发展，境内上市公司数量从 1990 年到 2003 年持续高速增长，到 2004 年后逐渐趋于平稳。

从 1992 年到 2007 年，我国股票成交额从 681 亿元扩大到了 460556 亿元，增长超过了 670 倍，平均年增长 54.41%。股票市场的发展在我国企业拓展筹资渠道、改革经营机制方面发挥了重要作用，极大地推动了国民经济的发展。从1991年（这一年股份制改革、股票公开发行试点从上海和深圳扩大到广东、海南、福建三省）到2007年，我国股票筹资额从区区5亿元扩大到了8680.17亿元，增长1736倍。从其变化趋势上来看，1991—2001年这十年间股票筹资额经历了多次大幅震荡，而2001年之后开始持续稳定增长，这实际上是我国股票市场从最初的动荡多变向规范有序发展的体现。

（单位：人民币亿元）

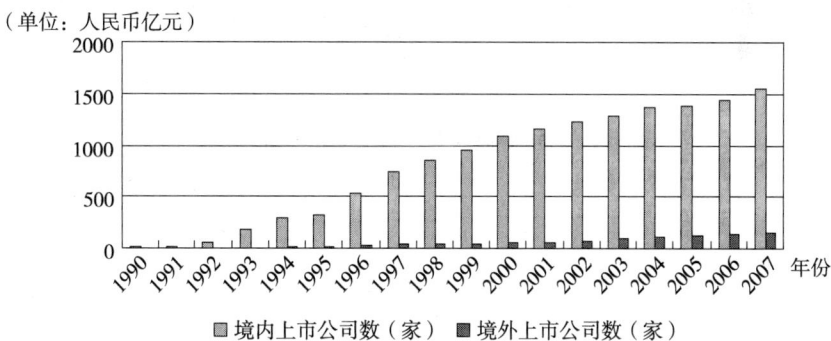

图9　境内外上市公司数（1990—2007年）

（资料来源：中经网统计数据库）

以此同时，我国保险业同样进步惊人。在改革开放初期，我国保险市场上只有一家公司经营，全部保费收入只有4.6亿元。到2008年全国保险机构已达到130家，当年实现保费收入9784.2亿元，增长超过了2000倍，所支付的赔款和给付到2007年也增长到了2971.2亿元。保费收入迅猛增长的主要原因是自改革开放后我国保险深度和保险密度的不断提高。保险深度系指保险业保费收入在国内生产产值中的比例，保险密度则为保费收入除以总人口，这是两个表现保险的普及程度和保险业的发展水平的重要指标。数据显示，我国的保险深度和保险密度均取得了显著提高，从1985年到2008年，前者从不到0.3%提高到了3.25%，后者从2.43元/人提高到了736.75元/人，这标志着我国已经逐步成长为新兴的保险大国。

（单位：人民币亿元）

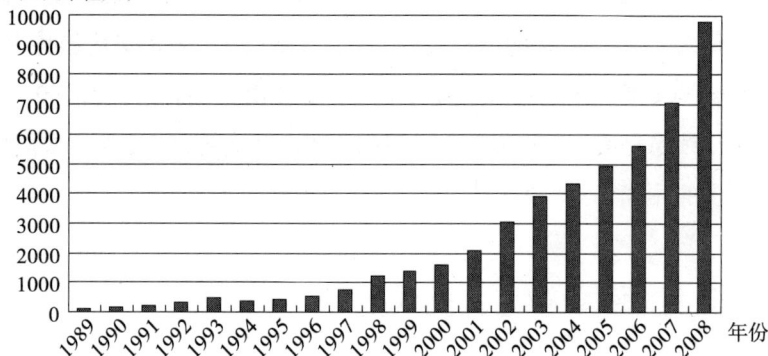

图 10　保险公司保费收入（1989—2008 年）

（资料来源：中经网统计数据库）

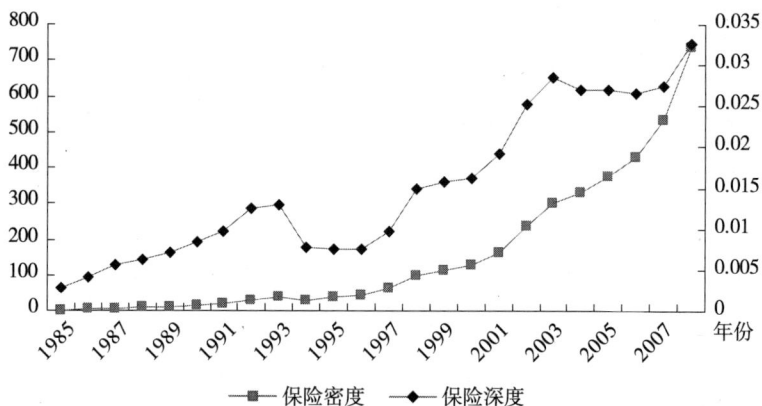

图 11　我国保险深度和保险密度（1985—2008 年）

（资料来源：中经网统计数据库）

（三）金融业稳步开放，成效显著

金融业的对外开放是我国改革开放国策的有机组成部分，是我国经济、金融日益融入世界的客观要求。自 2001 年我国正式加入国际贸易组织后，我国金融业的开放步伐越发加快，这主要体现在"引进来"和"走出去"两方面。

在"引进来"方面，以银行业为例，截至 2008 年年底，已有 12 个国家和地区的银行在华设立了 28 家外商独资银行、2 家合资银行和 2 家外商独资财务公司，25 个国家和地区的 75 家外国银行在华设立了 116 家分行，46 个国家和地区的 196 家银行在华设立了 237 家代表处。

目前，在华外资金融机构基本健康，资本充足，资产质量良好。外资金融机构在华的迅速发展在图 12 中可见一斑。

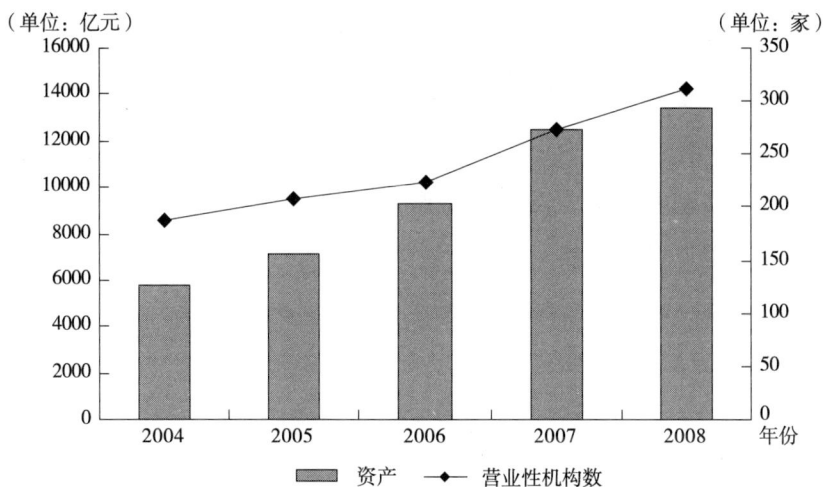

（单位：亿元）   （单位：家）

图 12　在华外资银行业营业机构数及资产情况（2004—2008 年）
（资料来源：中国银监会：《中国银行业监督管理委员会 2008 年年报》）

除银行业外，我国证券市场也在逐步对外开放。2002 年 11 月，《合格境外投资者境内证券投资管理暂行办法》正式出台；次年 7 月，QFII（合格的境外机构投资者）正式登上了我国证券市场的大舞台。作为一种过渡性的制度安排，QFII 成为我国稳步有序地开放证券市场的有力工具。从图 13 可以看到，从 2003 年正式实行以来，不到 6 年的时间 QFII 数量已经从 2003 年年内的 12 家迅速扩大到 2009 年年初的 79 家，从持股总量来看，QFII 已成为仅次于基金的我国证券市场第二大机构投资者。

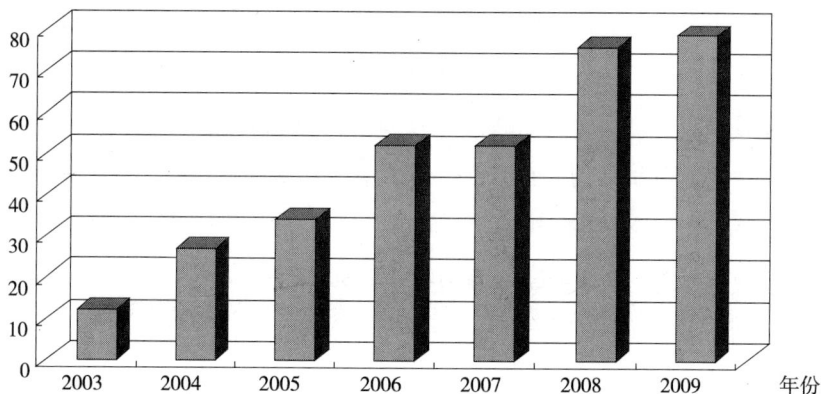

图 13　我国 QFII 资格获得者数量变化（2003 年至 2009 年 4 月）

而在"走出去"方面，截至 2008 年年底，我国 5 家大型商业银行在海外共建立了 78 家一级营业性机构，遍布亚洲、欧洲、美洲、非洲和大洋洲，业务范围极为广泛，涵盖商业银行、投资银行、保险等多种金融服务领域。

总之，据中国银行业监督管理委员会于 2008 年年底完成的报告，对外开放对我国金融事业的改革和发展，对提高我国金融业整体水平起到了必不可少的作用。在开放的同时，没有带来严重的系统性风险，我国金融市场的稳健程度相对加强，说明我国金融开放的程度与我国经济金融发展的现实、我国金融监管能力是相适应的。

（四）回顾与展望

从以上事实可以看到，自改革开放以来我国金融业经历了巨大的变化，对我国国民经济建设作出了突出的贡献，整个行业日臻壮大，稳步走向开放，其巨大的成绩有目共睹。但同时我们也应看到，我国的现代金融业毕竟起步晚、基础弱，在诸多方面与欧美国家先进成熟的金融业相比还有着不小的差距。进一步发展金融，缩小与发达国家的差距，让金融在我国经济建设中发挥更大作用，是每个金融人义不容辞的责任。

参考文献

1. 胡海鸥：《中国金融体制的改革与发展》，复旦大学出版社 2004 年版。

2. 孙建华：《近代中国金融发展与制度变迁（1840—1945）》，中国财政经济出版社 2008 年版。

3. 国家统计局编：《光辉的三十五年》，中国统计出版社 1984 年版。

4. 国家统计局编：《新中国五十五年统计资料汇编》，中国统计出版社 2005 年版。

5. 中国银监会：《中国银行业监督管理委员会 2008 年年报》。

（执笔人：房仲达）

新邮政，新跨越

60年峥嵘岁月,60年光辉历程。伴随着经济的飞速发展,我国的邮政业也发生了翻天覆地的变化。其作为国家重要的社会公用事业和重要的通信基础设施,在促进我国国民经济和社会发展、保障公民的通信权利等方面发挥着重要作用。正是它,在悄无声息地改变着我们的生活。有了它,足不出户就可以收到报刊出版单位的报纸、杂志;有了它,你不用再为交水电费、电话费等日常琐事烦心,邮政的代办类业务可以使得这一切变得简单、方便。

一、邮递业务迅速发展

新中国成立60年来，中国邮政立足服务于广大人民，坚持"迅速、准确、安全、方便"的八字方针，取得辉煌的成就。

（一）邮政业务总量飞速发展①

新中国成立初期，百废待兴，邮政业的发展也刚刚起步。60年间，

---

① 1949—1989年间，邮电合营，没有单独邮政业务量的数据，用邮电业务量代替，从1990年起，采用的是邮政的业务量。

我国邮电业务总量发生了翻天覆地的变化。时序图直观地告诉我们，半个多世纪来发生在新中国的一个神话！

（单位：亿元）

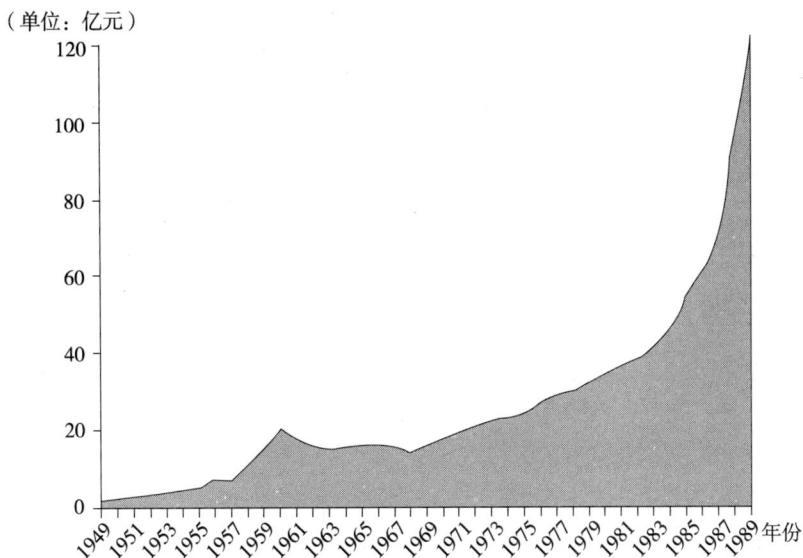

图1　1949—1989年间邮电业务量发展情况

（资料来源：国家统计局国民经济综合统计司：《新中国五十五年统计资料汇编》，中国统计出版社2005年版；中经网统计数据库）

新中国成立初期，我国邮电业务总量仅仅为2.58亿元，到1989年邮电业务总量已经达到了123.46亿元，为新中国成立初期的47.85倍，平均年增速高达10.15%；邮电分营后从1990年至今的18年间，年增速为31%。总的来讲，我国邮政业务量60年间经历了以下六个发展阶段：

（1）新中国成立初期到1956年三大改造完成，是我国邮电业稳步前进的8年，邮电业务总量达到7.9亿元，年增速高达17.34%。

（2）从三大改造的完成到1959年间，邮电业务量进一步增长，增至16.49亿元，增速明显加快，平均年增速为27.8%。

（3）受三年自然灾害的影响，从1960年开始，邮电业务量开始不断下滑，该预势一直延续到1964年，这与该时期实行的管理权下放分割导

（单位：亿元）

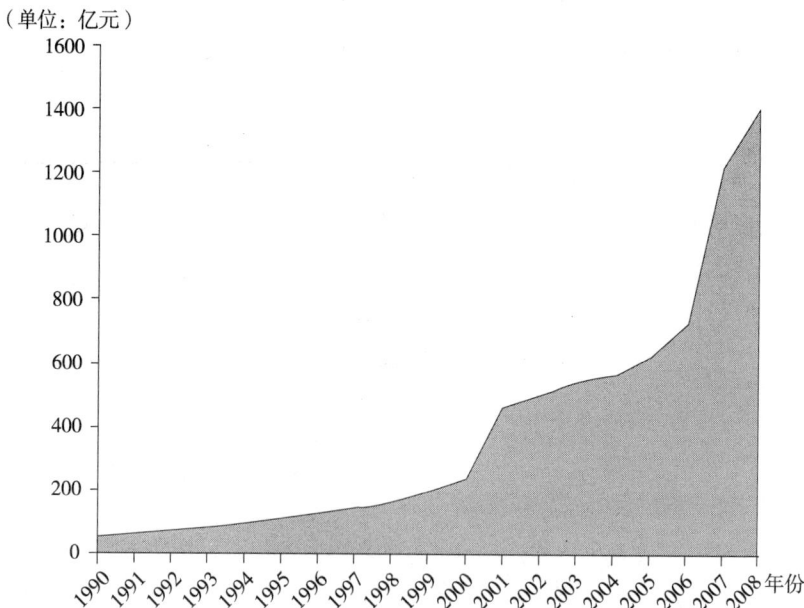

图 2　1990—2009 年间邮政业务量发展情况
（资料来源：国家统计局国民经济综合统计司：《新中国五十五年统计资料汇编》，
中国统计出版社 2005 年版；中经网统计数据库）

致的指挥调度失灵有关。1965—1966 年间又开始好转，业务量开始增加。
但之后又受到"文革"的政治影响，1966—1969 年间业务量又开始不断
下降，跌至了 1959 年时的水平，业务量倒退十年，仅为 16.51 亿元。

（4）从 1970 年到 1983 年，我国的邮电业务总量重新恢复了正常秩
序，迈入了稳步前进的轨道。但发展相对缓慢，年增速为 6.7%。

（5）1984—1989 年开始飞速发展，由 1984 年的 47.68 亿元增加到
123.46 亿元，增速达到 20.95%。

（6）邮电分营后，从 1990 年到 2000 年这段时间，邮政业务量发展相
对稳定，年增速为 17%。从 2001 年开始到 2008 年，呈现加速发展趋势，
7 年间业务量增加了 6 倍，年增速高达 34.89%。尤其是 2006—2008 年
间，实施了政企分开后，增长势头更加强劲，2008 年邮政业务量达到

1402 亿元。

（二）函件数和报刊期发行数等传统业务面临挑战

从新中国成立初期年函件 5.99 亿件，人均 1.1 件，报刊期发行数 902 万册，平均 60 人看一份报刊，到 2008 年年底，函件总数达到了 73 亿件，报刊期发行数 16320 万册，分别是新中国成立初期的 12.2 倍和 18.1 倍。

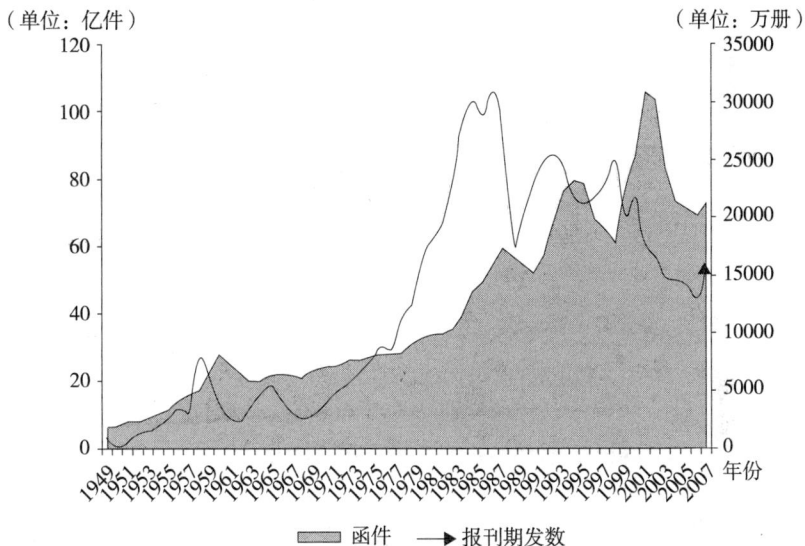

图 3   1949—2008 年间我国函件和报刊期发行数变化情况

（资料来源：国家统计局国民经济综合统计司：《新中国五十五年统计资料汇编》，中国统计出版社 2005 年版；中经网统计数据库）

（1）从新中国成立初期到 1959 年，我国邮政业的信函数和报刊期发数稳步增加，分别从新中国成立初期的 5.99 亿件和 902 万册增长到 1959 年的 23.15 亿件和 5965 万册，为初期的 3.86 倍和 6.61 倍。

（2）受三年自然灾害的影响，1960—1962 报刊期发行数连续三年呈下降趋势，尽管在 1963—1965 年间出现好转，后因为"文革"的影响，1966—1969 年又开始下降，1970 年到改革开放的前夕，逐步转入正常发展的轨道；受到自然灾害的影响，信函数从 1960—1964 年连续 5 年一直在下滑，在 1965—1966 年间出现了小幅增加，后又因"文革"的影响，发展极为缓慢，到 1978 年之前，年发展速度仅为 2.7%。总的来讲，这段时间由于受到种种因素的影响，邮政业在曲折中艰难前行。

（3）从改革开放开始，邮政业的信函数和报刊期发数出现了新中国成立以来发展的黄金时期。1987 年和 1988 年，信函数和报刊期发数相继出现了这段时期的峰值。其相应的业务量分别为期初的 2.1 倍和 3.6 倍，年增速为 7.7% 和 13.5%，信函数和报刊期发数分别为 59.77 亿元和 31005 万册。

（4）报刊期发数在 1987 年达到峰值后，到 2007 年之间，整体上呈现下降趋势，这主要是受到因特网、手机报、移动电视等新媒体形式的影响，尽管在 1994 年和 1999 年间出现过局部的峰值，但总的来讲报刊期发数呈下降趋势，但近两年有小幅回升迹象；信函数从 1988—2008 年，出现了 3 次峰值，2002 年曾达到了 106.01 亿元。总体来说，是在波动中不断前进，这主要与同期电信业快速发展产生的替代效应有关。

（三）邮递覆盖能力和自动化水平不断提升

从新中国成立初期到 2008 年年底，我国邮路总长度由 70.6 万公里延伸到 717.053 万公里，为新中国成立初期的 10.15 倍；局用交换机容量发展速度更为惊人，由 31.17 万门扩充到了 51034.6 万门，60 年间增加了 1637 倍！

可以看出，我国的局用交换机容量从新中国成立开始到 2008 年年底，基本都处于上升趋势，根据发展速度，大致可分为四个阶段：

（1）新中国成立初期到 1956 年三大改造基本完成，局用交换机容量小幅增长，1956 年年底局用交换机容量增至 86.58 万门，年增速为 13.6%。

（2）三大改造完成之后到 1961 年间，开始加速增加，年增速达到了 24%，到 1961 年末，达到 249.7 万门。

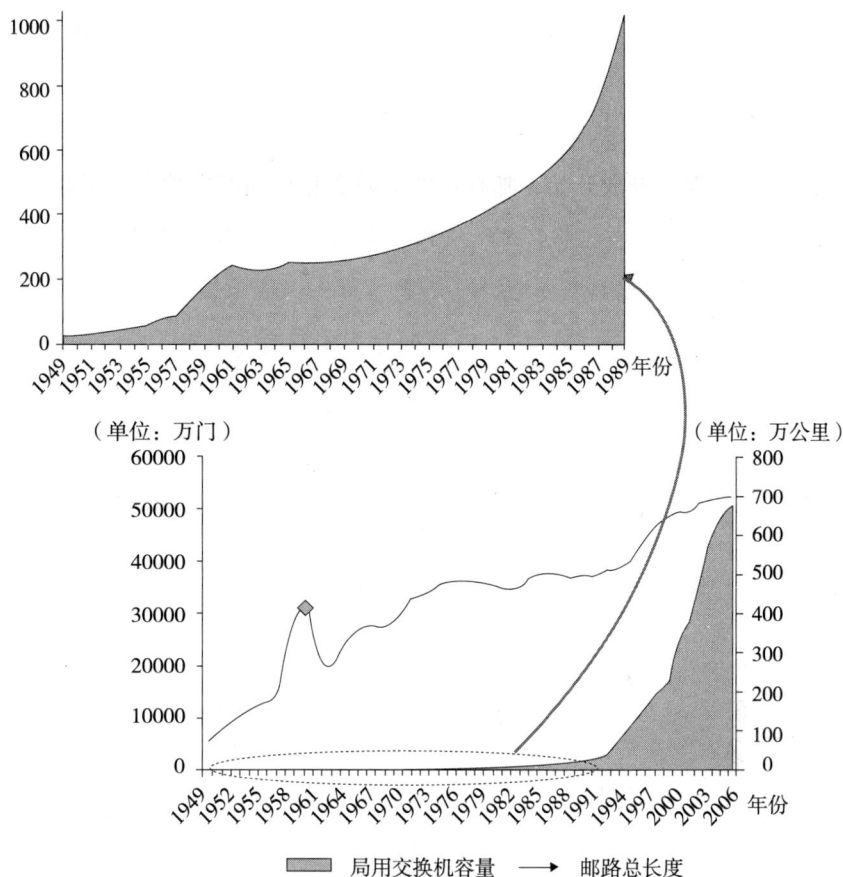

图 4　1949—2008 年间我国局用交换机容量和邮路总长度发展情况

（资料来源：国家统计局国民经济综合统计司：《新中国五十五年统计资料汇编》，中国统计出版社 2005 年版；中经网统计数据库）

（3）1962—1977 年，相继受到三年自然灾害和"文革"的影响，其发展基本处于停滞状态，年增速仅为 2.7%，1977 年末局用交换机容量为 383.27 万门。

（4）改革开放以来，随着邮政业进入发展的黄金时期，局用交换机容量也由 1978 年的 405.88 万门增长到了 2007 年的 51034.6 万门。尤其是 1990 年到 2005 年间，年增速高达 27%。

邮路总长度的发展情况：从新中国成立初期到 1960 年间，发展较快，由 70.6 万公里增加到 408.51 万公里，11 年间增长了 5.8 倍，年增速为 19.2%，这与新中国成立后人们对邮政业务的迫切需求有很大的联系。之后受到三年自然灾害的影响，出现了较大幅度的下滑，1962 年年底仅为 266.54 万公里，还不及 1958 年的发展水平。1963—1966 年间又恢复了较快速度的增长，后又受到"文革"的影响，1967—1969 年间基本处于停滞状态，这一状况在 1970 年后逐步得到改善，1995 年以来，基本维持了较为稳定的发展速度，到 2007 年年底，邮路总长度延伸到 717.053 万公里。

二、金融市场的重要角色—— 邮政金融业务增速较快

邮政金融业务是指邮政部门经办的以个人为主要服务对象的款向存入、提取和汇兑往来等经济活动，邮政金融业务主要包括邮政储蓄业务、邮政汇兑业务、邮政保险业务和邮政划拨业务等，不仅为老百姓提供了方便的金融服务，也为稳定金融市场发挥了一定的作用。

汇票业务是近年来邮政业务的新兴业务，也是增速较快的一项业务。改革初期汇票业务为 11852 万笔，到 2008 年年底，该业务发展到 26409 万笔，是改革初期的 2.23 倍。特别是从 2005 年到 2008 年这四年，保持了年 13.26% 的高速增长。截至 2006 年，全国已完成了覆盖所有市县的邮政电子汇兑系统骨干网络建设，建成了连接 31 个省（自治区、直辖市）、2468 个县市、3.1 万个联网网点的邮政电子汇兑计算机处理系统。遍布城乡的 4.4 万个汇兑网点（包括 3.1 万个联网网点），均可办理邮政汇兑业务。

1978 年我国邮政储蓄余额仅仅 3535 万元，近 30 年来，依靠其遍布全

（单位：万笔）

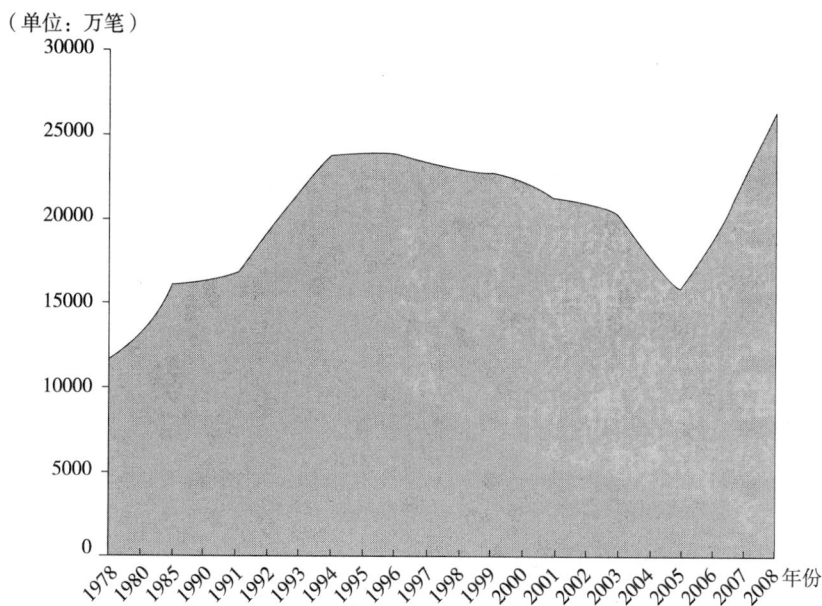

图 5　1978—2008 年邮政汇票的发展情况

国各个角落的网点，到 2006 年年底，储蓄存款余额增至 1.6 万亿元，仅次于四大国有商业银行。储蓄余额在 1978—1990 年间发展较慢，年增速仅为 5.28%，而 2002—2008 这六年间，年增速高达 11.8%，其存款业务近六年来年增速高达 10.05%。表明近几年有加速发展的趋势。绿卡用户在 2000 年仅为 1100 万户，而到 2007 年已经发展到了 1.28 亿户，年增速高达 50.5%，悄然成为中国第四大发卡行。

（单位：亿元）

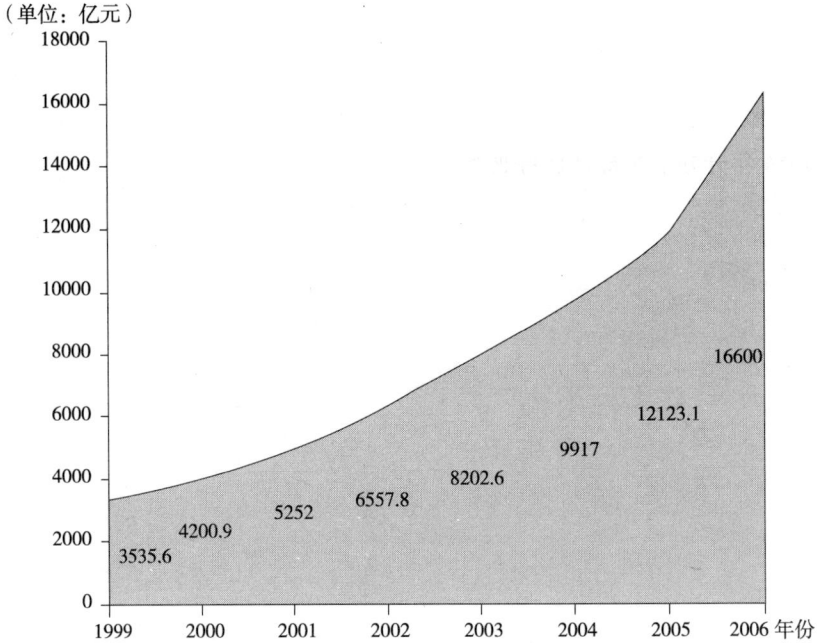

图 6　1999—2008 年邮政储蓄额

三、邮政业的特色业务——
集邮业务呈现阶段性变化

　　集邮业务主要指从事出售邮票及集邮用品以及组织指导公众开展集邮活动的业务，集邮业务的内容包括邮票销售业务、集邮用品销售业务，如邮资明信片、邮资信封、邮资信简等，集邮品信托业务和集邮品进出口业务。

　　集邮以它的思想性、知识性、艺术性、史料性和娱乐性在人类文化生活中发挥着独特的作用。随着邮政事业的发展，邮票题材、图案设计和印刷水平不断提高，邮票已成为反映一个国家政治、经济、文化、历史和自然风貌的"百科全书"，它已远远超出了邮资凭证的范围，成为社会主义精神文明建设的一项重要内容。中国邮票总公司（中国集邮总公司前身）在1984年开办了实寄首日封业务。

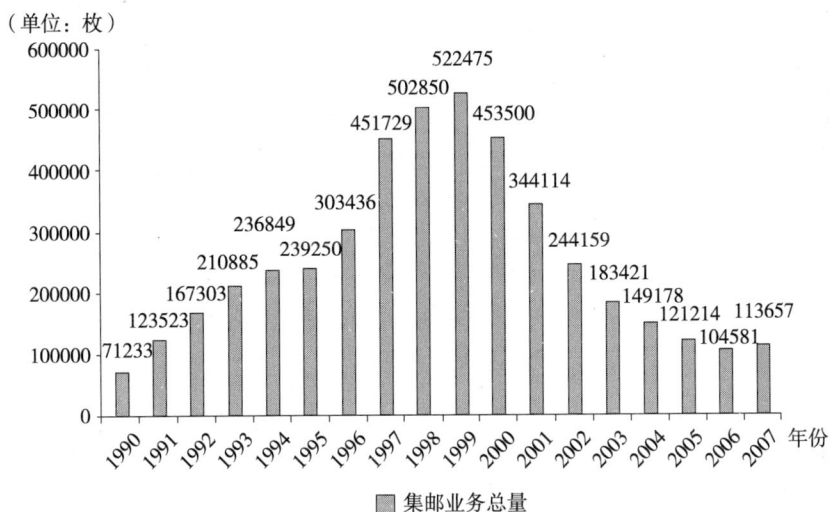

图7　我国1990—2007年的集邮业务变化情况

目前，我国的集邮业务是由邮政部门唯一开展的。1990—1999年间得到了快速发展，1999年是1990年的7.33倍，年增速高达122.06%，显示了这段时间人们高度的集邮兴趣和热度。但在1999年之后，集邮业务量的递减速度较快，人们集邮的兴趣和热度逐年在降低。随着人们生活水平的提高，不断有更多的人选择收集名人字画、瓷器、古董等价值更高的收藏品，是导致人们集邮热下降的一个重要原因。

四、中国邮政体制不断调整

为了妥善处理邮政业与政府部门以及市场之间的关系，邮政管理体制根据国情不断调整，以便既能从宏观方面对邮政业指导，又能赋予邮政业充分的经营自主权，增强其市场应变能力。自新中国成立至今，我国邮政管理体制进行了七次调整，对我国邮政业的发展起到了至关重要的作用。

（一）1949 年：邮电分设，政企合一

1949 年 11 月 1 日成立邮电部，统一管理全国邮政与电信事业，邮政总局负责经营邮政业务，并垂直管理所属企业，电信总局从管理部门到业务部门分别设置，分别经营，各自实行垂直的系统领导。政府既是管理者又是经营者。

（二）1950—1957 年：邮电合一，双重领导

1950 年 7 月，中央人民政务院将原来分设的邮政与电信合在一起，由中央集中统一领导。邮政总局成为邮电部内一个业务职能局，对全国各级邮电企业进行业务指导。

（三）1958—1969 年：管理权的下放与回收

1958 年 6 月，国家调整经济管理体制，将中央权力下放，所有省、区、市的邮电企业都下放给当地领导（北京市除外），由当地政府来管理本区域内的邮电企业。

这种权利的下放虽然使地方邮电部门有一定的管理自主权，但也使得全国通信网络被人为地分割。这种管理权的分割导致了指挥调度失灵、服务质量下降、条块分割的状况，很大程度上阻碍了邮电业的发展。

1962 年，国家决定将邮电管理权回收，除西藏外，各省、区、市的邮电企业实行以邮电部为主的部和省、区、市地方政府的双重领导，对县邮电企业实行邮电管理局为主与县政府的双重领导，邮政管理又恢复到双重领导阶段。

（四）1970—1992 年：邮政局的设立与邮电部的恢复

1970 年 1 月 1 日，国家成立邮政总局，同时撤销邮电部，邮政总局与铁道部、交通部合并由交通部管理，同时撤销省、区、市邮电管理局和各级邮电局，设立省、地、市邮政局。但是这种管理体制运行三年后，没有取得应有的效果，反而降低了管理效率。

1973 年 6 月 1 日，国家决定恢复邮电部，除中央直辖市和省会所在地邮政和电信企业分别设置外，从上到下恢复邮电合设，对省、区、市邮电管理局实现地方政府与邮电部双重领导，以地方为主。对市、县邮电局实行省、区、市邮电管理层与市、县双重领导，以邮电管理局为主。

1980 年，经国务院批准实行邮电部对全国邮政工作实行统一管理，地方的邮政工作实行上级邮电管理局和同级地方政府双重管理。这是"邮电合一"、"政企不分"的管理体制。

（五）1992—1998 年：确定邮电政企分开改革的步骤

邮电部门长期实行"邮电合一"的管理体制，而且政企不分，削弱了宏观调控，不利于业务的开展，制约了邮政生产力的提高。1992 年，国家确定机构改革实行政企分开的方针，国家编制委员会批准《邮电部"三定"方案》，确定邮电机构改革必须改变政企合一，逐步实现政企职责分开。首先完成邮电工业、物质、施工、集邮等单位的政企分开，将邮、电两总局的行业管理职能向综合司转移，并设立政策法规与通信行业管理机构。从 1994 年开始，进一步推动邮电政企职责分开，将邮政总局与电信总局分别改为单独核算的企业局，各自统一经营全国的邮政与通信业务。再到积极创造条件，为最终实现邮电分营、政企职能分开做准备。

（六）1998—2006 年：邮电分营，邮政业政企不分

1998 年 3 月，全国人大九届一次会议审议通过邮政机构改革方案，成立国家邮政局，主管全国邮政行业以及全国邮政企业，既要加强对全国邮政的管理职能，又要负责统一建设和经营邮政网，负担全国普遍服务义务。根据信息产业部的部署，1998 年，邮政、电信实行分营，至 1998 年年底，省、地、县邮政局陆续成立，全国形成独立完整的邮政体系。地方邮政局根据国家邮政局的授权，负责地方邮政行业管理。

（七）2006 年开始至今：邮政政企分开

2005 年 7 月，国务院常务会议讨论并原则通过《邮政体制改革方案》。根据该方案，邮政体制改革的主要内容是"一分开，两改革，四完善"，即实行政企分开，重组邮政监管机构。2006 年 9 月 17 日，31 个省、区、市邮政监管机构全部成立，邮政向政企分开迈出了关键一步。2007 年 1 月 29 日，中国邮政集团公司正式成立，是国有独资企业，将继续推动邮政主业的重组和改革。2007 年 3 月 20 日，中国邮政储蓄银行正式成立，成为中国第五大银行，标志邮政的体制改革又迈出实质性的一步。

五、中国邮政业的明天

"邮政业十一五规划"指出：邮政业特别是快递服务已经成为全球竞争的战略重点。大力发展我国邮政业，提升产业竞争能力，充分发挥邮政业在发展经济、服务社会和安置就业等方面的作用，是事关我国经济和社会发展的大局和实现全面小康社会的战略举措。该规划还提出了继续深化邮政业体制改革，"建立一个基础，完善两个机制，达到三个目的"的改革思路，继续推进法律体系建设，健全监管机构体系，强化网络基础建

设，加强行业监督管理，加大政策扶持力度。

我们相信，进入全面建设小康社会的新发展阶段，邮政业也面临新的发展机遇。坚持以"邓小平理论"、"三个代表"重要思想为指导，深入贯彻落实科学发展观，紧紧围绕全面建设小康社会的奋斗目标，优化发展环境，提升我国企业竞争力，力求在体制改革基础上，完善邮政发展机制，提高服务水平，促进我国邮政业又好又快发展，成为国民经济增长点中一道亮丽的风景。

参考文献

1. 叶琪：《我国邮政业重组和改革研究》，《经济前沿》2007 年第 11 期。

2. 国家邮政局：《邮政业"十一五"规划》，中华人民共和国交通运输部网站，2008 年 1 月 15 日。

（执笔人：殷振兴）

旅游事业，蓬勃发展

新中国成立前，中国根本不存在旅游业。战争中的动乱年代，既缺少吸引中外游客的旅游项目建设，又缺少交通运输设施的客观支持，更不存在国泰民安、人民生活富足对旅游业需求的主观动力。

新中国成立的 60 年，是人民生活水平飞速提高的 60 年，是旅游业见证祖国日新月异变化的 60 年。经历外事接待阶段、经济化产业阶段到今天，中国旅游业已经成为世界旅游业的重要组成部分。

一、旅游业呈现阶段性发展态势

（一）新中国成立后至 1978 年的外事接待阶段

新中国成立初期，国民经济迅速恢复和发展，国际威望也与日俱增，不仅有许多外国人想来看看中国的新面貌，而且广大海外侨胞、外籍华裔也想回国探亲访友。因此，创办旅行社、开展旅行业务，很快就被提到国家对外事务的议事日程上来。

1949 年 10 月 17 日，以接待海外华侨为主旨的厦门华侨服务社成立，这是新中国的第一家旅行社，为海外华侨架起了一座连接侨居地与新中国的桥梁。继之，泉州、深圳、汕头、拱北、广州等地也成立了华侨服务社。开始形成了中国旅行社的框架体系。1957年4月24日成立了中国华侨旅行服务总社，统一领导和协调全国华侨、港、澳同胞探亲旅游接待服务。

（单位：元）

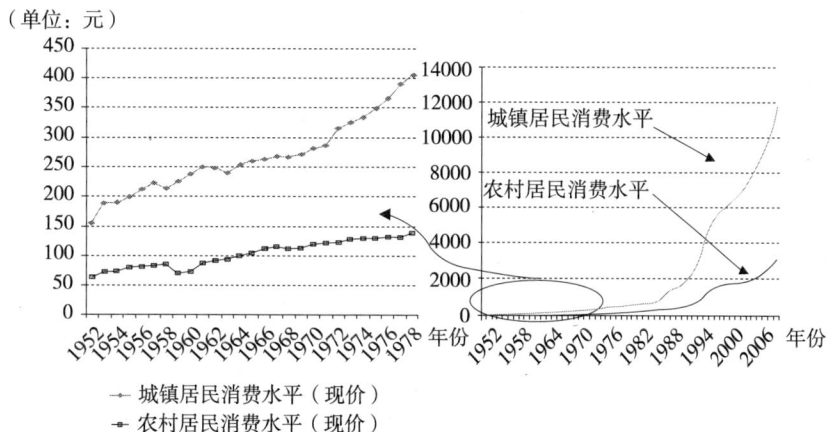

图1 当时城乡居民收入水平很低，旅游以接待入境游客为主

（资料来源：国家旅游局编：历年《中国旅游统计年鉴》，中国旅游出版社出版；中经网统计数据库）

三年自然灾害和"文革"使中国旅游业在这短暂的发展机遇里遭受接踵不断的挫折。受政治冲击，旅游接待成为单纯政治接待，不计成本，不讲效益，错误地批判旅游业是为资产阶级服务，使正在成长中的中国旅游业受到了严重的干扰和破坏，接待人数逐年下降。1966年上半年接待旅客500多人，1968年国旅仅接待303人。在新中国成立后的前30年间，全国入境游客接待量合计不到70万人次。加上人民生活水平还很落后，旅游业发展举步维艰。

新中国成立初期的旅游业发展缓慢，但也配合了外交工作需要，产生了一定政治效应，其对于宣传新中国的建设成就、加强国际友好往来，发挥了重要作用。

（单位：公里）

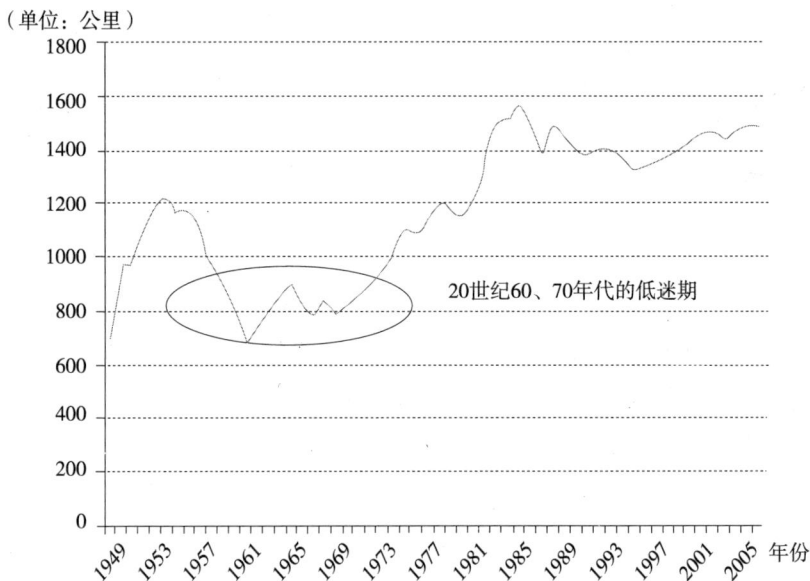

图 2　民航旅客运输平均运距

（资料来源：国家旅游局编：历年《中国旅游统计年鉴》，中国旅游出版社出版；中经网统计数据库）

（二）1978 年新的春天——中国旅游业经济化产业阶段

1979 年邓小平同志指出，旅游业要变成综合性的行业；20 世纪 90 年代，国家提出把旅游业培育成为新的经济增长点，旅游业成为扩大内需的重要手段；进入新世纪，国家把发展旅游业作为拉动消费和树立国际形象的重要产业；党的十七大以来，落实科学发展观和全面建设小康社会的战略举措，更加重视民生问题和生态文明建设，旅游业成为广泛涉及政治、文化、社会、生态的复合型产业。这期间中国国家旅游局和旅游行业相继加入世界旅游组织和太平洋亚洲旅行协会（PATA），中文已经成为世界旅游组织的官方语言之一，中国旅游业发展成为全球旅游界举足轻重的力量。

（单位：条）

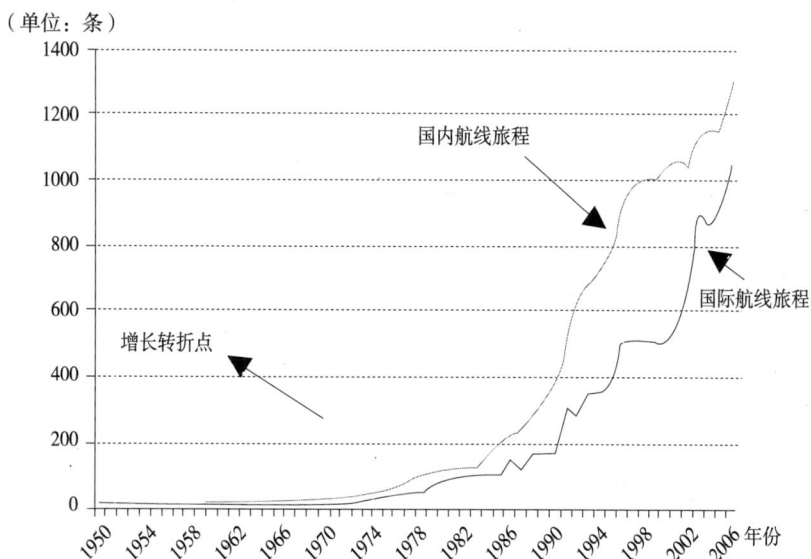

图 3　国内外航线条数

（资料来源：国家旅游局编：历年《中国旅游统计年鉴》，中国旅游出版社出版；中经网统计数据库）

借改革开放之力，得改革开放之利，经过 30 年发展，中国已经成为世界旅游大国，树立了鲜明的旅游目的地形象，增进了中国与世界的双向交流，扩大了中国的国际影响。

旅游产业体系的培育是从数量走向质量，从粗放走向集约的渐进过程。随着外向型经济的建立，极大地刺激了旅游生产要素供给，构筑了一个较为完整的产业集群体系和分工合作体系，带动了旅游相关产业的发展。随着市场机制的确立，现代企业制度的推行，旅游业国际化竞争加剧，旅游企业的经营正在由粗放式向集约化逐步转变。

中国旅游业经济化阶段的发展也相继经历了入境旅游、国内旅游、出境旅游三个方面的依次成长与完善。

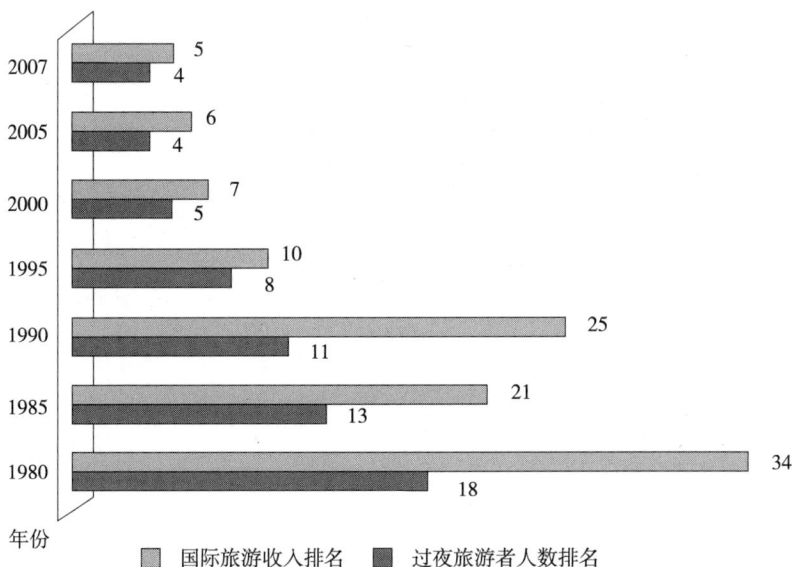

图 4   中国旅游在世界排名的名次

（资料来源：中经网统计数据库）

二、入境旅游保持高增长发展势头

"六五"计划时期（1981—1985 年）为入境旅游奠基阶段。改革开放之初，在接待设施和交通条件极为有限的情况下，以丰富的旅游资源和神秘的东方文化作为吸引物，以赚取紧缺的外汇为目标，形成了入境旅游"一花独放"的局面。1978 年，中国接待入境过夜旅游人数仅为 72 万人次，创汇 2.6 亿美元。1987 年接待入境过夜旅游人数突破 1000 万人次大关，十年间人数增长 13 倍。到 2007 年中国旅游创汇已达到 419.19 亿美元，入境旅游者人数为 13187.33 万人次，二十年内人数剧增 131 倍。

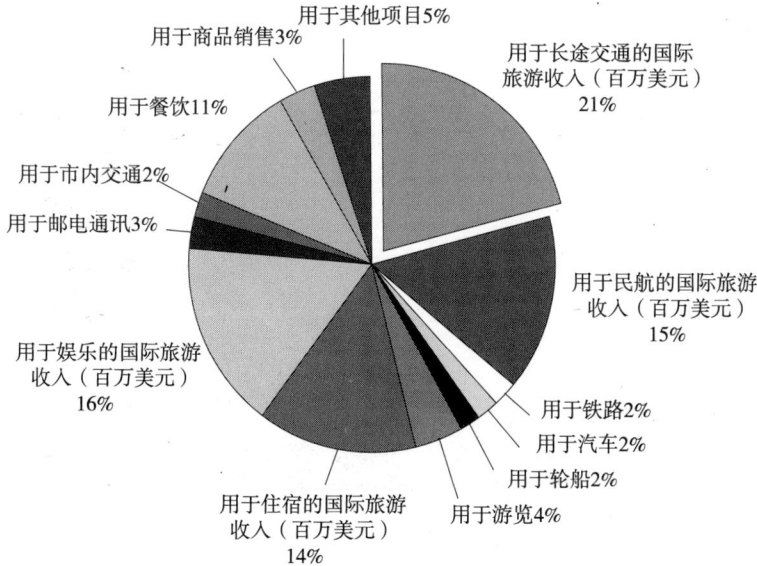

图5　国际旅游收入的各项用途

（注：旅游产业规模的迅速扩张，延长了旅游产品链，完善了产业链，扩大了产业面，带动了旅游相关产业的发展）

（资料来源：国家旅游局编：历年《中国旅游统计年鉴》，中国旅游出版社出版；中经网统计数据库）

　　1978 年开始的 30 年间，中国入境旅游人数从每年 180.92 万人次增加到每年 13187.33 万人次，增长 71.9 倍，年均增幅达 15.9%；过夜旅游人数从 72 万人次增加到 5471.98 万人次，增长 75 倍，年均增幅 16.1%，高出同期世界旅游同类指标 12 个百分点；旅游外汇收入从 2.63 亿美元增加到 419.19 亿美元，增长 158.4 倍，年均增幅达到 19.1%，高出同期世界旅游同类指标 10 个百分点。连续稳定的高增长势头使中国旅游业在世界排名稳居前列。

　　我国旅游业从主要长期细分市场来看，亚洲国家一直是我国的主要客源国，且增长趋势除在 2003 年有所下滑外，长期明显呈线性增加。分置二三位的美国和西欧国家自 1995 年以来也有显著增长，但其作为世界主

（单位：万人次）

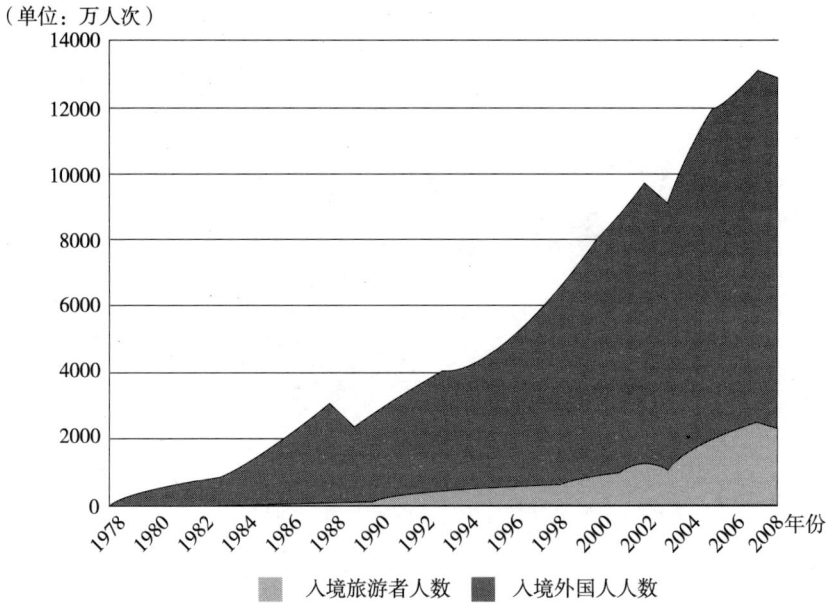

图 6　入境旅游者人数

（资料来源：中经网统计数据库）

要客源国仍只占中国市场很小的比例。这说明我国旅游业在国际旅游各细分市场中，还只能吸引初级市场的客源，这留给中国旅游业很大的发展空间。拉丁美洲和非洲由其经济发展所限，客源占入境比例一直很小，且无明显增长趋势。

中国入境旅游发展如此之快得益于以下原因：

1. 我国综合国力不断增强，国际地位不断提高，"中国是最理想的投资沃土，是最安全的旅游胜地"形象深入人心。

2. 2001 年 12 月 11 日加入世贸组织后，中国正式成为世贸组织第 143 个成员，并承诺：在 2003 年 1 月 1 日以后允许外商在合资旅行社中控股，在 2005 年 12 月 31 日后允许成立外商独资旅行社。截至 2006 年年底，我国已经批准的外商独资旅行社 6 家，合资旅行社 13 家。

（单位：亿美元）

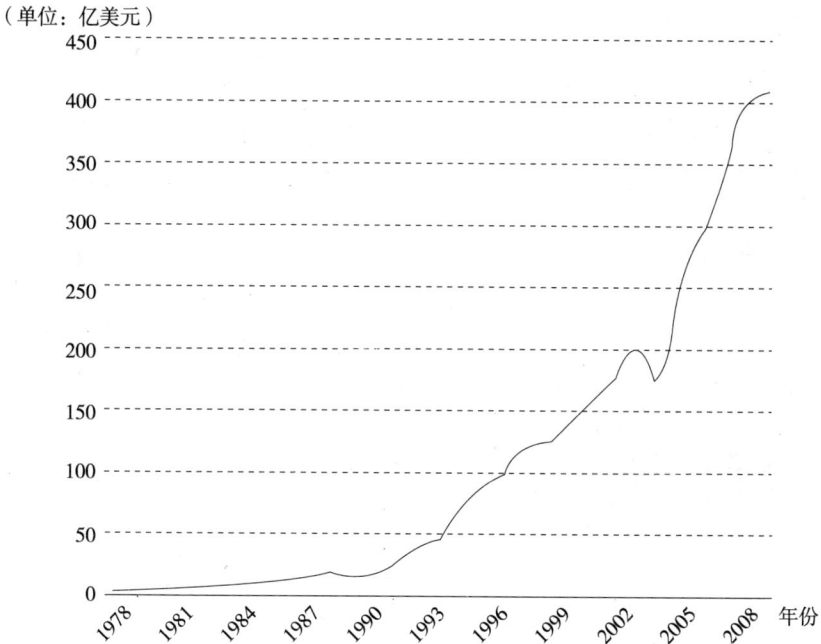

图 7　国际旅游外汇收入

（资料来源：中经网统计数据库）

3. 中国国际航空交通快速发展。2006 年中国民航里程达到 210 万公里，航线总条数达到 1336 条，其中国际航线 268 条，较 2002 增长了 66%。在入境旅游的发展上，国际航线航班的增加具有决定性的意义。

4. 我国入境手续的不断简化，使到港澳地区的外国人可以 144 小时免签证到珠江三角洲旅游；2002 年年初，中国政府又出台了全国 23 个口岸城市对来华游客实行落地签证的措施。

1995年各洲旅游者比例

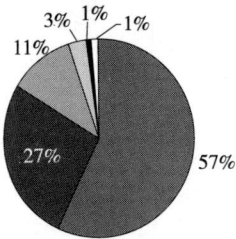

2007年各洲旅游者比例

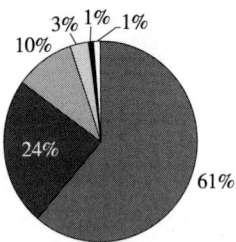

■ 亚洲　　■ 欧洲
■ 北美洲　　□ 大洋洲及太平洋群岛
■ 拉丁美洲　□ 非洲

按洲划分旅游人数

（单位：万人次）

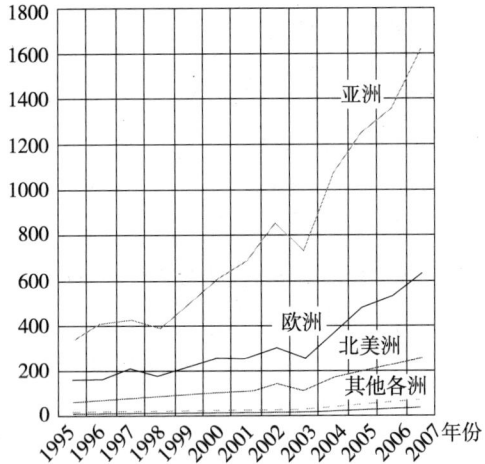

图8　各大洲旅游人数比例及增长趋势

（资料来源：国家旅游局编：历年《中国旅游统计年鉴》，中国旅游出版社出版；中经网统计数据库）

三、国内旅游需求增强，旅游市场逐步形成

"七五"计划时期（1986—1990年）为入境旅游继续发展、国内旅游开始起步阶段。国内旅游从20世纪80年代中期快速崛起并加速发展，随着综合国力的提升，居民收入显著提高，国内旅游市场开始形成，市政环境的治理和改善明显提高。图11为有记录的环保投资额，均有逐年递增

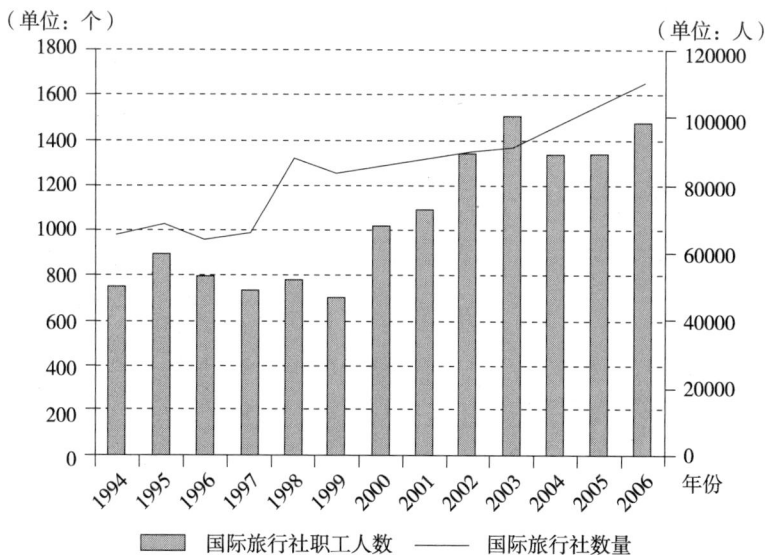

图9　国际旅行社及职工数量变化图

（资料来源：国家旅游局编：历年《中国旅游统计年鉴》，中国旅游出版社出版；中经网统计数据库）

的趋势。

　　1993年，国务院办公厅转发国家旅游局《关于积极发展国内旅游业的意见》，对国内旅游工作提出"搞活市场、正确领导、加强管理、提高质量"的指导方针。为克服1993年下半年经济过热引起的通货膨胀以及1997年的亚洲金融风暴，客观上必须大力发展国内旅游以扩大内需。1995年实行双休日制度，居民闲暇时间增多，特别是2000年开始的黄金周，使国内旅游在假日期间出现"井喷"现象，从2006年开始达到了人均一次以上的旅游密度，反映了我国旅游市场覆盖面不断扩大，市场发育不断深化，显示了独特而强劲的内生性消费需求，与入境旅游共同成为驱动中国旅游业发展的两个车轮。

　　"十一五"规划已明确提出2006—2010年间GDP将保持在7.5%的稳定增长，实现人均GDP19270元；城镇人均可支配收入和农村居民人均纯

（单位：条）

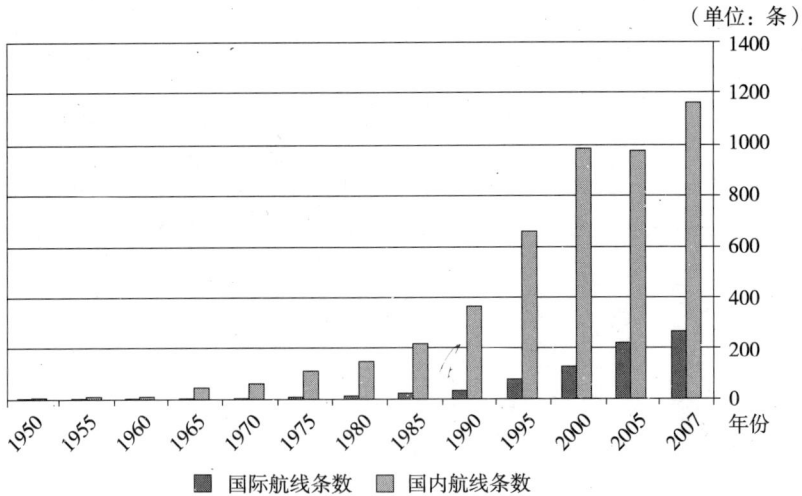

图 10　民用航空航线数量变化图

（资料来源：国家旅游局编：历年《中国旅游统计年鉴》，中国旅游出版社出版；中经网统计数据库）

收入分别年均增长5%，为13390元和4150元，社会主义新农村建设取得明显成效，城镇化率提高到47%，这些将为旅游行业发展提供一个良好的外部运营环境。

从世界旅游规律来看，当一个国家的人均GDP达到1000美元时，国内旅游随之兴旺；而当人均GDP超过2000美元后，强调品质感和舒适度的休闲度假游将成为旅游消费的主流。我国人均GDP已在2003年突破1000美元，2005年达到1715美元，部分经济发达地区人均GDP已超过3000美元。随着人均GDP和居民收入的逐步提高，旅游需求出现结构性变化，观光游、休闲游快速发展，增速超过20%。

进入新世纪，中国现代化交通网络逐步形成，旅游交通瓶颈总体解决，并对旅游出行方式产生了明显影响。到2007年，中国境内民用航空定期航班通航机场148个，定期航班通航城市146个，民航客运量达到18576万人；全国铁路营业里程达到7.8万公里，位居世界第三，客运量

（单位：亿元）

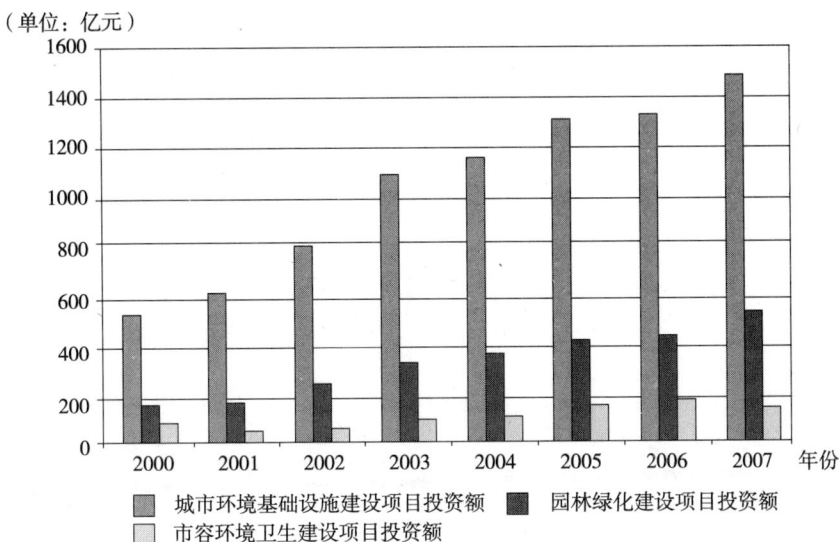

图 11　城市环境保护项目投资

（资料来源：国家旅游局编：历年《中国旅游统计年鉴》，中国旅游出版社出版；中经网统计数据库）

为 135670 万人，成为国内旅行出游的交通支柱；另附有全国里程突破 5.39 万公里的高速公路网和水运客服，全国交通网络畅行无阻。除了正常定点的航班列车以外，旅游包机、旅游专列、自驾车旅游成为潮流。环保、信息、能源等基础设施建设突飞猛进，为旅游业提供了更为良好的发展条件。

四、出境旅游的快速增长

从"八五"计划时期（1991—1995 年）开始，入境旅游迅猛崛起。经过 30 年的培育，我国旅游客源市场真正发展成为入境游、国内游、出

（单位：百万人次）

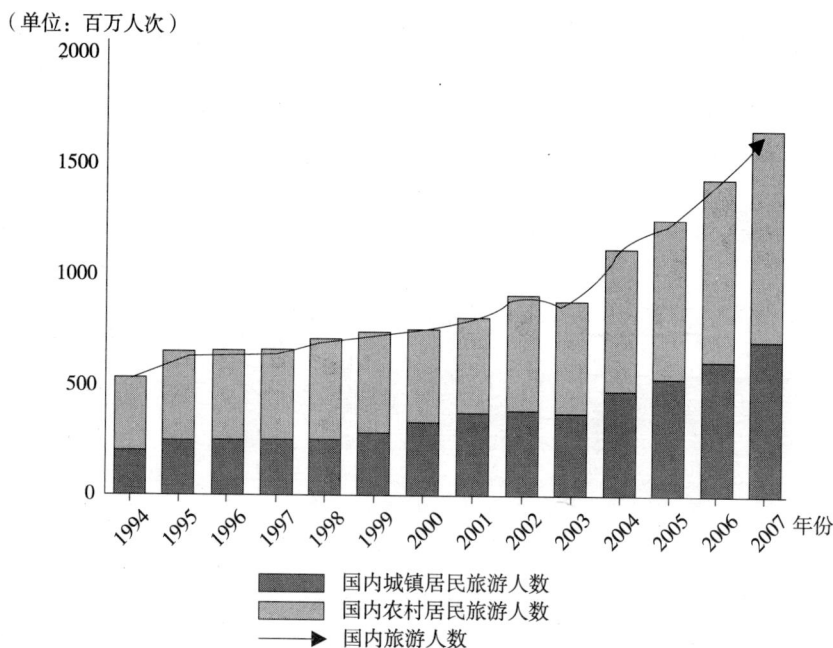

图 12　城乡旅游人数增长图

（资料来源：国家旅游局编：历年《中国旅游统计年鉴》，中国旅游出版社出版；中经网统计数据库）

境游三足鼎立的格局。

　　中国公民出境旅游是旅游需求的延伸和升级，也是新中国成立后人民生活水平迅速提高的最好例证。1990 年 10 月率先开放中国公民自费赴新加坡、马来西亚和泰国等三国旅游；自 1997 年起，在试办港澳游、边境游的基础上，正式开展中国公民自费出境旅游业务。之后，出境旅游目的地的数量逐步增加，截至 2007 年年底，除香港、澳门两个特别行政区外，已有 132 个国家成为我国公民出境旅游目的地。进入新世纪，中国公民出境旅游人数增速迅猛，2007 年已达到 4095.4 万人次，是 2000 年的 3.9 倍，其中因私出境旅游人数达到 3492.4 万人次，已占到出境总人数的 85%。中国不仅是世界重要的旅游目的地，也成为主要的旅游客源地。

（单位：亿元）

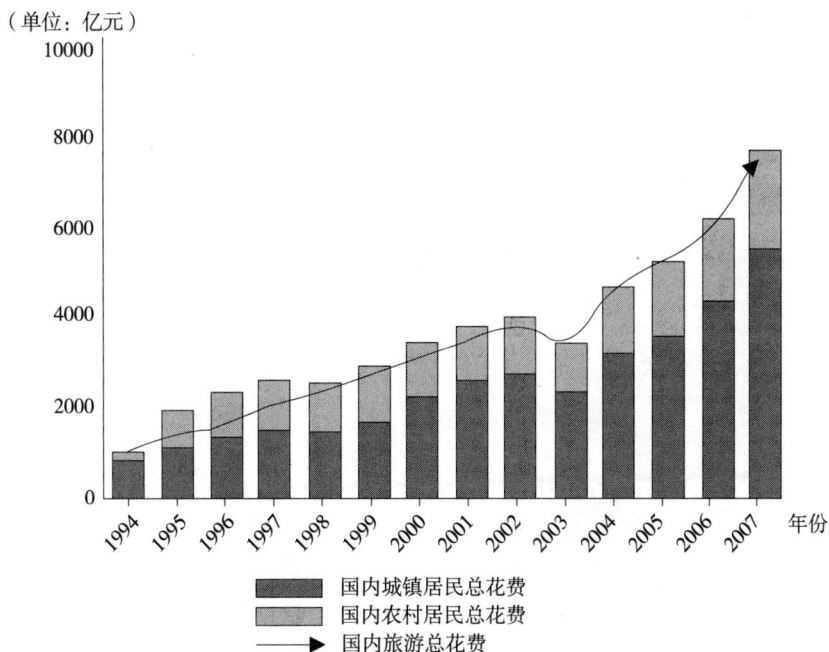

图 13 城乡居民旅游花费增长图

（资料来源：国家旅游局编：历年《中国旅游统计年鉴》，中国旅游出版社出版；中经网统计数据库）

五、结语

至 2007 年年末，全国已有旅行社 18943 家，其中国际旅行社 1797 家；有星级饭店 13583 家；成规模的景区超过 20000 家，A 级旅游区 3100 余家，其中 4A 级以上 928 家；国家旅游度假区 12 家，省级度假区上百家；优秀旅游城市 307 个，旅游强县 17 个；工农业旅游示范点 1098 家。还有国家重点风景名胜区 187 个，国家自然保护区 303 个，国家森林公园

（单位：万人）

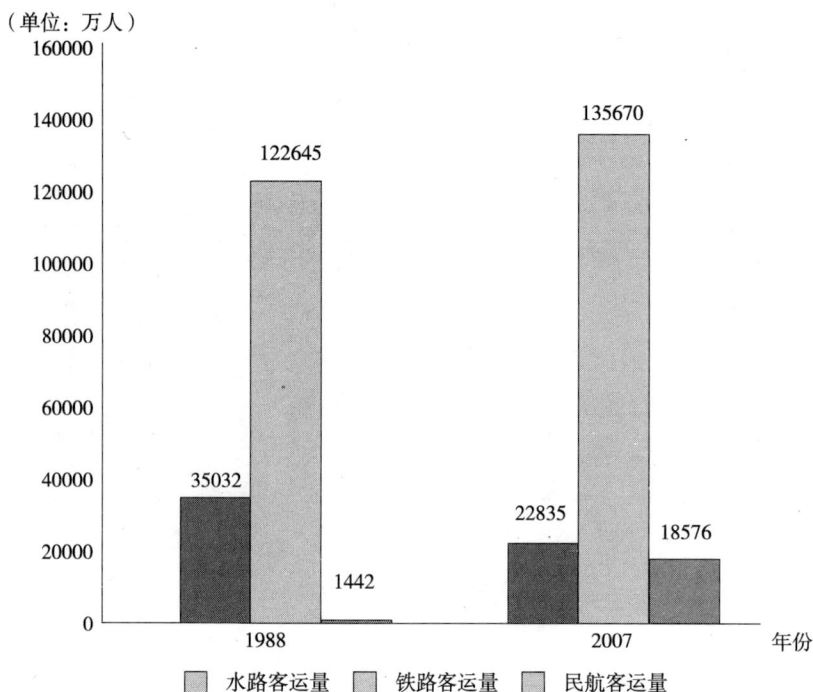

图14　民航客运量对照图

（资料来源：国家旅游局编：历年《中国旅游统计年鉴》，中国旅游出版社出版；中经网统计数据库）

627 个，国家地质公园 138 个，列入《世界遗产名录》的世界遗产 35 个。经过 30 年的培育和发展，旅游业基本形成了多方位、多层面、多维度的产业体系格局。

目前，旅游已经成为大众重要的生活方式，成为提高生活品质的重要内容。出境旅游尤其是因私出境旅游的快速增长，成为中国综合国力增强、居民生活水平提高、对外开放扩大的最为直接和最为生动的见证。2008 年北京奥运会、2010 年上海世界博览会和 2012 年广州亚运会等盛会的承办对我国旅游业的繁荣发展提供前所未有的历史机遇。60 年来，中国旅游市场蓬勃发展，中外文化的融合与发展正使中国旅游业步入国际化

（单位：个）

（单位：人）

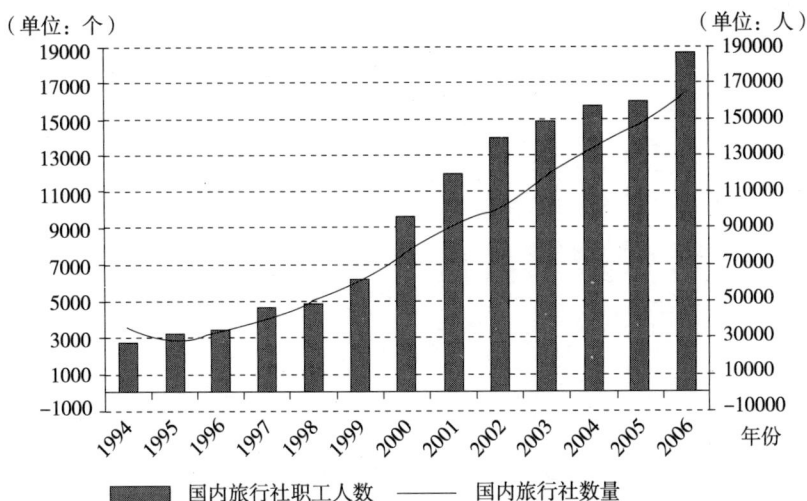

图 15　国内旅行社及其职工数目统计图

（资料来源：国家旅游局编：历年《中国旅游统计年鉴》，中国旅游出版社出版；中经网统计数据库）

（单位：万人次）

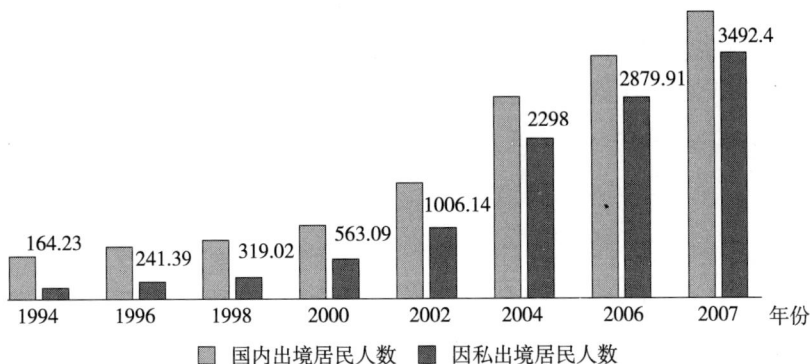

图 16　出境旅游人数统计图

（资料来源：国家旅游局编：历年《中国旅游统计年鉴》，中国旅游出版社出版；中经网统计数据库）

233

产业阶段，中国已经完成了从旅游资源大国向亚洲旅游大国进而向世界旅游大国的跨越，并将向世界旅游强国的目标迈进。

（执笔人：郑坤）

"引进来"与 "走出去"

　　新中国成立以前，中国在引进外资方面几乎是一片空白，广阔的国土上外资企业寥寥可数。现如今，无论是优先发展的东部，还是新近开发的西部；无论是繁华喧闹的大城市，还是偏远宁静的小城镇，外资企业都无处不在。一些著名的外企，如宝洁、玛氏、家乐福、诺基亚等，更是为中国的老百姓所熟知，其产品也走进了千家万户，与百姓的日常生活息息相关。

　　新中国成立以前，中国连自给自足都无法实现，更谈不上对外投资、开拓海外市场。而现在，中国对外投资的对象已遍布世界各地，世界舞台上随处可见中国企业的身影。国内的著名品牌联想、海尔等，即使在海外市场与其他国家的众多企业相比，也毫不逊色。随着中国综合国力的增强，越来越多的中国企业迈出国门，走向世界。借着对外投资的东风，中国打造出了自己优秀的民族品牌。

　　下面我们就从"引进来"和"走出去"两方面来回顾一下中国外资发展的风雨 60 年。

一、调整中发展　引进外资硕果累累

从新中国成立以来到现在，中国吸引外资的过程大致可以分为六个阶段。

（一）第一阶段：1949—1958 年

新中国刚刚成立时，经济落后，各方面亟待发展。党和政府认识到要想较快地恢复经济建设，引进外资是必不可少的。于是，一些鼓励和吸引外资的政策相应而出，引导中国迈出利用外资的第一步。由于当时的国际形势和中国外交情况的特殊性，中国引进外资的对象仅仅局限于苏联等社会主义国家，通过引进大型成套设备和单项设备、接受派遣专家以及建立中苏合资企业来帮助中国经济发展。这些努力填补了新中国工业建设的空白，奠定了我国工业化的初步基础，对当时的社会主义建设意义重大。然而，过于单一的外资来源也为新中国埋下了隐患。

（二）第二阶段：1959—1973 年

到了 20 世纪 50 年代末，中苏关系日趋紧张。1960 年，苏联单方面撕毁合同，撤回在华专家，中苏合作彻底失败。这不仅使中国的经济蒙受了重大的损失，更重要的是，它严重打击了党和政府吸引外资的决心，开始过分强调"自力更生"的作用，对外资的态度逐渐转为拒绝和排斥。即便如此，一些经济建设所需要的技术和设备还是必须要从国外引进的，因此这段时期中国开始把引进外资的重点转向西方资本主义国家。如1963—1968 年，中国通过出口信贷和延期付款的形式先后从日本、英国、法国、西德、瑞典、意大利、奥地利等国引进工业设备和先进技术 80 多项，其中 52 项是成套设备，价值 30 亿美元。之后的几年中，中国又引进了石油、化工、冶金、电子和精密仪器等机械设备价值42.4亿美元。

(三) 第三阶段：1974—1978年

这一时期是中国利用外资基本思想的形成期。经过十多年的犹豫和徘徊，中国政府再次认识到引进外资的重要性，开始采取积极措施发展对外经济关系，吸引外资进入中国，解决中国经济建设资金不足的问题。1978年党的十一届三中全会召开，把对外开放作为我国的一项基本国策，使我国利用外资迈上了一个新台阶。

(四) 第四阶段：1979—1985年

党的十一届三中全会之后，改革开放的浪潮马上席卷全国，利用外资作为我国对外开放的重要组成部分，受到了党中央的高度的重视。

先是国务院授予广东和福建两省引进外资的自主权，使这两省成为中国吸引外商投资的"领头羊"。接着国务院又批准深圳、珠海、汕头、厦门为沿海经济特区，使吸引外商投资的区域范围进一步扩大。1984年，上海、天津、大连、青岛等14个城市被确定为沿海开放城市，1985年，长江三角洲、珠江三角洲和厦—漳—泉三角洲被批准为沿海经济开发区。通过这些举措，我国东部地区基本上营造起了吸引外资的良好环境，也取得了一定的成就。从1979年到1985年，我国实际使用外资金额累计为229.47亿美元，较前三个阶段有了很大的发展。

虽然这段时期我国使用外资的总量有较大增长，但结构不合理的现象还很严重。从1979年到1985年，我国外商直接投资为60.6亿美元，仅占实际使用外资金额的26.41%，而外商间接投资为168.9亿美元，占到了实际使用外资金额的73.59%。直接投资的比重远远低于间接投资，影响了我国使用外资的效果，我国引进外资的结构需要进一步调整。

(五) 第五阶段：1986—1991年

1986年10月，国务院颁布了《关于鼓励外商投资的规定》。这部法规出台之后，中央政府逐步下放外资审批权限，简化外资的审批手续，充分调动起了地方政府引进外资的积极性；逐渐取消对外商投资的诸多限制，为外商来华投资创造了更为便利的条件；对引进外资的企业给予土地使用税减免、企业所得税减免、贷款便利、利润再投资优惠、出口产品免征工商统一税等优惠待遇，进一步提高外商投资的优惠程度，打开了我国吸引外资的新局面。

（单位：亿美元）

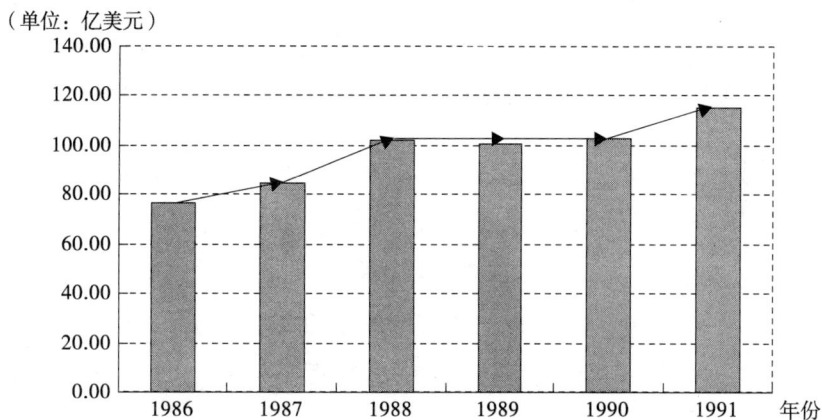

图 1　中国实际使用外资额（1986—1991 年）

（资料来源：国家统计局编：《中国统计年鉴·2008》，中国统计出版社 2008 年版，第 729 页）

　　除此之外，在这段时期内，中国还和 30 个国家签订了双边投资保护协定，和 15 个国家签订了避免双重征税的协定。这些协定的签订为中国引进外资提供了一个有利的国际环境，与国内的相关法规一起，为外商来华投资保驾护航。

　　中国在国际、国内两方面同时作出努力，使这段时期我国利用外资的总量与上一阶段相比有了大幅提高。从 1986 年到 1991 年，我国实际使用外资额累计达 582.09 亿美元，而 1979 年到 1985 年的七年中，这一总量只有 229.47 亿美元。在 1987 年到 1989 年通货膨胀和政治动荡的双重影响下，我国利用外资的总额增长了两倍多，这不能不说是一个奇迹！

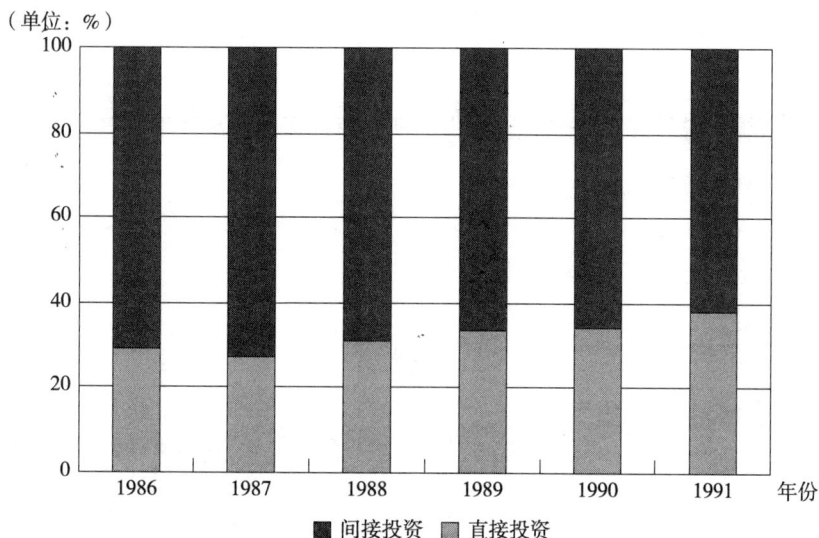

（单位：%）

图2　中国利用外资额结构图（1986—1991 年）

（资料来源：国家统计局编：《中国统计年鉴·2008》，中国统计出版社 2008 年版，第 729 页）

在引进外资的结构方面，这一时期我国利用外资虽然以间接投资为主，但是外商直接投资的比重一直呈上升趋势，表明我国吸引外资的结构逐渐趋于合理。然而，这种结构的变化并不十分明显。1991 年，我国外商直接投资的比重为 37.79%，仍远低于外商间接投资的比重 62.21%，表明我国吸引外资的结构仍需进一步调整。

（六）第六阶段：1992 年至今

1992 年年初，邓小平同志发表了著名的"南方讲话"，提出了三个"有利于"的判断标准，从意识形态上扫清了发展市场经济的障碍，同时也扫清了利用外资的障碍，全国立刻掀起了对外开放和引进外资的新高潮。

（单位：亿美元）

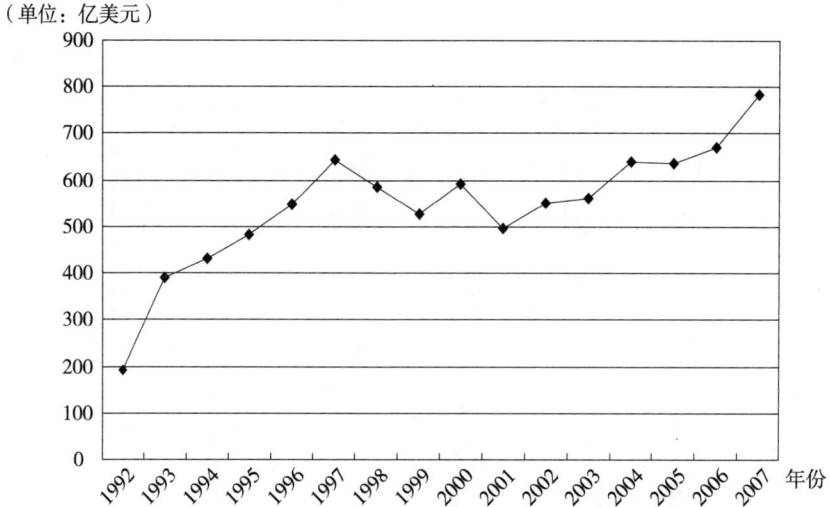

图3 中国利用外资额变化图（1992—2007年）

（资料来源：国家统计局编：《中国统计年鉴·2008》，中国统计出版社2008年版，第729页）

1992年国务院进一步开放沿江港口城市和内陆城市，使我国利用外资区位由"线"到"面"推进。1992年，我国实际使用外资总额为192.03亿美元，与1991年的115.54亿美元相比，增长率高达66.2%。1993年这一数字为389.60亿美元，在1992年的基础上翻了一番，也使我国首次成为仅次于美国的世界第二大引资国。此后的几年中，我国使用外资额一直维持着较为稳定的增长，增长率始终保持在10%以上，直到1997年亚洲金融危机爆发，引进外资总额才出现了负增长。随着危机的减弱和中国加入WTO，我国利用外资再次迎来新的高潮。2002年、2004年、2007年我国实际利用外资额相继突破500亿、600亿、700亿美元大关，再次创造了吸引外资的世界奇迹。外商直接投资金额更是在2003年超过了美国，成为该年度全世界吸收外资最多的国家。

表1　中国 1992—2007 年利用外资总额增长率

年份	增长率（%）	年份	增长率（%）
1992	66.20	2000	12.72
1993	102.88	2001	−16.32
1994	10.92	2002	10.75
1995	11.39	2003	2.05
1996	13.86	2004	14.13
1997	17.52	2005	−0.42
1998	−9.08	2006	5.13
1999	−10.07	2007	16.79

（资料来源：国家统计局编：《中国统计年鉴·2008》，中国统计出版社 2008 年版，第 729 页）

　　这一时期我国利用外资的结构也发生了重大变化。1992 年我国外商直接投资金额占实际利用外资总额的比重为 57.32%，首次超过间接投资，成为中国利用外资的主要形式。从此以后，外商直接投资就始终领先于外商间接投资，其占利用外资总额的比重也快速上升，到 2007 年，这一比重已经达到 95.44%，表明几乎所有的外商投资都采用了直接投资的形式，仅剩下很小一部分仍采用间接投资形式。

　　在引进外资的来源地方面，我国在这一时期也有很大突破。2007 年，我国引进外资的对象就已经遍布世界五大洲的 161 个国家。2007 年在中国境内投资最多的地区是中国香港，投资额达 2023292 万美元；其次是维尔京群岛，投资额为 1124758 万美元；日本名列第三，投资额为 459806 万美元；韩国、美国分列第四、第五位，向中国境内投资额分别为 389487 万美元和 286509 万美元。

　　从图 5 我们可以看出，2007 年，中国香港和维尔京群岛这两个对华投资额排前两位的地区，其投资总额占了中国引进外资总额的一半以上，而投资额排前七位的国家累计投资金额占中国吸引外资总额的 3/4 以上。这表明中国引进外资的对象还是集中在某些地区和国家，从一定程度上来

（单位：％）

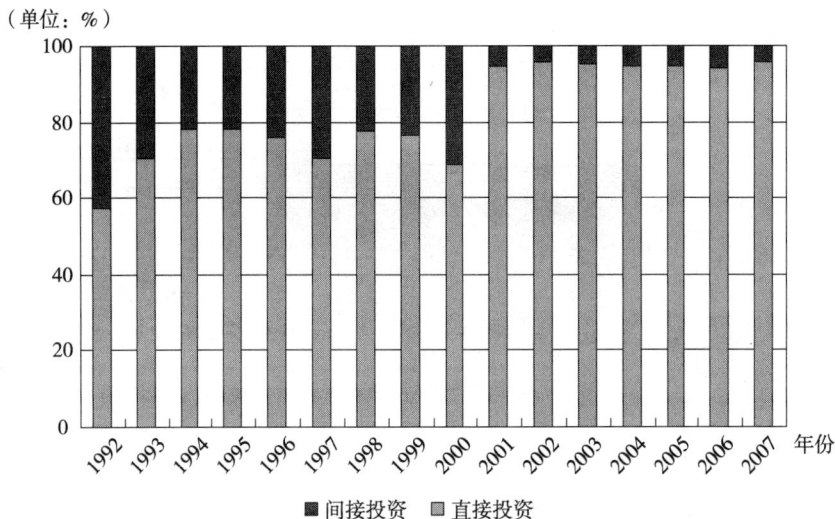

图 4　中国利用外资额结构图（1992—2007 年）

（资料来源：国家统计局编：《中国统计年鉴·2008》，中国统计出版社 2008 年版，第 729 页）

讲并没有真正实现多元化，这对我国吸引外资的健康发展是一个隐患，而建立起真正的多元化的外资来源地也是我们今后应该努力的方向。

二、尝试中前进　对外投资成绩喜人

新中国成立后到改革开放之前，我国的对外投资基本属于空白，仅有少数企业在海外开展小型的直接投资活动，从事一些贸易活动，这些基本属于贸易型对外投资。

改革开放之后，国务院在 1979 年提出"要出国办企业"的政策，标志着我国对外投资的开始。此后，我国对外投资领域逐步转向多元化，由

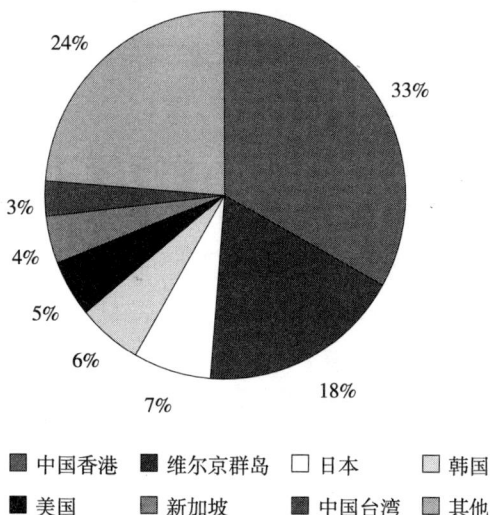

图5 中国引进外资来源地情况（2007年）

（资料来源：国家统计局编：《中国统计年鉴·2008》，中国统计出版社2008年版，第730—732页）

服务业向加工装配、医疗卫生、交通运输等行业延伸；我国参与海外投资的企业类型也开始增加，投资主体变得多样化，由专业外贸公司向多行业的生产企业转变；对外投资区位扩大，逐渐增加到90个国家和地区。但是由图6可以清楚地看到，在2000年以前，虽然对外直接投资的总体数量有所增长，但规模还是很有限的。总体来说，2000年以前，我国对外直接投资还处于尝试阶段。

2000年，党的十五届五中全会首次明确提出实施"走出去"战略，我国的对外投资得到迅速发展。从2001年起，我国对外投资额的增长速度一直维持在两位数，在2003年和2005年甚至实现了三位数增长。2003年我国对外投资额为28.55亿美元，与2002年相比，增长190%！2005年我国对外投资突破100亿美元大观，达到122.6亿美元，同比增长123%。继2003年创造了引进外资的奇迹之后，我国在"走出去"方面同样创造了世界奇迹，取得了令世人瞩目的辉煌成就！

（单位：亿美元）

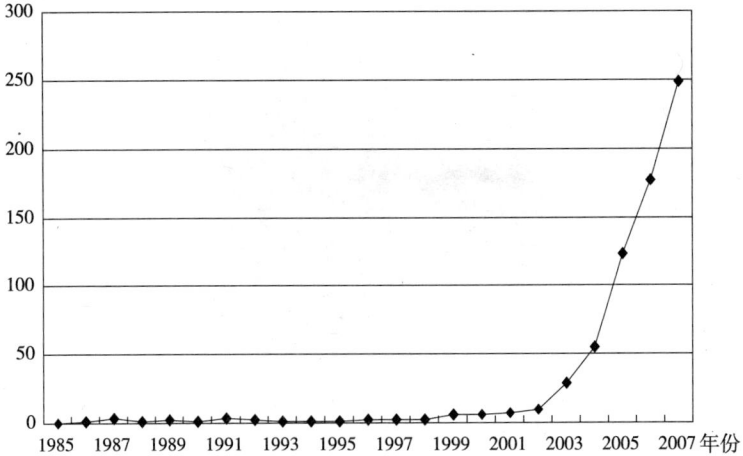

图 6 中国对外投资额变化趋势（1985—2007 年）

（资料来源：国家统计局贸易外经统计司：历年《中国对外经济贸易年鉴》，中国对外经济贸易出版社出版）

表 2 中国 2001—2007 年对外投资总额及增长率

年份	对外投资额（亿美元）	增长率（%）
2001	7.08	28.49365
2002	9.83	38.84181
2003	28.55	190.4374
2004	54.98	92.57443
2005	122.6	122.9902
2006	176.3	43.80098
2007	248.4	40.8962

（资料来源：国家统计局贸易外经统计司：历年《中国对外经济贸易年鉴》，中国对外经济贸易出版社出版）

从产业结构方面看，批发和零售业在我国对外投资中占据主要地位，比重为 24.9%，其次是商务服务业，占对外投资金额的 21.2%，它们的总和将近占了我国对外投资总金额的一半。交通运输仓储业和采矿业所占

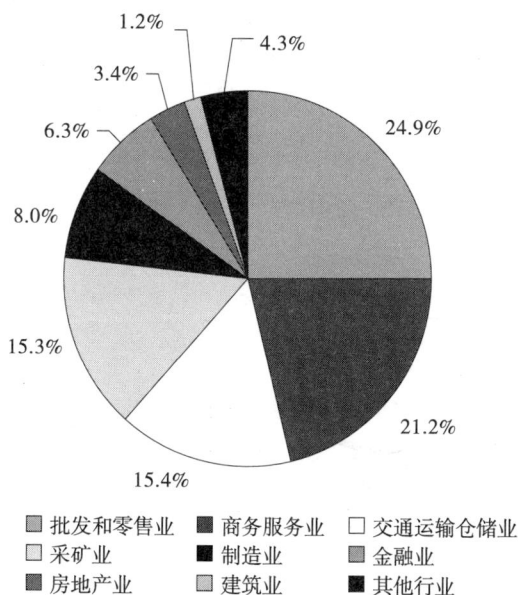

图7 2007年中国对外投资产业结构

（资料来源：商务部、国家统计局、国家外汇管理局：《2007年度中国对外直接投资统计公报》）

比重分别为15.4%、15.3%，居第三、第四位。这四个行业对外投资的金额总和占了我国对外投资总金额的3/4以上，是我国对外投资的主要产业。

从我国对外投资的国别分布来看，2007年中国对外投资流量超过一亿美元的国家和地区有24个，其中对中国香港地区直接投资的金额为137亿美元，在所有国家和地区中居首位。其次是开曼群岛，我国对其直接投资为26.0159亿美元。英属维尔京群岛和加拿大接受我国直接投资的金额分别为18.7614亿美元和10.3257亿美元。这四个国家和地区接受我国直接投资的金额均超过了十亿美元，是我国对外投资的主要对象。

纵观中国外资发展的60年，我们不难发现，是党和政府的正确引导为国外资本"引进来"创造了良好的外部环境，是中国综合国力的增强

表3 2007 年中国对外直接投资流量超过 1 亿美元的国家（地区）

国家（地区）	金额（亿美元）	国家（地区）	金额（亿美元）
中国香港	137.3235	德国	2.3866
开曼群岛	26.0159	巴布亚新几内亚	1.9681
英属维尔京群岛	18.7614	蒙古	1.9627
加拿大	10.3257	美国	1.9573
巴基斯坦	9.1063	老挝	1.5435
英国	5.6654	阿尔及利亚	1.4592
澳大利亚	5.3159	阿根廷	1.3669
俄罗斯联邦	4.7761	赞比亚	1.1934
南非	4.5441	沙特阿拉伯	1.1796
新加坡	3.9773	越南	1.1088
尼日利亚	3.9035	荷兰	1.0675
哈萨克斯坦	2.7992	尼泊尔	1.0083

（资料来源：商务部、国家统计局、国家外汇管理局：《2007 年度中国对外直接投资统计公报》）

为中国企业"走出去"构建了坚定的经济基础。在世界经济迅速发展的今天，我们要继续以经济建设为中心，坚持党和国家的正确领导，迎着全球化的浪潮，进一步调整方向，积极进取，努力创新，创造外资发展史上新的奇迹。

参考文献

1. 高敏雪：《中国外资经济发展现状报告》，经济科学出版社 2008 年版。

2. 崔新建：《中国利用外资三十年》，中国财政经济出版社 2008 年版。

3. 叶军：《中国利用外资研究》，中国商务出版社 2007 年版。

4. 卢进勇：《入世与中国利用外资和海外投资》，对外经济贸易大学出版社 2001 年版。

5. 曹均伟：《利用外资阶段论》，上海社会科学院出版社 2006 年版。

（执笔人：李静）

"舶来品"与
"中国制造"

　　一方面，法国的名牌服饰、日本的电子产品、德国的汽车、泰国的香米……不知不觉中，我们身边已经有了越来越多的外国商品。这些品类繁多的"舶来品"极大地拓宽了人们的消费选择范围，使人们的生活更加丰富多彩。另一方面，大家出国旅游，在享受异国风情之余，一定不会忘记给国内的亲朋好友带一些纪念品，大包小包的纪念品带回国，打开包装，才发现许多商品上都写着"中国制造"。这些现象反映出了一个基本事实：新中国成立60年以来，随着中国经济的腾飞，对外贸易也经历着快速的发展，不仅许多国外商品被进口到了中国，国内生产的一些产品也大量出口到世界许多国家。对外贸易作为拉动中国经济增长的"三驾马车"之一，其重要性日益凸显。

　　我国的对外贸易有着悠久的历史，早在夏、商时期，我国就与世界其他文明古国有着经济往来，而世界闻名的"丝绸之路"更是成为古代中国与其他国家贸易往来的典范，至今仍被人们铭记。新中国成立以来，我国在对外贸易中始终秉承着"独立自主"的原则，一切以服务于国内经济建设为宗旨。改革开放以来，我国形成了分阶段、分层次、多渠道、宽领域、全方位的对外开放格局，对外贸易取得了辉煌的成绩。加入WTO后，我国积极调整对外贸易制度，颁布了一系列新的政策、法规，使得我国的对外贸易尽快向国际轨道靠拢。虽然入世使国内某些产业面临着更为严峻的国际挑战，但总体来说，加入世贸组织对我国经济发展产生了巨大的推动作用，同时也大大提高了中国的国际地位。

下面我们就通过数字来回顾一下中国对外贸易 60 年发展历程创造的奇迹。

一、规模不断增大，发展速度惊人

从新中国建立到现在的 60 年中，我国的对外贸易经历了低迷、突破和巩固三个发展阶段（如图 1 所示）。

第一阶段，1949—1970 年。新中国成立初期，经济十分落后，而一些西方国家在这一时期对我国一直采取敌视态度，在经济上进行封锁、禁运，所以我国只与苏联和东欧社会主义国家有经贸往来。1950 年我国进出口总额仅为 11.3 亿美元，到了 1970 年，进出口总额增长为 45.9 亿美元，虽然增长了 3 倍，但从绝对数值来看仍然处于较低水平。

第二阶段，1971—2000 年。进入 20 世纪 70 年代以后，我国的外交关系取得了突破性进展，先是联合国恢复了中国的席位和合法权利，接着中美关系、中日关系相继正常化。伴随着这些变化，我国对外贸易也取得了突飞猛进的进展。从 1972 年到 1973 年，短短的一年时间，我国进出口总额从 63 亿美元猛增至 109.8 亿美元，增长速度高达 74%。改革开放更是给我国对外贸易的发展带来了前所未有的契机，不仅使对外贸易在我国经济发展中的地位与作用得到了重新定位，而且推动了我国的外贸体制的市场化改革，为我国对外贸易的发展营造了极其有利的环境。1988 年，在改革开放十周年之际，我国外贸进出口总额就突破了 1000 亿美元大关，达到 1027.9 亿美元。而到了 2000 年，我国的外贸进出口总额已经达到 4742.9 亿美元，是 1971 年水平的近 100 倍。

第三阶段，2001 年至今。2001 年 12 月 11 日，我国正式加入世界贸

（单位：亿美元）

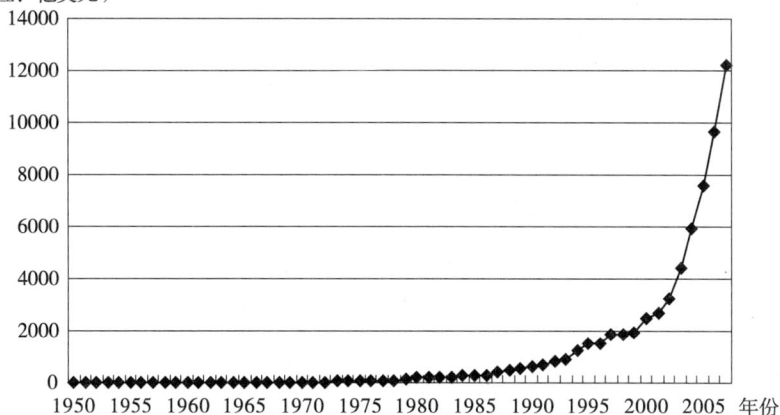

图1 中国出口额变化图（1950—2007年）

（资料来源：1950—1959年数据来自国家统计局国民经济综合统计司：《新中国五十五年统计资料汇编》，中国统计出版社2005年版，第68页；1960—2007年数据来自国家统计局贸易外经统计司：《中国贸易外经统计年鉴·2008》，中国统计出版社2008年版，第585页）

（单位：亿美元）

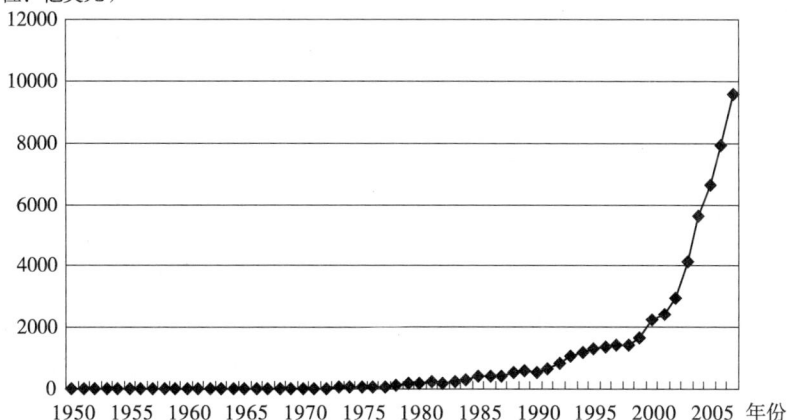

图2 中国进口额变化图（1950—2007年）

（资料来源：1950—1959年数据来自国家统计局国民经济综合统计司：《新中国五十五年统计资料汇编》，中国统计出版社2005年版，第68页；1960—2007年数据来自国家统计局贸易外经统计司：《中国贸易外经统计年鉴·2008》，中国统计出版社2008年版，第585页）

易组织，这一里程碑式的事件给我国对外贸易揭开了崭新的一页。根据世贸组织的相关规定，对于加入 WTO 的中国，其他 WTO 成员国都应该无条件地给予最惠国待遇，并且不能随意启动针对中国产品的歧视性贸易限制措施。这些规定降低了中国产品迈向世界的门槛，极大地促进了我国出口的发展。同时我国积极调整相关的法规、政策来和国际接轨，使更多的国外产品涌入我国市场。从 2002 年以来，我国进出口总额增长速度一直保持在 20% 以上，这不能不说是一个奇迹。尤其值得一提的是，2004 年我国进出口总值突破 10000 亿美元，达到了 11545.5 亿美元，到 2007 年更是高达 21737.3 亿美元，进出口总额跃居世界第三位。

二、逆差顺差交替，顺差快速增长

伴随着贸易规模的不断扩大，我国从一个贸易逆差国逐渐成长为一个贸易顺差国（如图 3 所示）。

新中国成立以来的最初六年里，我国对外贸易一直保持着小额逆差，自 1956 年开始，对外贸易才开始出现顺差。接下来的二十二年里，仅有 1960 年、1970 年、1974 年和 1975 年四年出现了逆差，其他年份都保持顺差。但整体来说，这段时期进出口差额的绝对值都不是很大，说明我国对外贸易基本处于平衡状态。

1978 年改革开放向世界敞开了中国市场的大门，虽然使得我国进出口额都有所增长，但因为当时国内一些企业发展程度还远没有达到国际水平，与国外一些发展成熟的企业相比产品缺乏市场竞争力，所以这段时期从国外进口的货物总额要大于我国出口的货物总额，我国对外贸易一直处于逆差状态。这种情况到了 20 世纪 90 年代开始有所改变。在长达十二年的连续逆差之后，1990 年我国对外贸易实现顺差 87.4 亿美元，但在接下来的十年中，外贸顺差一直处于不稳定的状态，在 1993 年曾一度出现了

（单位：亿美元）

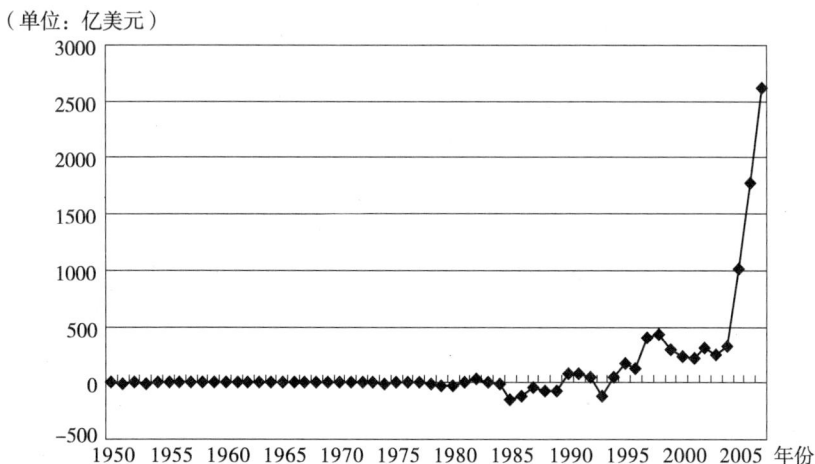

图3　中国进出口差额变化图（1950—2007 年）

（资料来源：1950—1959 年数据来自国家统计局国民经济综合统计司：《新中国五十五年统计资料汇编》，中国统计出版社 2005 年版，第 68 页；1960—2007 年数据来自国家统计局贸易外经统计司：《中国贸易外经统计年鉴·2008》，中国统计出版社 2008 年版，第 585 页）

逆差。

　　2001 年以来，我国对外贸易基本一直处于较为稳定的顺差增长状态，除了 2003 年因关税减让高峰期的到来使得进口增长从而贸易顺差减少外，我国对外贸易顺差增幅一直保持在 20% 以上。2004 年我国实行新的出口退税制度，中央和地方按 75∶25 的比例共同负担新增出口退税款，加大中央对出口退税的支持力度，累计欠退税由中央财政负担，并且区分不同产品调整退税率。这些举措使得出口退税政策更加规范、有效，充分调动了国内企业出口产品的积极性。从 2004 年到 2005 年，我国对外贸易顺差从 320.9 亿美元猛增至 1020 亿美元，一举突破 1000 亿美元，增长率高达 220%！2007 年，我国对外贸易顺差为 2618.3 亿美元，这一数字引起了国内经济学家的广泛关注。

　　巨额的贸易顺差固然增加了我国的外汇储备，但同时也带来了一些问题，比如导致我国与其他国家之间的贸易摩擦日益加剧、给人民币汇率带来巨大压力、使我国经济结构失衡等。

让我们来看一下世界其他国家的情况。表 1 中所列的 42 个国家中，只有 18 个国家的对外贸易为顺差，而在这 18 个国家中，顺差率高于中国

表 1 世界部分国家 2007 年进出口差额及其占贸易总额的百分比

国家和地区	进出口差额（亿美元）	进出口差额占贸易总额比重（%）	国家和地区	进出口差额（亿美元）	进出口差额占贸易总额比重（%）
世界	−3130	−1.11	加拿大	288.2275	3.57
中国	2621.55	12.06	墨西哥	−245.34	−4.31
孟加拉国	−61.1	−19.82	美国	−8537.95	−26.85
印度	−714.54	−19.74	阿根廷	111.53	11.07
印度尼西亚	264.48	12.6	巴西	340.68	11.86
伊朗	380	29.69	白俄罗斯	−44	−8.3
以色列	−48.848	−4.32	保加利亚	−115.839	−23.89
日本	918.7239	6.89	捷克	44.34116	1.84
哈萨克斯坦	136	17.11	法国	−610.315	−5.24
韩国	149.06	2.05	德国	2670.819	11.19
马来西亚	292.2878	9.04	意大利	−130.591	−1.31
蒙古	−2.283	−5.7	荷兰	600.5476	5.77
缅甸	21	24.42	波兰	−231.957	−7.77
巴基斯坦	−151.413	−30.25	罗马尼亚	−294.552	−26.78
菲律宾	−68.84	−6.41	俄罗斯联邦	1321.18	22.85
新加坡	361.208	6.42	西班牙	−1316.24	−21.38
斯里兰卡	−30.9	−16.62	土耳其	−628.33	−22.67
泰国	111.2256	3.79	乌克兰	−113.4	−10.35
越南	−124	−11.36	英国	−1815.62	−17.25
埃及	−108.623	−25.11	澳大利亚	−242.526	−7.92
尼日利亚	390	41.49	新西兰	−39.398	−6.81
南非	−212.022	−13.19			

（资料来源：国家统计局：《中国统计年鉴·2008》，中国统计出版社 2008 年版，第 1024 页）

的仅有 6 个，分别是尼日利亚、伊朗、缅甸、俄罗斯联邦、哈萨克斯坦和印度尼西亚。世界主要的贸易大国中，德国、日本、加拿大的顺差率都要小于中国，意大利、墨西哥、法国、澳大利亚、英国、西班牙、美国这些国家更是多年都保持着贸易逆差。尤其是世界第一贸易强国美国，其2007 年的逆差率达到了 26.85%。虽然由于各国资源环境、历史背景的不同，顺逆差状况必然也不尽相同，而且逆差、顺差各有优缺点，不能简单地说哪个好、哪个不好，但是有一点我们可以肯定：过大的逆差和过大的顺差都不是对外贸易健康发展的表现，良好的对外贸易格局应该是进出口基本平衡，略有结余。因此，现阶段我们要努力把外贸顺差控制在一个适当的范围内，既能通过顺差增加外汇储备，又不会因其弊端而给我国经济带来不良影响。

三、发挥市场作用，结构日益优化

从 1949 年到 1978 年以前，我国实行计划经济体制，与之相适应，我国在对外贸易方面实行管理权高度集中、国家垄断型的外贸体制。在这种外贸体制下，无论是进口还是出口，都是严格按照国家的指令来完成的。新中国成立初期，为了恢复和发展生产，我国大量进口钢材、机床等生产资料，并在国家的控制下适当进口一些生活物资，以满足国内需求。这段时期的出口商品主要有茶叶、丝、钨砂等传统农副产品和初级原材料。从"一五"期间开始，我国的出口商品结构发生转变，开始出口部分工业制成品，如纺织品、拖拉机、小型机电等。总的来说，这段时间的进出口处于国家的严格调控之下，进出口结构较为单一，结构调整缺乏灵活性。

1978 年以后，我国逐步转向社会主义市场经济，市场调节开始成为进出口结构调整的主导力量，贸易结构不断得到优化和升级（如图 4 和图5 所示）。

（单位：%）

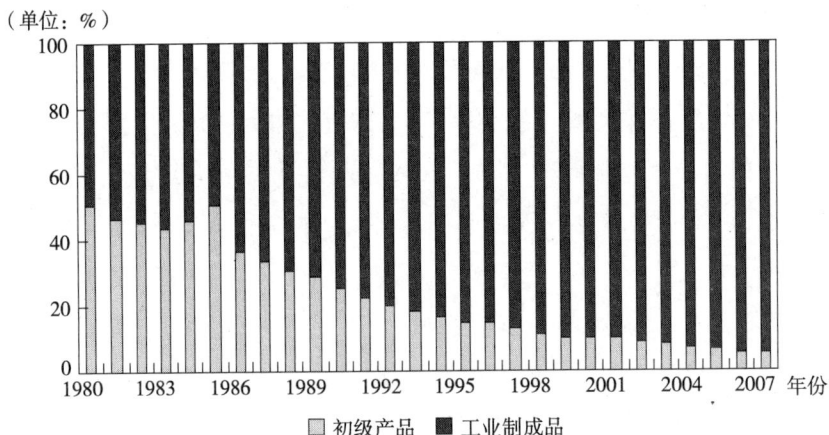

图4　中国出口结构变化趋势（1980—2007 年）

（资料来源：1980—1989 年数据来自国家统计局国民经济综合统计司：《新中国五十五年统计资料汇编》，中国统计出版社 2005 年版，第 69 页；1990—2007 年数据来自国家统计局贸易外经统计司：《中国贸易外经统计年鉴·2008》，中国统计出版社 2008 年版，第 710 页）

　　从出口结构来看，改革开放以来，初级产品占我国出口额的百分比不断下降，从 1980 年的 50%一路降到 2007 年的 5%，相应的工业制成品占出口额的百分比逐渐上升，在 2007 年达到 95%。这表明随着改革开放的深入，我国的资源优势逐渐显现出来。

　　作为世界上人口最多的国家，我国拥有众多的劳动力资源，这为我国制造业的发展提供了极为有利的条件。与其他国家相比，我国的劳动力相对廉价，从而降低了我国工业制成品的生产成本，使"中国制造"的产品在国际市场上更具竞争力。虽然有时这种低成本、低价格会使我国在国际贸易中遭受反倾销诉讼，蒙受经济上的损失，但总的来说这种劳动力资源优势还是对我国的出口结构转变起到了重要作用。

　　然而，仅仅通过人力资源优势来获得出口产品"量"上的突破是远远不够的，只有努力完成"质"的飞跃，才能从根本上改变我国的出口结构，使之朝着更为健康更为科学的方向发展。我国正在实施科技兴贸战

（单位：%）

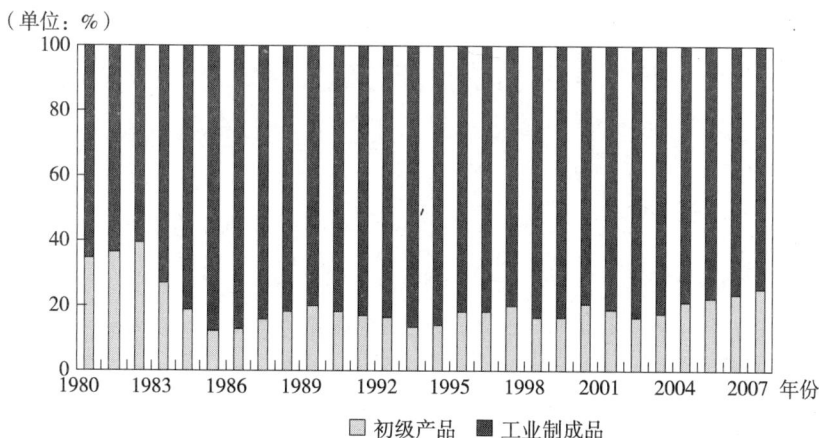

略，把生产高新技术产品放到重要地位，力争实现我国从贸易大国向贸易强国的转变。

从进口结构来看，我国进口产品中初级产品和工业制成品所占比重比较稳定，不像出口产品的结构有非常明显的变化趋势。1980—2007 年，初级产品占进口额的比重基本保持在 10%—25% 之间，工业制成品占进口额的比重基本保持在 75%—90% 之间。

目前我国进口贸易结构调整的方向是重点进口先进技术和关键设备，用进口的高科技含量产品带动我国国内科技水平的提高。对于关系国计民生的必需生产资料和生活资料，则控制其进口。通过这种调整，促进我国进口产品结构向高级化、科学化转变，以实现以进口拉动科技进步、以进口推动自主创新的目的。

四、增加贸易伙伴，建立多元市场

新中国成立以来，我国的对外经济贸易经历了不同的发展阶段，每个发展阶段的主要贸易伙伴也各不相同。

在新中国成立初期，我国与苏联、东欧社会主义国家关系密切，经济上相互带动、相互支援，它们构成了这一时期我国主要的贸易伙伴。另外，我国还积极发展同第三世界亚非拉国家的贸易往来，到 1960 年，与我国建立贸易关系的国家和地区已有 118 个。进入 20 世纪 60 年代，中苏关系破裂，我国的对外贸易逐步转向亚非拉国家，并开始发展和日本等资本主义国家的贸易往来。到 1970 年，与我国有贸易往来的国家增加到 130 个。

进入 20 世纪 70 年代以后，我国先后与美国、日本建立外交关系，并积极与其他西方资本主义国家发展对外贸易关系。80 年代以后，我国积极开拓欧洲市场，与欧盟建立贸易伙伴关系，欧盟很快成为我国重要的贸易伙伴。同时，我国恢复了和俄国的关系，与其贸易往来也逐渐正常化。

在 2001 年加入世贸组织以后，中国在世界经济中占据了重要的位置。到 2003 年，中国已经同世界上 230 多个国家和地区建立了经济贸易关系，中国经济成为世界经济不可缺少的一部分。

为使我国对外贸易快速、稳定地发展，我们既要努力增加贸易伙伴的数量，又要丰富贸易伙伴的类型，不仅保持和主要发达国家的贸易往来，更要积极发展和广大发展中国家的贸易关系，只有这样，我国的贸易市场才会真正实现多元化，从而减少市场风险，改善贸易条件，优化进出口商品结构。

新中国成立 60 周年，也是我国对外贸易不断发展的 60 年。纵观这 60 年的发展历程，我们可以看到一个拥有五千年历史的泱泱大国如何在国际

（单位：个）

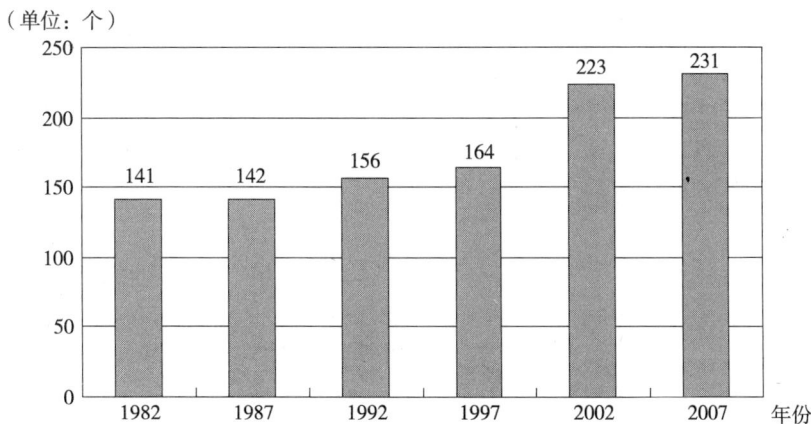

图6　中国贸易伙伴数量变化图（1982—2007年）

（资料来源：分别来自国家统计局：《中国统计年鉴》1983年卷、1988年卷、1993年卷、1998年卷、2003年卷、2008年卷，中国统计出版社）

经济的舞台上展示自己的风采。中国对外贸易取得的成就，已经不仅仅是中国经济的成功，也成为世界经济发展的一大亮点，对世界经济的增长产生了重要的影响。虽然还存在着一些问题，但只要坚持正确的发展方向，积极应对各种困难和挑战，对外贸易事业这辆奔腾的马车一定能更有力地拉动中国经济增长，取得举世瞩目的成就。

参考文献

1. 王学、陈有真：《中国对外贸易概论》，西安交通大学出版社2005年版。

2. 张自如：《国际产业转移与中国对外贸易结构》，中国财政经济出版社2008年版。

3. 李媛、张弛：《WTO框架下中国对外贸易制度调整与重构》，东北大学出版社2005年版。

4. 袁欣：《转型时期中国对外贸易研究》，对外经济贸易大学出版社2008年版。

（执笔人：李静）

中国城市化道路

60 年前的中国，农业人口比重占到了 90%，在那个以农业为主的年代，每 10 个中国人中有 9 个是农民；今天，这一比重已经变成了 55%，大批的农民从农村走出来，劳动力从第一产业向第二、第三产业转移。

60 年前的中国，居民消费支出中食品支出占了 60% 以上；今天，这一比重城镇居民已变为 36%，农村居民则为 43%。居民消费结构已经更新换代，居民在衣着、住房、家庭设备用品、交通通讯、医疗保健、文教娱乐及服务等方面的消费支出比例越来越大。

60 年前的中国，交通系统还不发达，全国公路运输线路长度仅为 8 万公里，相当于绕地球赤道 2 圈；今天，这一数字已经是 358 万公里，相当于绕地球赤道 90 圈。

……

60 年前的中国，地级市和县级市的数量分别为 54 和 66 个；今天，全国已经有了 283 个地级市和 368 个县级市，且形成了分别以上海、广州和北京为中心的长江三角洲、珠江三角洲和环渤海城市经济圈，其蕴藏的财富和强大的经济辐射能力，令世界瞩目。

60 年，沧海桑田，古老的中国大地上，发生了足以载入史册的巨大变迁，谱写着一部城市化的动人乐章。

一、城市化的内涵

城市化的内涵非常丰富，初期阶段的城市化与工业化相伴，与农业剩余劳动力向工业转移相适应，农业人口转为城市人口是城市化的基本内容。当经济发展到一定阶段和水平以后，城市化建设进入新的阶段，其内涵不再单纯是人口的转移，而主要是强化和突出城市的功能。

如果给城市化下一个定义，那么总的来说城市化就是一个国家或地区的人口由农村向城市不断转移，第二、第三产业不断向城市聚集，城市基础设施和公共服务设施的规模和水平不断扩大、提高，城市文化和价值观不断向农村、城镇传播和扩散的社会历史过程。其内涵包含了四个方面：经济城市化、人口城市化、城市建设和生活环境城市化、人民生活水平城市化。

城市化是包含了以上四个要素的有机整体，体现为经济水平的提高和结构的持续优化、人口向城市的集聚以及城市数目和规模的持续扩大、城市基础设施、服务设施不断完善以及城市文明、生活方式和价值观念向农村、城镇地区渗透和扩散。

二、经济城市化：从地域大国到经济大国

经济的发展是城市化的题中应有之意。

新中国成立初期，中国的经济总量和规模都较小。1952 年，按当年价格计算，中国国内生产总值为 679 亿元，人均 GDP 仅为 119 元/人。此后的二十年，中国经济缓慢、稳步增长。改革开放以后，中国经济开始腾

飞，2007 年，中国 GDP 达到了 257305.6 亿元，人均 GDP 增加到 19524
元/人。根据国际货币基金组织（IMF）的估算，2007 年，按照市场汇率
计算，中国的实际 GDP 居世界第四位，占全球 GDP 总量的 5.99%，仅次
于美国、日本和德国；而如果按照购买力平价计算，中国的实际 GDP 居
世界第二位，占全球 GDP 总量的 10.83%，仅次于美国。

伴随着经济总量的增长，中国经济结构逐渐优化，产业结构开始逐步
升级。新中国成立以来，除个别年份，第一产业产值所占的比重呈逐渐下
降趋势，而第二产业的产值比重则大体呈现稳步增加的态势，第三产业产
值比重在 1963 年至 1984 年出现了低位徘徊，此后则逐步增加，目前这一
比重已经达到了 40%。

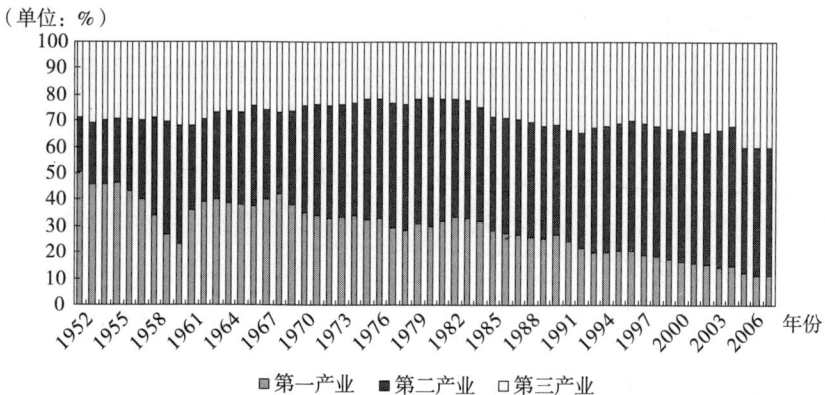

图1　新中国历年三次产业结构变动（1952—2007 年）

（资料来源：国家统计局国民经济综合统计司：《新中国五十五年统计资料汇编》，
中国统计出版社 2005 年版；国家统计局编：《中国统计年鉴·2007》，中国统计出版
社 2007 年版）

三、人口城市化：减少农民数量

随着经济的发展，城乡人口在不同地域及产业上的流动，使得越来越多的人口由分散的农村和城镇向城市集中，劳动力从第一产业向第二、三产业转移，社会从传统的农业社会向工业化社会转变。

新中国成立初期，中国工业经济尚处于萌芽状态，农业占了国民经济的较大比例，农民的数量占了全国人口的90%。此后，中国工业得到了长足的发展，工业产值占社会总产值的比重逐年上升，工业化成为城市化的加速器。特别是从1970年开始，工农业产值比重之间的"剪刀差"越来越大，为非农业人口比重的增加奠定了基础。

图2为新中国成立以来中国非农业人口比重的变化。改革开放以前，在高度集中的计划经济体制下，我国严格限制人口从农村流向城市，城乡分割的二元结构特征非常突出，城市化水平长期停滞不前。1978年实行

（单位：%）

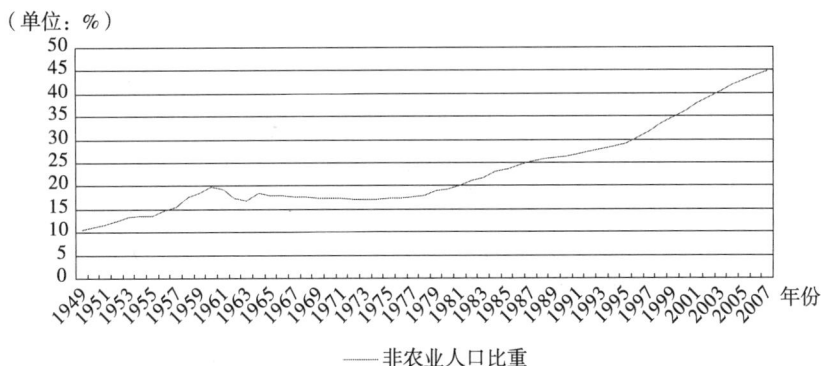

——非农业人口比重

图2　历年非农业人口比重变化图（1949—2007年）

（资料来源：国家统计局国民经济综合统计司：《新中国五十五年统计资料汇编》，中国统计出版社2005年版；国家统计局编：《中国统计年鉴·2007》，中国统计出版社2007年版）

改革开放政策以后，中国城市化速度明显加快，非农业人口比重从 1978 年的 18% 迅速增加到 2007 年的 45%。

四、城市建设和生活环境城市化：
构建城市人文新景观

伴随着农村、城镇地域不断转变为城市地域，中国城市的空间形态正不断发生变化，城市建成区规模不断扩大，数量不断增多，新的城市地域和景观大量涌现，城市基础设施、服务设施不断完善。

表 1 展示了新中国成立以来我国地级市的数量变化。按照建制，1949 年，全国共有 54 个地级市。1982 年，中共中央以 51 号文件发出了改革地区体制、实行市领导县体制的通知。次年 2 月，中共中央、国务院发出《关于地市州党政机关机构改革若干问题的通知》，要求积极试行地、市合并，以利于行政管理。从 1983 年开始，全国地级市的数量开始大幅度增加，到 2007 年，全国地级市的数量已达到 283 个，其中百万以上人口的城市占了 118 个。

地级市的增多带来的人口、产业集聚效应十分显著。截至 2007 年年底，全国地级及以上城市的年末总人口占了全国总人口的 28.2%；GDP 占了全国的 63%，其中第三产业产值更是占了 72.6% 的比重；规模以上的工业企业数占了全国的 48%；社会消费品零售额占了全国的 63.3%，而这些城市的土地面积只占全国的 6.5%。

新中国成立以来，中国城市建设也发展迅速。表 2 为 1949 年、1978 年和 2007 年三个时间点的中国城市建设情况。截至 2007 年，中国城市供水、供气管道长度、城市道路长度和面积已分别相当于 1949 年的 68、213、22 和 50 倍。新中国成立之初，全国各城市的桥梁数总共不超过 5000 座。如今，在祖国的江河之上横跨着大大小小 48100 座桥梁，数目已是建国之初的十几倍。

表1 全国地级市数量变化表（1949—2007年）

（单位：个）

年份	地级市数	年份	地级市数	年份	地级市数	年份	地级市数
1949	54	1964	75	1979	104	1994	206
1950	64	1965	76	1980	107	1995	210
1951	69	1966	79	1981	108	1996	218
1952	67	1967	79	1982	112	1997	222
1953	75	1968	79	1983	144	1998	227
1954	82	1969	80	1984	148	1999	236
1955	83	1970	79	1985	163	2000	259
1956	88	1971	82	1986	166	2001	265
1957	92	1972	82	1987	170	2002	275
1958	68	1973	83	1988	183	2003	282
1959	75	1974	87	1989	185	2004	283
1960	88	1975	96	1990	185	2005	283
1961	80	1976	96	1991	187	2006	283
1962	81	1977	97	1992	191	2007	283
1963	78	1978	98	1993	196		

（资料来源：国家统计局国民经济综合统计司：《新中国五十五年统计资料汇编》，中国统计出版社2005年版；国家统计局编：《中国统计年鉴·2007》，中国统计出版社2007年版）

表2 1949年、1978年和2007年的中国城市建设情况

年份	供水管道长度（公里）	供气管道长度（公里）	城市道路长度（公里）	城市道路面积（万平方米）
1949	6587	1039	11129	8432
1978	35984	4717	26966	22539
2007	447229	221000	246000	424000

（资料来源：国家统计局国民经济综合统计司：《新中国五十五年统计资料汇编》，中国统计出版社2005年版；国家统计局编：《中国统计年鉴·2007》，中国统计出版社2007年版）

五、人民生活水平城市化：全面建设小康社会

中国经济的显著增长带来的是人民生活水平的大幅提高和消费结构的快速升级。城镇居民家庭人均可支配收入由新中国成立初期的不足300元增加到2007年的13785元，农村居民家庭的人均可支配收入则由新中国成立初期的不足100元增加到2007年的4140元。支出方面，1949年，城乡居民消费支出食品支出占了60%以上；2007年，这一比重城镇居民已变为36%，农村居民则为43%。

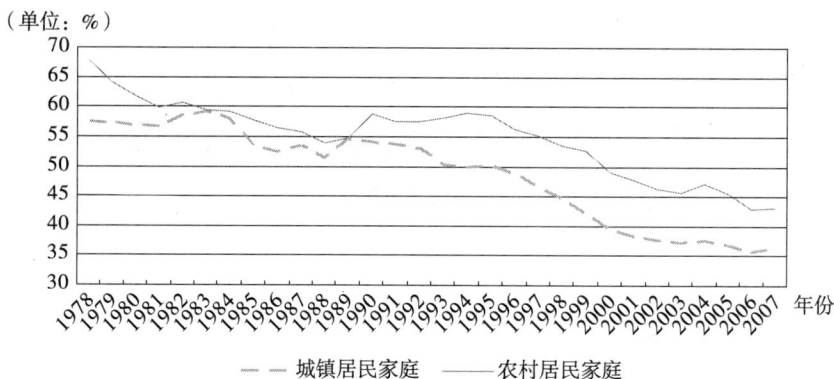

（单位：%）

图3　城乡居民家庭恩格尔系数变化图（1978—2007年）

（资料来源：国家统计局国民经济综合统计司：《中国统计年鉴·2007》，中国统计出版社2007年版）

新中国成立之初，住房紧张曾经长期困扰着中国百姓。党的十一届三中全会以后，居民居住形式发生了巨大的变化。许多农民家庭实现了从草房到平房再到楼房的跨越，而对于广大城镇家庭，则实现了从福利房到商品房再到人性化的住宅小区的成功转变，居民住房条件得到了显著改善。

耐用品作为居民家庭不可缺少的用品，经历了明显的阶段性发展特征，经历了从无到有、从少到多、从低档到高档、从单一到全面的发展阶段。改革开放以前，拥有"四大件"（自行车、手表、缝纫机、收音机）对于大部分中国人而言是遥不可及的梦想。到了20世纪80—90年代老"四大件"已经升级到新"四大件"（电视机、电冰箱、洗衣机、电风扇）。而今，家居耐用消费品已不再局限于四大件，除了上面的基本电器以外，空调、摩托车、微波炉等已经进入很多普通老百姓家庭。

不仅如此，中国的医疗卫生事业发展也取得了巨大成就，城乡居民的医疗卫生环境和条件有了明显改善。1949年，全国只有医院2600个、诊所769家、妇幼保健院9所、专科防治院11站。截至2007年年底，全国已形成医院、卫生院60531个，疗养院237个，门诊部、诊所197083个，专科防治院1365个，疾病预防控制中心3585个，妇幼保健院3051个，医学科学研究机构237个的卫生体系。城镇职工参加基本医疗保险的人数约为1.5亿，而20世纪80年代以前，医保覆盖面只有1500万人。农村医保、城市社区卫生服务也在不断完善。

人民生活水平城市化进程的不断提高必将引领全国人民迈向全国小康之路。对于古代的劳苦百姓而言，小康是一个一直追求的、可望而不可即的梦想，而这个追逐了多年的梦想正随着中国改革开放的浪潮逐步实现。国家统计局日前发布的全面建设小康社会统计监测指标体系测算报告显示，2000年中国全面建设小康社会发展指数为57.1%，基本实现总体小康社会；2002年这一指数为60.5%，完全实现总体小康水平；2006年这一指数已经达到69.1%，比上年提高了3.3个百分点，是2000年以来提高最快的一年，全面建设小康社会进程明显加快。从近年来全面建设小康社会的进程来看，到2020年完全可以实现全面建设小康社会的奋斗目标。

（单位：百万）

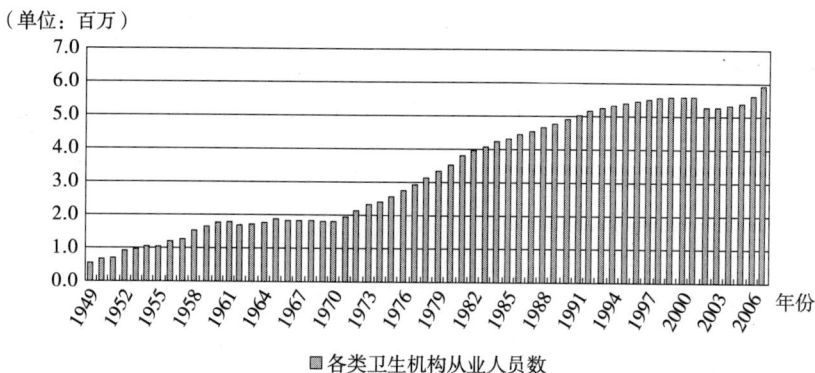

图4　全国各类卫生机构从业人员数统计（1949—2007 年）

（资料来源：国家统计局国民经济综合统计司：《新中国五十五年统计资料汇编》，
中国统计出版社 2005 年版；国家统计局编：《中国统计年鉴·2007》，中国统计出版
社 2007 年版）

六、展望：明天会更好

　　新中国成立 60 年，从农村到乡镇、从乡镇到县城、从县城到城市、
再从城市到城市群，新中国走过了一条完整的城市化道路。在这条道路
上，新中国实现了城市化从量的积累到质的飞跃，并形成了 283 个地级
市、368 个县级市和分别以上海、广州和北京为中心的长江三角洲、珠江
三角洲、环渤海三个城市经济圈的宏伟局面。

　　与此同时，在城市化的推动下，我们迈向了全面建设小康社会之路。
如果说全面建设小康社会是一条令人赏心悦目的大河，那么，城市化就是
这条大河的大动脉、大支流。未来，中国城市化道路必将出现更宏伟、更
崭新的格局，而全面建设小康社会这条大河必将波澜壮阔！

参考文献

1. 国家统计局国民经济综合统计司：《新中国五十五年统计资料汇编》，中国统计出版社 2005 年版。

2. 国家统计局编：《中国统计年鉴》，中国统计出版社 2007 年版。

3. 刘建平等：《全面建设小康社会的必由之路——广东省城镇化进程研究》，经济科学出版社 2006 年版。

（执笔人：谢佳斌）

城市公用事业
"脱胎换骨"

    人类社会发展的历史长河中，私有制的出现是一块重要的里程碑，人类的生存本能促进了私有制的形成，然而，每个人并不是孤零零地俯仰于天地间，人与人之间那种相互依存的需要又说明了公有制形式存在的必要性，因而社会公用事业是社会发展不可或缺的一个部分。公用事业，用光辉一点的词语表达就是泽被全体大众的事业，诸如公交车、铁路、地铁、公园之类的，其目的不在于获利，因其投入大，回收周期长，一般不会有商人愿意做这些，故主要由政府主持或者提供。之所以称之为"事业"而非"产业"，是因为"事业"带有非营利性的含义。

    由于我国存在明显的二元经济结构和城乡差异，农村公用事业长期得不到重视，因而起步较晚。相比之下，城市公用事业颇有成就。城市公用事业主要是指在城市这一特定空间地域范围内提供公共产品和公共服务的行业，也称市政公用事业，主要包括城市供水排水和污水处理、供气、集中供热、城市道路和公共交通、环境卫生和垃圾处理以及园林绿化等。新中国成立以来，经过60年的发展，我国城市公用事业取得了巨大的成就，城市公用事业的各项规模指标都有了很大程度的提高，城市生态环境和居民生活环境得到了极大改善。下面我们从四个方面来纵观建国以来城市公用事业发生了怎样的变化。

一、水、燃气设施供应

新中国成立以来，城市重要生产、生活资料——水、燃气等的供应能力发生质的飞跃。

1949 年，我国城市日供水综合生产能力只有 240.7 万立方米/日，供水管道长度仅有 6587 公里，全年供水总量不足 5 亿立方米，而 2007 年，我国城市日供水综合生产能力达到 25708.4 万立方米，供水管道长达 447229 公里，全年供水总量达 502 亿立方米，分别是新中国成立初期的 107 倍、68 倍和 100 倍。同时，人均水平也得到很大的提高，人均日生活用水量由 1952 年的 38.2 吨提高至 2007 年的 178.4 吨。

城市燃气的供应能力明显得到提升，燃气包括人工煤气、液化石油气、天然气等，然而新中国成立初期，有数据记录的仅有人工煤气一项，且只有 3820 万立方米，供气管道长度仅有 1039 公里，可见当时燃气供应方面的弱势，直到 20 世纪 70 年代，液化石油气、天然气才形成规模，列入统计项目范畴。1978 年，人工煤气供应总量为 172541 万立方米，液化石油气的供应总量为 194533 万立方米，而天然气的供应总量仅为 69078 万立方米。时至今日，我国城市燃气供应能力已实现多个数量级的跃迁。2007 年，城市人工煤气的供应总量为 3223512 万立方米，液化石油气供应总量达 14667692 万立方米，天然气的供应总量达 3086363 万立方米，供气管道长度已达 221083 公里。这一系列的数据表明，我国城市基础公用事业供应能力在建国后的 60 年里发展迅速、成绩斐然。

此外，水、燃气的普及率也显著提高，新中国成立初期我国城市的用水普及率仅为 42%；全国仅上海、沈阳、大连、长春等 9 个城市有煤气设施，用气人口仅有 26.8 万人，城市的燃气普及率仅有 0.67%。相比之下，2007 年，我国城市用水普及率已达到 93.83%；城市燃气普及率达到

87.4%（图1）。

（单位：%）

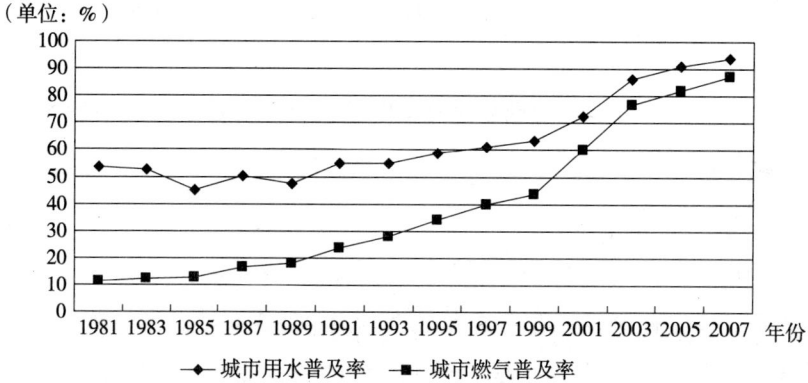

图1　我国城市用水普及率及燃气普及率时序图

（资料来源：国家统计局国民经济综合统计司：《新中国五十五年统计资料汇编》，中国统计出版社2005年版；中经网统计数据库）

二、污水、垃圾处理

新中国成立以来，随着城市工业化的发展和城市人口的增加，城市污水、垃圾排放量不断增加，特别是因过于强调经济增长而忽视环境治理和保护，城市污染严重影响到居民生产、生活环境和质量，也日益引起政府和人民的关注，这些年来，我国在城市污水、垃圾处理方面也取得了不小的成绩。

新中国成立初期，由于受国情限制及人们环保意识落后的影响，我国污水处理事业严重落后，污水处理率长期在5%左右徘徊。1975年，我国城市污水日处理能力仅为66.9万立方米，在随后的近十年里也只在100万立方米范围内徘徊，直到1984年，国内污水处理行业才开始缓慢发展。

1985 年，我国城市污水日处理能力首次超过 100 万立方米，达到 145.8 万立方米，1996 年全国仅有污水处理厂 169 座，日处理能力仅为 466 万吨，占总排水量的 9%。经过十多年的建设，这个局面得到显著的改观，2007年，全国城市污水处理厂总数达 814 座，污水日处理能力已达到 10336.5万立方米，城市污水年处理总量达 220 亿立方米，污水处理率达 59.0%（如图 2、图 3）。

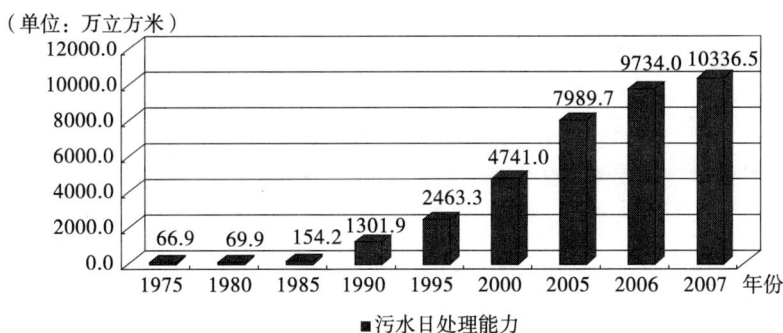

（单位：万立方米）

图 2 　我国城市污水日处理量时序图

（资料来源：国家统计局国民经济综合统计司：《新中国五十五年统计资料汇编》，中国统计出版社 2005 年版；中经网统计数据库）

与污水处理行业相似，城市垃圾处理事业在新中国成立初期也可以说是一片空白，该行业正式起步于 20 世纪 80 年代后期。1980 年，我国城市垃圾处理厂（场）仅有 17 座，年清运量 3123 万吨，其中得到集中处理的量仅为 215 万吨。1990 年之前，我国城市生活垃圾集中进行无害化处理率在 5% 左右波动，相对于发达国家来说非常低，但是从近 20 年来我国城市垃圾处理的数据可以看出，城市垃圾处理事业取得的成绩和进步是非常明显的。1990 年，我国城市垃圾无害化处理率仅有 3.1%，而如今已经达到 62%（表 1、图 4）。

（单位：%）

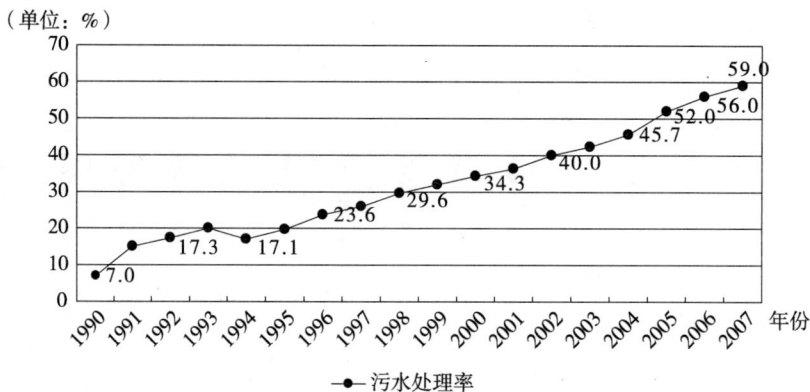

图 3　我国城市污水处理率时序图

（资料来源：国家统计局国民经济综合统计司：《新中国五十五年统计资料汇编》，中国统计出版社 2005 年版；中经网统计数据库）

表 1　我国主要年份城市垃圾处理综合情况

年份	垃圾清运量 （万吨）	处理厂（场） 数（座）	集中处理量 （万吨）	垃圾集中/无害 化处理率（%）
1980	3132	17	215	6.86
1985	4477	14	232	5.18
1990	6767	66	212	3.13
1995	10671	932	6014	56.36
2000	11818	660	7255	61.39
2001	13470	741	7840	58.20
2002	13650	651	7404	54.24
2003	14857	574	7545	50.78
2004	15509	559	8089	52.20
2005	15577	471	8051	51.70
2006	14841	419	7873	52.20
2007	15215	460	9438	62.00

（资料来源：国家统计局国民经济综合统计司：《新中国五十五年统计资料汇编》，中国统计出版社 2005 年版；中经网统计数据库；中国城市发展网）

（单位：%）

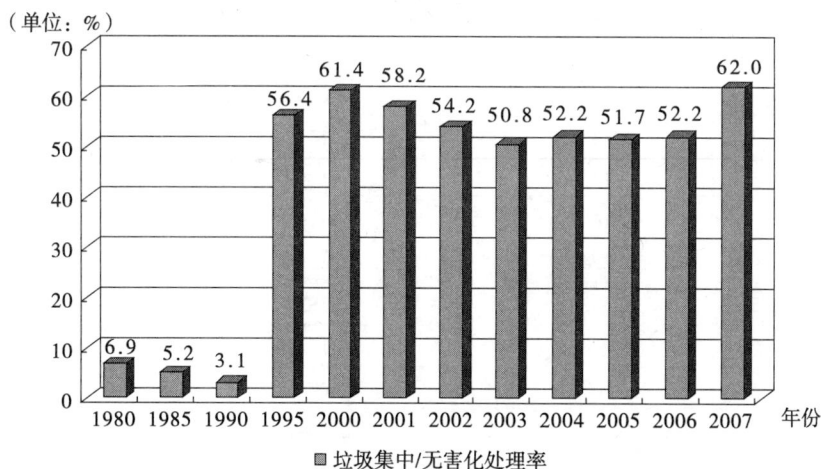

图4　我国城市垃圾处理率时序图

（资料来源：中经网统计数据库；中国城市发展网）

三、城市交通、道路建设

60年来，城市市政道路、交通建设发展迅速。1949年，全国城市道路长度为11129公里，道路总面积为8432万平方米。2007年，上述两项指标已分别达到246172公里和423662万平方米，同时，城市道路的配套设施——路灯安装数由1996年的276.60万盏增加到2007年的1395万盏，城市人均道路面积也由1981年的1.81平方米增加到2007年的11.43平方米。此外，城市桥梁总数增加明显，据现有数据记录，1972年，全国城市桥梁总数为5287座，而2007年年底，我国城市桥梁数达到48100座（表2）。

表2　我国主要年份城市交通道路、桥梁建设发展情况

年份	城市道路长度（公里）	城市道路面积（万平方米）	桥梁（座）
1949	11129	8432	
1955	14929	11774	
1965	24000	21000	
1975	26021	21756	5690
1980	29485	25255	5477
1985	38282	35872	7436
1990	94820	101721	21747
1995	130308	164886	32123
2000	159617	237849	34739
2005	247015	392167	52123
2006	241351	411449	54643
2007	246172	423662	48100

（资料来源：国家统计局国民经济综合统计司：《新中国五十五年统计资料汇编》，中国统计出版社 2005 年版；中经网统计数据库）

　　在城市市政交通方面，60 年来的变化也不可小觑。1949 年年底，全国公共汽电车运营数仅有 2292 辆，改革开放之初增加至 25839 辆，而 2007 年已经达到 347969 辆，分别比新中国成立初期和改革开放初期增长了近 151 倍和 12 倍（图5）；此外，建国初期还没有出租汽车数量的统计数据，即使到 1978 年，全国也仅有出租汽车 1628 辆，时至 2007 年年底，全国出租汽车数量已经达到 959668 辆，城市每万人拥有公交车辆达到 10.23 标台（图6）。

四、园林绿化、卫生设施建设

　　城市生活及生态环境得到了较大改善。在园林绿化方面，2007 年年

（单位：辆）

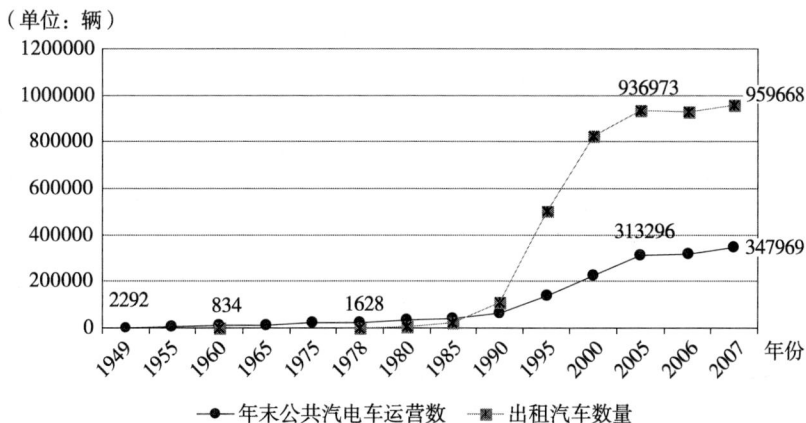

图 5　我国城市公共交通车辆数时序图

（资料来源：国家统计局国民经济综合统计司：《新中国五十五年统计资料汇编》，
中国统计出版社 2005 年版；中经网统计数据库）

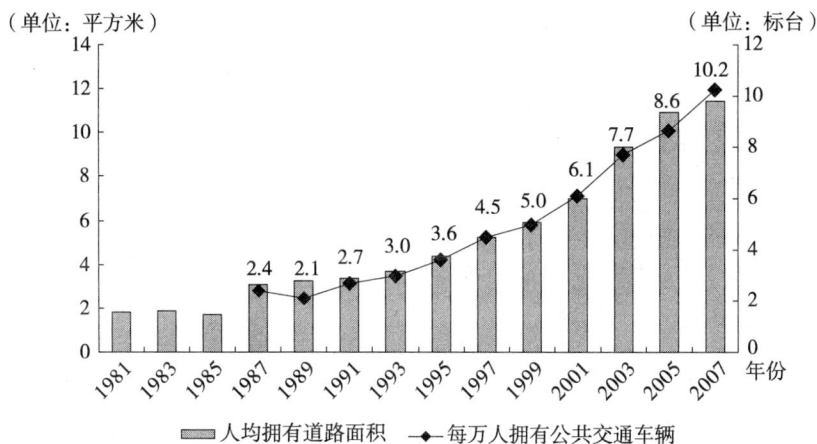

图 6　我国城市公共交通人均水平时序图

（资料来源：国家统计局国民经济综合统计司：《新中国五十五年统计资料汇编》，
中国统计出版社 2005 年版；中经网统计数据库）

底，全国拥有城市园林绿地面积为 1708995 公顷，城市公园 7913 个，公
园总面积达 202244 公顷，城市人均公共绿地面积为 8.98 平方米，这在 20

世纪80年代之前看来简直是个遥不可及的遐想。新中国成立初期，上述
一系列的公共休闲项目处于零纪录状态，80年代初期，我国城市人均公
共绿地面积仅有1.5平方米，直至80年代末期，城市公园总数仅有1827
个，城市公园面积38314公顷，人均公共绿地面积不到2平方米。此外，
城市环境卫生设施建设水平也日益提高，2007年，我国城市每万人拥有
公共厕所达到3.04座，城市道路清扫保洁面积为379355万平方米，道路
清扫保洁率达90%，而1996年的城市道路清扫保洁率还不到70%（图7、
图8）。

（单位：平方米）

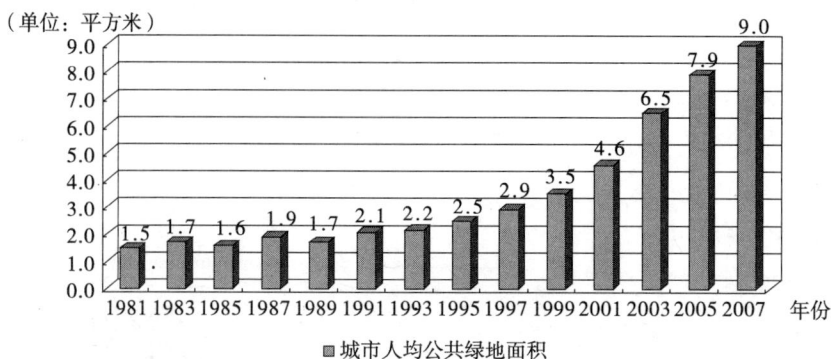

图7　我国城市人均公共绿地面积变化图

（资料来源：国家统计局国民经济综合统计司：《新中国五十五年统计资料汇编》，
中国统计出版社2005年版；中经网统计数据库）

纵观新中国成立60年来我国城市公用事业的发展状况，成绩是显著
的，但与世界上发达国家还存在很大的差距，且随着城市化速度的加快，
城市容量的不断扩大，我国城市公用事业面临的挑战日益严峻。因此，进
一步提高城市公用事业服务的水平和质量，是加快城市化和现代化发展进
程的客观要求。

参考文献

1.国家统计局国民经济综合统计司：《新中国五十五年统计资料汇编》，中

（单位：万平方米）   （单位:%）

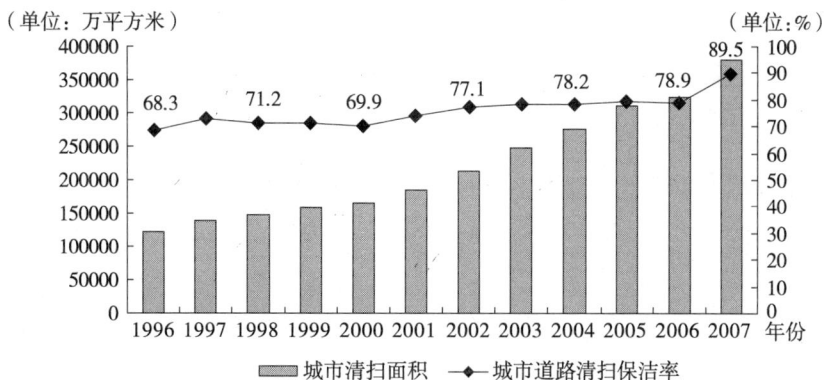

图8 我国城市道路清扫保洁情况变化图

（资料来源：国家统计局国民经济综合统计司：《新中国五十五年统计资料汇编》，
中国统计出版社 2005 年版；中经网统计数据库）

国统计出版社 1999 年版。

2. 国家统计局编：《中国统计年鉴·2008》，中国统计出版社 2008 年版。

3. 马学强：《中国城市的发展历程、智慧与理念》，上海三联书店 2008
年版。

4. 连玉明主编：《中国城市年度报告 2005》，中国时代经济出版社 2005
年版。

5. 北京国际城市发展研究院编：《数字中国：中国非保密性数字读本》，光
明日报出版社 2002 年版。

（执笔人：汤琰）

水电 "飞跃"，
从三峡说起

　　"截断巫山云雨，高峡出平湖。神女应无恙，当惊世界殊。"这是毛泽东同志留下的壮丽诗篇，反映了萦绕在几代人在长江三峡建立大坝工程脑海中的宏伟梦想。经过了70余年的构想、勘测、设计、研究、论证，终于三峡工程于1994年12月14日动工。三峡工程是第一个由全国人民代表大会批准而兴建的基本建设工程，三峡工程分三期，总工期17年，将于2009年完工。三峡工程是一项具有防洪、发电、航运等巨大综合效益的多目标开发工程。它的经济效益主要体现在发电。

　　高峡出平湖是三峡工程兴建给长江三峡带来的最为壮丽的崭新景观，也展现我国电力建设的亮丽风景。三峡水电厂是我国最大的水电厂，也是目前全球最大的水电站，在2007年长江上游来水偏枯的情况下，创造了年度发电616亿千瓦时的新纪录，比2006年增发约123.5亿千瓦时，同比增长约25%，所发电力通过国家电网输往华中、华东、华南11个省（区、市）。其实，三峡水电厂是我国水电以惊人发展的一个缩影。新中国成立60年来，我国的水电事业有了飞跃的发展，取得了令人瞩目的成绩。新中国成立初期，我国的水电几乎是空白，但到2008年年底，全国水电装机容量达到了1.7亿千瓦，年发电量5633亿千万时，居世界第一位，分别占全国发电装机容量的21.6%和发电量的16.4%，目前仅次于以煤发电，居第二位。

一、水电的优点与我国水能资源概况

第14届世界能源大会提出了这样的结论：在21世纪的上半期，作为化石燃料替代品的再生能源中，只有水电资源成为主要资源。世界上还有70%以上的水能源可供开发，特别是水能资源丰富的发展中国家，水电开发潜力很大。在多年实践中，人们总结出水电有五大优点：（1）是再生能源，虽有丰枯年差别，但没有用完的顾虑，而火电、核电消耗的是有限的油、煤、气、铀等资源。（2）发电成本低，水电的成本仅为火电的1/4左右，经济效益高，水电是火电的3倍左右。（3）水电有防洪、灌溉、航运、供水、养殖、旅游等众多社会效益，火电效益相对较少。（4）效率高，大中型水电站为80%—90%，而火电厂为30%—50%；厂用电率，水电站为0.3%，而火电厂为8.22%。（5）水电机组起停灵活，输出功率增减快，可变幅度大，是电力系统理想的调峰、调频、调相和事故备用。

我国河流众多，径流丰沛，落差巨大，蕴藏着丰富的水能资源。我国已探明的水能资源居世界第一位，水能资源在我国能源发展战略中具有重要的作用。据统计，我国河流水能资源蕴藏量6.76亿千瓦，年发电量5922亿千瓦时；可能开发水能资源的装机容量3.78亿千瓦，年发电量9200亿千瓦时。可见，我国的水电开发潜力巨大。由于气候和地形地势等因素的影响，我国的水能资源在不同地区和不同流域的分布很不均匀。此外，我国水能资源的突出特点是河流的河道陡峻，落差巨大，发源于"世界屋脊"青藏高原的大河流长江、黄河、雅鲁藏布江、澜沧江、怒江等，天然落差都高达5000米左右，形成了一系列世界上落差最大的河流，这是其他国家所没有的。我国拥有得天独厚的水能资源是水电飞速发展的客观前提。

二、水电建设飞跃发展

我国水电发展起步于20世纪初，在外国技术人员的帮助下，1912年在云南建成了第一座水电站——石龙坝水电站，装机容量仅为480千瓦。随后的几十年，由于旧中国的贫穷落后，我国的水电几乎没有得到什么进展。到1949年，包括由日本人为了进一步掠夺我国而建设但未建完且留有众多质量隐患的丰满水电站在内，全国的水电装机容量仅为16.3万千瓦，水平十分低下。新中国成立后，我国的水电得到了很好的发展。图1反映出新中国成立以来，我国水电装机容量的飞速增长。

新中国成立初期，我国水电建设一无技术能力、二无施工能力、三无制造能力。20世纪50年代至60年代初，主要修复丰满大坝和电站，续建龙溪河、古田等小型工程，着手开发一些中小型水电（如官厅、淮河、黄坛口、流溪河等电站）。在50年代后期条件逐步成熟后，对一些河流进行了梯级开发，如狮子滩、盐锅峡、拓溪、新丰江、新安江、西津和猫跳河、以礼河等工程。值得一提的是，新安江水电站于50年代末60年代初就自行设计、自行施工、自行建设成功了我国第一座大型水电站。60年代中期到70年代末这段时期内开工的有龚嘴、映秀湾、乌江渡、碧口、凤滩、龙羊峡、白山、大化等工程。70年代初第一座装机容量超过1000兆瓦的刘家峡水电站投产。到1978年年底，全国水电装机容量达到了1728万千瓦。

改革开放30年来，随着国家经济社会的快速发展和改革的不断深入，我国的水电发展先后较好地解决了技术、资金、市场和体制等制约问题，以超过每10年翻一番的速度发展，取得了令世人瞩目的成就。20世纪80年代容量2715兆瓦的葛洲坝水电站建成，之后一系列大水电站相继建设，容量18200兆瓦的三峡工程也于1994年正式开工；到2000年年底，全国

（单位：万千瓦）

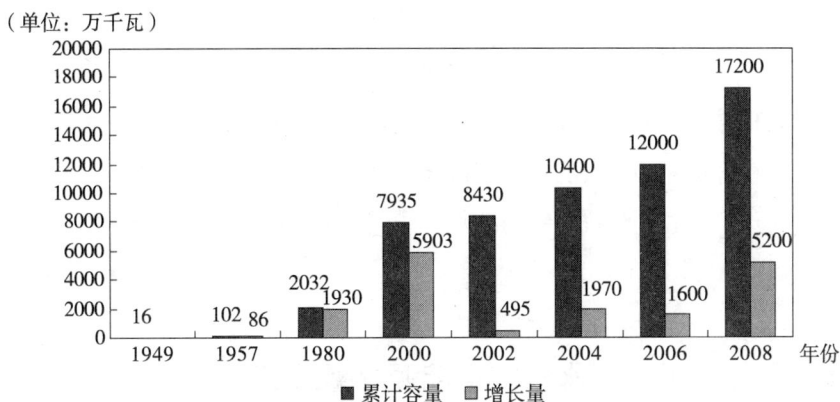

图1 1949—2004年我国水电装机容量情况

规模超过1000兆瓦已建和在建的大水电站（不包括蓄能电站）已有18座。从2004年起我国水电装机容量就一直居世界第一。到2007年年底全国水电装机容量达到1.48亿千瓦，到2008年年底，全国水电装机容量更是达到了1.7亿千瓦。在这快速发展的过程中，我国水电建设者通过不懈的努力，认真吸取世界水电建设先进的经验和技术，并结合工程实践不断地开展科技攻关，成功地解决了水电工程的一系列世界级技术难题，在高坝工程技术、泄洪消能技术、地下工程技术、高边坡工程技术、现代施工技术、大型机组制造安装技术、水电站运行管理技术、远距离大容量超高压输电技术等方面取得了创新性的突破，建成和正在建设一批大型和世界级特大型水电站，使我国水电发展的技术水平已达到世界先进水平，并在不少方面处于领先水平。随着我国自身技术不断进步积累，水电发展越来越快。

除了常规水电站以外，我国抽水蓄能电站的建设也取得很大的成绩。抽水蓄能电站主要建于水力资源较少地区，以适应电力系统调峰的需要。已建的主要抽水蓄能电站如下：广州抽水蓄能电站总装机容量240万千瓦，是中国第一座也是目前世界上最大的抽水蓄能电站。江天荒坪抽水蓄能电站，总装机容量为180万千瓦，属日调节纯抽水蓄能电站，年抽水耗电量42.80亿千瓦时。华北电网最大的抽水蓄能电厂十三陵抽水蓄能电站，以"十三陵水库"为下池，采用悬挂式塑性混凝土防渗墙技术进行防渗处理，电厂安装4台20万千瓦混流河逆式水泵水轮机、电动发电机组，装机容量80万千瓦。还有其他诸多抽水蓄能电站。此外，我国在西藏还建设了世界上海拔最高的抽水蓄能电站羊卓雍湖抽水蓄能电站。

三、水电发电能源总量飞速增长

水电建设的飞速发展，带来了水电发电量的快速增长，图2是水电年发电量转换算的能源总量趋势图，图形呈近似二次曲线上升趋势。1949年的水电发电能源总量仅为77.21万吨标准煤，至2004年高达14583.4万吨标准煤，约是1949年的245倍，年均增速为10%。

（单位：万吨标准煤）

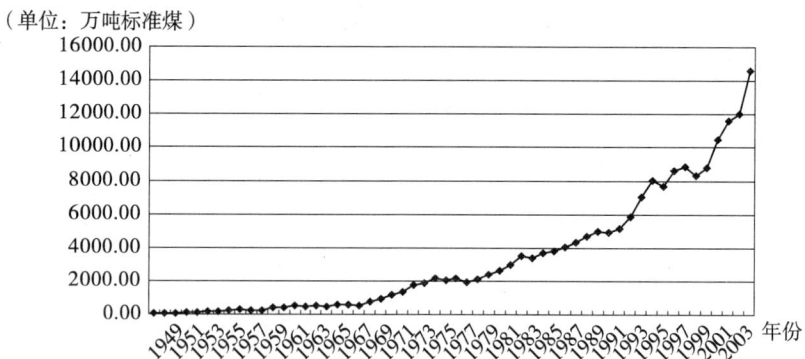

图2　1949—2004年我国水电能源年生产总量

（资料来源：国家统计局国民经济综合统计司：《新中国五十五年统计资料汇编》，中国统计出版社2005年版）

由图 2 可以看出，我国年水电发电能源总量发展可分为四个阶段：第一阶段，1949—1965 年，水电发电能源总量增长平稳较快；第二阶段，1966—1976 年"文革"期间，水电发电却不受文革影响，增长快速，明显快于前阶段；第三阶段，1977—1991 年，即改革开放初期，发展增速略快于文革期间；第四阶段，1992 年至今，增速飞快。

之所以水电在我国能得到快速发展，是因为我国一直对水力发电高度重视。我国的水电发展政策，不同时期虽经常有所微调，但总不离"大力"、"积极"、"优先"等表述。从 20 世纪 50 年代后期开始，国家先后提出过"水火并举"、"优先开发水电"、"大力开发水电"、"积极开发水电"等方针，甚至还提出过"水主火辅"的政策。"十一五"规划的最新的表述是"在保护生态基础上有序开发水电"。虽然不见了"积极"、"大力"等字眼，但根据规划制定者所言——之所以强调在保护生态基础上有序开发水电，"丝毫没有减少对水电的重视，反而是更加重视水电的健康发展"。不难推理，"更加重视水电的健康发展"隐含的潜台词是，传统的水电开发存在不甚健康的因素。

图 3 是 1949 年以来我国每年水力发电能源总量占总能源生产量比例，可以看出比例是在波动中不断上升。尽管我国的煤电等能源总量在快速发展，我国水电更是在飞跃地发展，所以比例越来越大。

四、我国水电发展面临的问题

在我国水电快速发展，取得巨大成绩的同时，也面临着许多新的矛盾和问题，传统的水电开发存在不甚健康的因素，有些已经成为水电进一步发展的制约因素。

目前我国水电发展遇到的问题主要有：

（1）政策法规问题。对于水能资源的详细问题，我国的《中华人民

（单位：%）

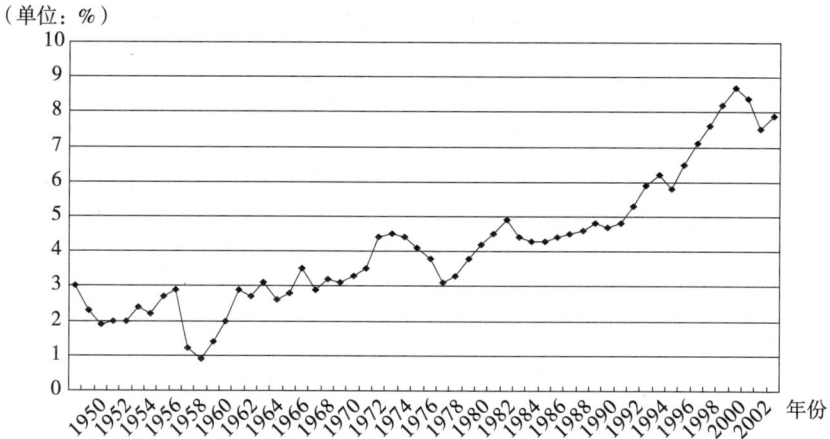

图 3　1949—2004 年我国水力发电能源总量占总能源生产量比例

（资料来源：国家统计局国民经济综合统计司：《新中国五十五年统计资料汇编》，中国统计出版社 2005 年版）

共和国水法》里面有具体的说明，但在实践当中也有不同的理解。对这个问题的理解，已经成为我们水电资源的一个争论和制约因素。比较典型的例子是位于云南境内的金沙江中游的开发。现在目前金沙江中游的开发处于停滞状态，其中一个原因就涉及水能资源的归属问题。

（2）移民的问题。现在国家已经采取了一些政策，帮助移民群众移民以后能够稳定地安居乐业，发展生产，并且在一定的时期内对水电建设产生的移民给予经济补偿。但是这些安置如何面对现在新的情况来调整，也是我们必须研究的一个重要课题。

（3）环保问题。水能是可再生的，而且是清洁的、不向大气排放污染物的一种资源，应当得到利用。但也有人关心水电开发以后，对原河流现状的改变会不会带来生态的影响。

（4）水电价格问题。这些年国家对电价进行了理顺，一些不太合理、过低的水电价格得到调整，但是由于历史遗留下来的问题，目前水电价格仍然普遍低于火电价格。这种状况是否合理，如何进行调整，也是我们面临的一个问题。这涉及电网公司和发电企业的利益,也关系到国家的电价政策,涉及电网公司和重点站的分配,需要国家价格部门来进行研究和理顺。

(5)水电建设抗震问题。目前没有大水库小水库因为地震而垮坝,产生次生灾害。在地震当中报道比较多的是堰塞湖,是否产生次生灾害,曾一度牵动了人民的心,但是没有发生一起因为水电垮坝产生的次生灾害。这点恰好证明了过去我国水电建设的一些标准是能够抗御特大地震的。

这些问题如果不能够得到很好的解决,就会影响我国水电资源的开发。

五、结语

新中国成立近60年,随着国民经济的腾飞,我国水电建设事业取得了飞跃发展。目前,中国不但是世界水电装机、水电年发电量第一大国,也是世界上水电在建规模最大,发展速度最快的国家。小浪底、二滩、三峡等一批世界级水电站的建设,标志着中国已逐步进入世界水电建设前列。目前,我国是世界上水电工程在建规模最大的国家,是水电发展速度最快的国家,因此,我们可以有把握地说,中国现在正成为世界水电第一强国。

目前我国水能的利用率不到30%,水力发电前景广阔。我们相信,在科学发展观为指导下,中国水电开发,将逐步解决水电进一步发展的制约因素,又好又快地有序进行,将届百年的中国水电之流在新世纪一定会走得更好、更远。

参考文献

国家统计局国民经济综合统计司：《新中国五十五年统计资料汇编》，中国统计出版社 2005 年版。

（执笔人：孙欣、吴潇）

降低能耗：
波动中前进

能源是经济增长的"发动机"，是经济发展的"血液"，是必不可少的经济发展和社会生活的物质前提，但又是现实的重要污染来源。降低能耗，提高能源效率，减少污染，是实现可持续发展的必要条件，也是科学发展观的要求。新中国成立 60 年来，我国能源生产发展快速，满足了消费需求，为经济快速增长起了保障作用。与此同时，我国注重降低能源消耗，能耗上下起伏，在波动中进步，取得了巨大成效。新中国成立初期，我国能源技术非常落后，许多方面技术是空白，当时使用的能源仅限于煤炭，没有石油、天然气等品种，所以当时的能耗是特别大。经过 60 年的发展，我国在推进能源技术上取得了惊人的进步，同时能源使用不再局限于煤炭，天然气、水电与核能等使用比例在逐步加大。

一、我国单位 GDP 能耗在波动中显著下降

1952 年至 2007 年以来，我国经济发展迅速，GDP 增长了近 67 倍，能源消费总量也相应增长了近 45 倍，但能源消费增长速度不及经济增长速度。这说明，单位 GDP 能耗总体上是下降的。单位 GDP 能耗，又叫万

元 GDP 能耗，就是每产生万元 GDP（国内生产总值）所消耗掉的能源，是一个能源利用效率指标，指标数值越小，说明能源消耗越少，能源利用效率越高。

图 1 显示出的是我国 1953 年以来单位 GDP 能耗变动情况，在波动中不断取得进步。总的来看，我国单位 GDP 能耗经历了先上升幅度较大，后下降显著的过程。新中国成立后，1953 年我国单位 GDP 能耗为 6.57 吨标准煤/万元，至 1956 年我国单位 GDP 能耗上升缓慢，这个时期能源为我国建立新中国工业体系起了重要的保障作用。但这也反映出当时的高能源、粗放式经济发展模式，这种模式在随后的很长时间里也存在（目前已有所好转）。但在随后错误的"大跃进、大炼钢铁"运动中，我国的单位 GDP 能耗迅速蹿升，1960 年达到 20.72 吨标准煤/万元。之后，单位 GDP 能耗降至 1965 年的 10.33 吨标准煤/万元，"文革"中，迅速上升，到 1976 年达 16.35 吨标准煤/万元。在改革开放以后随着社会主义市场经济体制的建立，1978—1992 年单位 GDP 能耗快速下降，1993 年后，呈缓慢下降趋势。至 2007 年，我国单位 GDP 能耗为 1.02 吨标准煤/万元，是

（单位：吨标准煤/万元）

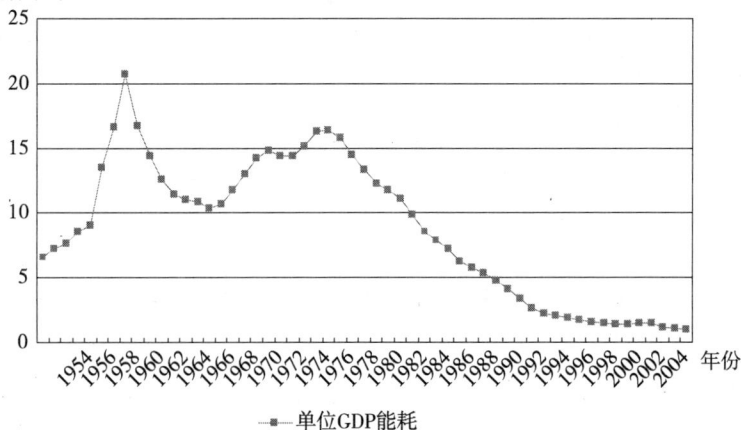

图 1　1953—2007 年我国单位 GDP 能耗

（资料来源：国家统计局编：《新中国五十五年统计资料汇编》，中国统计出版社 2005 年版；国家统计局编：《中国统计年鉴·2008》，中国统计出版社 2008 年版）

1953 年的 1/6，取得的成效是巨大的。

二、煤炭在能源消费比重的趋势在波动中降低

我国能源消费结构由我国资源赋存条件所决定，一直以煤炭为主。但煤炭资源利用率低，能源消耗高，环境污染严重。因此，能源消耗结构也从侧面反映出能源消耗程度，煤炭消费比重低，能源消耗相应也要低。

由图 2 看出，我国能源消费结构在波动中向合理发展。1953—1961年，煤炭消费占总消费 90% 以上（1955—1956 年除外），能源消费结构高度依赖煤炭，1962—1976 年期间，随着油气勘探的重大突破，石油比重大幅提高，能源消费结构演进明显，煤炭的比重在下降。在改革开放以后，能源消费结构趋于向较合理化的方向演进；但是由于我国尚处于工业化发展的初期阶段，能源消费结构整体远低于世界平均水平，我国能源消费结构中优质能源消费在能源消费总量中的比例还太低，能源消费结构的演进趋势整体不很明显。其中，1976—1995 年期间由于改革开放，以经济建设为中心，能源的消耗量急剧增加，其中以煤炭的增长量最大，这一时段能源消费结构演进不明显；1997 年前后，我国进行了大规模的能源供给结构调整，煤炭供给受到严格限制，1996—2001 年期间能源消费结构演进明显；2001 年后随着我国经济的高速发展，对各种能源的需求与日俱增，随着能源供需紧张矛盾增加，加之世界范围内的石油危机，导致我国能源消费结构中煤炭的比重有所上升，油气比重有所下降。总的来看，2007 年我国煤炭消费比重 70.06%，比 1953 年的 94.3% 下降了 23.24个百分点，这对降低我国能源消耗与提高能源利用率以及减少污染排放有着较大的作用。

（单位：%）

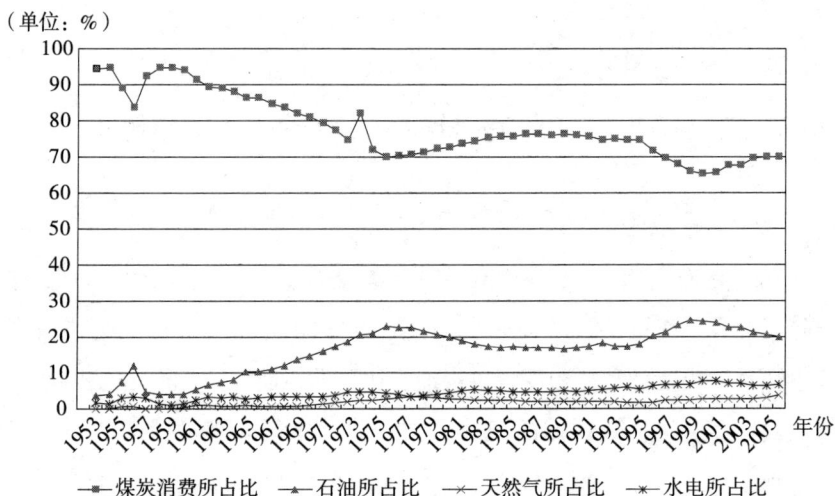

图2　1953—2007 我国能源消费结构

（资料来源：国家统计局编：《新中国五十五年统计资料汇编》，中国统计出版社
2005 年版；国家统计局编：《中国能源统计年鉴·2008》，中国统计出版社 2009 年
版）

（单位：%）

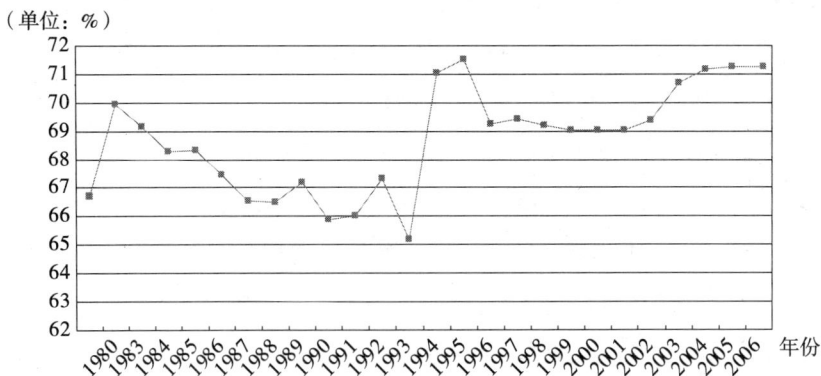

图3　1980—2007 年我国能源加工转化总效率变化趋势图

（资料来源：根据《中国统计年鉴·2008》（国家统计局编，中国统计出版社 2008
年版）整理计算）

三、能源加工转换效率在波动中提升

能源加工转换效率是指一定时期内能源经过加工转换后，产出的各种能源产品的数量与投入加工转换的各种能源数量的比率，是观察能源加工转化装置和生产工艺先进与落后，管理水平高低等的重要指标，能源加工转换效率越高，能源的利用效率就越高，能耗就小。

新中国成立以来，我国在设备陈旧、工艺落后的情况下，不断引进国外先进技术，不断改造设备和技术革新，使得能源加工转换效率在波动中提升。但在1980—1995年，我国的能源加工转换效率一度下降，反映出这段时期我国注重为保证经济增长，尽力保障能源供应，而放松对能源生产、加工工艺等管理有所放松所致。直到1995年，这种不利的发展态势才有所扭转，但波动较大，2000年以来，能源加工转换效率开始稳步回升，到2007年已基本达到历史最好水平，2007年能源加工转换效率为71.24%，与2000年相比上升了2.21个百分点。能源加工转换效率提高的发展态势反映出我国节能降耗取得的进步。

四、高耗能产品单位能耗下降速度较快

新中国成立以来，随着生产工艺条件的改进以及技术的不断进步，我国主要高耗能产品的单位能耗下降速度较快。

表1显示，火电供电煤耗在1980年为448克标准煤/千瓦时，2005年下降到374克标准煤/千瓦时，与国际先进水平312克标准煤/千瓦时的水平较为接近；乙烯综合能耗的下降速度最快，1980年时能耗为2013千克

表1　历年单位产品能耗比较表

	1980	1990	1995	2000	2003	2004	2005	国际先进水平
火电供电煤耗（GCE/KWH）	448	427	412	392	380	376	374	312
乙烯综合能耗（KGCE/T）	2013	1580	1277	787.4	711.3	703.0	690	629
钢可比能耗（KGCE/T）	1201	997	976	898	777.7	761	741	610
合成氨综合能耗（大型装置）（KGCE/T）	1431	1343	1284	1326.6	1346.1	1314.2	1300	970
水泥综合能耗（KGCE/T）	218.8	208	201	181	181	154	149	128.4

（资料来源：国家统计局编：《中国能源统计年鉴·2006》，中国统计出版社 2007 年版；国家发展与改革委员会编：《能源数据2007》（内部资料）。其中，GCE/KWH代表为克标准煤/千瓦时、KGCE/T 为千克标准煤/吨）

标准煤/吨下降到 2005 年的 690 千克标准煤/吨，下降了 65.72%。合成氨综合能耗 1980 年为 1431 千克标准煤/吨下降到 2005 年的 1300 千克标准煤/吨，下降速度虽然没有乙烯综合能耗快，但与先进的国际先进水平的差距越来越小。钢可比能耗从 1980 年 1201 千克标准煤/吨下降到 2005 年的 741 千克标准煤/吨，水泥综合能耗从 1980 年的 218.8 千克标准煤/吨下降到 2005 年的 149 千克标准煤/吨。主要高耗能产品单位能耗的降低直接推动了我国能源利用效率的提高，从国际比较来看，这些产品的单位能耗还有进一步降低的空间，因此还应力争通过改善产品的生产技术或管理水平，降低单位产品能耗。

综上所知，经过 60 年的发展，我国能源节能降耗在波动中进步，所取得的成就显著，这为经济可持续发展奠定了良好的基础。但我们要保持清醒头脑，与国际先进的能耗相比，我们还存在不小的差距。表 2 看出，2005 年我国万元 GDP 能耗是日本的近 6 倍，与日本还有 1.03 吨标准煤/万元的差距，可见我国的能源利用效率还有很大的提升空间，节能效率的提高趋势，以及节能空间的存在将有利于推动节能工作。我国的能源消费结构仍然是煤炭占主要地位，以煤为主的一次能源消费结构，严重脱离了世界能源消费结构的主流。

表2　单位 GDP 能耗国际比较表

（单位：吨标准煤/万元）

	中国	印度	美国	日本
1990 年	3.42	1.08	0.60	0.25
2000 年	1.43	1.23	0.42	0.19
2002 年	1.29	1.18	0.39	0.23
2003 年	1.33	1.03	0.37	0.21
2004 年	1.30	0.97	0.35	0.20
2005 年	1.24	0.91	0.33	0.21
2005 年下降速度（1990 为基期)%	63.60	16.24	44.75	18.80

（资料来源：根据《BP 世界能源统计 2007》（社会科学文献出版社 2008 年版）、《中国统计年鉴》（国家统计局编，中国统计出版社出版）整理计算）

中国正处于全面建设小康社会的关键时期，工业化、城镇化进程加快，高能耗产业在经济增长中仍将占有较大比重，能源需求量持续增长，资源与环境对经济社会发展的压力也越来越大，我国对国际石油市场的依存度将逐渐增加。面对新的形势，我国正继续把节约能源作为基本国策，坚持以人为本，把发展切实转入全面协调可持续的轨道；加快转变经济增长方式，转变能源生产与消费模式。我们期待着我国的能耗进一步降低，再创佳绩。

（执笔人：孙欣）

人与自然灾害的抗争

 2008 年 5 月 12 日 14 时 28 分，四川腹地小城——汶川，一场灾难
"从天而降"……

 灰蒙蒙的天空，浑噩的大雨，敲打着那方土地，也敲打着万众的心！
一切本应是那么的灿烂、美好。人们像往日一样，或幸福地拥抱现实，或
忙碌地实现未来，或沐浴在知识的海洋，或播种在肥沃的田地，一切是那
么的平常！然而，仅仅几分钟，几分钟，地震山摇，天崩地裂……一场突
如其来的灾难，让他们还没来得及和女儿亲吻一下，和父母告别一下，就
匆匆踏上不归之路……

 在一次又一次的灾难面前，我们开始反思，开始醒悟，开始与自然灾
害的抗争。接下来，让我们一起走进中国 60 年的"灾难"数字，走进我
们的抗灾 60 年。

一、60 年自然灾害概况描述

 我国自然灾害种类繁多，包括地震、台风、暴雨、洪水、内涝等，每
年都可能在全国和局部地区发生，造成大范围的损害或局部地区的毁灭性
打击。在这里，我们希望用尽可能少的指标全面描述自然灾害，而不是分

门别类地对每种自然灾害进行一一描述。因此，我们有必要针对本文中自然灾害变量的选择做一说明。

从研究目的出发，我们所关注的不是自然灾害本身，而是这种灾难带来的各种影响，特别是经济影响。因此，本文选用农作物受灾面积这一结果指标，作为反映"气象周期"的替代指标。同时，本文还选用农作物成灾面积指标作为反映因受灾所引起的经济"损失程度"的替代指标。根据国家统计局对"成灾面积"的定义，它是指农作物产量比常年减少30%以上的耕地，这一指标值越大，因灾减产的程度越严重，损失量越大，抗灾能力越弱；反之，抗灾能力越强。

（一）自然灾害发生的次数及严重程度

众所周知，自然灾害发生的频率低，且具有很强的随机性和不确定性。基于自然灾害的这一特征，我们从年代的角度来研究自然灾害，而不是基于年份来考察。表1是根据《中国统计年鉴》中的数据汇总之后得到的，通过表1我们可以清晰地看出，从20世纪50年代至今，自然灾害年平均发生次数在不断上升。

表1　不同年代各类型灾害出现次数和总频率（1950—2007年）

年代	中灾	大灾	更大灾	特大灾	总次数	年平均次数	总频率
20世纪50年代		1			1	0.1	3.03%
20世纪60年代	1			2	3	0.375	9.1%
20世纪70年代	4	2			6	0.6	18.18%
20世纪80年代	2	5			7	0.7	21.21%
20世纪90年代至今	3	10	3		16	0.889	48.48%
合计	10	18	3	2	33		100%

注：根据受灾率划分中灾、大灾、更大灾和特大灾：中灾26%—30%，大灾31%—35%，更大灾36%—40%，特大灾41%及以上；总频率是指不同年代发生灾害的次数占总次数的百分比。

（资料来源：国家统计局国民经济综合统计司：《新中国五十五年统计资料汇编》中国统计出版社2005年版；国家统计局编：《中国统计年鉴·2008》，中国统计出版社2008年版）

根据表 1 中的相关数据，绘制图 1、图 2，如下文所示。图 1 告诉我们，新中国成立以来，自然灾害发生的年平均次数在直线上升，20 世纪 90 年代以后几乎"年年遭灾"；图 2 则显示，50 年代至今，我国出现灾害频率成倍地提高。此外，结合表 1 中的数据，我们还可以看出，出现大灾及以上灾难的次数也一直在攀升。换句话说，新中国成立 60 年来，我国出现自然灾害的频率加快，灾害程度日趋严重。图 3 和图 4 则进一步地反映了灾害程度日趋严重。

（单位：年平均次数）

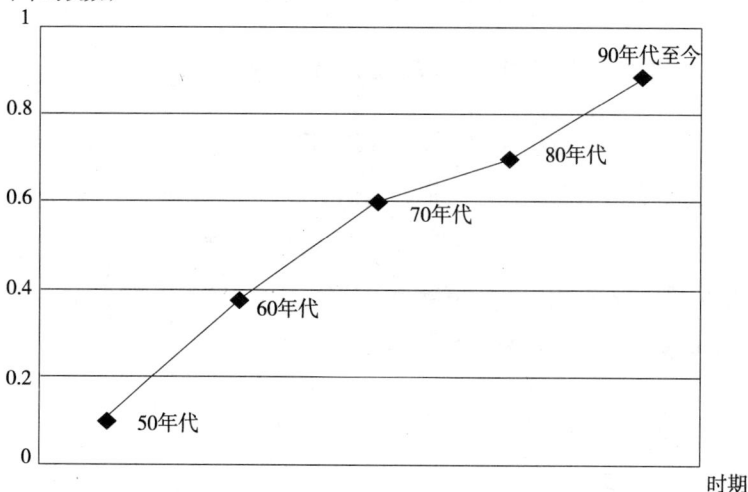

图 1　不同年代各种灾害年平均次数

从图 3 可以看出，新中国成立以来，全国农作物平均受灾面积不断扩大，20 世纪 90 年代达到 48326.4 千公顷，相当于 50 年代平均水平的 2.2 倍；全国农作物平均成灾面积也在上升，90 年代已达到 25753.7 千公顷，相当于 50 年代平均水平的 2.8 倍。图 4 显示，近 60 年来，不仅成受灾的绝对数值在上升，同时，受灾率这一相对数值也在变大，由 50 年代的 15.4% 上升到 90 年代的 31.7%，也就是说，90 年代，全国每年有将近 1/3 的农作物播种面积受灾。

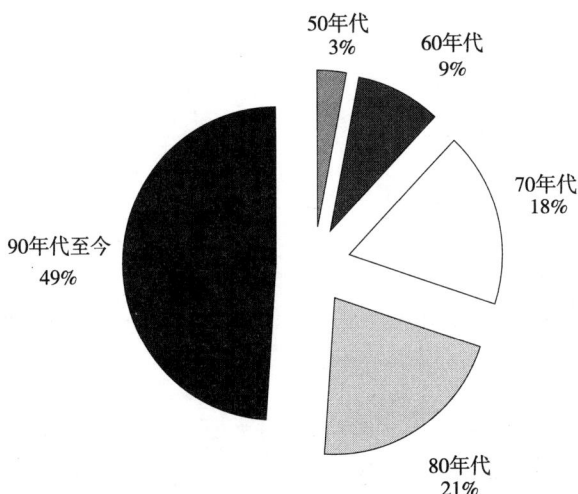

图2 自然灾害在不同年代的频率分布

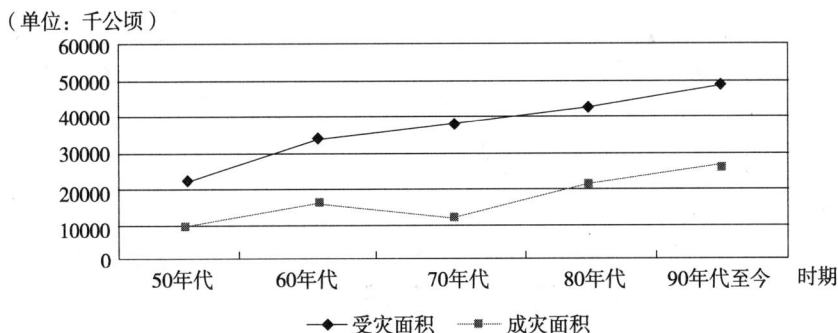

图3 不同年代平均受灾及成灾面积

（资料来源：国家统计局国民经济综合统计司：《新中国五十五年统计资料汇编》，中国统计出版社 2005 年版；国家统计局编：《中国统计年鉴·2008》，中国统计出版社 2008 年版）

（二）因灾直接经济损失

毋庸置疑，60 年来我国经济发展取得的成就是举世瞩目的。但是，

（单位：%）

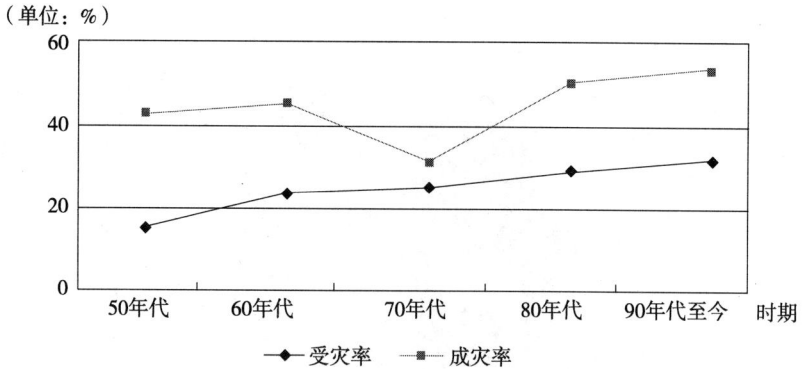

图4　不同年代平均受灾及成灾率

（资料来源：国家统计局国民经济综合统计司：《新中国五十五年统计资料汇编》，中国统计出版社2005年版；国家统计局编：《中国统计年鉴·2008》，中国统计出版社2008年版）

因自然灾害造成的直接经济损失也越来越大。由于数据的缺失，我们在这里只探讨20世纪90年代以来的因灾直接经济损失。

20世纪90年代至今，每年因灾直接经济损失占当年GDP的比例平均为2.5%，占当年新增GDP的比例平均为21%。根据图5我们可以直观地看出，90年代以来，因灾直接经济损失的绝对值是在不断增大的，2007年这一指标值已达到2363亿元，相当于1990年的3.5倍。但同时，图6和图7则告诉我们，经济损失在GDP、每年新增GDP中所占的比重是在逐步下降的，这与我国经济实力的不断壮大，GDP的持续高速增长是密不可分的。

二、与自然灾害的抗争

全球气候变暖，海平面上升，稀有物种灭绝，自然灾害加剧……这无

（单位：亿元）

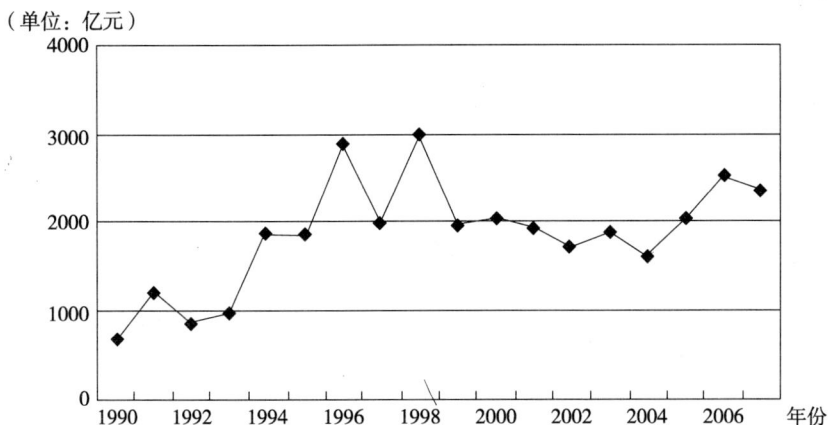

图5　1990—2007年我国因灾直接经济损失

（资料来源：《中国减灾》（1990—2009年）；国家统计局编：《中国统计年鉴·2008》，中国统计出版社2008年版）

（单位：%）

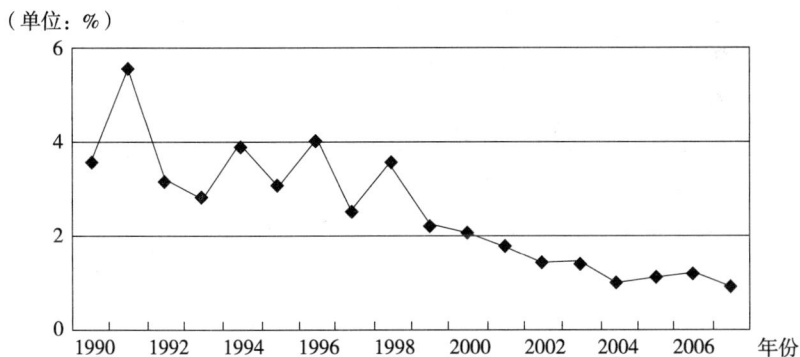

图6　1990—2007年我国因灾直接经济损失占GDP的比重

（资料来源：《中国减灾》（1990—2009年）；国家统计局编：《中国统计年鉴·2008》，中国统计出版社2008年版）

一不在向我们人类提出挑战。我国人民同自然灾害的抗争有着悠久的历史。古时就有"大禹治水"的传说和都江堰水利工程的伟大创举。新中国成立以来，政府更加重视防灾减灾工作，采取了一系列卓有成效的措

（单位：%）

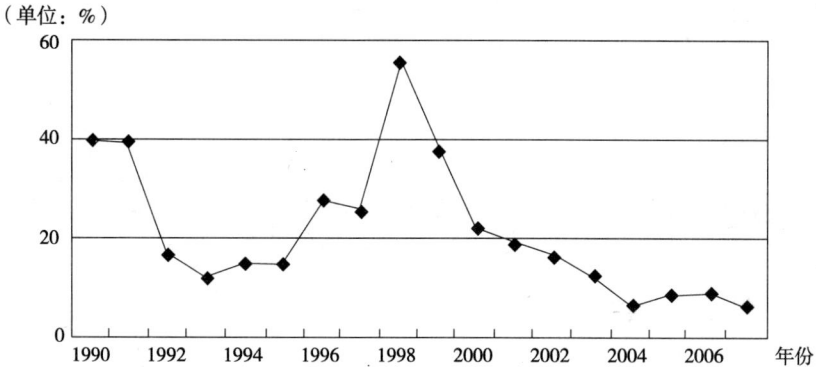

图 7　1990—2007 年我国因灾直接经济损失占每年新增 GDP 的比重

（资料来源：《中国减灾》（1990—2009 年）；国家统计局编：《中国统计年鉴·2008》，中国统计出版社 2008 年版）

施，取得了显著的成就。

（一）农业建设支出方面

"民以食为天"，无论一个国家工业化发展到何等水平，只要人类食品仍是以动植物为主，农业将依然是供应粮食的主要源泉。解决温饱问题，发展农业始终是历届政府的首要任务，而自然灾害是农业生产发展最为不利的因素。我国是一个农业大国，提高抵御自然灾害的能力，摆脱"靠天吃饭"的状态，是历届政府一直以来追求的目标。通过上文受灾及成灾率的分析，我们可以看出，成灾率的增长明显低于同时期受灾率的增长，这与我国不断加强农业基础设施建设，提高农业抵御自然灾害的能力是密切相关的。农业基本建设支出的增加，从一定程度上反映出我国在防灾减灾方面的努力及成就。

从图 8 我们可以看出，新中国成立以来，农业基本建设支出在不断增大，20 世纪 50 年代农业基本建设支出的平均水平为每年 13.12 亿元，而90 年代达到每年平均 299.21 亿元，为 50 年代的 22 倍，速度之快是相当惊人的。此外，图8还告诉我们，农业基本建设支出的快速增长主要体现在90年代，这与近年来我国经济的高速增长是密不可分的。

（单位：亿元）

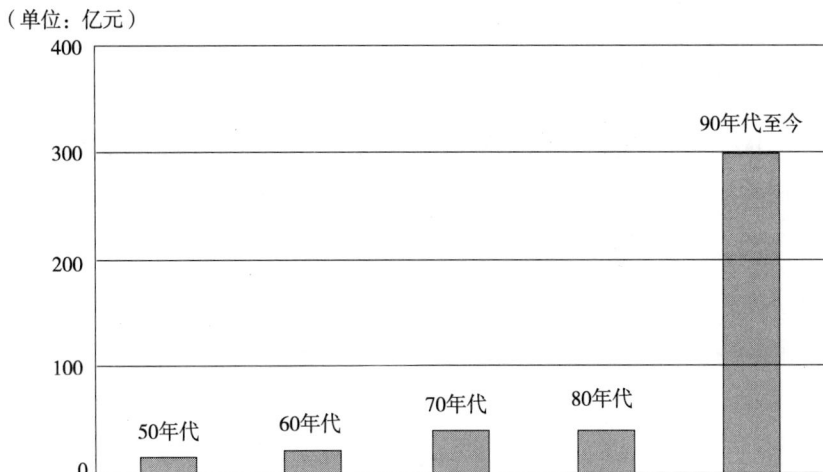

图8　不同年代农业基本建设支出

（二）救灾投入方面

灾情的不断加剧，越来越引起中央以及各级地方政府的广泛重视，各级政府不断加大救灾拨款力度，提高应急救援、减灾救灾能力。表2显示出，1986—2008年间，中央及地方救灾资金投入的金额呈逐年上升趋势。其中，1991年、1998年和2008年的救灾投入尤其多。1991年我国灾情严重，其中水灾最大，江淮流域的洪涝灾害百年罕见，旱灾重于往年，台风、风雹、地震等自然灾害也有发生；1998年亦属于重灾年份，特别是长江流域，是继1954年以来的又一次全流域性洪水，松花江和嫩江流域超历史记录的特大洪水，其发生范围、影响程度和造成的损失，均为新中国成立以来最严重的；2008年，我国重特大自然灾害频发，特别是南方部分地区严重低温雨雪冰冻灾害和汶川特大地震两场历史罕见的巨灾波及范围极广、伤亡人员极多、经济损失极重、社会影响极深、救灾难度极大。这三个特殊的年份,不仅是对全国人民的严重考验,也是对各级政府的巨大挑战。正是这一次又一次的挑战,才使得我国在减灾救灾、应急救援方面取得了巨大的成就,积累了宝贵的经验。

表 2　1986—2008 年中央及地方救灾资金投入

（单位：亿元）

年份	中央及地方救灾资金投入	年份	中央及地方救灾资金投入
1986	10.2	1998	83.3
1987	9	1999	35.6
1988	10.4	2000	47.5
1989	10.9	2001	41
1990	13.3	2002	40
1991	20.9	2003	52.9
1992	11.3	2004	40
1993	14.9	2005	43.1
1994	18	2006	49.4
1995	23.5	2007	79.8
1996	30.8	2008	303.8
1997	28.7		

（资料来源：《1986—2008 年民政事业发展统计报告》, http://cws.mca.gov.cn/article/tjbg/index.shtml/1）

（三）森林覆盖率方面

森林常常被比喻为一个城市的"肺",以强调它在吸收二氧化碳、释放氧气方面的功能。然而,事实上,森林的功能并非仅限于此,它对于一个国家乃至整个人类来说,既具有提供木材和各种林上、林间、林下产品的经济资源功能,又具有多方面的生态功能,包括防风固沙、涵养水源、固土保肥、固碳释氧、净化空气以及在更广泛意义上保护生物多样性等,此外还可以提供独特的景观满足人们休憩游览的需要。因此,森林对人类的重要性是多方面的。保护森林,提高森林覆盖率也是我国保护自然、防灾减灾过程中的一项重要举措。

　　森林覆盖率指一个国家或地区森林面积占土地总面积的百分比，它是反映森林资源的丰富程度和生态平衡状况的重要指标。新中国成立初期，我国森林覆盖率仅为 8.6%；根据全国森林资源清查数据，第二次森林清查（1977—1981 年）时，我国森林面积为 1.15 亿公顷，森林覆盖率为 12%；到第六次森林清查（1999—2003 年）时，森林面积则提高到 1.75 亿公顷，提高了 0.6 亿公顷，森林覆盖率达到 18%，提高了 6 个百分点。2007 年我国森林覆盖率达到 18.21%，相当于建国初期的两倍。

（四）水土流失治理方面

　　除提高农业建设支出和森林覆盖率外，治理水土流失，防风固沙，调节气候，改善生态环境，同样是我国减灾基础工程建设重要环节之一。从图 9 我们可以看出，20 世纪 90 年代以来，我国水土流失治理面积在不断增大，从 1990 年的 5300 万公顷到 2007 年的 9987 万公顷，平均年增长率为 3.7%。

（单位：万公顷）

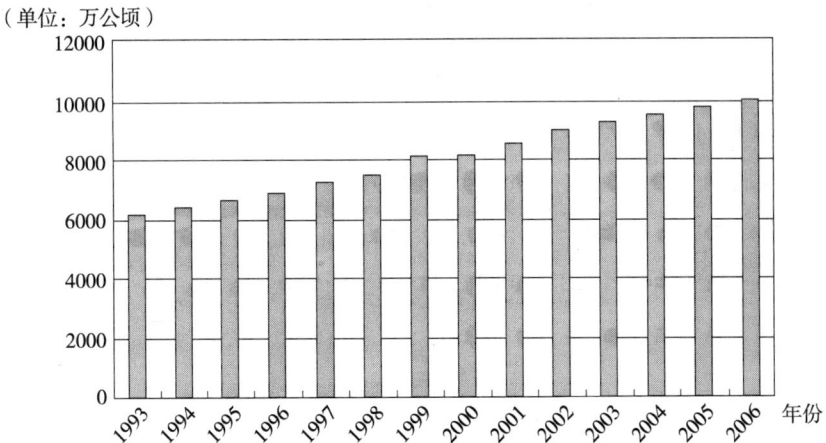

图 9　20 世纪 90 年代以来水土流失治理面积

三、结语

综上所述，我们不难发现：一方面，新中国成立以来，我国的自然灾害在不断加剧，出现中灾及以上的灾害次数明显增加，农作物受灾面积不断扩大，受灾率和成灾率不断上升，自然灾害所造成的直接经济损失也越来越大。自然灾害已经成为我国经济发展的重要制约因素，也是打乱正常经济和社会秩序的主要冲击因素。另一方面，我国政府及人民也在与自然灾害进行顽强的斗争。加强农业基本建设支出；加大救灾投入力度；在全国范围内开展植树造林，提高森林覆盖率，治理水土流失，防风固沙，加强生态环境建设；对大江大河进行综合治理，不断提高我国防灾抗灾能力。

自然灾害是不可避免的，它无时无处不发生。我们不仅要把自然灾害看做一个自然现象和物理现象，而且要给它赋予更多的社会意义和经济意义；不仅要关心自然灾害是如何发生的，更要关心它对人类发展有哪些影响，以及人类应怎样减少它的不利影响，正确地处理人与自然的关系，保护自然界，保护人类自己。

我们有理由相信，在可持续发展的理念下，在科学发展观的指导下，在党和政府的正确领导下，在全国人民的共同努力下，我们能够实现人与自然界的和谐共存，合理地利用自然，减少自然灾害发生的次数，最终达到经济、社会的全面可持续发展。

参考文献

1. 国家统计局国民经济综合统计司：《新中国五十五年统计资料汇编》，中国统计出版社 2005 年版。

2. 国家统计局编：《中国统计年鉴·2008》，中国统计出版社 2008 年版。

3. 《中国减灾》（1990—2009 年）。

4. 胡鞍钢、陆中臣等：《中国自然灾害与经济发展》，湖北科技出版社 1997 年版。

（执笔人：张璞）

自然保护事业的
跌宕岁月

2007 年 1 月 10 日上午，国家林业局召开新闻发布会。会上，国家林业局新闻发言人、新闻办公室主任曹清尧介绍说，2006 年度（2005 年 12 月至 2006 年 11 月），全国森林公安机关共受理森林和野生动物案件 216168 起，比 2005 年同期上升 3.1%。查处案件 211586 起，处理各类违法犯罪人员 320076 人次，收缴林木和木材 1231042.11 立方米、野生动物 1788211 只（头），涉案金额达 40.89 亿元……

2007 年 5 月 21 日起，国家林业局组织在全国范围内开展为期 120 天的打击破坏森林资源违法行为的"绿盾二号行动"，重点打击违法侵占、随意变更自然保护区、森林公园和乱砍滥伐林木、乱征滥占林地、私收滥购林木、乱捕滥猎野生动物等犯罪行为……

2007 年 5 月 22 日，广东省阳西县公安局、森林公安分局和阳江市边防支队在该县 325 国道沙扒路口、沙扒镇码头及附近海域查获国家一级保护动物巨蜥 5371 只，国家二级保护动物穿山甲 30 只、熊掌 21 只、龟类 3283 只，抓获犯罪嫌疑人 5 名……

人们的肆意掠杀造成我国生物多样性损失颇为严重，目前大约有 200 种植物已经灭绝，另外有数据显示，近 5000 种植物、400 种动物（脊椎动物）处于濒危状态，分别约占全国高等植物总数和脊椎动物总数的 20% 和 7.7%，由此看出，我国的生物多样性保护工作的紧迫性十分突出。然而令人心痛的物种灭绝事件还时有发生，悲剧还在延续……

当今世界，保护生物物种的多样性备受各国重视，已经成为全球性环境保护行动计划的重要组成部分和衡量一个国家科学文化、精神文明程度的重要标志之一。然而，理想和现实之间总是存在差距：一方面，国家耗费大量的人力、物力、财力去保护自然生态；另一方面，一些不法分子紧盯野生资源，非法涉猎、谋取暴利。近些年来，我国政府十分重视自然保护区的建设工作，在自然生态资源保护方面作出了很大的努力，使得一大批珍贵稀有濒危物种得到了有效的保护，为我国社会经济的长远可持续发展，为世界范围内的生物多样性的保护、恢复和持续利用作出了巨大贡献。现在，让我们一起追溯历史、回顾自然保护历程的风风雨雨，悉数人与自然的恩怨情仇吧！

一、自然保护的思想渊源及历史回顾

我国是人类文明发源地之一，保护大自然、善待世间万物是我国精神文明史的重要内容，追根溯源，这种朴素的自然保护思想发祥于先秦时代，这在《礼记》中即有记载。两千多年前的先秦时期，人们不得猎取幼兽、捡拾鸟蛋，即使氏族领袖死都不得用棺材，那时的思想家便能够对人与自然的关系作出客观的论断，这不能不说是古人智慧的一种折射。

到西周时期，我国的自然保护制度已达到相当完备的程度。据《礼记》、《周礼》记载，周朝设置了专门的管理机构、官员来制定保护森林和野生动物的制度，并开始运用国家政权的政策法律力量来确保自然保护制度的具体实施。西周的自然保护制度主要包括四个方面：一是森林保护制度；二是野生动物资源保护制度；三是狩猎条例；四是川泽陂池等自然生态系统的保护制度。这种形势在东周时期发生逆转，由于诸侯兴起、战乱频繁，自然环境和生态系统遭到了严重的破坏，秦统一六国时，北方森林已经荒废殆尽。所幸后来的秦汉王朝又承袭了西周王朝所奠定的自然保护思想，这在《田律》竹简上都有记载。西汉、明代关于对自然资源的保护和利用的科学论述逐渐增多，对自然资源的保护也随之加大力度。

清王朝也采取了一系列措施保护野生动植物资源。民国时期，孙中山先生鉴于国内林业的颓败，倡导全国性的造林运动，并相继颁布了《森林法》、《狩猎法》等一系列条例，设置了相应的部门主管自然保护工作。然而好景不长，此后国内发生了巨大的变化，日军侵略破坏、国内战争频繁，内忧外患使得我国的自然资源受到了严重的破坏，自然保护工作停滞殆尽。

沧海桑田的岁月一去不复返，老祖宗留给我们的或好或坏都已成为过眼云烟，而如今，为了人类自身的生存和发展，我们有必要将自然保护工作进行到底。在自然保护工作的途径方面，除了易地保护和遗传种质离体保护外，更主要的是就地保护，即建立自然保护区。我们这里主要关注自然保护区的建设，以它的发展建设情况来折射我国自然保护工作的发展历程。

二、新中国成立初期的创立阶段（1956—1965 年）

新中国成立初期，我国处于满目疮痍的境况，人民的生存问题都处于困境，何谈有能力去保护自然。但尽管当时恢复生产、发展经济的压力非常大，我国政府仍十分关注自然保护工作，可以说我国自然保护事业是与社会、经济的发展相伴相生的。早在 1950 年，中央人民政府就公布了《稀有生物保护办法》，新中国的野生动植物保护工作便从此开始起步。1956 年 9 月召开的第一届全国人民代表大会第 3 次会议上，秉志、钱崇澍等科学家代表们提出了保护自然环境和自然资源的议题，并建议建立自然保护区。不久，在同年 10 月召开的第 7 次全国林业会议上，根据人大提案提出了《狩猎管理办法（草案）》和《关于天然森林禁伐区（自然保护区）划定草案》，并通过批准了在广东省肇庆市建立以保护南亚热带季雨林和文化石迹为主的我国第 1 个自然保护区——鼎湖山自然保护区，此举开创了我国自然保护工作的新纪元，填补了我国自然保护区建设的空白。

自鼎湖山自然保护区建立后，1957 年，福建省建瓯县建立了以保护中亚热带常绿阔叶林为主的万木林自然保护区；1958 年，在云南省西双版纳建立了小勐养、勐仑和勐腊 3 个自然保护区，在黑龙江省伊春市建立了以保护珍贵植物红松树林为主的丰林自然保护区；1960 年在吉林省安图县建立了以保护温带生态系统为主的长白山自然保护区；1961 年在广西省龙胜与临桂县交界地区，建立了以保护珍稀孑遗植物银杉为主的花坪自然保护区。1962 年，国务院发出"关于积极保护和合理利用野生动物资源的指示"，要求结合保护珍贵稀有特产动物，建立自然保护区，加强自然保护工作，于是 1963 年，在四川省平武县建立了以保护大熊猫及森林生态系统为主的王朗自然保护区；1965 年，在陕西省太白、眉县、周至县建立了以保护森林生态系统、自然历史遗迹为主的长白山自然保护区。截至 1965 年，全国共有自然保护区 19 处，其中 9 处为国家级自然保护区，禁猎区近 40 处，总面积达 102 万公顷（见表 1）。

三、"文革"时期的坎坷阶段（1966—1976 年）

正当我国自然保护区稳步发展时，1966 年"文革"开始了，此后自然保护区事业与全国其他事业一样处于低潮时期。由于"文革"极"左"路线的干扰，自然保护区的发展和建设工作基本处于停滞状态，一些已经建立的自然保护区被迫下放或撤销，毁林开荒、捕珍猎奇现象甚嚣尘上，乱捕滥猎、乱砍滥伐事件屡见不鲜，有为数不少的自然保护区和自然资源

表1　截至1965年我国国家级自然保护区情况

保护区名称	建立时间	所属行政区	面积（公顷）	保护对象	类型
鼎湖山	1956	粤　肇庆市	1133	南亚热带常绿阔叶林、珍稀动植物	森林生态
万木林	1957	闽　建瓯县	170	中亚热带常绿阔叶林	森林生态
文山老君山	1958	滇　文山县	26867	原始阔叶林	森林生态
西双版纳	1958	滇　西双版纳自治州	241776	热带森林生态系统、珍稀野生动植物	森林生态
丰林	1958	黑　伊春市	18400	红松母树林	森林生态
长白山	1960	吉　安图县	196465	森林及野生动物	森林生态
花坪	1961	桂　龙胜、临桂县	17400	银杉及典型常绿阔叶林生态系统	野生植物
王朗	1963	川　平武县	32297	大熊猫及森林生态系统	野生动物
太白山	1965	陕　太白、眉县、周至县	56325	森林生态系统、自然历史遗迹	森林生态

（资料来源：国家环境保护部编：《国家自然保护区名录》（截至2004年年底），中国环境科学出版社1998年版）

都遭到了严重的破坏。当时，珠峰地区出现大规模猎杀藏野驴的现象，在珠峰自然保护区建区调查时，估计该区内的藏野驴已不足100头；已是元老级自然保护区的万木林自然保护区也难逃此劫，被迫搁浅。截至1972年年底，全国已建立的自然保护区减少了15处之多，据1973年农林部召开的全国重点省、市、区珍贵动物资源调查座谈会上统计，全国自然保护区仅存十几处。"文革"使我国方兴未艾的自然保护区事业受到严重摧残，野生动植物资源也遭到很大破坏。

　　幸运的是，政府和各界学者很快意识到问题的严重性，及时采取了补救措施，使得这场悲剧戛然而止。1973年8月，原国家农林部召开了"全国环境保护工作会议"，会议通过了《自然保护区管理暂行条例（草案)》，全面提出自然保护区工作规范和把自然地带的典型自然综合体、特产稀有种源与具有特殊保护意义的地区作为建立保护区的依据，为制定自然保护区管理法规奠定了基础；1974 年，国务院成立环境保护领导小组。同年，农林部保护司设立自然保护处。1975 年 3 月的国务院有关文件指出："在珍贵动物主要栖息繁殖地区，要划为自然保护区，加强保护区的建设"，同年 12 月，农林部发布《关于保护、发展和合理利用珍贵树种的通知》。至此，一些被撤销的原保护区得以恢复重建，上面提到的万木林自然保护区即在 1973 年重新建立，自然保护区的建设工作逐步恢复开展起来。

四、改革开放后的恢复阶段（1978—1996 年）

1976 年粉碎"四人帮"后，特别是 1978 年党的十一届三中全会召开以来，在政府和各界人士的关怀下，我国自然保护区的建设得到了全面恢复和发展，自然保护事业从此获得了新生。

1979 年，我国颁布了《中华人民共和国环境保护法（试行）》、《水产资源保护条例》和《中华人民共和国森林法（试行）》，同年我国加入了联合国"人与生物圈"计划并当选为理事国。1982 年通过的《中华人民共和国宪法》中规定，国家保障自然资源的合理利用，保护珍贵的动物和植物，禁止任何组织或个人用任何手段侵占或者破坏自然资源；其更为明确和重视自然保护区的工作，把自然保护事业的重要性提高到了应有的高度。1985 年，我国颁布并施行了《森林和野生动物类型自然保护区管理办法》，对保护森林和野生动物，拯救和保护发展珍稀濒危物种都具有重要意义。1988 年，我国通过了《中华人民共和国野生动物保护法》。1992 年，我国成为《生物多样性公约》缔约国之一。1994 年，国务院通过了《中华人民共和国自然保护区条例》。至此，由于我国在自然保护区建立理论和方法不断完善，相关法规和制度日益健全，同时与国际间交流与合作的不断加强，给我国自然保护区建设和发展提供了有力的保障和契机。

与此同时，国家积极重建自然保护工作，全国农业区划委员会成立了由林业部牵头、有关部委参加的自然保护区专业组，开展全国自然保护区区划、建设工作；各省又相继建立了一大批自然保护区，自然保护区建设工作迅速恢复。1978 年改革开放之初，全国共有自然保护区 34 处，面积 126.5 万公顷，仅占我国国土面积的 0.13%；1979 年，全国已恢复和建立自然保护区 48 处，面积 150 万公顷，占我国国土面积的 0.15%；到了 1980 年，全国已有 20 个省（区）建立自然保护区共 73 处，总面积约 260 万公顷，比前一年增加近一倍。严格说来，1983 年之前，自然保护工作发展的速度还比较缓慢，截至 1983 年年底，全国自然保护区数目仅有 133 处，总面积 806 万公顷，占国土面积的比重仍不超过 1%（0.88%）。

1984 年开始，我国自然保护工作迈过恢复阶段进入稳步发展阶段，无论是保护区数量还是面积都增加得比以往要快，1985 年，我国自然保护区个数达 333 个，总面积达 1933 万公顷，仅用了两年时间就将保护区所占国土面积这一指标由 0.88% 提高至 2.1%。此后的 10 年时间里，自然保护工作得以顺利开展，1995 年，自然保护区数量达到 799 个，总面积达 7190.67 万公顷，平均每年约增加 47 个自然保护区，年均增加保护区面积 500 多万公顷（见图 1、图 2）。

五、新世纪的大发展阶段（1997 年至今）

进入 21 世纪前夕，我国政府继续加大自然保护力度，1997 年年底，我国自然保护区数目达到 926 处，总面积达到 7697.9 万公顷，而 1998 年，上述两项指标已经达到 1146 个和 8815.24 万公顷，分别增加了 220

（单位：个）

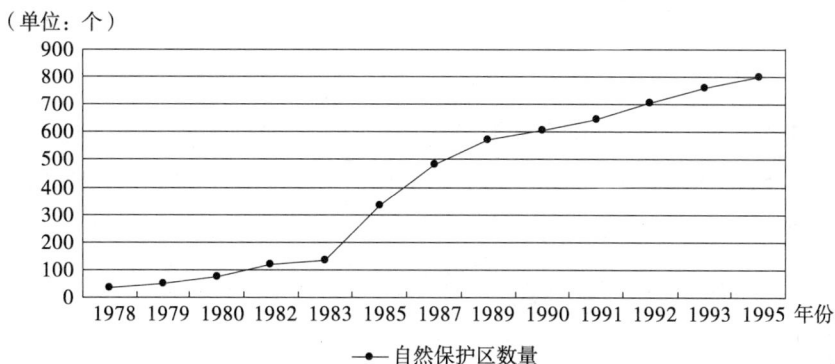

图1　1978—1995 年我国自然保护区数量

（资料来源：国家环境保护部：《自然保护区工作简报》，2006 年）

（单位：万公顷）

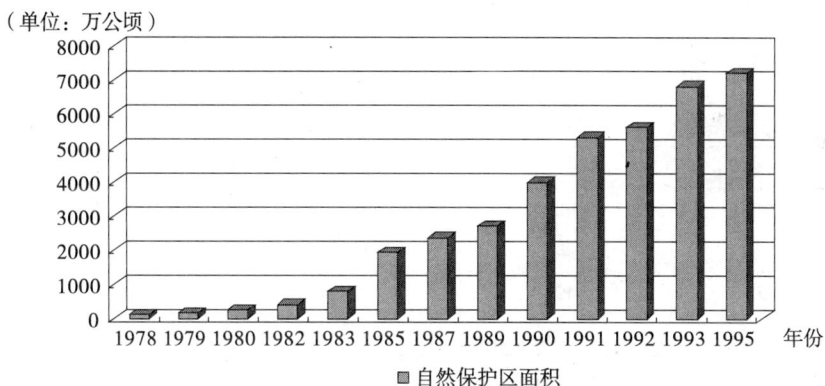

图2　1978—1995 年我国自然保护区面积

（资料来源：国家环境保护部：《自然保护区工作简报》，2006 年）

处和 1117.34 万公顷，发展速度惊人。2000 年，我国自然保护区达到
1227 处，总面积达 9821 万公顷，占国土面积的 9.9%。同时，还对自然
保护区资源进行了有效的整合，例如，2000 年 8 月建成了三江源自然保
护区，主要保护对象是长江、黄河和澜沧江源头湿地和高原珍贵的野生动
植物，该自然保护区面积为 3180 万公顷，直至目前仍是我国最大自然保

护区。

从 2000 年开始，我国自然保护区建设工作正式进入大发展时期，至 2007 年年底，我国自然保护区达到 2531 处，总面积达 15188.2 万公顷，总面积占国土面积的 15.19%，其中国家级自然保护区 303 个，总面积为 9365.58 万公顷。短短 7 年时间，自然保护区数目增加 1304 处，面积增加了 5367.2 万公顷，相当于平均每年增加 186 个、每年增加 767 万公顷，与之前的任何一个阶段都不可同日而语（见表 2、图 1）。

表 2　1997—2007 年我国自然保护区发展情况

年份	自然保护区数量（个）	面积（万公顷）	占国土面积比重（%）
1997	926	7697.9	7.64
1998	1146	8815	8.8
1999	1146	8815	8.8
2000	1227	9821	9.9
2001	1551	12989	12.9
2002	1757	13295	13.2
2003	1999	14398	14.4
2004	2194	14823	14.8
2005	2349	14995	15
2006	2395	15153.5	15.8
2007	2531	15188.2	15.19

注：占国土面积的比例为陆地自然保护区面积占陆地国土面积的比例。
（资料来源：中经网统计数据库）

此外，不光是保护区个数、面积方面在数量上得到了长足的发展，在保护区质的建设方面，国家也开始有针对性地开展保护工作。目前，依据生态类型、保护对象、保护目的和自然资源特点，我国把所有自然保护区划分为三个大类型、九个小类型，针对不同类型保护区的生态特点进行管理和保护。根据我国自然环境和生态特点，目前我国已建成自然保护区中，自然生态系统类保护区数量为 1717 个，占总数比例的 67.84%，位居

（单位：%）

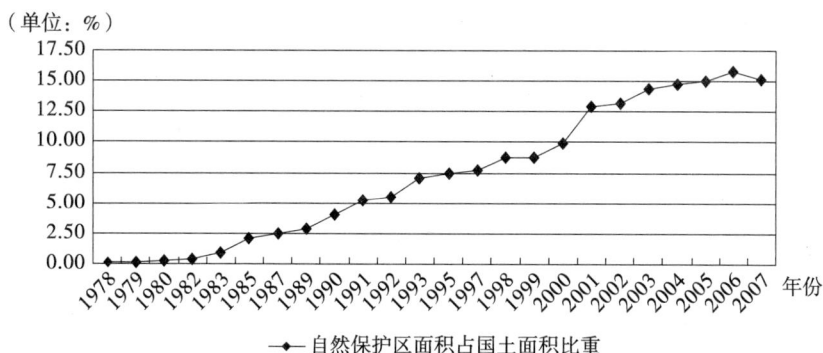

图3　1978—2007年我国自然保护区占国土面积比例情况

（资料来源：国家环境保护部：《自然保护区工作简报》，2006年；中经网统计数据库）

所有大类之榜首，在此大类中，森林生态系统类型保护区数目最多，总数达1314个，占总数比例的51.92%；从保护区面积来看，自然生态系统类保护区所占面积仍是三大类中最大的，约占总面积的69.32%，但是从小类来看，野生生物类中的野生动物类型保护区的面积所占比重是最大的，约占总面积的27.79%（见表3）。

这里要特别提及一下我国的野生动物资源，我国野生动物资源不仅种类丰富，而且还具有特产珍稀动物多和经济动物多的两大特点。我国陆地国土面积虽只占世界的6.5%，但陆生脊椎动物种类达2100多种，其中包括哺乳类450多种、鸟类1180多种、爬行类320多种和两栖类210多种，占世界这类动物种数的10%以上，因此是世界上拥有野生动物种类最多的国家之一；全世界鹤类共15种，我国就有9种；雁鸭类148种，我国就有46种；野生鸡类276种，我国有56种；美国、俄罗斯、欧洲都没有灵长类动物，我国就有16种之多，这些都是世界上其他国家无以相媲美的资源。此外，我国有大熊猫、金丝猴、白鳍豚、扬子鳄、朱鹮、黑颈鹤、黄腹角雉、褐马鸡等特产珍稀动物100多种；有熊、猕猴、马鹿、麝、狍子、野猪、黄羊、环颈雉、雁鸭类经济动物400多种。

表3 2007 年年底全国自然保护区类型结构（国家标准分类）

类 型	数量（个）		面积（万公顷）	
	总数量	占总数比例（%）	总面积	占总面积比例（%）
自然生态系统类	1717	67.84	10529.18	69.32
森林生态系统类型	1314	51.92	3372.76	22.21
草原与草甸生态系统类型	45	1.78	316.05	2.08
荒漠生态系统类型	29	1.15	4027.45	26.52
内陆湿地和水域生态系统	261	10.31	2713.02	17.86
海洋与海岸生态系统类型	68	2.69	99.91	0.66
野生生物类	683	26.99	4483.38	29.52
野生动物类型	523	20.66	4220.86	27.79
野生植物类型	160	6.32	262.52	1.73
自然遗迹类	131	5.18	175.62	1.16
地质遗迹类型	99	3.91	123.04	0.81
古生物遗迹类型	32	1.26	52.58	0.35
合计	2531	100	15188.18	100

面对如此多的珍稀野生动物资源和全世界都日益严重的物种灭绝、生物基因流失趋势，我国政府采取了多项措施，例如：建立大熊猫自然保护区、改善大熊猫栖息环境，开展大熊猫人工繁育研究，已建成我国最大的大熊猫人工繁育研究中心——卧龙繁育研究中心；成功研发出朱鹮、海南坡鹿、麋鹿、野马和高鼻羚羊等珍稀野生动物的人工繁育技术，缓解了这些物种的濒危状况。

纵观自然保护区的发展建设历程，我国通过建立自然保护区，通过对300 余种重点保护的珍稀濒危野生动物、130 多种珍贵树木的主要栖息地、分布地进行管理和保护，已成功有效地保护了我国 85% 的陆地生态系统类型、85% 的野生动物种群和 65% 的高等植物群落，特别是重要的濒危物种。目前，我国共有 22 处自然保护区加入了联合国教科文组织"人与生物圈"保护区网络，21 处被列入国际重要湿地名录，8 处被列为世界自然遗产名录。可以看出，新中国成立以来，虽然几经坎坷，但是自然保护的脚步还是不断迈进的，在涵养水源、保持水土、防风固沙和调节气候等方面，发挥出了巨大的社会效益和生态效益，为全球生物多样性保护作出了突出贡献。

参考文献

1. 沈显生：《中国自然保护区建设与发展》，《生物学通报》2001 年第 36 期。

2. 国家林业局：《中国野生动植物保护，50 年回顾展望》，http：//www.wildlife-plant. gov. cn/old/gongcheng/50s/y50 – 14. htm。

3. 国家环境保护部编：《中国自然保护区目录》，中国环境科学出版社 1998 年版。

4. 陈登林等：《中国自然保护史纲》，东北林业大学出版社 1991 年版。

（执笔人：汤琰）

行政区划，变迁历程

　　行政区划是国家根据政权统治与行政管理的需要，综合考虑政治、经济、文化背景、民族、人口分布、历史传统和地理条件等多种因素，对其领土行政区域的划分，是中央管理地方的重要手段。它体现为国家权力在特定区域空间基础上，以国家的政治组织结构的方式来进行地域分割或要素配置，具有政治和经济的双重职能。1949 年新中国成立后，我国各级行政区划随着不同时期国家政治、经济情况的发展，一直在发生着变化。本文将通过对重要历史阶段的回顾和主要数据的对比，向读者全景展现 60 年来共和国行政区划的变迁历程，从中折射出新中国 60 年来政治、经济的发展轨迹。

一、共和国行政区划总体历程

　　1949 年新中国成立伊始的三年恢复时期，根据新中国成立初期政权建立和经济恢复的需要，对旧中国的行政区划进行了调整，在中央与省之间设立了东北、华北、西北、华东、中南和西南六大行政区建制。全国共分为 30 个省、1 个自治区、12 个直辖市、5 个行署区、1 个地方、1 个地区，合计 50 个省级行政区。其中地级行政区划 304 个，县级行政区划

2749 个。这三年期间，我国特殊时期的行政区划设置体系对新中国成立初恢复期提供了有力的行政保证。

从 1953 年起，我国进入第一个五年计划的大规模建设时期，根据经济发展需要，国家对行政区划做了重大调整，撤销了原有省级以上的六大行政区，合并了一些省级行政区。到 1957 年年底，全国缩减为 30 个省级行政区划、287 个地级行政区划、2665 个县级行政区划。第一个五年计划期间，国家对行政区划级别和省级行政区划数的缩减，有力地保证了第一个五年计划各项建设任务的下达和实施，基本奠定了今天我国行政区划的省级格局。

从 1958 年到 1978 年的 20 年间，我国的各级行政区划变动很小，省级区划略有小的调整，地、县、乡三级区划的数量也都基本保持了一个相对稳定的时期。

1978 年改革开放以后，为了适应我国政治和经济体制改革的不断完善，行政区划调整的力度也逐渐加快。我国逐渐形成了四个层级的现行行政区划体制，即省级（包括省、自治区、直辖市、特别行政区），地级（包括地级市、地区、自治州、盟），县级（包括市辖区、县级市、县、自治县、旗、自治旗、特区、林区），乡级（包括区公所、镇、乡、苏木、民族乡、民族苏木、街道）。截至 2007 年年底，全国共有 34 个省级区划、333 个地级区划、2859 个县级区划、40813 个乡级区划。这期间，虽然我国的各级行政区划总数变化不大，但随着城市化水平的不断提高和区域经济发展格局的形成，地、县、乡三级行政区划的结构发生了重大变化。其中，地级区划中地级市的数量由 1978 年的 98 个增加到 283 个，县级区划中县级市数量由 1978 年的 92 个增加到 368 个，乡级区划中镇的数量由 1978 年的 2176 个增加到 19249 个。

二、省级行政区划的变迁

新中国成立后，省级行政区是以解放前的行政区划为基础而划定的。到 1951 年年底，全国共建立了省级单位 53 个，包括：黑龙江、吉林、松江、辽东、辽西、热河、河北、平原、察哈尔、绥远、山东、浙江、福建、河南、湖北、湖南、江西、广东、山西、陕西、甘肃、宁夏、青海、新疆、广西、贵州、云南、西康、台湾等 29 个省，苏南、苏北、皖南、川南、川北、川东、川西等 8 个人民行政公署，北京、南京、天津、上海、广州、重庆、西安、武汉、沈阳、鞍山、抚顺、本溪、旅大等 13 个直辖市，1 个自治区（内蒙古），1 个地方政府（西藏），1 个中央直辖地区（昌都）。

1952 年 8 月，中央人民政府委员会第 17 次会议决定成立安徽省和四川省。撤销皖北、皖南、川东、川西、川南、川北人民行政公署。同年 11 月，中央人民政府委员会第 19 次会议决定撤销平原省建制，将其辖区分别划归河南省、山东省；撤销察哈尔省建制，将其辖区分别划归河北、山西省；撤销苏北、苏南人民行政公署，恢复江苏省，并将直辖市南京市改为江苏省辖市。

1953 年 7 月，政务院决定将松江省属哈尔滨市、吉林省属长春市改为中央直辖市。

1954 年 6 月，中央人民政府委员会第 32 次会议决定撤销绥远省，将其辖区划归内蒙古自治区；撤销辽东、辽西两省，将其合并改为辽宁省；松江省撤销，与黑龙江省合并为黑龙江省；宁夏省撤销，与甘肃省合并为甘肃省；将沈阳、鞍山、抚顺、本溪、旅大、长春、哈尔滨、西安、武汉、广州、重庆等 11 个中央直辖市改为辽宁等 7 省的省辖市。

1955 年 7 月，第一届全国人大第 2 次会议根据国务院的提请通过决议决定：撤销热河省，将热河省所属区域分别划归内蒙古自治区、河北省和辽宁省；撤销西康省，将西康省所属区域划归四川省。同年9月，第一届全国人大常委会第21次会议通过关于撤销新疆省建制，成立新疆维吾尔自治区的决议。

1957年7月，第一届全国人大第4次会议决定成立广西壮族自治区和宁夏回族自治区。

1958年2月，第一届全国人大第5次会议通过了关于将天津市改为河北省辖市的决议。

1965年8月，第三届全国人大常委会第15次会议通过《关于成立西藏自治区的决议》。同年9月，西藏自治区正式成立。

1967年1月，国务院决定将河北省辖天津市改为中央直辖市。

1988年4月，第七届全国人大第1次会议通过《关于设立海南省的决定》。当月，海南省正式成立。

1997年6月，第八届全国人大第5次会议决定将重庆市从四川省划出，归中央直辖，设重庆为直辖市。同年7月，成立香港特别行政区。

1999年12月，澳门特别行政区成立。至此，形成了我国政府行使管辖权的省级行政区域有34个，其中包括4个直辖市，即北京、天津、上海、重庆；5个自治区，广西、宁夏、新疆、西藏、内蒙古自治区；23个省，按面积大小排列是：青海、四川、黑龙江、甘肃、云南、湖南、陕西、河北、吉林、湖北、广东、贵州、江西、河南、山东、山西、辽宁、安徽、福建、浙江、江苏、台湾和海南省；2个特别行政区，香港和澳门。

三、地县两级行政区划的变迁

我国1982年颁布的《中华人民共和国宪法》规定我国的行政区划是

省—县—乡三级体制，但长期以来，我国在省与县之间设有准行政层次专区专员公署，作为省政府的派出机关。1978 年改革开放以后，在省与县之间设置的准行政层次改称为地区行政公署。1982 年，中共中央提出"在经济发达地区将省辖中等城市周围的地委、行署与市委、市政府合并，由市管县管企业"。首先在江苏进行地市合并试点，在全省范围内撤销原有的地区行政公署，实行地级市领导县体制。1983 年 2 月，中共中央、国务院发出了《关于地市州党政机关机构改革的若干问题的通知》，以经济发达的城市为中心，以广大农村为基础，逐步实行地级市领导县体制。此后，各省开始"市管县"体制改革。截至 2007 年年底，全国共设地级市 283 个、地区 17 个、自治州 30 个，盟 3 个。绝大多数省和自治区都撤销了地区行署，取而代之以地级市政府来实际管理县级政府，由此形成了实际上的省—地—县—乡的行政体制格局。

表 1　我国地、县两级行政区划结构变化

	地级区划数（个）	其中	县级区划数（个）	其中		
		地级市比重（%）		县级市比重（%）	市辖区比重（%）	县比重（%）
1949	304	17.76	2749	2.40	13.39	84.21
1978	310	31.61	2653	3.47	15.38	81.15
2007	333	84.98	2859	12.87	31.14	57.19

（资料来源：根据《新中国五十五年统计资料汇编》、《中国统计年鉴·2008》整理）

通过表 1 可以看到，新中国成立以来，我国地、县级两级的行政区划数量变化并不显著，但地、县两级行政区划格局变化很大，特别是 20 世纪 80 年代实行"市管县"以来，突出表现在地区、自治州、盟的数量大量减少，地级市在地级行政区划中的比重由改革开放初期的 31.61% 提升到了 2007 年的 84.98%。与此同时，伴随着"市管县"的实行，市辖区和县级市的数量在快速增加，使得县在县级区划中的比重逐年下降，由改革开放初期的 81.15% 下降到了 2007 年的 57.19%。

　　改革开放以来，地、县两级地方行政区划的格局变化充分说明了我国城市经济发展的迅猛。随着"市管县"行政体制实施和市场经济的完善，城市成为地方经济发展的核心区域。原来的地区撤销后改为地级市，使得地级市成为地方经济发展的带动力，城市成为农村经济发展的辐射带动力。经济发达的地级市所辖的县逐渐被划为市辖区和县级市，进一步加快了我国城市化的进程。通过图1和图2的联系可以看到，县级市和市辖区数量的快速增长正是和地级市的大量出现处于同一时期，20世纪80年代中期到90年代中期是我国县域经济发展较快的时期，也是县级市增长最多的时期；进入90年代后，由于城市化水平的加快，地级市数量增加明显，城区范围不断扩大，一部分县级市转为市辖区，导致市辖区的数量不断增长，而县级市的数量则有所下降。截至2007年，我国在333个地级区划中共有地级市283个，在2859个县级区划中共有县级市368个、市辖区856个。

（单位：个）

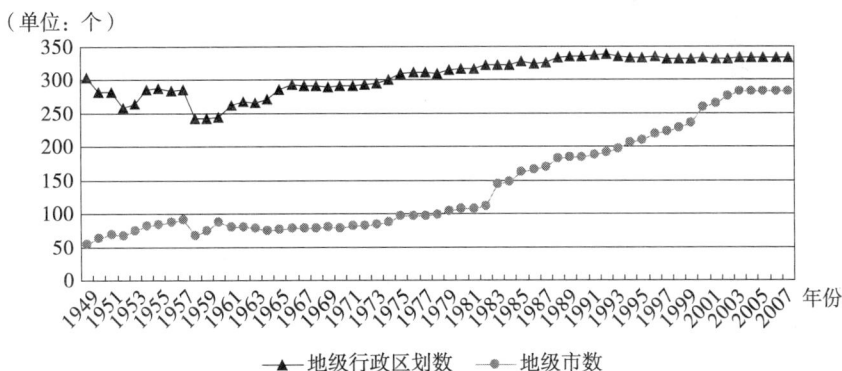

图1　我国地级行政区划和地级市数量变化
（资料来源：根据《新中国五十五年统计资料汇编》、《中国统计年鉴·2008》整理）

　　进入21世纪，实施了20多年的"市管县"行政体制的诸多弊端显露，国家从改革政府行政职能和充分发展县域经济的角度考虑，从2002年起在全国22个省陆续实行"省管县"的行政体制改革试点，改革的目

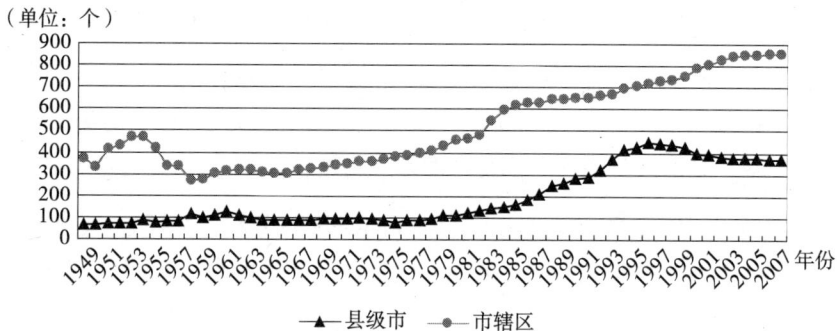

图2　我国县级市和市辖区数量变化

（资料来源：根据《新中国五十五年统计资料汇编》、《中国统计年鉴·2008》整理）

的是为了进一步改善我国城乡二元经济结构，有力地促进区域经济协调发展，由此拉开了我国地、县两级行政区划变革的新时代。

四、乡级行政区划的变迁

作为我国基层政权的乡级行政单位，其行政区划受不同时期国家政治生活的影响最为明显。相对于地、县两级行政区划，乡级行政区划从新中国成立以来始终处于较为频繁的变动之中，大致经历了如下六个阶段：

（1）1949—1954 年，乡级行政区划数量最多，但属于规模最小的阶段。根据政务院先后在 1950 年 12 月、1951 年 4 月颁发的五个法规法令和 1954 年 9 月制定的第一部《中华人民共和国宪法》的规定，乡镇的规模和数量，主要是以面积和人口为标准，实行"小区小乡制"。全国乡镇的总数从 1951 年的 218006 个增加到 1952 年的 284626 个。

（2）1955—1957 年，乡级区划数量有所下降，规模有所增加。国务院 1955 年 12 月 29 日发出指示，认为小区小乡已经不能适应农业合作化运动迅速发展后的新形势，乡级行政区划应该适当调整。在全国开始了第一次撤并乡镇、扩大乡镇行政管辖的范围。到1957年，全国的乡镇从1952年的284626个减少为120753个。

（3）1958—1960年，撤并乡镇的人民公社初期。根据中共中央1958年8月29日公布的《关于在农村建立人民公社问题的决议》规定，为了大力推进人民公社化，对于公社的规模，可以根据自然地形条件和生产发展的需要，也可以由数乡并为一乡，组成一社。根据这个规定，各地掀起了兴办大社的高潮，使得在人民公社化的建立初期，公社的规模不断扩大、数量不断减少。

（4）1961—1982年，人民公社的发展阶段。这一阶段，随着国家政治生活的变化，人民公社地位和作用的经常变化，因此人民公社的规模在这一阶段也不断发生变化。

（5）1983—1998年，撤销人民公社，恢复乡镇的发展阶段。从1983年起，国家决定撤销人民公社，重新建立乡级行政建制。乡镇的规模起初是由大变小，数量由少变多。1984年达到恢复乡级建制后的最大数量，10万个乡级建制。此后，随着改革开放的深入和城市化进程的加快，乡级行政单位又进入了一个数量由多变少、规模由小变大的演变进程，到1998年全国乡级行政单位为50999个。

（6）1998至今，乡级行政单位进入再次大规模撤并阶段。随着税费改革的推进和减轻农民负担的呼声日益高涨，乡镇机构改革成为中国农村改革的又一个焦点。乡镇内机构林立、机构内人满为患的状况，给农民造成了不小的负担。从1998年开始，中国开展了乡镇撤并、精简机构工作。截至2007年年底，乡镇总数由撤并前的46000多个减少到33000多个。

五、行政区划变迁对政治、经济、社会的影响

行政区划是事关国家政治、经济、社会发展全局的重大战略问题，与人们的日常生活也息息相关，保持行政区划的稳定性是社会、政治安定的重要条件，也是促进经济持续发展的重要因素。

行政区划属于上层建筑，在新中国的不同时期体现了作为国家政治意志的统治需要。从新中国成立后恢复时期的 50 个省级区划，到根据民族政策成立相应的民族自治区，到改革发展需要设置海南省和重庆市，再到依据"一国两制"政策设立香港和澳门特别行政区；从合并地市实施"市管县"，到试点"省管县"；从乡镇建制到人民公社，到撤并乡镇精简机构；这些行政区划的变迁历程都是我国不同时期政治生活的需要，是国家为了构建坚实牢固的行政管理的有力依托。因此，行政区划的变迁历程也是我国 60 年国家政治行政发展的见证。

行政区划既然属于上层建筑，其存在也正是为经济基础服务的。在我国现有的政治体制下，行政区政府在区域经济发展中起着主导甚至是决定性的作用，行政区划的经济职能不断强化。我国区域经济的发展主要是以行政区为区域框架展开的，行政区划和区域经济发展关系密切；区域经济发展是推动行政区划变更的动力，并在一定程度上决定了行政区划变更的方向；行政区划则通过行政建制的撤设、行政区的规模等级、行政区范围的合理性及行政中心的设置影响区域经济的发展。因此，我国行政区划设置多与经济社会的发展水平相适应，建立在地方经济利益基础上的行政区经济是客观存在的。随着经济发展和社会进步，一些区域的行政区划的不适应性逐渐显现，在一定程度上制约了区域经济社会的持续发展。适时对该区域行政区划进行调整，有利于促进生产要素的集聚和资源合理配置，使地方社会经济得到协调发展。

参考文献

1. 国家统计局：《新中国五十五年统计资料汇编》，中国统计出版社 2005 年版。

2. 国家统计局编：《中国统计年鉴·2008》，中国统计出版社 2008 年版。

3. 谢庆奎、杨宏山：《我国地方行政层级设置的思考》，《红旗文稿》2004 年第 4 期。

4. 常黎：《行政区划与区域经济发展关系探讨》，《商业现代化》2006 年第 33 期。

5. 柳成焱：《我国乡镇行政区划的演变特点及其改革路径》，《天津社会科学》2006 年第 4 期。

（执笔人：陶然）

外交事业，大国风范

经历了60年的沧海桑田，如今活跃在国际舞台上的中国，是一个集古典与现代于一体，既独特又富有极大包容性的外交大国。这60年不仅是中国不断展现自我的过程，也是世界不断了解中国的过程，在这种互相了解的过程中，当然少不了碰撞与磨合。但世界人民对和平的渴望让崇尚和合思想的中国在与各国的往来中逐渐彰显出大国风范。

一、新中国成立后的外交政策突出国家安全，集中于维护主权建设

新中国外交面临的第一个问题，就是同世界各国建立外交关系，走向国际社会，获得其他国家和国际组织的外交承认，建立正常的外交关系。这个时期我国的基本外交政策是根据《中国人民政治协商会议共同纲领》的外交基本原则制定的。在外交政策上将关注点集中在安全战略上。在这段时期与中国建立的国家中，地域性和安全性特点很明显。中国抵住美国凭借超强的政治、经济、军事实力所施加的压力，展开积极的外交实践，使"和平共处"原则得到了进一步的深化。新中国成立初期，中国政府决定不经谈判同社会主义国家迅速建交。自1949年10月2日起，先后与

苏联、保加利亚、匈牙利、朝鲜民主主义人民共和国、捷克斯洛伐克、波兰、蒙古、阿尔巴尼亚、越南和德意志民主共和国等国互派大使，与苏联缔结了《中苏友好同盟互助条约》，并妥善解决了中苏关于长春铁路、旅顺口及大连的问题，获得了苏联方面贷款，这有效地巩固了新生的政权，使中国能够在帝国主义对中国进行经济封锁的恶劣条件下维护国家的安全和经济的恢复。对于非社会主义国家，新中国基本上采取了先谈判、后建交的方法，以承认中华人民共和国为唯一代表中国的合法政府和放弃支持国民党集团或制造"两个中国"作为谈判条件。1949年年底至1950年年初，周边地区的印度、印度尼西亚、巴基斯坦、缅甸、锡兰、阿富汗等国相继承认中国。印度尼西亚联邦政府成立后很快承认中国，尼泊尔政府也采取了友好态度。英国、挪威、丹麦、芬兰、瑞典、瑞士、荷兰等国于1950年1—3月先后承认中国。对这些非社会主义国家，中国按照不同情况，用不同方式加以灵活处理，对其中极少数国家也采取了不经谈判即行建交的做法。另外，中国同印度和缅甸共同倡议将和平共处五项原则作为指导国际关系的准则，它对制止侵略，反对干涉他国内政，缓和紧张局势，保障亚洲和世界和平，具有重大意义。中国还于1955年积极参加在印尼万隆召开的亚非会议，中国代表团奉行"求同存异"的外交方针以及对万隆十项原则的支持，大大增进了世界对中国的了解和友谊，为进一步开展与亚非等国的友好合作关系创造了条件，使中国成为世界大家庭中受尊重的一员。

从20世纪50年代后半期起，周恩来总理在50年代末三次出访亚非拉国家过程中提出了中国同阿拉伯国家和非洲国家相互关系的五项原则。1955年的万隆会议本着求同存异原则，通过了团结反帝的纲领，显示了新兴民族独立国家的巨大力量，给不结盟运动以思想启示和政治推动。互相尊重主权、互不侵犯、互不干涉内政、平等互利与和平共处的和平共处五项原则进一步得到了亚非国家的广泛认同。

20世纪60年代，面对美苏双重挤压的国际环境，中国推行了"反帝反修"、"两面开弓"的外交政策。在两面对抗的同时中国又提出了团结

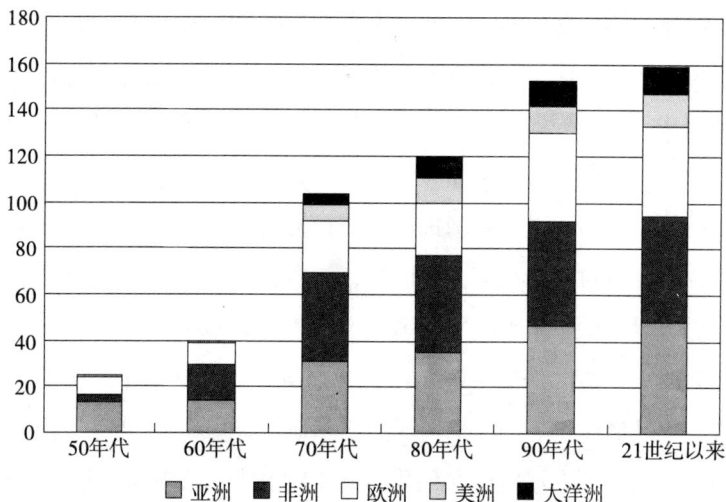

图1　各个时期与中国建交的累积五大洲国家

亚非拉第三世界国家的"一大片"外交战略。在与其他国家的建交比例中可以明显地看出非洲国家所占的比重。外交实践上表现为加大与亚非拉国家的联系，积极开展对这些国家的各项经济援助。中国在60年代不断加大对非洲国家的援助，学习苏联的援助模式帮助建设工厂、医院和学校等基础设施。

　　1964年1月16日，周恩来总理在结束了对加纳的访问之后向全世界宣布了《中国政府对外经济技术援助的八项原则》。八项原则的基本精神包括：平等互利；尊重受援国主权，绝不附带任何条件，绝不要求任何特权；中国以无息或低息贷款方式提供援助；帮助受援国走自力更生、经济上独立发展的道路；力求投资少，收效快；提供中国最好的设备和物资；帮助受援国掌握技术；专家待遇一律平等。这一时期中国政府抓住了20世纪50年代中期至60年代末期亚非拉民族解放运动蓬勃发展的有利时机，大力拓展同这些发展中国家的友好合作关系，这不但有助于化解"美苏共同反华"带来的外交困难，而且有利于进一步确立和增强中国在发展中国家的重要影响力，进而为恢复联合国合法席位打下了坚实的基础。

进入 20 世纪 70 年代，世界成多极化趋势发展，中国在外交方面也表现出了很大的积极性，世界对中国的接纳力大大增加，从而出现了建交出现高峰期。

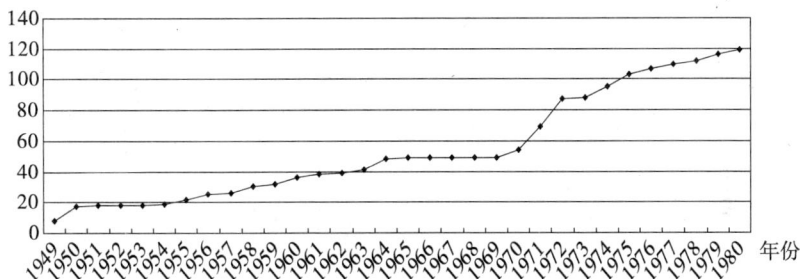

图 2　20 世纪 80 年代前中国建交国家累积总数

这时候国际政治格局各种力量加速分化组合，挑战两极格局的多极化趋势日益明显；西欧国家联合自强，独立自主势头明显；第三世界以集体力量登上历史舞台，争取建立国际政治经济新秩序。毛泽东提出"一条线，一大片"的对外战略，即按照大致的纬度画一条线连接从美国到日本、中国、巴基斯坦、伊朗、土耳其和欧洲的战略线，团结这条战略线以外的国家，共同抗衡苏联。这个时期的外交成就首先是实现了与美国关系的缓和。1979 年 1 月 1 日，两国正式建立外交关系。在中美关系正常化的过程中，中日关系也取得突破性进展。1978 年 8 月 12 日，中日两国政府在北京正式签署了《中日和平友好条约》规定双方在和平共处五项原则的基础上"发展两国持久的和平友好关系"。在中美建交的推动下，中国与西欧、加拿大、澳大利亚、新西兰关系得到全面发展。随即出现了中国同西欧国家建交高潮，1970 年至 1972 年间，中国先后同意大利、奥地利、比利时、冰岛、马耳他、希腊、德意志联邦共和国和卢森堡建立了外交关系，中英和中荷外交关系由代办级升为大使级，还于 1973 年和 1979 年先后与西班牙和葡萄牙、爱尔兰建立了外交关系，基本上完成了同西欧国家的建交过程。在经济技术合作方面，中欧双方签订了一系列的经济技术合作协定，双边贸易不断增长。1978 年 4 月，中国与欧共体签订了第一个贸易协定，并在此框架内于 1979 年建立了中欧经济贸易混合委员会机制。

这个时期，毛泽东还提出了著名的"三个世界"理论。该思想是中国外交努力超越意识形态的局限，重新回到以国家安全和国家利益为最高原则的标志。1971 年 10 月 25 日，纽约联合国第二十六届大会表决"两阿提案"，结果以 76 票赞成、35 票反对、17 票弃权的"两阿提案"通过了中国在联合国的席位。在 76 票的赞成票中，有 52 票是亚非拉国家的，其中非洲国家就占 26 票。中国恢复联合国席位极大提高了中国在国际事务中的发言权。

二、改革开放时期的外交战略"大调整"

在 20 世纪 70 年代中后期，邓小平提出了和平与发展的时代主题，在这个基础上开始了改革开放的伟大设计。在对外关系上，中国更加强调国家的战略发展利益，同时强调既要着眼于自身长远的战略利益，又要尊重对方的利益。

20 世纪 80 年代，通过对新中国成立后 30 多年外交实践的总结与反思，中国外交政策开始了宽幅度多层次的"大调整"阶段。这个时期，外交工作的开展与国家自身经济建设紧密结合起来，"独立自主"外交政策被赋予了新的内涵。中国领导人提出不以社会制度和意识形态的异同定亲疏，明确将国家利益原则作为中国外交的最高原则。在改革开放后的十年里，中国与美国的关系更加密切，双方领导人互访频繁。1982 年 8 月17 日双方签署的《八一七公报》解决了中美 70 年代建交时所遗留的问题，为中美关系进一步发展开辟了道路。中苏关系自 1989 年戈尔巴乔夫访华后实现了正常化，双方签署了《中苏联合公报》，表示结束过去，开辟未来。中国同民主德国、波兰、匈牙利、捷克斯洛伐克和保加利亚实现关系正常化，自1982年起中国政府本着"独立自主、完全平等、互相尊重、互不干涉内部事务"四项原则处理党际关系；以"相互谅解、相互尊重、求同存异、平等互利"原则指导国与国的关系，先后与东欧5国实现互访，双边关系进入全面发展时期。同样在这十年里，中国与欧共体、西欧各国从战略高度和经济利益出发更进一步地发展多边关系。1983年11月，继1975年同欧共体建交后，中国政府又与欧洲煤钢联营、原子能共同体建立了正式关系，从而实现了与欧共体的全面建交。1985年5月随着中国改革开放过程的深入以及中欧经贸关系的发展，双方签订了涉及面更广的长期经贸委员会。中欧经贸关系取得迅速的发展。1975年，双方进出口贸易额为23亿美元，1989年进一步增加到235.1亿美元，是建交时的10倍多。[①]

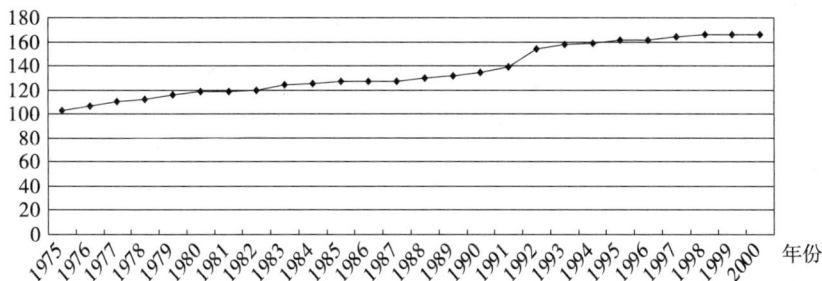

图3　改革开放时期中国建交国家累积总数

中国在不断完善与已建交国家关系的同时还不断扩展与世界其他不同地区国家建立外交关系。这些国家分布在大洋洲、美洲、非洲、亚洲（见图1）。中国放弃"一条线"战略，不再鼓动和支持世界革命、不再以社会制度和意识形态画线，与世界各国改善和发展了友好的合作关系。由

---

① 参见薛君度、周荣耀主编：《面向21世纪的中欧关系》，中国社会科学出版社2000年版，第105页。

此带来的和平稳定的发展环境的改善更加促进了中国经济的发展从而深化了中国与其他国家的经贸往来。

表 1　中国货物进出口总额

（单位：亿美元）

年份	1990	2000	2005	2006	2007
世界	69990	131830	213420	245410	281940
中国	1154	4743	14219	17604	21737
中国香港	1671	4167	5923	6584	7195

表 2　中国服务贸易进出口总额

（单位：亿美元）

年份	1990	2000	2005	2006	2007
世界	7805	14833	24694	27657	32573
中国	57	301	739	914	1267
中国香港	181	404	637	723	818

（资料来源：世界贸易组织数据库）

在复杂多变的国际政治经济条件下，中国坚持多边主义、积极促成集体行动，从而有效应对全球化带来的各种各样的挑战。以中国参与联合国事务为例：中国恢复在联合国合法席位初期，不赞成联合国介入其他国家内部冲突。而且在当时，中国对维和的立场是：不赞成派遣联合国维持和平部队，不承担义务，投弃权票或者不参加投票。[①] 进入 20 世纪 80 年代以后，随着国际和国内形势的发展，中国对联合国有了更深入的了解，清楚地意识到：尽管联合国还有很多缺点，但是联合国所肩负的历史使命和它对世界的影响是任何一个组织或者国家不可能取代的。

中国对联合国的态度逐渐向"积极主动，逐步深入"上进行转变。中国对联合国维持和平行动的态度也发生了明显的变化。冷战结束后，国

①　参见《中国代表团出席联合国有关会议文件集》，世界知识出版社 1978 年版，第 18 页。

表3 不同时期《人民日报》关于联合国类文章的总数

篇数 年份	1949—1971 年	1972—1989 年	1990—2006 年
联合国类文章总数	76	2314	3226
各类文章总数	25413	402895	409381
所占比重	2.99‰	5.74‰	7.88‰

（资料来源：赵磊：《建构和平：中国对联合国外交行为的演进》，九州出版社2007年版）

际形势变幻莫测，新老问题交错复杂，在这种形势下，中国坚持主张："在全球化深入发展和各国依存不断加深的情况下，只有坚持多边主义、采取集体行动，才能有效应对威胁和挑战。联合国是实践多边主义的最佳场所，因此需要不断地加强和维护。"

除此之外，中国外交还不断呈现出多样化的态势，包括：政治外交、经济外交、文化外交、教育外交、科技外交、军事外交、公众外交等各种形式。这些外交成果都不同程度地体现在中国对外贸易的快速增长上。1980年中国的对外贸易进出口总值为381.4亿美元，至2008年达25616.3亿美元，中国同各国合作的规模、深度和广度前所未有。形成一种"中国离不开世界，世界离不开中国"的局面。

而这些外交成就是建立在中国对和平与发展的时代判断基础上的。没有和平就没有发展。中国的外交政策也只有在顺应了这种大势的前提下才得以贯彻。1985年6月，中国裁军100万，同时将大批军工生产转民用生产，把大批军用机场、港口和铁路等设施转为民用或军民合用。1978—1988年的11年间，中国的军费开支占国内生产总值（GDP）比例呈逐年下降的趋势。1978年为4.63%，1980年为4.29%，1983年为2.98%，1986年为1.09%。① 只有在一个和平的世界环境中，中国才能实现自身

① 参见中共中央党史研究室第三研究部：《中国改革开放史》，辽宁人民出版社2002年版，第137—138页。

综合实力的发展和人民生活水平的提高。中国的发展不是以牺牲别国的利益为基础的。中国的发展有助于世界和平与繁荣。

20 世纪 90 年代，随着中国在国际舞台上不断地成熟，外交方式也不断地丰富起来。邓小平指出，中国面临的首要问题是把自己的事情搞好。在对外政策上，要不当头、不扛旗、不树敌、超越意识形态。这一系列的概念，成为了 90 年代前半期中国外交的基本战略。在这一外交战略的指导下，中国外交很快走出了苏东剧变的阴霾，稳妥地处理了罗马尼亚事件、苏联的"八一九"事件，抓住时机积极发展同东欧及中亚新独立国家的关系，在地区冲突中采取超脱的立场和态度，并逐步打破了西方国家的制裁。由此，中国外交又迈向了一个全方位的新局面。

三、新时期多元化外交彰显大国风范

到了新世纪，衡量中国对外交往程度在发展建交国家关系和深化对外经济往来的基础上更加强调软实力外交。据 2008 年版《中国外交》白皮书记载，截至 2007 年年底，中国已经同世界 170 个国家建立了外交关系，参加了 100 多个政府间国际组织，签署了近 300 个国际条约。

在参与国际活动的过程中，秉承自己的外交理念，按照国际社会的要求，积极地参与各项国际事务。通过各种国际组织，发挥自己的比较优势。在 20 世纪 80 年代恢复了世界银行的席位，在 2001 年加入了世界贸易组织，种种成就都开启了中国在经济、文化、安全等各个方面多边合作的平台。截至 2008 年 4 月，中国是安理会 5 个常任理事国派出维和部队最多的国家。在朝鲜核问题上多次成功主持六方会谈，使矛盾降低到最低限度；在伊朗核问题上，坚持以谈促和的原则，通过和平的外交途径解决问题。在安全领域，中国一贯坚持互信、互利、平等、协作的新安全观。在处理边界纠纷的问题时，中国能够在坚持不损害国家核心利益的前提

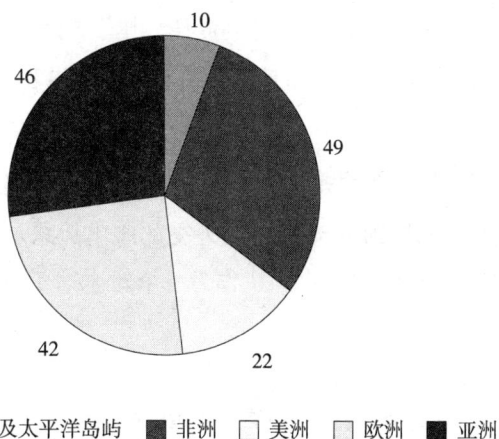

图4　截至2007年中国与不同地区国家建交数量比例

（资料来源：人民网，驻外使馆和使团资料库，http：//world. people. com. cn/GB/8212/80752/index. html）

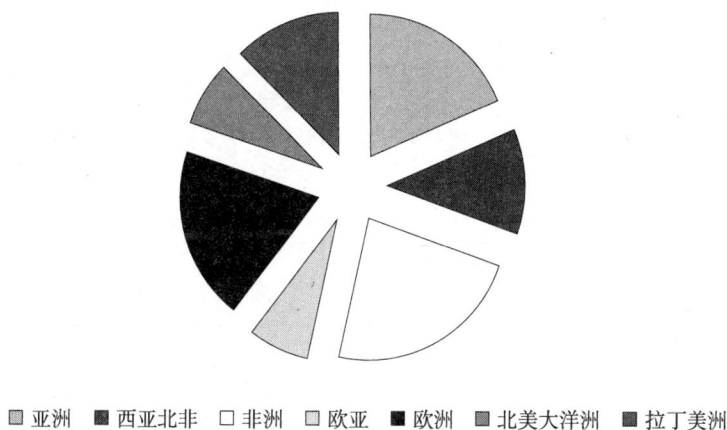

图5　截至2009年中国在世界各地区设立大使馆数量比例

（资料来源：人民网，驻外使馆和使团资料库，http：//world. people. com. cn/GB/8212/80752/index. html）

下，"搁置争议，共同开发"，中国外交的发展也不断地转变成以塑造负责任大国为目标。随着全球化日益发展，没有哪一个国际问题只是涉及两个国家，多边外交发展已成趋势。这也必将为中国和谐世界理念的不断实现提供了一个平台。做一个"负责任大国"的深刻含义就在于：中国不仅要把自己的事情办好，而且也要关心整个世界和全人类的福祉。判断一国是否具有"大国身份"的重要评判标准就是看"其他大国是否视中国为大国"。20 世纪 90 年代后，俄罗斯是最早承认中国"大国地位"的国家。继俄罗斯之后则为法国。1997 年江泽民访美期间，美国总统克林顿在欢迎国宴中致辞说："中国正作为一个对全球负责任的大国对国际社会的发展做出重大贡献。"

表4　中国主要指标居世界的位次

指标	1978	1980	1990	1995	2000	2003	2004
国土面积	4	4	4	4	4	4	4
人口	1	1	1	1	1	1	1
平均预期寿命①	75(169)②	77(173)	83(186)	85(188)	88(190)		
国内生产总值（美元）	10	11	11	8	6	7	7
人均国民总收入(美元)①	175(188)	177(188)	178(200)	157(205)	141(207)	134(207)	
进出口贸易总额(美元)	27	25	16	12	8	4	3
出口额	28	28	14	12	7	4	3
进口额	27	22	17	12	9	3	3
外来直接投资（美元）		60	12	2	9	2③	
外汇储备（美元）	40	37	7	2	2	2	2
人文发展指数①			79(160)	106(174)	96(173)		

注：①括号中所列为排序资料的国家和地区数。
　　②1977 年数。
　　③若资本过境国卢森堡除外，中国居第一位。

（资料来源：联合国粮农组织数据库；联合国统计司数据库；世界银行数据库；国际货币基金组织数据库；联合国开发计划署：《人文发展报告》（2005 年））

中国在国际社会中经历了 60 年的历练早已从四处碰壁的新兴社会主义国家转变成了经验丰富的外交大国。从国家领导人的对多边活动的参与程度可以看出中国不断提升的大国自信。从 1949 年到 1978 年中国领导人出席多边外交活动大约是 6 次，而在 2005 年，中国领导人出席多边外交活动多达 13 次。

虽然中国还是发展中国家，还依然面临着很多发展的问题。但是，中国坚持的是可持续的发展战略，寻求与其他国家的和谐共赢。如何在国力崛起的过程中实现与其他国家的和谐相处，如何客观的根据自己的实力承担国际社会的共同责任相应地也都变成了中国外交决策的主要考量因素。

中国离不开世界。中国的改革开放和现代化建设，需要一个长期的国际和平环境，需要同各国发展友好合作关系。同时，世界和平与发展，需要中国的稳定和繁荣。全球化的今天，中国已不能是游离于国际社会之外独行侠，而应是"地球村"里维护和平与稳定、促进发展与繁荣的积极促进者。

中国让世界了解中国的方式不仅是中国的商品，更重要的是文化的宣传。中华文化是世界的，通过文化的交流才能使中国与其他民族国家更大程度上对共同面临的问题达成共识，共渡难关。而这种文化传播也成为了中国外交新的着眼点。只有通过文化和人文，才能使世界更客观地理解中国。2006 年，全年入境人数 12494 万人次，增长 3.9%。其中，外国人 2221 万人次，增长 9.7%；国际旅游外汇收入 339.5 亿美元，增长 15.9%，国内出境人数 3452 万人次，增长 11.3%，其中因私出境 2880 万人次，增长 146%，占出境人数的 83.4%。[①]

《中国外交》白皮书说，2009 年中国将大力开展"人文外交"，积极扩大对外文化、体育、旅游等领域的合作和民间交流。分析人士指出，"人文外交"曾是中国外交困难时期最重要的"武器"，不过现在已被赋予提升中国国家软实力的新任务，在这一方面，中国仍有很大潜力。

---

① 高树茂：《世界知识年鉴（2007—2008）》，世界知识出版社 2008 年版，第 8 页。

但毫无非议的是，软实力外交是建立在强大的国家经济和国防现代化的基础上的。随着中国综合实力的增强，中国在外交方面就更加侧重于影响力，通过履行"大国责任"进一步地提高自身在国际社会中的外交地位。其中，文化外交已经成为中国增强软实力的一个重要途径。2004 年 11 月 21 日，中国第一所海外孔子学院在韩国正式成立。在不到两年的时间里，全球新增 100 多所孔子学院，覆盖了 50 多个国家和地区。截至 2008 年年底，我国已在 78 个国家和地区建立了 305 所孔子学院和孔子课堂。汉语作为中华文化的载体，作为世界了解中国、与中国交往的重要工具越来越受到重视。到 2010 年，全球将建成 500 所孔子学院和孔子课堂。全世界孔子学院正以每 4 天诞生一所的速度增加。

2006 年 10 月，美国历史最悠久的智囊机构之一布鲁金斯学会设立了中国政策中心。现在汉语学习成为热门，参加汉语水平考试（HSK）的人数每年增加 40%—50%。根据联合国公布的 2005 年主要语言实力调查报告，汉语排名世界第二。截至 2007 年年底，中国出国留学人员数量已达 121.17 万人，成为世界最大的留学生派出国。2008 年中国以节约为理念，以人文、绿色、科技为宗旨成功举办了奥运会。

随着全球化趋势的增强，各种国际组织在多边外交中的作用越来越重要。中国加入的国际非政府组织数目从 1977 年的 71 个增加到 2003 年的 1406 个。根据国际协会联合会（UIA）的统计，中国加入政府间国际组织的数量从 1977 年的 21 个增加到 2003 年的 275 个，几乎加入了联合国体系中的所有重要的政府间组织。中国参加国际公约的数量从 1979 年的 34 个增加到 2007 年的约 500 个。中国在参与多边规则的制定过程中，维护自身利益，有条理地建设世界政治经济新秩序。2006 年，上海合作组织成员国元首理事会第六次会议、中国—东盟建立对话关系 15 周年峰会、中非合作论坛北京峰会在一年之内集中举办，彰显了新世纪中国作为多边外交的积极参与者和主导者的大国形象。

2005 年 9 月 15 日，联合国成立 60 周年首脑会议举行第二次全体会议，国家主席胡锦涛出席会议，并发表了题为《努力建设持久和平、共同繁荣的和谐世界》的重要讲话。中国常驻联合国代表于红在第62届联合国大会第五次委员会上表示，2007年中国共须缴纳联合国会费和维和摊款等各项费用2.7亿美元，比2006年增长42%。中国2007—2009年应承担的联合国会费分摊比率由原来的2.05%上升到2.67%，上涨幅度在各国中位居前列。中国克服自身困难及时缴纳联合国各种费用，以实际行

表5　联合国常任理事国缴纳会费比例（1998—2007年）

国家	1999年	2000年	2001年	2002年	2003年	2004年	2005年	2006年	2007年
中国	0.973	0.995	1.541	1.545	1.532	2.053	2.053	2.053	2.667
美国	25.000	25.000	22.000	22.000	22.000	22.000	22.000	22.000	22.000
俄罗斯	1.487	1.077	1.200	1.200	1.200	1.100	1.100	1.100	1.200
英国	5.090	5.092	5.568	5.579	5.536	6.127	6.127	6.127	6.642
法国	6.540	6.545	6.503	6.516	6.466	6.030	6.030	6.030	6.301
总计	39.090	38.709	36.812	36.840	36.734	37.310	37.310	37.310	38.810

（资料来源：Anjali V. Pati l, *The UN Veto in World Affair*（*1946—1990*）：*A Complete Record and Case History of the Security Council Veto*, Sarasota, Fla.：UNFIO &Mansell, 1992; Sydney. D. Bailay, *The Procedure of the Security Council*, pp. 202 – 209; http：//www. un. org 联合国安理会会议部分）

表6　中国1949年1月到2007年3月形式否决权的情况

问题领域	1949—1971年	1972—1989年	1990—2007年	合计
和平解决争端	0	1	3	4
会员国的加入	1	0	0	1
选举秘书长	2	17	0	19
合计	3	18	3	24

（资料来源：Anjali V. Pati l, *The UN Veto in World Affair*（*1946—1990*）：*A Complete Record and Case History of the Security Council Veto*, Sarasota, Fla.：UNFIO &Mansell, 1992; Sydney. D. Bailay, *The Procedure of the Security Council*, pp. 202 – 209; http：//www. un. org 联合国安理会会议部分）

动履行对联合国的财政义务，再次向全世界展现了一个"负责任大国"

形象。

除此之外，中国在提升自身大国形象的过程中确实给世界其他国家带来了实惠。中国通过各种对外援助，给予身处困境的国家以帮助。中国对外援助始于 1950 年。截至 2003 年年底，接受中国援助的国家已达 146 个。自 1983 年以来，中国向 100 多个国家和 10 多个国际及区域组织提供了技术援助。共举办各类技术培训班 264 多期，培训技术人员 6500 多人，涉及农业、畜牧业、渔业、小水电、机械、能源、医疗卫生、环保、气象、沙漠治理、粮食加工等几十个专业。此外，自 1998 年至 2003 年年底，中国政府还为发展中国家举办了 35 期"经济管理官员研修班"，共有来自 106 个国家的 751 名经济管理官员参加研修活动。

2006 年 8 月 21—23 日，中央外事工作会议在北京举行，胡锦涛在讲话中指出：随着国家实力的增长适当增加对外援助，尤其要支持发展中国家加快发展，改善人民生活。由此，中国政府将对外援助纳入提升国家软实力工作的整体框架，为解决世界南北矛盾的问题从而维护世界和平发展起到了积极的推动作用。

2006 年进出口总额 17607 亿美元，比上年增长 23.8%。其中，出口 9691 亿美元，增长 27.2%，进口 7916 亿美元，增长 20.0%。一般贸易和加工贸易的出口大于进口，分别比上年增加 831 亿美元和 1889 亿美元。在进出口总额中，外商投资企业的出口额为 5638 亿美元，增长 26.9%。进口额 4726 亿美元，增长 22.0%。对外出口千亿以上的国家和地区有：美国为 2035 亿美元，比上年增长 24.9%；欧盟为 1820 亿美元，增长 26.6%。中国香港为 1554 亿美元，增长 24.8%；对外进口千亿美元以上的国家是日本为 1157 亿美元，增长 15.2%。2006 年新设立外商直接投资企业为 41485 家，比上年下降 5.8%；实际使用外商直接投资金额为 694.7 亿美元，下降 4.1%。其中制造业所占比重为 57.7%。全年对外直接投资额（非金融部分）为 161 亿美元，增长 31.6%。全年对外承包工程完成营业额 300 亿美元，增长 37.9%；对外劳务合作完成营业额 54 亿美元，增长 12.3% 。①

中国外交随着科研的发展也不断地和世界各国外交理念接轨。中国近十年的国际关系学科的发展也为外交提供了大量的智力支持。1995 年以后的十年是中国国际关系发展最快的十年。1995 年之前，中国只有很少的大学开设国际关系学院或国际关系系所，如北京大学、复旦大学、中国人民大学、外交学院、国际关系学院等。但十年后，中国已经有近 50 所大学开设国际关系、国际政治或外交学专业。60 多所大学设立国际关系学院或系所以及国际关系研究院以及与国际关系相关的各种研究中心。

中国综合国力在增长，全球化也以前所未有的速度不断地推进，中国外交的成长不断地推动着中国与世界更加深入地相互影响。60 个春秋，中国的和平事业通过外交这个平台不断地向前推进。家和万事兴，中国人和谐理念是这个民族发展壮大的精神基础。追求和谐世界理想的中国外交在明日的外交舞台上也必将会以自己的行动来诠释一个文明古国的复兴。

（执笔人：黄蕊）

① 参见高树茂：《世界知识年鉴（2007—2008）》，世界知识出版社 2008 年版，第 7 页。

法制建设，文明之路

一个国家的文明程度，可以从多个角度去体现，既包含物质文明，也包含精神文明，更要有政治文明，而法制建设是国家政治文明的集中体现。新中国成立以后，在打碎旧的国家机器、废除旧的"法统"的基础上，开始了人民共和国的法制建设。60年以来，特别是改革开放30年以来，党中央、国务院十分重视法制工作在建设中国特色社会主义中的地位和作用。政府法制工作在抓紧立法、清理法规、加强立法工作制度建设、加强法制机构自身建设、增加法律服务设施建设等方面做了大量工作。随着中国特色社会主义事业的不断发展，我国社会主义法制建设无论在理论上还是实践上，都取得了历史性成就。1997年依法治国基本方略的提出，更是加快了我国社会主义法制建设的步伐，且促成中国特色社会主义法律体系的基本形成。回顾我国法制建设的60年，我们不仅可以清楚地看到我国立法工作取得的巨大成就，更能看到我国人民法律意识的增强，充分体现了社会主义制度的优越性。在邓小平理论伟大旗帜和科学发展观的指引下，把握好依法治国与党的领导等各方面的关系，才能保证我国的法制建设稳步前进。

一、中国立法模式的变迁

立法作为一种创制和发现规则的活动，受近代人民主权和民主理念的影响，成为代议机关的一项主要职能。各国乃至一国不同阶段的代议机关在行使立法权过程中，因具体国情下的国家治理形式、政治运行机制、经济发展特点及历史文化惯性之差异，反映出其不同运作模式下的价值侧重。其中，有两种互为矛盾的价值，统一于任何立法过程之中，即法的适应性与法的安定性。适应性价值彰显于社会变迁、演进激烈而迅速的时代环境，突出立法主动地推动和顺应时情演变的功能，以完成制度转型过程的跨越式发展。安定性价值意在"可持续"三字，即在制度构建和结构转型已经趋于稳定、成熟的条件下，倚靠法律发展自身所蕴蓄的民主性与协衡性的充分释放来促进民间自发力量的积累和表达，使社会在非变革性微调中不断进行良性制度因素的积累，实现持续发展。依照对上述二种价值的不同侧重，立法在发展模式上可分为两类："变革性立法"和"自治性立法"。前者以适应性价值为核心，后者强调法的安定性基础。

而我国现行的人民代表大会制度，是代议民主制度同我国具体的民主实践相结合的产物。行使立法权是人民代表大会最重要的活动内容。不过现行人大立法制度的形成并非一步到位，而大体经历了三个阶段。每个阶段都标示着在不同时期的政治、经济和文化条件下，我国立法指导思想和操作程式上的调整。

1954—1956年为人大立法的初始阶段，这一阶段的立法围绕国家政权和机构建设而展开。该阶段的立法出现了两大里程碑式的事件：第一届全国人大一次会议隆重召开和中国历史上第一部社会主义宪法诞生。在1954年召开的一届全国人大一次会议，通过了《中华人民共和国宪法》、《中华人民共和国全国人民代表大会组织法》、《中华人民共和国国务院组

织法》、《中华人民共和国地方组织法》、《中华人民共和国法院组织法》
以及《中华人民共和国检察院组织法》等一系列重要法律。1957—1976
年是人大立法罹遭严重挫折的停滞阶段。在此阶段，唯一享有国家立法权
的全国人大除通过了 1975 年《中华人民共和国宪法》外，未制定一部法
律。同时人大的自身活动也脱离常轨，自 1965 年 2 月至 1974 年 12 月，
全国人大竟未召开一次会议。1959 年后全国人大常委会的工作人员仅剩
100 多人。1978 年至今是人大立法的快速成长阶段，此阶段中为适应改革
开放和现代化转型的需要，人大全面加快立法工作的步伐，一个包含宪
法、行政法、民商法、经济法、社会法、刑法、程序法等基本部门法以及
游离于基本部门法之外的其他法的集群的体系逐步完备成型。

下面通过法规数量来看我国立法取得的成就。从 1949 年到 2001 年，
我国出台国家级法规数据 41860 余件，地方法规数据 34480 余件，合计
76000 余件，2.9 亿字。尤其改革开放以后，法律法规数量更是激增，从
1978 年至 2003 年年底，全国人大及其常委会制定的法律及法律性文件共
400 多件，国务院制定的行政法规达 800 多件，地方人大及其常委会制定
的地方性法规近 8000 件，部门规章和地方政府规章约 30000 件。

二、律师事业蓬勃发展

在我国法制化进程中，律师事务所与律师是不可或缺的要素，它们的
发展历程正是我国法制化建设的有力见证。我国律师制度主要经历以下几
个阶段：（1）1949 年到 1957 年，律师制度的起步阶段。新中国成立后，
废除了国民党的六法全书和旧法统，并于 1950 年 12 月，由中央人民政府
司法部发出了《关于取缔黑律师及讼棍事件的通知》，命令取缔了国民党
的旧律师制度，解散了旧律师组织，停止了黑律师的活动。虽然在 1950
年 7 月，中央人民政府政务院在公布的《人民法庭通则》中规定："应保

（单位：件）

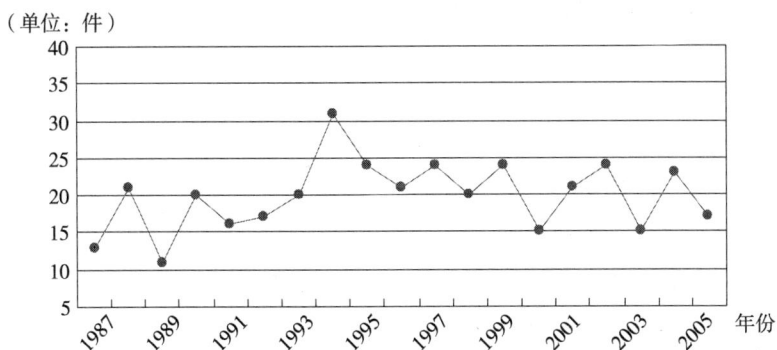

图 1　1987—2005 年全国人大及其常委会通过法律和关于法律问题的决议数
（资料来源：《中国法律年鉴》编辑部：历年《中国法律年鉴》，中国法律年鉴出版社出版）

障被告人有辩护和请人辩护的权利"，但在 1949 年至 1954 年间，律师制度基本上是被否定的。1954 年 7 月，中央人民政府司法部发出的《关于誓言法院组织制度中的几个问题的通知》是新的律师制度的重要开端，标志新的律师制度的正式开始建立。该通知指定北京、天津、上海、沈阳等地先行试办法律顾问处，以便通过试点，在全国推行律师制度。1954年，颁布的我国第一部《宪法》明确规定，被告人有权获得辩护。从1955 年开始，全国各地许多市县都开展了律师工作，逐步建立起我国的律师队伍。1956 年 1 月，司法部向国务院提出《关于建立律师工作的请示报告》，建议通过国家立法正式确认律师制度。到 1957 年 6 月，全国已有 19 个省、自治区、直辖市成立了律师协会筹备会，共有法律顾问处817 个，律师 2878 人。（2）"文革"前的 10 年，律师制度曲折发展阶段。1957 年夏季到 1966 年"文革"前的 10 年，是司法制度同时也是律师制度曲折发展的 10 年。由于"左"倾错误思想对法律制度的干扰导致了不但错误地批判宪法中重要司法原则和制度，也批判了律师制度。1958 年"大跃进"中刮起的"共产风"和"浮夸风"，使司法机关办案不再遵循法律程序，而是"一长代三长"、"议员顶三员"的做法，致使法院"名存实亡"。律师制度推行两年便化为乌有。（3）"文革"十年，律师制度荡然无存。"彻底砸烂公、检、法"反动口号的抛出，使全国各级司法机构遭到严重破坏。所谓的"群众专制"，不经任何法律程序，擅制实行侦查、控告、审讯、判决、监禁、行刑等权力，使全国陷入无法无天的混乱境地。（4）律师制度的恢复阶段。我国律师制度几经反复，到1979年年底才恢复。这一年颁布的刑法、刑事诉讼法、人民法院组织法等7个法律，系统规定了被告人享有辩护权及律师参加刑事辩护的基本原则，并从1979年下半年开始了律师制度重建工作。1980年8月26日，五届全国人大常委会第十五次会议通过并颁布了律师暂行条例。这是中国社会主义司法史上第一个有关律师制度的法律。到1986年年底，全国律师工作机构1298个，律师21546人，98％的市、县设立了法律问事处。同年，国务院批准举办全国律师资格考试。通过下图，来看改革开放以后，我国律师事业的发展，统计数据显示，1982—2007年间我国从事律师工作人员数整体上保持增长态势，其数量由1982年的11389人迅速增加到2007年的143967人，增长近12倍。从律师事务所数量上来看，其数量由1982年的2350所增加到2007年的13593所，增长了近5倍，从这当中我们足以看到我国法制化进程中取得了骄人的成绩。

三、人民公证意识显著提高

公证意识，是人们关于公证法规及公证法律现象的认识、思想、观点和心理活动的统称。它是我国社会主义法律意识的重要层次和领域。早在新中国成立前，在哈尔滨、沈阳、上海等城市随着人民政权的建立相继开始办理公证业务。根据当时的具体情况，公证业务活动主要是证明结婚、离婚、收养子女、委托书和契约等。新中国成立后，为了保护国家财产，有利于资本主义工商业的社会主义改造，地方性公证法规和地方人民政府

（单位：万人）

（单位：千所）

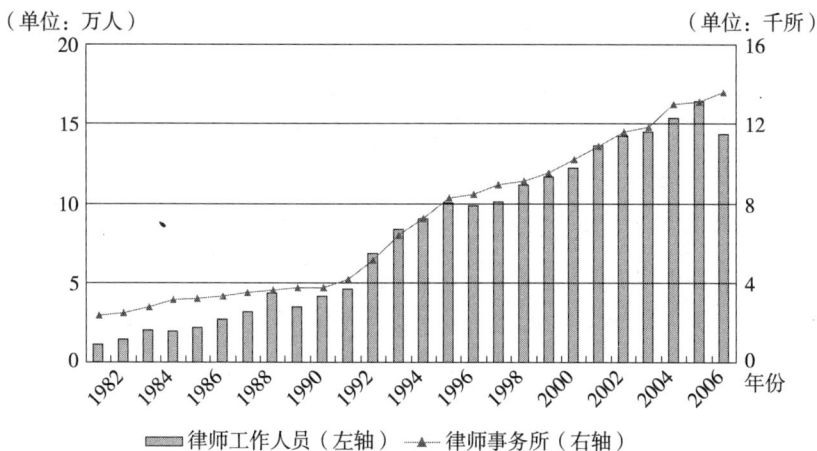

图2　1982—2007年我国律师事务所及从事律师工作人员数的变动趋势图

（资料来源：国家统计局编：历年《中国统计年鉴》，中国统计出版社出版）

的决定，都规定了办理公私经济合同公证为公证工作的首要任务。1953年4月，第二次全国司法工作会议讨论并肯定了司法部《关于建立与加强公证工作的意见》，明确提出了当时公证工作的重点是办理公私合同的公证。1956年7月10日，国务院第二十九次全体会议决议同意《司法部关于开展公证工作的请示报告》，明确了公证的性质、公证机关的任务和建制，决定在直辖市和30万人口以上的城市设立公证处。由于中央和地方各级政府的支持，公证组织相继建立，公证事业蓬勃发展。1957年以后，由于"左"倾思想的影响，错误地认为"公证经济合同已完成了历史使命"，并认为"共产主义思想大普及"，于是除少数几个大城市基于国际惯例由人民法院兼办一些涉外公证外，对国内公证概不办理。"文革"10年间，连涉外公证也几乎取消。1978年以后，公证工作才开始恢复。1980年2月15日，司法部发出《关于逐步恢复国内公证业务的通知》。1982年4月13日，国务院发布了《中华人民共和国公证暂行条例》，这是我国公证制度最重要的一部法律，也是一部全国性的公证法规。

下面从公证文书办理数量来看自1980年我国公证制度恢复和重建以来公证事业所取得的成就。统计数据显示，自1982年至2007年的26年间，我国办理公证文书数量整体上呈现上升态势，由 1982 年的 75.5 万件升至 2007 年的 971.4 万件，增加了近 13 倍，可以看出我国公民通过公证程序寻求法律保护的意识逐渐加强，这反映出我国法制建设取得了很大的成效。具体来看，我国公证工作大致经历了 3 个不同的阶段：1982—1999 年间，是我国办理公证文书数量迅速增长的阶段，并在 1999 年该数值达到最大为 1644.6 万件；2000—2002 年是办理公证文书数量减少的阶段，其数量逐年递减并降至 2002 年的 1004.5 万件；自 2003—2007 年是办理公证文书数量较平稳的阶段，该阶段其数量基本维系在 1000 万件水平上下。可见，人们对公证这一法律现象的认识有显著提高。

（单位：万件）

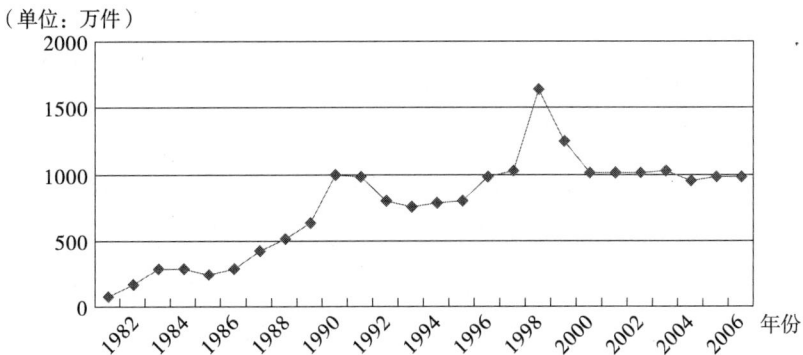

图 3　1982—2007 年我国办理公证文书数量的变动趋势图

（资料来源：国家统计局编：历年《中国统计年鉴》，中国统计出版社出版）

四、"民告官" ——尽显民主突破

国家赔偿是指国家机关及其工作人员在行使职权的过程中，违法侵犯公民、法人或者其他组织的合法权益并造成损害，由国家承担赔偿责任的法律制度。国家赔偿制是高度民主化与政治文明的体现。我国于 1994 年 5 月 12 日第八届全国人民代表大会常务委员会第七次会议通过了《中华人民共和国国家赔偿法》，法律规定："国家机关和国家机关工作人员违法行使职权侵犯公民、法人和其他组织的合法权益造成损害的，受害人依照本法取得国家赔偿的权利。"自此，"民告官"开始有了法律依据，我国民主化进程与政治文明建设向前迈出了一大步。2009 年 6 月 22 日《中华人民共和国国家赔偿法》修订草案亮相十一届全国人大常委会第九次会议，将《中华人民共和国国家赔偿法》第二条修改为："国家机关和国家机关工作人员行使职权，有本法规定的侵犯公民、法人和其他组织合法权益，造成损害的，受害人有依照本法取得国家赔偿的权利。"《中华人民共和国国家赔偿法》作为"民告官"的法律，为疏通人民与国家关系、缓解人民与国家矛盾设置了良好的法律渠道，同时也大大促进了民主政治的发展，推进了我国法制的完善。

从实际数据来看，2002—2005 年，我国共审理国家赔偿案件 11891 件，其中决定赔偿案件 3817 件，并且决定赔偿案件数呈上升趋势，由 2002 年的 879 件增加到 2005 年的 941 件，增幅达 7.1%。

五、从信访看我国法制建设

信访是基层人民法院联系人民的桥梁和纽带，是了解各项审判活动的社会效果的窗口；更是一种为群众排忧解难的好方法；信访工作也是人民法院调解社会矛盾、维护社会团结和良好社会秩序的重要手段。早在 1954 年《中华人民共和国宪法》规定："中华人民共和国对于任何违法失职的国家机关工作人员，有向各级国家机关提出书面控告或者口头控告的权利。"当时，信访是解决行政争议的主要途径，而如今信访主要是弱势群体为实现其自身的经济利益而进行诉求。而内容更多的是关于生活、医

（单位：件）

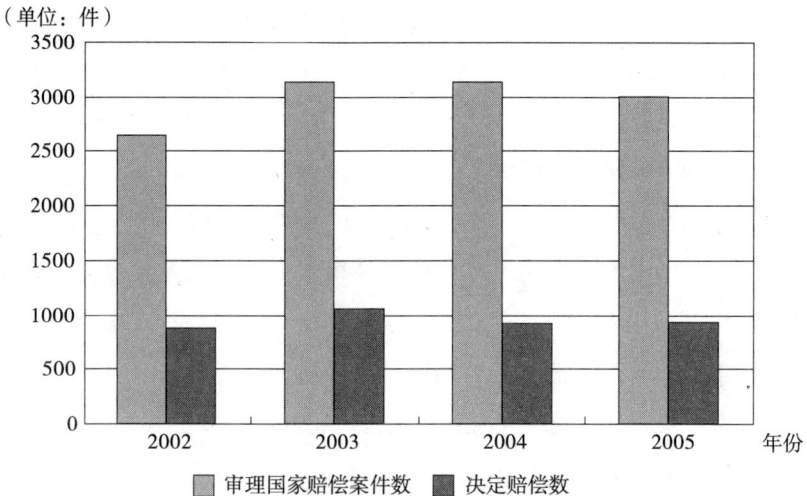

图 4　近些年来我国审理国家赔偿案件及决定赔偿情况

（资料来源：《中国法律年鉴》编辑部：历年《中国法律年鉴》，中国法律年鉴出版社出版）

疗和养老保障方面，民办教师和企业下岗工人家属是信访的主体。据我国公布的统计数据显示，1986—2005 年，我国受理信访件次总计达 1.48 亿件次，其中，法院信访达 1.34 亿件次，检察院信访达 0.15 亿件次。同时，我们还可以看到近些年来我国的信访事件整体上下降的趋势，一方面说明了人们愿意表达自己的愿望和不满，另一方面也体现了我国法制建设为人民提供了一个表达自己意愿的平台，人们的思想、言论不再受到社会和政府压制。这正是我国法制化建设取得的巨大的成效，也体现了我国民主文明程度的巨大提高。

综合上述，可以看出新中国成立 60 年以来，我国的法制建设取得了许多辉煌的成就，为我国社会主义建设尤其是政治文明建设贡献了巨大的力量，同时，我国法制事业的蓬勃发展也为构建和谐社会建设提供了保障。但我国距离成熟的法治国家尚有一段很长的路要走，仍需要我们在实践中做出艰苦的努力。

（单位：件次）   （单位：件次）

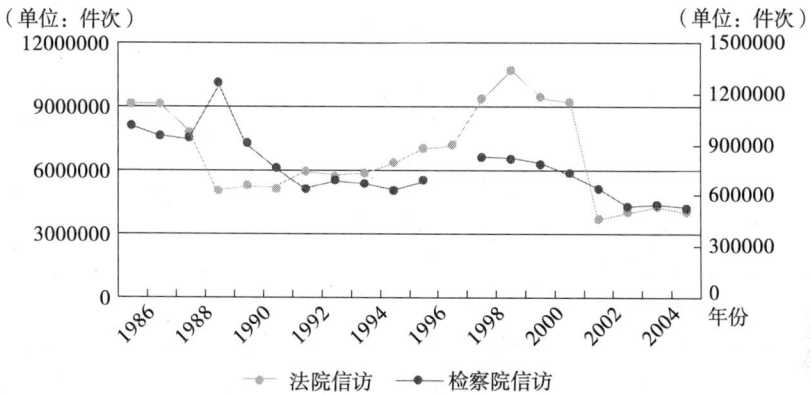

图5　1986—2005 年我国信访情况

（资料来源：《中国法律年鉴》编辑部：历年《中国法律年鉴》，中国法律年鉴出版社出版）

参考文献

1. 杨一凡、陈寒枫：《中华人民共和国法制史》，黑龙江人民出版社 1997年版。

2. 《中国法律年鉴》编辑部：历年《中国法律年鉴》，中国法律年鉴出版社。

（执笔人：闫伟）

医疗卫生，风雨历程

旧中国，由于贫困、战争、灾荒，中国人民的生存环境极差，鼠疫、天花、霍乱等传染病经常发生，广大劳动人民的健康得不到保障。雄鸡一唱天下白，新中国成立以后，从根本上改变了劳动人民缺医少药的状况，医疗卫生事业真正成为人民的事业。

60 年风雨历程，60 年艰苦奋斗的结晶。60 年来，在党和政府的领导下，我国医疗卫生事业取得了令人瞩目的成就。特别是改革开放以来，广大卫生人员认真贯彻执行党的工作方针，深化卫生改革，进一步加强了城乡卫生和预防保健工作，中西医并重，使得我国卫生服务体系不断健全，群众健康权益不断得到保障。60 年的卫生工作为保护和促进人民健康作出了重大贡献，对于促进我国社会主义现代化建设事业的发展发挥了重要作用。

一、人民健康水平显著提高

解放初期，我国经济落后，卫生状况差，人民健康水平低下。人口总死亡率在30‰以上，婴儿死亡率高达200‰，孕产妇死亡率1500/10 万，平均预期寿命仅为35 岁。新中国成立以来，由于疾病防治工作的卓越成

效，城乡居民死亡率尤其是婴儿死亡率显著下降，平均寿命延长。到改革
开放初期平均寿命提高到 67.3 岁，总死亡率下降至 6.34‰，此后一直维
持在这一稳定水平，婴儿死亡率下降至 34.7‰，孕产妇死亡率下降至
94.7/10 万；2007 年，婴儿死亡率下降至 15.3‰，孕产妇死亡率下降至
36.6/10 万，平均期望寿命 73 岁左右。

（单位：%）

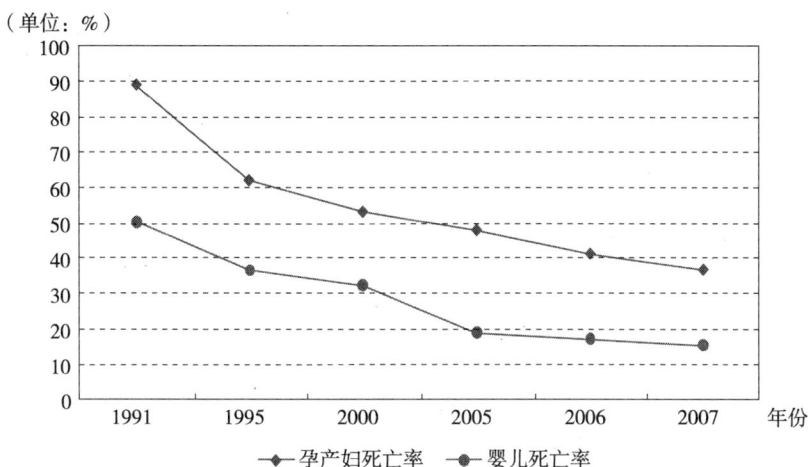

图1　新中国成立以来我国婴儿及孕产妇死亡率情况

（资料来源：卫生部编：《中国卫生统计年鉴·2008》，中国协和医科大学出版社
2008 年版）

人民健康水平的提高还表现在居民营养状况的改善，儿童和青少年生
长发育的提高。解放初期，人民的温饱问题尚未解决，更谈不上营养，热
量摄入为 2060 千卡，蛋白质摄入量仅为 57 克，而发达国家人均能量摄入
为 3300—3500 千卡、蛋白质为 100 克左右。到改革开放初期，温饱问题
有了很大提高，热量摄入为 2485 千卡，营养也有很大改善，蛋白质摄入
量为 68 克。之后的 20 年间，热量及蛋白质摄入一直维持在稳定水平。

同时营养状况的改善在很大程度上提高了儿童和青少年的身高、体
重。20世纪80年代我国0—7岁儿童各年龄组平均身高比70年代增加了

表 1   国民期望寿命

年份	资料来源	期望寿命（岁）
解放前		35.0
1957	11 个省、市的 70 个市、1 个县和 126 个乡	57.0
1973—1975	全国人口三年肿瘤死亡回顾调查	65.0
1981	全国第三次人口普查	67.9
1990	全国第四次人口普查	68.6
2000	全国第五次人口普查	71.4
2005	世界卫生统计	73.0

（资料来源：卫生部编：《中国卫生统计年鉴·2008》，中国协和医科大学出版社 2008 年版）

1.1 厘米，体重增加了 0.26 公斤，90 年代继续有所增加。1995 年与 1979 年相比较，7—18 岁各年龄组城市男性身高增加了 1—4 厘米，体重增加了 2—5 公斤；农村男性身高增加了 3—7 厘米，体重增加了 2—7 公斤；城市女性与男性基本一致，农村女性则慢于男性的增长。

二、卫生服务能力明显增强

解放前，我国卫生机构、设施和人员基本集中在城镇，且设备条件差，医疗水平低，医疗费用昂贵，广大农村地区则缺医少药。1949 年全国的医疗机构总数仅有 3670 家，卫生机构仅有医疗病床 8.5 万张，卫生人员有 54.1 万人，每千人口医院床位 0.15 张。

新中国一成立，人民政府就迅速接管和改造了旧有的医疗卫生机构，并大力改善医疗机构的设施，大力培养卫生人员，彻底扭转了医疗事业只为少数人服务的方向。到 1961 年卫生机构数已发展至 26.91 万家，卫生机构床位数 91.6 万张，"文革"严重阻碍了卫生事业的发展，卫生资源

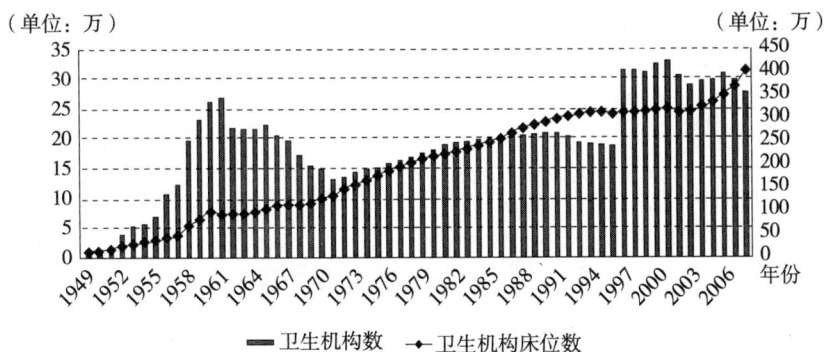

图2　卫生机构及卫生机构床位数发展情况

（资料来源：卫生部编：《中国卫生统计年鉴·2008》，中国协和医科大学出版社2008年版）

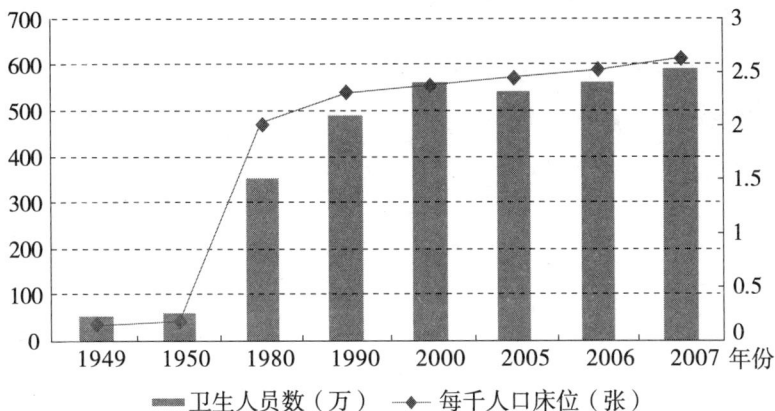

图3　卫生人员数和每千人口床位数发展情况

（资料来源：卫生部编：《中国卫生统计年鉴·2008》，中国协和医科大学出版社2008年版）

受到严重摧残，1971年卫生机构数降至13.51万家，比1961年下降了50%，从1971年往后卫生机构数开始缓慢回升，至改革开放初期的1980年，全国医疗机构增至18.0万家，卫生机构的医疗病床数增至218.4万个，卫生人员有353.5万人，每千人口医院床位2.02张。

到 2007 年年底，全国医疗机构已发展到 29.84 万家，卫生机构的医疗病床 370.16 万张，卫生人员有 590.7 万人，每千人口医院床位 2.63 张。我国城市医疗和预防保健机构已具规模，"看病难"、"住院难"的问题初步得以解决。

三、医疗服务需求量增加

随着社会经济发展和人民生活水平改善、人口数目增加和人口老年化，我国城乡居民医疗卫生服务需求量和利用量显著增加。全国医院和卫生院年诊疗人次已由解放初期的 1.47 亿人次增加至 2007 年的 28.42 亿人次，住院人数由 232 万人增至 9827 万人。

2000 年以来，我国城市逐步建立了由医院和社区卫生服务机构组成的新型医疗卫生服务模式，引导居民"预防保健在社区，疑难重症到医

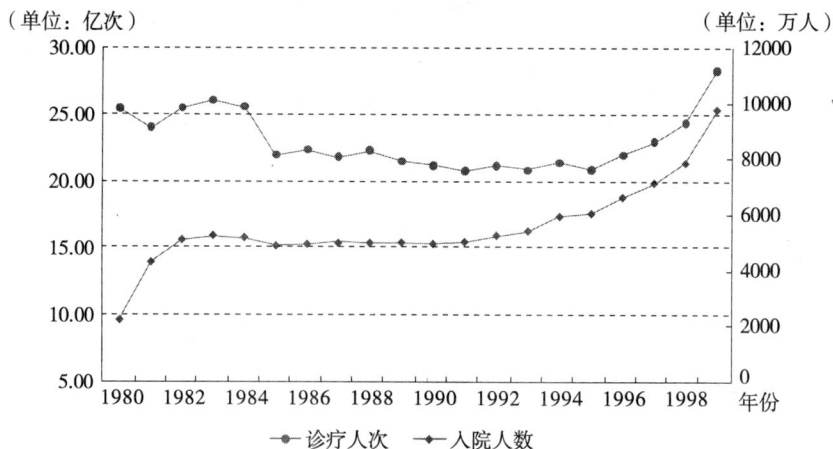

（单位：亿次）   （单位：万人）

图 4　医疗机构诊疗人次及入院人数发展情况

（资料来源：卫生部编：《中国卫生统计年鉴·2008》，中国协和医科大学出版社 2008 年版）

（单位：万人）　　　　　　　　　　　　　　　　　（单位：百万次）

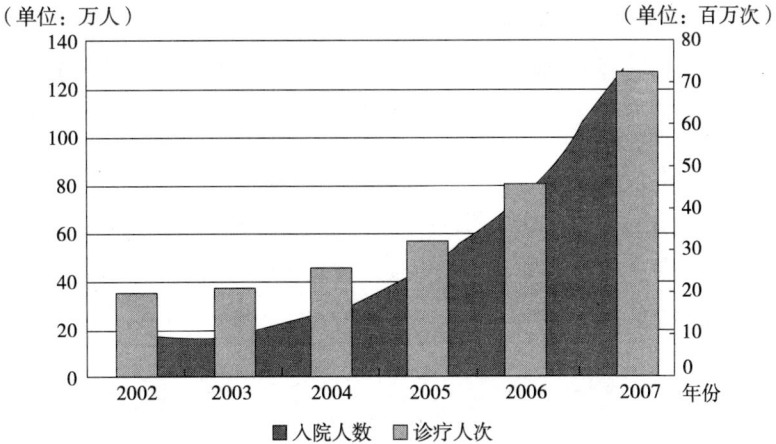

图5　社区卫生服务中心入院人数和诊疗人数

（资料来源：卫生部编：《中国卫生统计年鉴·2008》，中国协和医科大学出版社2008年版）

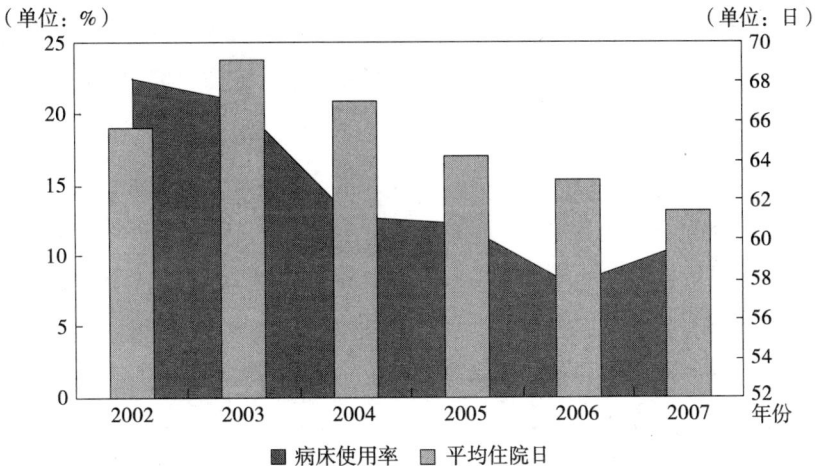

（单位：%）　　　　　　　　　　　　　　　　　　（单位：日）

图6　社区卫生服务中心病床使用率和平均住院日

（资料来源：卫生部编：《中国卫生统计年鉴·2008》，中国协和医科大学出版社2008年版）

院"。2006 年 2 月，国务院印发了《关于发展城市社区卫生服务的指导意见》，自此发展社区卫生服务由部门主导逐步向政府主导转变。截至 2007年年底，全国所有地级以上城市都已开展了社区卫生服务。全国社区卫生服务中心（站）达 2.4 万个，从事社区卫生服务的卫生技术人员总数达26 万人，由社区卫生服务中心的入院人数和诊疗人数变化情况可以看出，社区卫生服务中心越来越受到百姓的青睐，然而在入院人数和诊疗人数逐年增加的同时病床使用率和平均住院日却在减小，这说明预防保健在社区，疑难重症到医院的理念正在逐步为大众所接受。

四、农村医疗卫生改革

农村卫生一直是我国卫生事业发展的战略重点。新中国成立初期，广大人民没有起码的医疗卫生保障，农民们更是贫病交加、缺衣少药，到目前，农村地区已经建立健全了县、乡、村三级医疗预防保健网，已基本做到县县有医院、中医院、卫生防疫站和妇幼保健站（所），乡乡有卫生院。2007 年全国有 88.7% 的行政村设置了医疗点，比 1985 年行政村中设置医疗点 66.6% 的比例提高了 33.2%。

早在新中国成立初期，我国就有农村合作医疗，那时其筹资以农民个人缴费为主，管理为合作社办、合作社管为主。到 20 世纪 60—70 年代，合作医疗的筹资变为以集体为主，管理模式也多变为村办村管，部分地区还实行了乡、村联办联管和乡办乡管。但是由于当时医疗条件的限制，农村合作医疗发展相当缓慢。直至 1978 年实施的农村改革使传统合作医疗制度失去体制基础，加之缺乏政府的资金投入和支持以及制度设计和管理方面存在缺陷，传统合作医疗制度逐渐解体，80 年代覆盖率迅速降至10% 以下，最低时只有 5% 左右。传统合作医疗的解体使预防保健等高效率的卫生服务提供不足，一些传染病和地方病重新抬头；农村患者盲目涌

（单位：%）　　　　　　　　　　　　　　　　　　　　（单位：万）

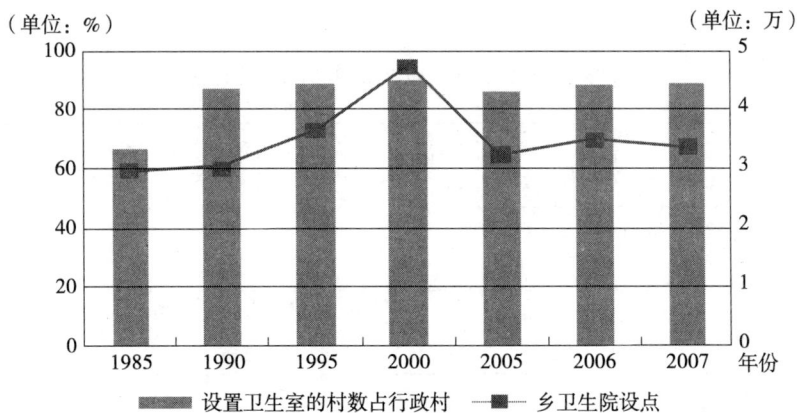

设置卫生室的村数占行政村　　■ 乡卫生院设点

图7　乡卫生院和村卫生室情况

（资料来源：卫生部编：《中国卫生统计年鉴·2008》，中国协和医科大学出版社
2008年版）

（单位：个）　　　　　　　　　　　　　　　　　　　（单位：%）

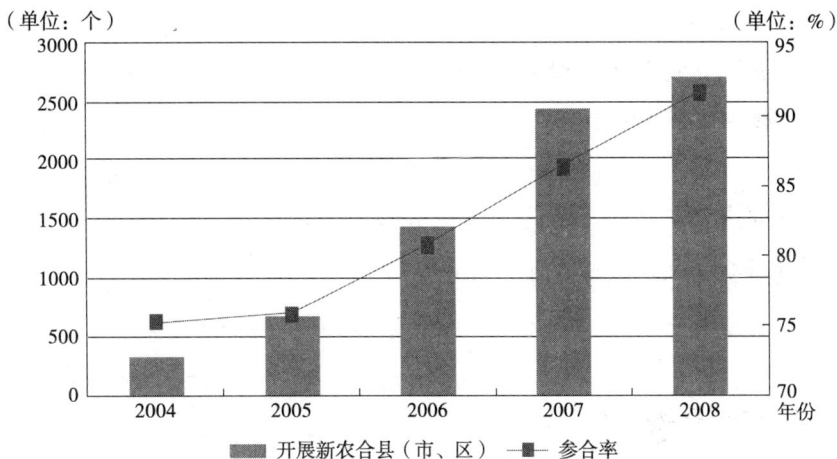

■ 开展新农合县（市、区）　　■ 参合率

图8　开展新型农村合作医疗的市区及参合率情况

（资料来源：卫生部编：《中国卫生统计年鉴·2008》，中国协和医科大学出版社
2008年版）

入城市大医院，使得乡镇卫生院等农村基层医疗机构服务利用严重不足；
而大医院高额医疗费导致农民因病致贫、因病返贫现象屡屡发生，严重阻碍了农村地区的经济发展和社会稳定。

表2　2004 年以来新型农村合作医疗情况

年份	开展新农合县（市、区）（个）	参加新农合人数（亿人）	参合率（％）	当年基金支出（亿元）	补偿支出受益人次（亿人次）
2004	333	0.8	75.2	26.37	0.76
2005	678	1.79	75.66	61.75	1.22
2006	1451	4.1	80.66	155.81	2.72
2007	2451	7.26	86.2	346.63	4.53

（资料来源：卫生部编：《中国卫生统计年鉴·2008》，中国协和医科大学出版社 2008 年版）

为了减轻农民的疾病经济负担，缓解"因病致贫、因病返贫"问题，我国政府于 2002 年明确提出在全国逐步建立适应中国国情和农村经济社会发展需要的新型农村合作医疗制度。目前，新农合制度框架及运行机制基本形成，新农合对农民健康的保障作用逐步显现。截至 2008 年 6 月 30 日，全国开展新农合的县（市、区）达到 2729 个，已覆盖全部有农业人口的县（市、区），提前实现了在全国农村基本建立起新农合制度的目标；参合人口达 8.15 亿，参合率为 91.54%。从 2003 年到 2008 年上半年，全国累计已有 11.6 亿人次享受到新农合补偿，共补偿资金 847 亿元。其中，住院补偿 8252 万人次，补偿资金 684 亿元，平均每人次住院补偿达 830 元；有 9 亿人次享受到门诊医疗补偿，1.7 亿人进行了健康体检。

五、医学教育水平大为提高

同时，经过 60 年风雨历程，我国的医学教育也获得了长足发展。我国普通高等医药院校数量从 1952 年仅有 31 所发展到 2007 年已有 97 所，并大致经历了 5 个不同的阶段：

（1）新中国成立初期到 1956 年社会主义改造的基本完成时期，院校数量维持在较低的水平（30 所左右）。

（2）1957—1960 年期间，国家提倡发展医药类院校，使得院校数量有了跳跃式的增长，1960 年学校数高达 204 所，是第一阶段数量的近七倍。

（3）"文革"期间，严重摧残了医学教育的发展，全国医药院校数量骤减至 90 所左右。

（4）1978—1995 年，改革开放的号角也唤起了高等教育的觉醒，医药院校数开始逐渐回升。

（5）1995 年以后，伴随全国高校合并调整，医药院校也相应减少，并趋于稳定。

在高等医药院校发展的同时，医学专业的招生人数也在不断发展，1952 年医学院招生 0.7 万人，虽然"文革"期间招生数有所下降，但之后招生人数一直不断扩大，到 2007 年，全国普通高等医药院校，年招生人数超过 41 万人，年毕业生人数超过 33.3 万人，这为我国的医疗卫生事业培养了一大批学科带头人和新世纪人才。

六、全面开展爱国卫生运动，
城乡卫生面貌焕然一新

解放前，我国卫生状况极端恶劣，传染病流行猖獗，寄生虫病传播广泛，地方病流行地区发病率极高，严重威胁人民的生命和健康。新中国成立后，我国政府制定了"预防为主"的卫生方针，改革开放以来，卫生行政部门更是加大了卫生监督、监测和预防的力度。经过 60 年的反复防治，我国预防保健工作成绩显著。现在，我国已经消灭或基本消灭了鼠

（单位：万人）　　　　　　　　　　　　　　　　　　　（单位：个）

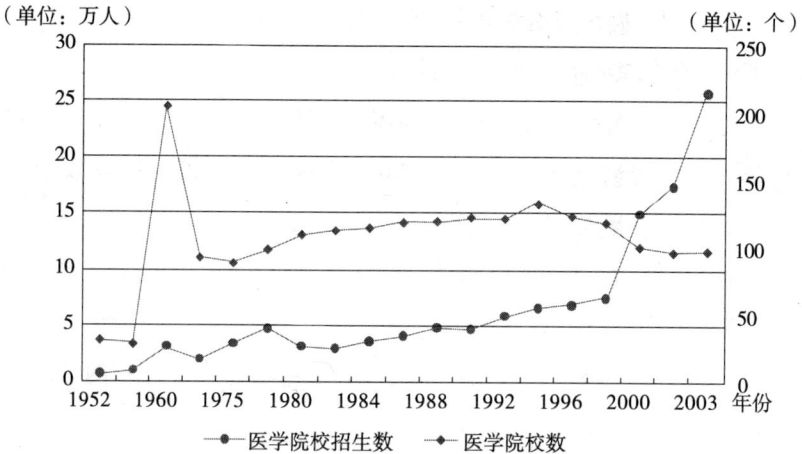

图 9　新中国成立以来我国普通高等医药院校发展情况

（资料来源：卫生部编：《中国卫生统计年鉴·2008》，中国协和医科大学出版社
2008 年版；教育部编：《中国教育统计年鉴·2008》，人民教育出版社 2009 年版）

疫、霍乱、天花、回归热、黑热病等传染病，有效控制了白喉、麻疹、脊
髓灰质炎、流行性斑疹、伤寒、血吸虫病和布鲁氏菌病等多种传染病和寄
生虫病的流行。即使那些尚未消灭和控制的疾病，其发病率和死亡率也均
显著下降。全国传染病报告发病率已由 20 世纪 50—60 年代的 3000/10 万
左右下降到 200/10 万，死亡率由 20/10 万下降到 0.99/10 万。特别是 60
年代开始，我国对脊髓灰质炎、麻疹、白喉、伤风、百日咳和结核等 6 种
传染病实施常规计划免疫，降低了相应传染病的发病，保证和促进了儿童
健康。目前我国已经如期实现"以省、县、乡为单位，儿童计划免疫接
种率达到 85%"的目标。

　　经过 60 年的努力，妇幼卫生保健工作得到明显加强，婚前保健、孕
产妇保健、新生儿和儿童保健服务日趋规范化和制度化，保健覆盖面逐步
扩大。1949 年，全国的妇幼保健机构总共不到 10 家，至 1980 年改革开放
初期发展至 2610 家，而至 2007 年已发展到 3051 家。

表3　十二月龄接种率

（单位:%）

年份	卡介苗	百白破	脊灰	麻苗
1986	70	62	68	63
1988	98	96	95	95
1990	96	95	96	95
1995	92	92	94	93
2000	97.8	97.9	98	97.4
2006	99.2	99	99	98.6
2007	99	99	99.1	98.6

（资料来源：卫生部编：《中国卫生统计年鉴·2008》，中国协和医科大学出版社2008年版）

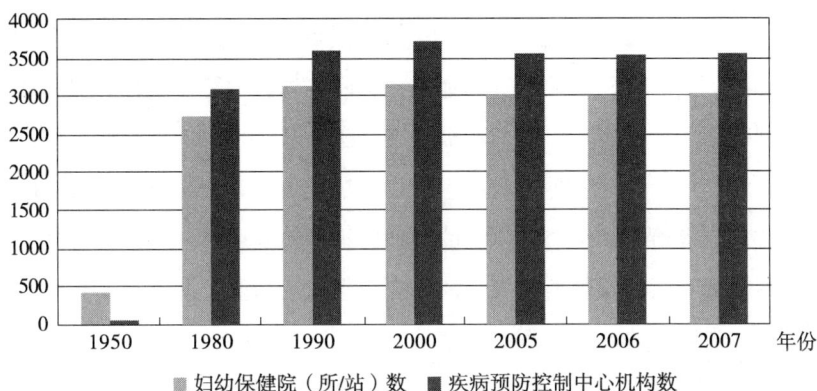

图10　新中国成立以来我国疾病预防控制中心及妇幼保健院发展情况

（资料来源：卫生部编：《中国卫生统计年鉴·2008》，中国协和医科大学出版社2008年版）

　　60年来我国疾病预防控制体系不断完善，其中最明显的标志就是疾病预防控制中心的建立和网络报告的完善。解放初期，全国的疾病预防控制中心总数不过61家，到改革开放的1980年已经发展至3105家，到2000年增至3741家，此后一直稳定在这一水平。自2004年起，全国传染病与突发公共卫生事件网络直报系统启动，实现了37种传染病疫情网络直报。截至2007年年底，全国疾病预防控制机构网络报告率为100%，县级以上医疗机构网络报告率为95.99%，乡镇卫生院网络报告率为79.04%。

七、卫生法制建设及国际交流进一步加强

新中国成立以来，尤其是改革开放以来，卫生法制建设和卫生监督执法进一步加强。党的十一届三中全会以来，国家先后颁布了食品卫生、药品管理、传染病防治、国境卫生检疫、红十字、母婴保健、献血、执业医师等方面的8部法律；还制定了23件卫生行政法规和数百件卫生规章。各地也把卫生法制建设放在突出地位，不断完善各项法律规范，努力使各项管理有法可依，有章可循。积极开展普法教育，增强依法行政、依法办事的意识；依法处罚各种违反卫生法律、法规的行为，维护人民群众的健康权益；加紧落实卫生监督执法的各项措施，初步形成公共监督管理、药品监督管理和医疗保健监督管理体系。卫生执法与监督队伍不断扩大，卫生工作逐步纳入法制化管理的轨道。

改革开放以来，我国卫生事业在加快改革的同时实现了对外开放，不断加强国际交流合作，积极利用国外资金、技术与管理经验。在国际舞台上，中国政府庄严承诺"人人享有卫生保健"，建设中国特色社会主义卫生事业，以较低的卫生投入取得了举世瞩目的成就，得到国际社会的高度赞赏和好评。

八、展望

我国医疗卫生事业 60 年的风雨历程，换来 60 年的辉煌发展，我们无不为取得辉煌成就而自豪，无不为祖国医疗卫生事业的日益昌盛而骄傲。当然，在前进的道路上还存在许多困难，比如：看病贵、看病难的问题仍然存在；人口老龄化给医疗卫生带来巨大压力；在传统传染病还继续存在的情况下，还面临艾滋病、甲型流感等新兴传染病的威胁。道路虽然曲折，前景却是美好广阔的，展望未来，我们对建设更加辉煌的医疗卫生事业充满信心，医疗卫生事业一定能够为人民健康作出更大贡献，一定能够将建设中国特色的社会主义事业推向更加辉煌灿烂的明天！

（执笔人：赵寅君）

领舞时代的中国女性

中国妇女是一支伟大的力量，全世界约有 1/4 的妇女人口生长在中国。

60 年前，中国妇女刚刚从封建政权、族权和夫权的压迫中解放出来，开始获得了在政治、经济和文化上与男子平等的社会地位；今天，中国的妇女不仅同男子并肩战斗在各条战线，在社会主义生产生活中发挥着重要作用，并且在各行各业中涌现出不胜枚举的女性人才。

60 年前，中国妇女刚刚从相夫教子的家庭中走进社会，开始在社会主义经济建设大潮中发挥自己的力量；今天，全国约有 8 亿的城乡就业人口中，妇女占到 45%，无论什么样的部门，无论什么样的职位，都少不了她们的身影。

60 年前，政治界中的女性刚刚认识政治；今天，在中央，在全国人大代表中有 635 名女性，占全部代表的 21%；人大常委会委员中女性 29 名，占委员总数的 16.5%；在地方，中国的女性官员占到官员总数的 40%。

60 年前，中国妇女仅仅从"无才便是德"的传统观念中走出来，开始接受文化的洗礼；今天，中国妇女的教育程度明显提高，男女教育差距正逐步缩小，女性文盲比例已经下降到 11%，青年妇女文盲率仅为 4.9%，初中以上学历女性提高到 51%。

面对这 60 年妇女地位的提升，一位老人感慨万千地说："如果说 60

年中国从落后腐朽中成长为一条东方巨龙，那么女性就是从落后腐朽国度中的奴隶真正成长为这条巨龙的主人！"

一、经济参与逐步提升，女性劳动不容忽视

新中国成立后，党和国家鼓励妇女参加社会主义实践。1950 年的土地革命进一步保障了妇女拥有平等分配土地的权利，1958 年妇女就业人数达到了 700 万，是 1949 年的 10 倍。政府不仅鼓励妇女从事传统观念中只能由男性主导的工作，同时也保证了男女"同工同酬"。1966 年掀起的"文革"进一步提高了妇女的地位，涌现出大批女干部和女模范。

在农村，进入劳动年龄的妇女近 2 亿人口，其中有 1.5 亿以上妇女在农村参加生产劳动，约占农村劳动力的一半左右，她们活跃在农业生产第一线，是四化建设不可缺少的力量，特别是在农村实行了家庭联产承包责任制后，农业生产向着多种经营商品化、专业化方向发展，妇女充分发挥了她们心灵手巧的特长，显示出了更大的优势，所有家庭饲养业、编织业、工艺品、挑花绣花等，无一不是以妇女劳动力为主的。

20 世纪 70 年代末，中国开始了经济体制改革，政府包办就业体制的废除使妇女有了更多自主选择职业的权利，妇女就业的人数和比例开始攀升（见图 1 和图 2）。妇女收入占家庭总收入的比例从 50 年代的 20% 上升到了 90 年代中期的 40%。妇女经济上的独立使得她们在家庭中拥有更多的决策权，妇女的地位也在不断向男性靠拢。

进入 2000 年，妇女的就业人数表现出了下降趋势。原因在于社会竞争的日益激烈，男女之间事实上的不平等日益显露，并且女性明显处于劣势，主要体现在：①体力弱，某些工作效率低于男性；②生理原因，如在经期、孕期、产期和哺乳期可能会中断劳动；③传统习惯影响，女性更适合家务性劳动以及教育子女。而随着改革的不断深入，许多企业都面临着

（单位：万）

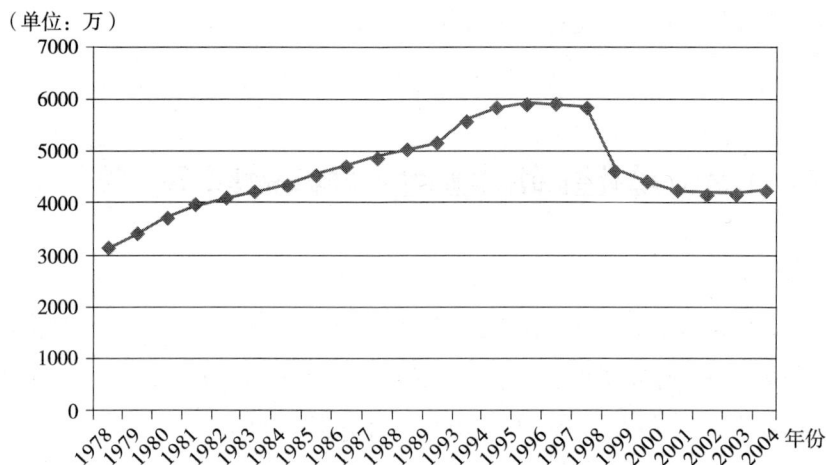

图1　改革开放后企业中妇女就业人数

（资料来源：国家统计局编：历年《中国劳动统计年鉴》，中国统计出版社出版）

（单位：%）

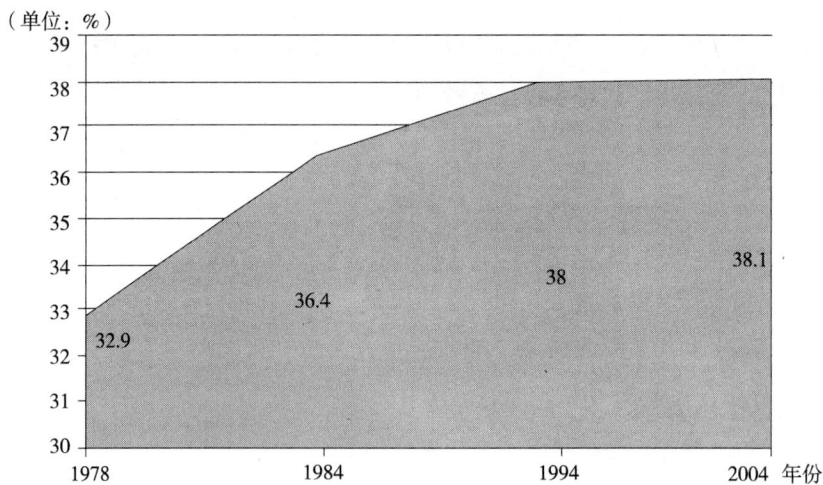

图2　改革开放后城镇女性就业比例

减员增效，妇女是首当其冲的被减对象。

　　但是，这一时期城镇女性的就业比例相对稳定，可以看到与共和国共同成长的中国妇女在不断成熟，愿意接受更高教育和更具有挑战性的工作，现代知识女性在数量和质量上比以前都有很大提高，并且在各个领域都有出色表现，尤其是年轻一代，没有受到"文革"的影响，他们生逢其时，整个社会在开放和发展，重视科技教育，注重人才。因此，年轻一代的女性的发展是较全面的，并且日益与国际潮流接轨。

二、政治觉悟与时俱进，妇女掌权理所应当

参政议政不仅是妇女地位提升的重要标志，同时更是实现妇女各项权益的保障。新中国成立以来，妇女的参政情况见图3。

（单位：％）

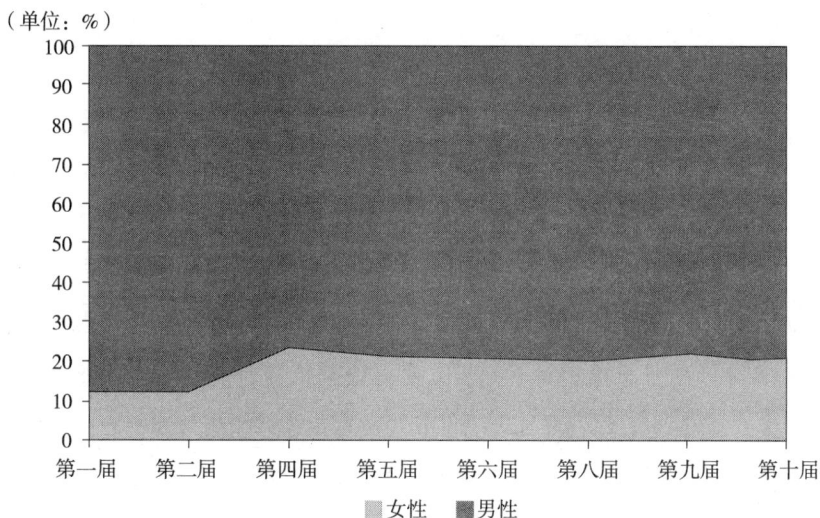

图3 历届全国人代会性别比例

新中国成立初期，《中华人民共和国选举法》和《中华人民共和国宪法》明确规定了妇女享有与男子同等的选举权和被选举权，强调国家应

注意培养和选拔女干部。在政策的影响下，大批的女性开始参政议政，出席各种国家重要会议女性人数不断增多，例如在第一届和第二届全国人民代表大会上，女性代表约占 12%，宋庆龄等一大批杰出的女性担任了国家领导人等工作岗位。进入 20 世纪 70 年代，中国女性参政人数达到高峰，四届全国人大女代表达到 22.6%，女常委高达 25.1%。但是 1978 年以后，女性参政人数有所下降，六届全国人大女常委仅占 9%，代表人数也开始稍稍下降。为了改变妇女参政议政下滑的态势，1990—1995 年中共中央组织部联合全国妇联召开了 4 次培养选拔女干部工作会议。2001 年中共中央组织部下发了《关于进一步做好培养选拔女干部、发展女干部党员工作的意见》，同年 5 月，国务院颁布了《中国妇女发展纲要》，进一步加大培养女干部的力度，不仅从量上增加了女性干部，并且女性的参政议政水平也有了明显的提高。

三、文化水平从零起步，女性素质空前提高

在旧中国妇女没有享受教育的权利，多数妇女没有受过教育，在全国 80% 以上的文盲人口中，妇女占绝大多数。新中国成立后，妇女同男子一样享受着受教育的机会，女性人口的文化水平有较大提高。不过由于 20 世纪 60 年代统计指标相对不完善，使得很难从当时的两次人口普查的数据中找到女性教育水平的飞跃；改革开放后，中国又在 1982 年、1990 年和 2000 年先后进行了三次人口普查。相应的，中国女性的文化水平的提高获得了有力的数据支撑。

由图 4 可见，随着时间的推移，女性人口数量在不同教育层次中均有增加的趋势，并且，各年中教育人数按教育层由高到低依次增加。大学及以上类别中女性人数相对偏少，可见中国的教育程度还有待于进一步地提升。同时，小学文化程度以上的妇女人口，在年龄分布上也有明显的特

（单位：万人）

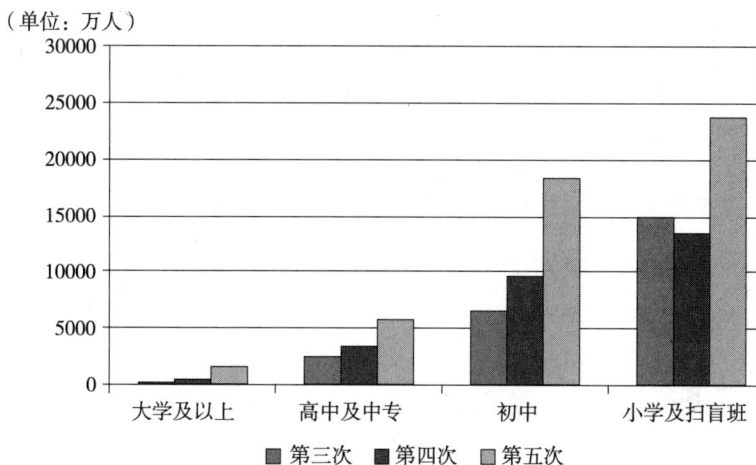

图4 改革开放后人口普查中女性受教育人数

（资料来源：国家统计局编：历年《中国统计年鉴》，中国统计出版社出版）

点，即绝大部分有文化的妇女都集中在35岁以下，说明妇女文化水平的提高，主要是新中国成立以后普及中小学教育的结果。

单纯地考察女性教育状况虽然能够看出女性教育水平的提升，但是只有与男性做对比才能真正反映女性教育地位的提高。图5为改革开放后三次人口普查各教育类别中女性比例状况，真实地反映了女性受教育水平随着时间的推移而逐渐提高。但是，在"大学及以上"类中，女性比例仍不能达到40%，可见，在不断普及初等教育的同时，国家有必要加强提高女性高等教育的措施，以促进女性教育的整体发展。

四、60年妇女地位全面提升，
新世纪未来中国男女平等

中国妇女的地位在这60年中经历了经济、政治、文化的全方位提高。

（单位：%）

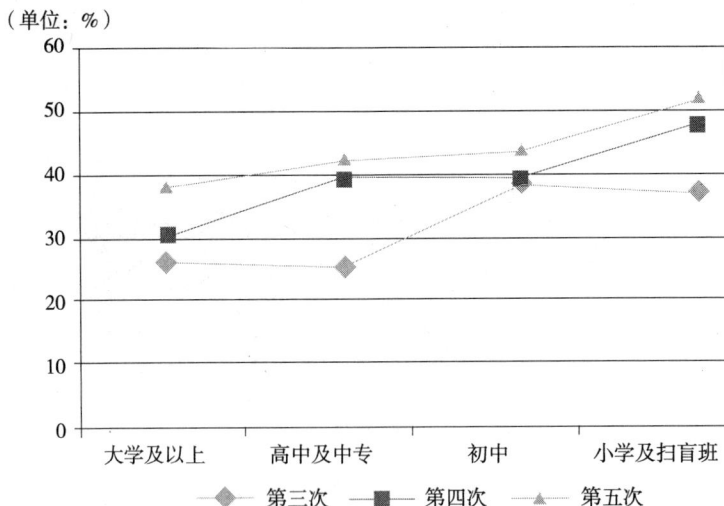

图 5　改革开放后三次人口普查中女性受教育比例

（资料来源：国家统计局编：历年《中国统计年鉴》，中国统计出版社出版）

相信，随着中国的发展和人民素质的不断提升，中国妇女必将迎来一个更加繁荣的新时代！那时，不仅女性会为自己的存在而感到自豪，全中国乃至全世界的人民会因为中国妇女为世界发展所作出的不可磨灭的巨大贡献而赞叹！

一个男女平等的世界必将来临！

参考文献

1. 国家统计局编：历年《中国统计年鉴》，中国统计出版社出版。

2. 国家统计局人口和就业统计司编：历年《中国人口统计年鉴》，中国统计出版社出版。

3. 刘凤兰：《浅论 20 世纪以来中国妇女的地位变迁》，《山西高等学校社会科学学报》2004 年第 10 期。

4. 刘冬梅：《试论中国妇女的经济参与》，《妇女与社会》第 43 期。

5. 《中国妇女参政实现历史性跨越》，《施政扫描》2004 年 3 月。

6. 《中国妇女的就业状况》，中国网 2006 年 3 月 17 日，http：//www. chi-na. com. cn/zhuanti2005/txt/2006－03/17/content_ 6156335. htm。

7. 第三次全国人口普查数据。

8. 王雪萍、谢育敏：《关于女性就业不平等若干思考》，《赣南医学院学报》2004 年第 4 期。

（执笔人：倪于健）

科技复兴之路

回首中华民族的五千年文明历史，无数优秀的中华儿女们发挥着他们的聪明才智，不断地开拓创新，为世界科技的进步作出了巨大的贡献。中国古代有三大技术（建筑、陶瓷和纺织）、四大发明（火药、指南针、造纸、印刷术）和四大传统学科（农学、医学、天文、算术），并在3—11世纪，保持一个西方国家望尘莫及的科学知识水平。6—17世纪，世界重大科技成果中，中国占54%以上，是当时世界科技活动的中心。然而到了19世纪，世界重大科技活动中，中国只占0.4%。

新中国成立后，在中国共产党和人民政府的正确领导下，经过广大科技工作者的奋力拼搏，在近60年的时间里，我们以较少的资金和比西方资本主义国家更快的速度建立了完整科研开发体系，形成了门类齐全的学科体系，从一个科学技术非常落后的国家发展成为一个具有较强科技能力和较高水平的国家。

新中国科技事业的发展，既有辉煌的成就也有坎坷的磨难，总的来说经历了以下三个发展阶段：

一、1949—1966 年，新中国科技事业有了较全面的发展，大踏步"向科技进军"

新中国成立时，国内仅有 30 多个专门研究机构，全国的科学技术人员不超过 5 万人，中国的科学技术需要在一片"废墟"上重建，科学技术人才存在很大的缺口。为了解决人才缺口问题，一方面，党和政府积极争取海外留学人员归国参加社会主义建设工作——新中国的第一个科技成就应该是几千名海归学子归国，这些科技人才在中国科技发展上起到了无法估量的作用；另一方面，政府大力培养科学技术人才，建立科研机构，在短短的时间里，我国初步形成了由中国科学院、高等院校、国务院各部门研究单位、各地方科研单位、国防科研单位等五路科研大军组成的科技体系。

1956 年是中国现代科学技术发展史上的一个重要里程碑。是年 1 月，中国提出了"向科学进军"的口号，科学技术事业开始进入了一个有计划的蓬勃发展的新阶段。这一年，中国政府成立了国家科学规划委员会，组织全国 600 多位科学家和技术专家，制定出中国第一个发展科学技术的长远规划，即《1956 年至 1967 年科学技术发展远景规划》，拟定了 57 项重大任务。此规划提出的主要任务于 1962 年提前完成，从而奠定了中国的原子能、电子学、半导体、自动化、计算技术、航空和火箭技术等新兴科学技术基础，并促进了一系列新兴工业部门的诞生和发展。1964 年，周恩来总理在政府工作报告上首次提出要实现工业、农业、国防和科学技术现代化，简称"四个现代化"。

在新中国成立初期短短的十几年时间里，我国科技发展迅速，科技成果硕果累累。1959 年，地质学家李四光等人提出了"陆相生油"理论，打破了西方学者的"中国贫油"说；1960 年，物理学家王淦昌等人发现反西格玛负超子；1964 年，中国第一颗原子弹装置爆炸成功；1965 年，生物学家们在世界上首次人工合成牛胰岛素。在此过程中，中国形成了一批学科较齐全、设备较好的研究所，培养了一支水平较高、力量较强的科研队伍。到 1965 年，全国科学研究机构已达到 1700 多个，从事科学研究的人员达到 12 万人。这是中国科学技术事业继续发展的基础。

二、"文革"时期，发展停滞
但部分领域有突破性进展

"文革"对中国的科学技术事业无疑是一场巨大的灾难。其间，科技管理陷入瘫痪，研究机构被肢解，广大科学技术工作者被迫停止科研工作，下放到农村或厂矿劳动。中国的科学技术几乎停滞不前。尽管如此，中国科学技术工作者还是在极为困难的条件下取得了一系列的重要成就：1966 年，中国第一颗装有核弹头的地地导弹飞行爆炸成功；1967 年，中国第一颗氢弹空爆成功；1970 年，"东方红一号"人造地球卫星发射成功；20 世纪 70 年代初期，数学家陈景润完成了哥德巴赫猜想中的"1 + 2"，向着解决哥德巴赫猜想迈进了一大步。

三、1978 年至今，进入蓬勃发展的新时期

1978 年实施改革开放政策以来，我国科技事业取得了辉煌的成就，迎来了科技发展的春天。1978 年 3 月，全国科技大会在北京隆重开幕，邓小平同志提出了"科学技术是第一生产力"，此后我国科技事业进入了蓬勃发展的新时期。据统计，1978—1988 年间，我国获得重大科技成果

共有 74407 项，获国家奖励的技术发明成果有 1560 项。90 年代以后，随着全球化的趋势增强，国际之间的合作力度加大，我国的科技事业更是取得了飞跃式的发展。

（一）科技投入持续增加，科研队伍不断壮大

改革开放以来，为确保国家科技发展战略和各项科技发展计划的顺利实施，我国对科技事业的投入力度不断增强，科技经费投入大幅增长，科技队伍不断发展壮大，为各项科技活动的蓬勃开展和大批科技成果的涌现创造了良好条件。

科技的发展需要资金投入，有充足的资金才能保障科研的顺利进行。我们从 R&D（研究与发展）、GDP（国内生产总值）两项指标予以说明。从图 1 可以看出，20 世纪 90 年代以来，我国各级政府越来越意识到科技的重要性，全国 R&D 经费支出稳步增加。2008 年 R&D 经费支出占国内生产总值比重为 1.52%，比 1991 年增加 0.8 个百分点，这表明社会资源配置对于自主研发的倾斜逐年加大。与国际上比较，我们发现，2008 年我国研发投入总量排在美国、日本、德国之后，已成为世界第四的研发投入大国。

党的十一届三中全会以来，特别是 20 世纪 90 年代以来，我国科技人力资源得到迅速恢复和发展。截至 2007 年年底，我国科技活动人员总量达到 454.4 万人，是 1991 年的两倍，其中 R&D 折合全时人员达 173.6 万人年，科学家和工程师 142.3 万人年，分别是 1991 年的 2.6 倍和 3 倍；科学家和工程师所占比重由 1991 年的 70.3% 提高到 82%，增加了 11.7 个百分点。目前，我国研发人员总量仅次于美国，居世界第二位。

（二）科技产出成绩斐然，重大成果振奋人心

改革开放 30 年来，我国科技产出硕果累累，主要表现在：专利申请量和授权量快速增长，科研论文的数量和水平不断提高，在一些重要领域和尖端领域成果显著。

（单位：亿元）   （单位：%）

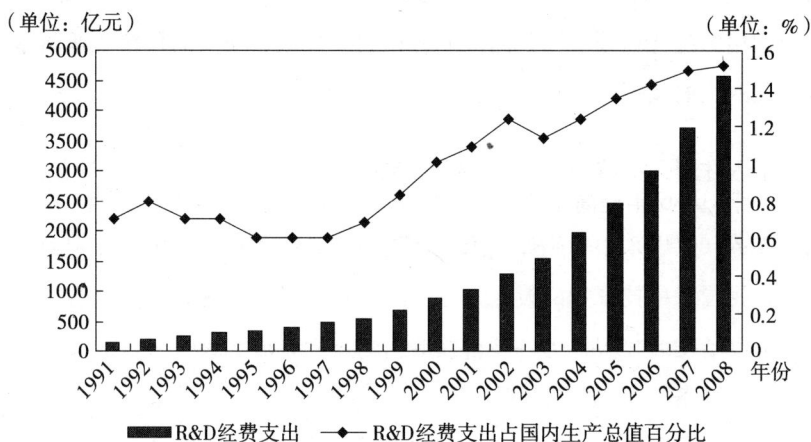

图 1　中国 1991—2008 年 R&D 经费支出和 R&D 经费支出
　　　　占国内生产总值百分比

（资料来源：中经网数据库）

（单位：千人）

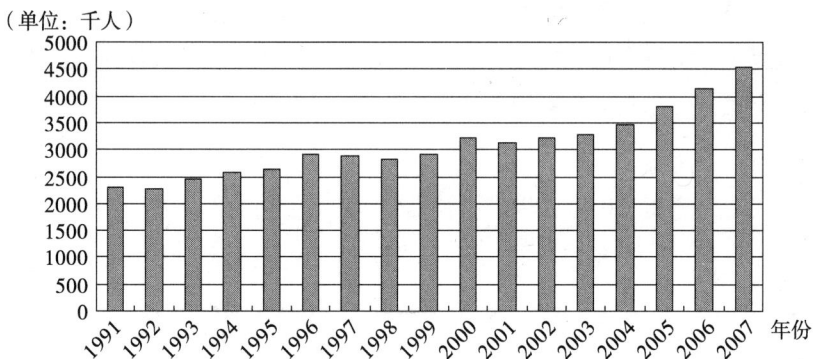

图 2　中国 1991—2007 年科技人员总量

（资料来源：中经网数据库）

1. 专利事业飞跃发展

30 年来，我国专利事业取得了长足的进步。从 1986 年到 2007 年，我国专利申请量和授权量分别以 16.7% 和 25% 的年平均增长速度递增，至 2007 年年底，我国专利部门已累计受理国内专利申请 331.5 万件，授权专利 179 万件。2007 年当年受理国内专利申请 58.6 万件，是 1986 年的 25.4 倍；其中技术含量较高的发明专利申请 15.3 万件，是 1986 年的 20.2 倍，发明专利所占比重为 26.1%。2007 年授予国内专利权 30.2 万件，发明专利利 3.2 万件，是 1986 年的 354.9 倍，发明专利所占比重 10.6%，比 1986 年提高了 7.4 个百分点。从国际比较来看，据世界各主要国家均为成员的《专利合作条约》（PCT 国际专利申请）显示，2007 年我国发明专利申请量达 5456 件，排名从 1997 年的第 22 位跃升至世界第 7 位。专利事业的显著变化有着多方面的原因，其中有一个很重要的原因是我国政府为了鼓励创新、保护知识产权所采取的一系列措施。比如 1985 年实施了《中华人民共和国专利法》，对我国知识产权保护环境的改善、科研人员知识产权意识的普遍提高起着重要的作用，极大地推动了我国专利事业的发展。

2. 科研论文数量提高、质量提升

科研论文的数量和质量是反映一国科研水平的重要指标。随着科研水平的不断提高，我国科技人员在国内外发表的论文数不断增长，论文水平也有相当程度的提高。从图 3 可以看出，从 1991 年开始，我国科技论文总数一直呈上升的态势，2007 年论文总数已达到 46.3 万篇，是 1991 年的近 5 倍。就论文的质量而言，三大系统①收录的我国科技论文数量也是增长喜人，1991 年三大检索系统收录的我国论文数量仅为 13542 篇，到 2007 年时已经达到 20.8 万篇，增长了 14 倍多。论文数量和质量的提高直接反映在了国际科研地位上，据统计，2007 年我国三系统检索的科研论文总量已经跃居世界第二位，仅次于美国，占所有被检索论文总数的 9.82%。

3. 重要领域和尖端技术成果显著

30 年来，我国的科技实力大为增强，在一些重点领域和尖端领域涌

① 三大检索系统指"科学论文索引（SCI）"、"工程索引（SCI）"和"科学技术会议录索引（ISTP）"。

现出了一系列有着深远影响的重大成果。在航天科学领域，我国不仅掌握了卫星回收和一箭多星等技术，还迎来了两座新的里程碑：由我国自主研发的"神舟"系列航天飞船的成功发射，特别是"神舟"五号、"神舟"六号和"神舟"七号载人航天飞行的圆满成功，实现了载人航天工程的重大突破；而"嫦娥"一号成功探月之旅则标志着我国首次月球探测工程圆满成功，中国航天成功跨入深空探测的新领域。在信息技术领域，银河系列巨型计算机研制成功，量子信息领域避错码被国际公认为量子信息领域最令人激动的成果，纳米电子学超高密度信息存储研究获突破性进展，6000 米自制水下机器人完成洋底调查任务，每秒峰值运算速度 10 万亿次的高性能计算机曙光 4000A 系统正式启用，首款 64 位高性能通用 CPU 芯片问世。在生物科学领域，解决了亿万人吃饭问题的杂交水稻技术取得重大突破，首次完成水稻基因图谱的绘制，完成人类基因组计划的 1% 基因绘制图，首次定位和克隆了经性高频耳聋基因、乳光牙本质 II 型、汉孔角化症等病的致病基因，体细胞克隆羊、转基因试管牛以及重大病的基因测序和诊断治疗技术均取得突破性进展。

（三）高新技术产业快速发展，国际竞争力日益增强

1986 年 3 月，曾为"两弹"研究作出突出贡献的核物理学家王淦昌等四位德高望重老院士上书中央，就发展高新技术的紧迫性和必要性提出意见，同年 11 月，党中央、国务院发出《高新技术研究发展计划纲要》的通知，1987 年 2 月起（即 863 计划）正式组织实施。在以 863 计划为代表的科技规划的推动下，我国高新技术产业飞速发展，且已经初具规模。

高技术产业的飞速发展带动了我国高技术产品进出口贸易的不断扩大。高新技术产品出口额及所占比重反映了高技术产品的国际交换竞争能力和本地区产业结构的优化程度，该指标是高科技竞争能力和水平的重要标志。从图 4 可以看出，我国高新技术产品在良好的国际国内形势下，保持了高速增长的态势。高新技术产品良好的增长势头带动我国贸易整体结

（单位：篇）

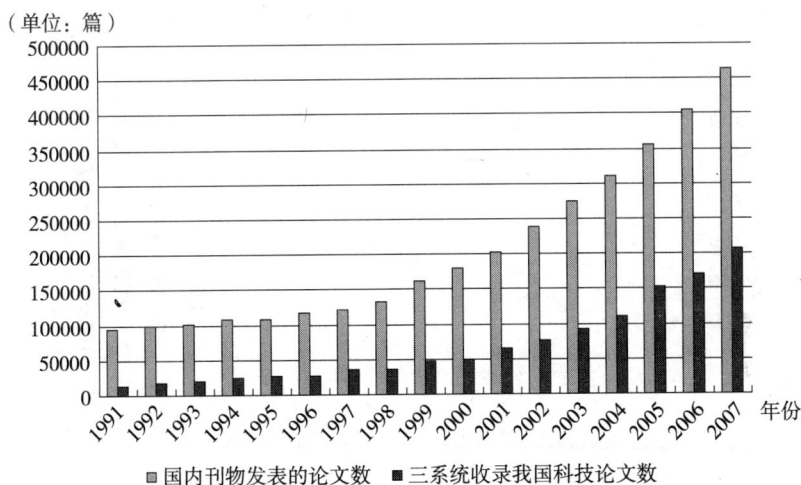

图3　中国1991—2007年国内刊物发表的论文数和
三系统收录的我国科技论文数

（资料来源：中经网数据库）

构的进一步优化，高技术产品出口额所占比重正稳步快速提升。

四、结语

纵观新中国60年的科技的发展历程，我们心潮澎湃。60年间，我国科技改革与发展蒸蒸日上，科技实力不断增强，对整个国民经济和社会发展的影响日趋广泛和深入。60年科技事业的发展，是中华民族生生不息、百折不回的真实写照，是后来者前赴后继、一往无前的强大动力。我们相信，在党中央的正确领导下，中国人民开拓创新的精神和聪明才智会得到充分的弘扬，中华民族的科技复兴之路也会越走越远。

（单位：百万美元）　　　　　　　　　　　　　　　　　　　　（单位：%）

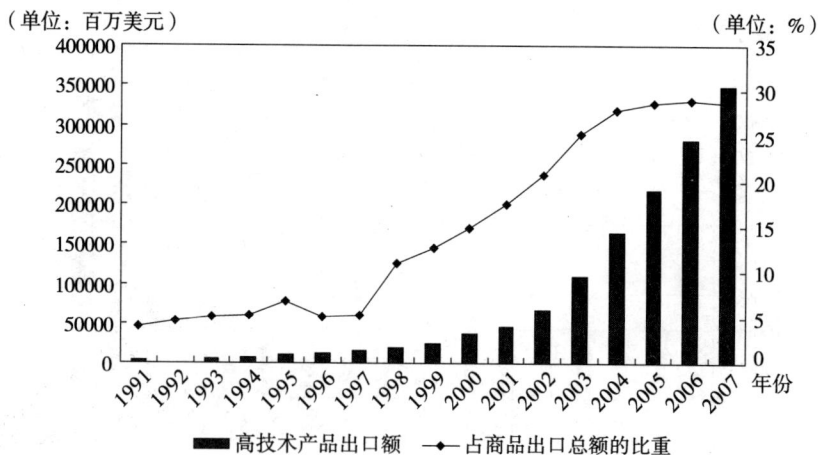

图 4　1991—2007 年中国高技术产品出口额及其占商品出口总额的比重

（资料来源：中经网数据库）

参考文献

1. 郝彭证：《新中国科技事业的光辉历程》，《党史文汇》2001 年第 1 期。

2. 《国运兴　科技兴——新中国 50 年科技事业成就巡礼》，《党员之友》1999 年第 10 期。

3. 李悦：《中华民族必以科技兴盛而崛起——新中国科技发展的回眸与前瞻》，《当代思潮》2001 年第 5 期。

（执笔人：毛世超）

强国之本，塑人之基

自古以来，教育一直承担着培养国家人才的重任，并在一个国家的发展中占据着举足轻重的战略地位。而高等教育作为教育的高级阶段，更是国家培养高素质建设栋梁的载体，其发展程度也更体现着一个国家人民的素质水平。尤其在现代社会中，伴随国际化进程的加快，各国之间的政治、经济、科技竞争日趋激烈，但这归根结底是教育与人才的竞争，教育特别是高等教育的战略地位就越来越重要。

一、从学校、教师及学生规模看
普通高等教育的高速发展

从 1949 年新中国成立之日起，高等教育就倍受党和政府的重视[①]，在经历风雨历程 60 年的发展中，从"有计划有步骤地实行普及教育"的提出到教育"四个现代化"方针的制定再到"优先发展教育，建设人力资源强国"战略的确定，我国的高等教育也获得了长足发展，尤其是处

[①] 《中国人民政治协商会议共同纲领》第四十七条："有计划有步骤地实行普及教育，加强劳动者的业余教育和在职干部教育，给青年知识分子和旧知识分子以革命的政治教育，以应革命工作和国家建设工作的广泛需要。"

于高等教育主体地位的普通高等教育更是取得了令人瞩目的成绩。

（一）从精英教育到国民教育

从历史的发展看，任何教育都不应属于某些人群的教育，而应该属于人民大众的教育，只有这样才能体现教育的公平、公正，才能使整个国家的人民素质得到根本的提高，高等教育尤其如此。在我国教育迅速发展的60 年间，高等教育扮演的角色也已基本实现了由精英教育到大众教育的转换，由新中国成立初期只有极少数人可以进入高等学府深造的境况演变为当前普通老百姓都能够进入最高学府学习的高等教育大众化阶段。1949年我国普通高等学校的在校生人数仅有 11.7 万人，1977 年普通高等学校在校生也不过 62.53 万人，高等教育毛入学率不到 1%，但到 2007 年，我国普通高等学校在校生已高达 1884.9 万人，各类高校在校生总规模已超过 2700 万人，高等教育毛入学率也达到了 23%。

从图 1 可以看出，经过 60 年的发展，我国普通高等学校的招生人数与毕业生人数都有了显著的增加，尤其是 1999 年实施高校扩招政策以来，高校招生人数与毕业人数更是有了迅速的增加。由下图 1 可见，我国普通高等学校的招生人数和毕业生人数由 1949 年的 3.1 万和 2.1 万分别增加到 2007 年的 565.9 万和 447.8 万，分别增长了 182 倍和 212 倍。

从图 2 可以看出，经过 60 年的发展壮大，我国高等教育确实已从精英阶段迈入了大众化阶段。从我国普通高等学校的在校生人数来看，已经有了飞速的增长，1949 年我国普通高等学校的在校生人数仅有 11.7 万，而到 2007 年该人数已高达 1884.9 万，增长了近 160 倍。从高等学校的平均每万人口在校生数来看，已经由 1978 年的不足 9 人飞速增加到 2007 年的 192.4 人，增长近 21 倍，这足以看到我国高等教育大众化的步伐之快速。

（二）学校及教师规模的迅速扩大

新中国成立初期，我国的高等学校主要由国民党政府遗留下来的高等

（单位：万人）　　　　　　　　　　　　　　　　　　　　（单位：万人）

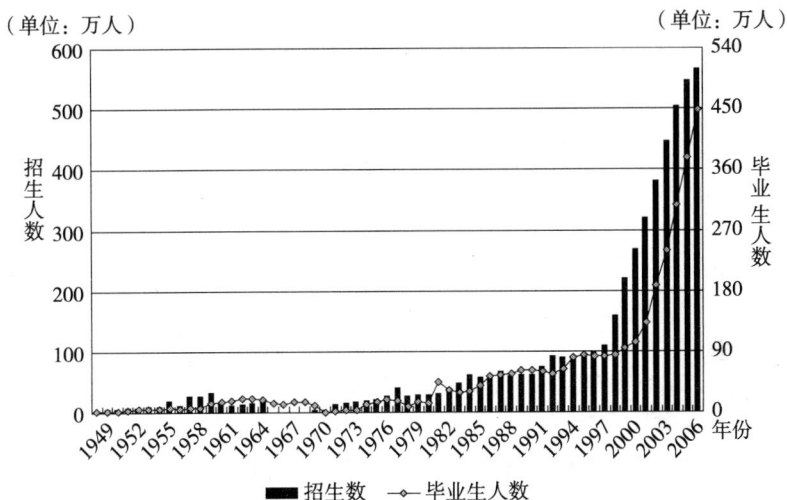

图1　新中国成立以来我国普通高等学校的招生人数及毕业生人数的发展情况

（资料来源：国家统计局编：历年《中国统计年鉴》，中国统计出版社出版；《中国
教育年鉴》编辑部：历年《中国教育年鉴》，人民教育出版社出版）

学校，受外国津贴的高等学校和私立高等学校三部分组成。共有高校205
所，专职教师1.6万人，在校生11.7万人。那时，国民党政府遗留下来
的高校充斥了资产阶级思想，学生要学习党义，接受军训，完全是国民党
对青年进行思想统治的工具；而20多所教会大学更是西方列强传播宗教、
渗透西方腐朽思想的场所。在这样的背景下，党和国家决定在恢复和发展
国民经济的同时，必须对旧的教育事业进行接管和改造。首先，直接接收
国民党政府遗留的高校，接着，按照《关于处理接受美国津贴的文化教
育救济机关及宗教团体的方针的决定》，接管接受外国津贴的高校，与此
同时还分批接办了私立高等学校。至1951年年底，高校接管工作基本
完成。

从图3可以看出，新中国成立60年以来，我国普通高等教育学校的
数量有了较多的增加，已从1949年仅有的205所发展到2007年的1908
所，增长了8.3倍，并大致经历了5个不同的阶段：（1）1949—1956年

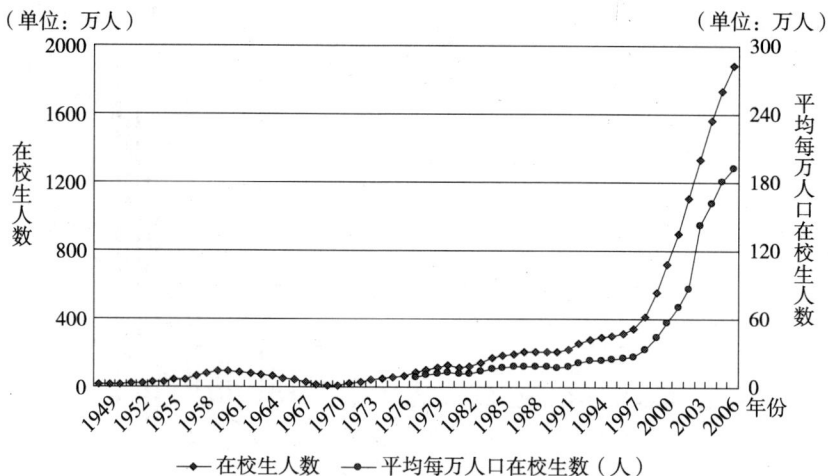

图 2 新中国成立以来我国普通高等学校的在校生人数及
平均每万人口在校生数的发展情况

（资料来源：国家统计局编：历年《中国统计年鉴》，中国统计出版社出版；《中国教育年鉴》编辑部：历年《中国教育年鉴》，人民教育出版社出版）

社会主义改造的基本完成时期，我国完成了高等学校的接管改造和院系调整。经过院系调整，学校数达 181 所。虽然比之前数目减少了，但是学校规模扩大了，学校布局也更合理了。直到 1956 年学校数量一直维持在较低的水平（200 所左右）。（2）1957—1960 年期间有了一个跳跃式的增长，1959 年学校数高达 1289 所，是上一阶段的最高学校数的 5.6 倍。其主要原因在于，在 1958 年全国"大跃进"的背景下，教育界已掀起了一场"教育大跃进"的热潮。国家、省、社会各界争办高校，形成了"文革"前办校数的高峰。但这次热潮不但没有给国家带来更多的好处，事实上造成了大量人力、物力、财力的浪费，教学质量严重下降。（3）为了纠正 1958—1960 年出现的"左"倾错误，中共中央决定对国民经济实行"调整、巩固、充实、提高"的方针。高等学校也根据这八字方针作出了全面调整。这就形成了从 1961 年到 1963 年的高校数目的急剧下降。至 1963 年减少到 407 所。（4）1966—1977 年的"文革"给党、国家和各

（单位：所） （单位：万人）

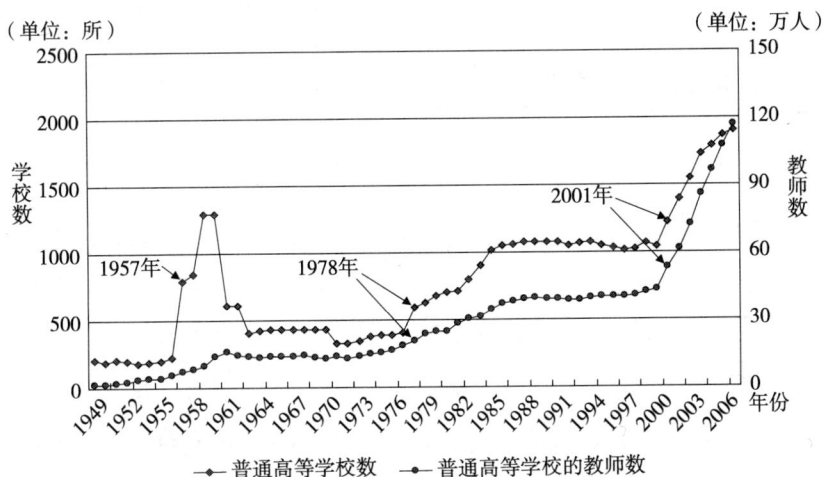

图3　新中国成立以来我国普通高等学校的学校数及教师数发展情况
（资料来源：国家统计局编：历年《中国统计年鉴》，中国统计出版社出版；《中国教育年鉴》编辑部：历年《中国教育年鉴》，人民教育出版社出版）

族人民带来了巨大的灾难。在这场灾难中，高等教育是重灾区，受到了极大的摧残和严重的破坏。从 1969 年 10 月起，一些高等学校被裁并、搬迁、撤销。高等学校由 1965 年的 434 所，减到 1971 年的 328 所，共砍掉了 106 所。这样不仅使大量资源受到了损失，而且使高等学校的培养能力和教育质量大幅度下降，造成教育事业与国家建设严重不相适应的状况。

（5）1978—2000 年，改革开放的号角也唤起了高等教育的觉醒，学校数开始缓慢回升；2001 年开始，随着高等教育扩招政策逐步实施，学校数量有了一个新的跳跃式增长，至 2007 年已高达 1908 所，比 1949 年增长了 8.3 倍，比 1978 年改革之初的 598 所增加 1310 所，增长 2 倍之多。

此外，从图 3 还可以看出，1949—2000 年期间，我国普通高等教育学校的教师数量基本上呈现平稳增加趋势，到 2001 年教师数有了大幅度的增加，截至 2007 年年末普通高等学校的教师数高达 116.8 万人，比新中国成立初期的 1.6 万人增加了 115.2 万人，增长近 72 倍。

二、构筑人力资源强大堡垒，高尖人才教育快速发展

尖端人才教育包括博士生和硕士生教育，统称为研究生教育，这是推动我国科技进步的最主要生力军，对国家经济和社会发展具有十分重要的战略意义。早在新中国成立初期，我国便确立了研究生教育作为高等教育最高阶段的领头地位。在中国，现代意义上的研究生教育是西方高等教育与中国传统教育相互影响、相互融合的产物。新中国成立前，仅有 232 人获得硕士学位，新中国成立以后大量在国外留学并获得博士、硕士学位的归国人员，为我国引入了全新的现代研究生教育理念。新中国成立至今的 60 年间，党和政府对尖端人才培养的重视使得研究生教育得以不断向前发展。下面我们从研究生招生人数来看看我国研究生教育 60 年取得的骄人成绩。

从图 4 中可以看出，我国研究生招生人数的变化大致经历了五个不同的阶段：第一阶段是我国研究生教育的起步阶段（1949—1965 年），此间研究生招生人数基本稳定在较低水平，从 1949 年开始稳步增长，在 1953 年达到了这个阶段的最高点为 2887 人，相比 1949 年的 242 人多 10 倍。主要原因在于新中国成立初期，百废待兴，国内严重缺乏各类建设人才，亟须培养高等人才的教师和科研人员。因此，培养研究生成为国家人才建设的重要方面。1953 年新中国颁布了第一个关于研究生教育的法令性文件《高等学校培养研究生暂行办法》，明确了研究生教育的目的在于培养高等学校师资和科学研究人员，也确定了"文革"前研究生教育的主要方向。第二阶段为"文革"十年（1966—1977 年）的停滞阶段。第三阶段是恢复阶段（1978—1981 年），由于"文革"造成了各类人才的青黄不接，在 1978 年，国家开始恢复研究生招生，一直到 1981 年处于我国研究生教育的恢复阶段。第四阶段是逐渐成熟阶段（1981—1998 年），此间我

（单位：人）

（单位：人）

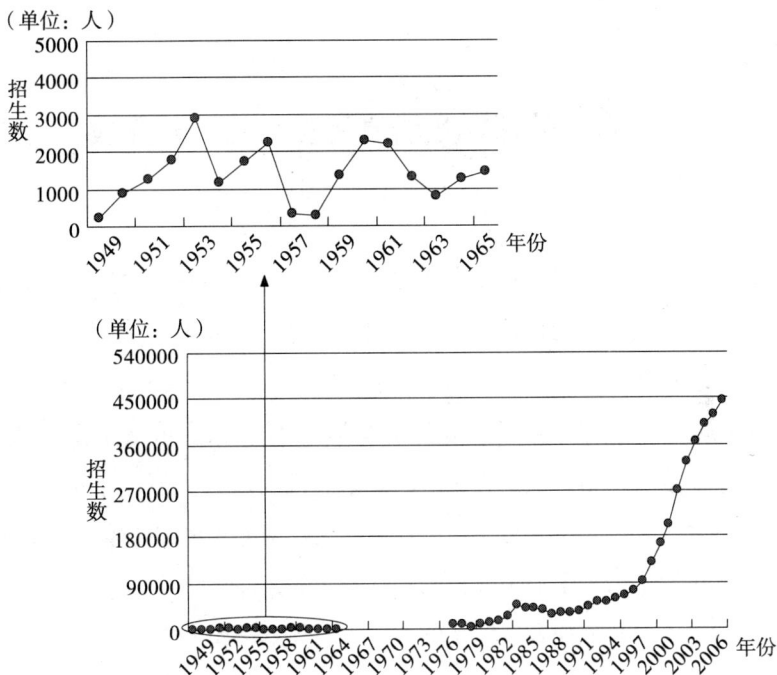

图4　新中国成立以来我国研究生招生人数的变化情况

（资料来源：国家统计局国民经济综合统计司：《新中国五十五年统计资料汇编》，中国统计出版社2005年版；《中国教育年鉴》编辑部：历年《中国教育年鉴》，人民教育出版社出版）

国研究生教育逐渐走向成熟，研究生招生人数稳步增长，本科生与研究生比例由1981年的56.4∶1减少至1998年11.2∶1，同时学位类型开始多样化，出现了MBA（工商管理硕士），法律硕士等各种专业学位；并且学科专业结构也得到不断调整，增加了一级学科专业数目，减少了二级学科专业目录。第五阶段是快速发展阶段，自1999年至今我国研究生教育处于快速发展时期。从1999年开始研究生招生人数呈指数增长，2008年研究生招生人数高达446000人，是1999年研究生招生人数（92225人）的将近5倍，年增长率达19.1%，正是得益于这九年的高速发展使我国成为研究生培养大国。

三、从中外留学生看高等教育的对外开放

1872 年容闳率领 30 名幼童西渡赴美迈出了中国派遣留学生的第一步；临时政府成立之初，孙中山积极倡导派遣留学生赴美、日、法等国学习深造，并在各省设立公费留学名额。据统计，1913—1917 年五年的时间，共向日本、欧洲、美国派遣公费留学生 8411 人。但由于民国初年，军阀的连年混战，第一次世界大战的爆发，政府收入主要用于军费开支，吝于资助教育，拖欠留学费用，以致留学生在国外无法维持生计，纷纷回国。有的留学生为了学成报效祖国，在艰苦的条件下继续努力学习，有的甚至积劳成疾，病死他乡。国民党虽颁布了与留学相关的法律法规，使留学工作更加规范，并在初期取得了一定的成绩。但由于经费拮据，政府严格控制公费留学名额，积极鼓励自费留学。1929—1935 年的 7 年间，在国外的留学生达 6000 余人，其中自费留学生占 5000 余人，而那时留学无非是中产阶级谋求政治上发展的手段。抗战期间，国民党实行限制留学政策，以至抗战结束后 1948 年 1 月国民党政府宣布停止公费和自费留学考试。这标志着国民政府统治时期留学教育的终结。纵观清末到新中国成立前的留学教育，当局的腐败一再阻碍了留学教育的发展，留学生在外生活困苦，难以为继，而最后每一个政权都无一例外地以失败的留学教育而告终，几十年的积累造成了新中国成立初期国内人才匮乏的局面。

从图 5 可知，新中国成立 60 年来，我国留学生交流工作有了长足的发展，并体现为四个阶段。第一阶段为 1950—1965 年。新中国成立后，为加快社会主义建设步伐，中共中央明确提出要学习苏联和东欧其他社会主义国家的先进经验。当时面临的最大问题是建设人才，尤其是高级人才严重不足，而刚刚摆脱半封建半殖民地教育体系的我国高等教育百废待兴，一时还无法培养出大批社会主义建设所需要的人才。在这种情况下，

（单位：人）

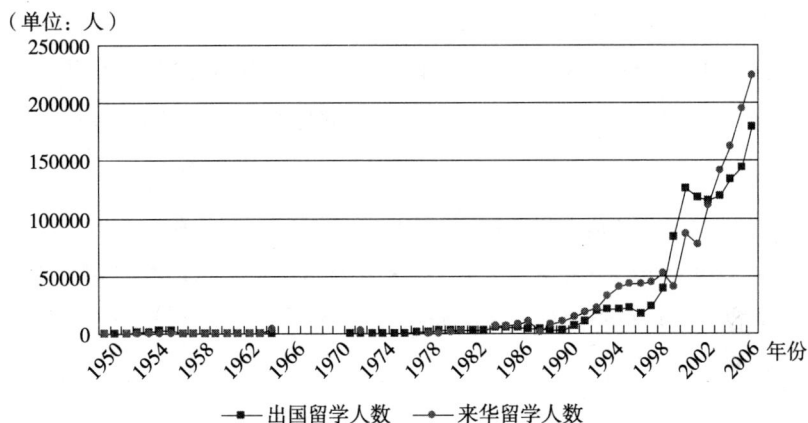

图5　新中国成立以来我国留学生交流的情况

（资料来源：《中国教育年鉴》编辑部：历年《中国教育年鉴》，人民教育出版社出版）

作为高等教育的一部分，从 1950 年开始至 1966 年止，先后向苏联等社会主义国家派遣了万余名留学生。党和国家十分关注留学生在外的学习和生活情况，增加留学生助学金，改善伙食，提供学习参考资料，政府的关怀，使留学生受到了鼓舞和激励，增强了对祖国的向心力。尽管国家重视留学生工作，但面对帝国主义的封锁，我国对外派遣留学生和吸纳来华留学人员的规模是极其有限的。直到"文革"前我国每年派遣留学生仅维持在几百人左右，只有在 1954 年、1955 年和 1956 年平均每年达 2000 人，形成新中国成立初期出国留学的高潮。"文革"十年为我国留学工作的第二个阶段。在此期间我国留学生工作基本停滞，直到 1972 年和 1973 年我国才相继恢复了派遣留学生和接收留学生工作。1972 年至 1978 年年底的 7 年间我国共向 32 个国家派遣留学生 1548 人；1973 年至 1978 年接受 80 个国家和地区的留学生 2498 人（为上图 1973 年点数据）。1978 年是我国留学工作里程碑式的一年，邓小平同志在 1978 年 6 月 23 日作出关于扩大派遣留学生工作的重要指示，中国的留学工作从此进入了一个崭新的发展阶段。从 1978 年至 2007 年年底，我国各类出国留学人数总数达 121.2 万人，出国留学规模从 1978 年的 860 人发展到 2007 年的 14.45 万人，30 年间扩大 168 倍。而中国各类留学回国人员总数达 31.97 万人，成为我国经济社会发展的重要力量。与此同时，改革开放 30 年来中国已累计接收来华国际学生 123 万人次，仅 2008 年我国来华留学生人数突破 20 万，相比 1952 年增长了 970 倍。令我们惊喜的是，自 1992 年以来来华留学人员数量基本上均大于出国留学人数①，这充分地体现了作为正在崛起的东方大国，我国正在向世界释放着巨大的魅力。

四、高等教育新方式：网络高等教育

随着信息技术的发展以及终身教育理念的提出，我国高等教育领域也注入了一股新鲜力量——网络高等教育。1998 年 12 月 24 日教育部制定、1999 年 1 月 13 日国务院批转的《面向 21 世纪教育振兴行动计划》对远程教育尤其是网络教育的发展作了宏观上的规划，并给予了政策上的支持。认为"实施现代远程教育工程"，将"有效地发挥现有教育资源的优势，是在我国教育资源短缺的条件下办好大教育的战略措施"，教育部对此将"要作为重要的基础设施加大建设力度"；"为推动现代远程教育的发展，按国际惯例对现代远程教育网络运行费用实行优惠"。国家政策的扶持为网络教育的发展提供了良好的契机。自此，我国的网络高等教育得以迅速发展。

1998 年 9 月教育部批准清华大学、湖南大学、浙江大学、北京邮电大学作为现代远程教育首批试点高校，开始了我国真正意义上的网络远程教育，并在 1998 年共招收了 9000 名网上学生。经过近 10 年的迅速发展，

---

① 除去 2001—2004 年。图 5 中 1982 年点数值 3196 为 1982—1984 年来华留学人员总数。

截至目前，经教育部批准，全国已经有 67 所高校开办网络教育试点，网络教育在线学生数也有了大幅度的增加。

（单位：人）

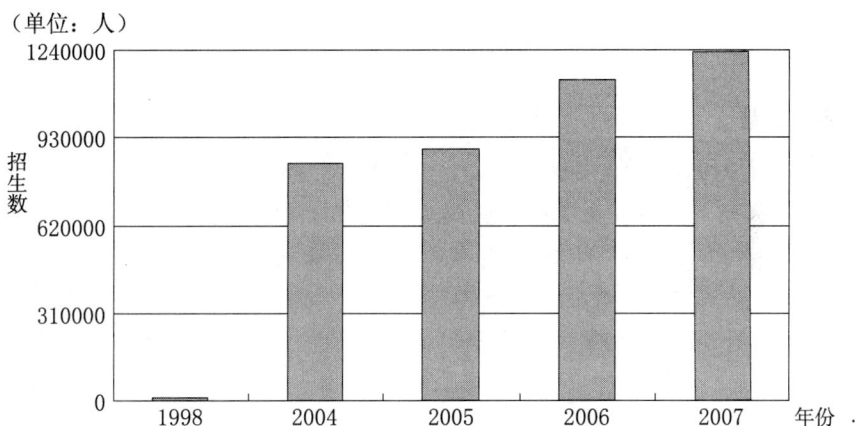

图6　我国网络高等教育学校招生情况

（资料来源：国家统计局编：历年《中国统计年鉴》，中国统计出版社出版）

由图6可见，自1998年始，我国网络高等教育招生人数在逐年上升。2004—2007年，网络教育招生人数年增长率为157%，仅2007年的招生人数是1998年的137倍之多，这充分体现了国民对高等教育的渴求，也充分展示了网络教育的巨大潜力。同时，终身教育体系的构建更是为网络高等教育提供了新的机遇，在当今知识经济时代中，知识更新速度不断加快，这就要求教育不应是一次性的，而是终身性的，"活到老，学到老"成为一种趋势，而在终身教育体系中普通高等教育已不能满足这种需要，历史重任便落在网络高等教育身上。我们相信网络高等教育的巨大潜能必将承载我们的希望实现我国教育事业的再次腾飞。

60年的辉煌发展，60年艰苦奋斗的结晶，通过以上一串串喜人的数字，我们足以看到我国的高等教育所创造出的奇迹——目前我们正在举办着世界上最大规模的高等教育。与此同时，教育的开放历史性地开阔了中国人的视野，也向外界释放出中国思想解放的重要信号，透过教育这个窗口，中国人正在向世界展示好学、善学的精神风貌，同时也正以宽广的胸怀接纳着来自世界各地的留学生。高等教育的茁壮发展正在为我国现代化和谐社会的建设提供着强有力的支撑，也使我国人力资源强国的建设步伐稳步前进。

参考文献

1. 《中国大学教育发展史》，北京大学出版社 2006 年版。

2. 黄新宪：《中国留学教育的历史反思》，四川教育出版社 1991 年版。

（执笔人：闫伟）

基础教育，奠基工程

基础教育是必不可少的"走向生活的通行证"①，它着重强调识字、阅读、计算，是"人们为了生存和有尊严地生活，改善自己以及他们的社区和国家的生活质量所必须具备的知识、技能、价值观念和态度"②。随着教育系统的不断完善、教育普及水平的不断提高，我国基础教育的内涵不断得到扩充，已由新中国成立初期儿童的基础教育扩展到当代"全民的基础教育"，形成以九年制义务教育为主体，包括幼儿教育和特殊教育的完整体系，目的是使每个社会成员接受最基本的教育和训练。

一、基础教育内涵不断扩充

（一）基础性是最本质的特征

基础教育本质上是为了每一个人能在社会中生存和继续学习所需要的最基本的教育。基础教育关注的不是培养和选拔精英，而是为每一个学生

---

① 联合国教科文组织总部中文科译：《教育——财富蕴藏其中》，教育科学出版社1996年版，第109页。
② 赵中建：《教育的使命：面向二十一世纪的教育宣言和行动纲领》，教育科学出版社1996年版，第16页。

今后的发展打下坚实的基础，培养学生的自我教育以及终身学习的能力，为学生奠定日后适应社会形势、参与社会各类事务的基础。

（二）基础教育具有普及性

"全民教育"是基础教育的目标方向。新中国成立以来，我国的中小学教育有了很大发展，从根本上改变了旧中国基础教育事业极为落后的状况。在旧中国，只有 20% 的学龄儿童能够入学，而到 2006 年，全国学龄儿童入学率达到 99.3%，小学升初中率达到 100%，初中升高中率高达 75.7%。中国基础教育取得令人瞩目的成绩。

（单位：%）

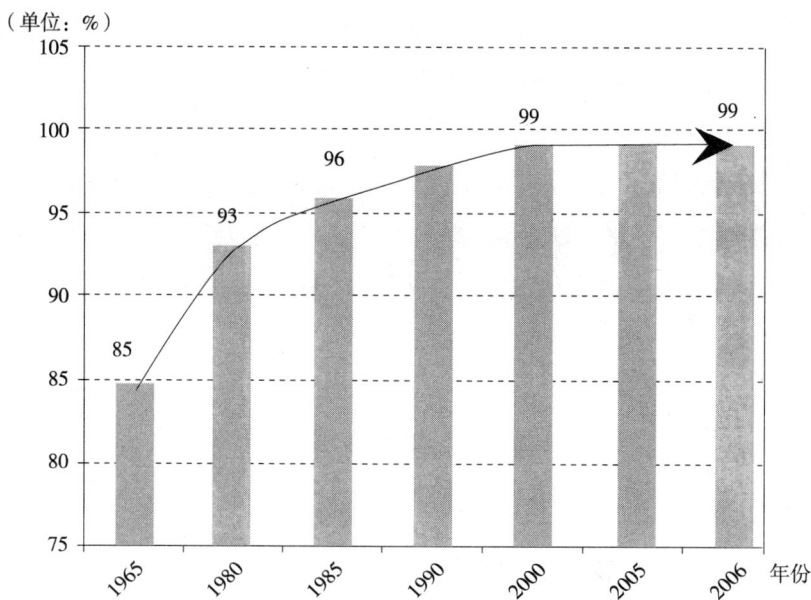

图 1　全国学龄儿童入学率

（资料来源：教育部编：历年《中国教育年鉴》，人民教育出版社出版；中经网统计数据库）

（三）基础教育具有公益性

基础教育是由国家和社会提供资助和保障的一种基础学历教育，其具有公益性。2001—2006 年，国家财政对中小学及幼儿教育的投资以平均每年 17.3% 的速度增长。与此同时，社会团体与公民个人办学教育经费以几何速度增长，1994 年、1995 年为社会团体与公民办学增长最多的年份，增长率分别为 223% 和 89%，即使增长率较低的年份增幅也在 30% 左右。民办普通中学 5362 所，在校生 305.91 万人。民办小学 5122 所，在校生 222.14 万人。民办幼儿园 4.84 万所，在校生 400.52 万人。这充分说明了民间对基础教育的重视。

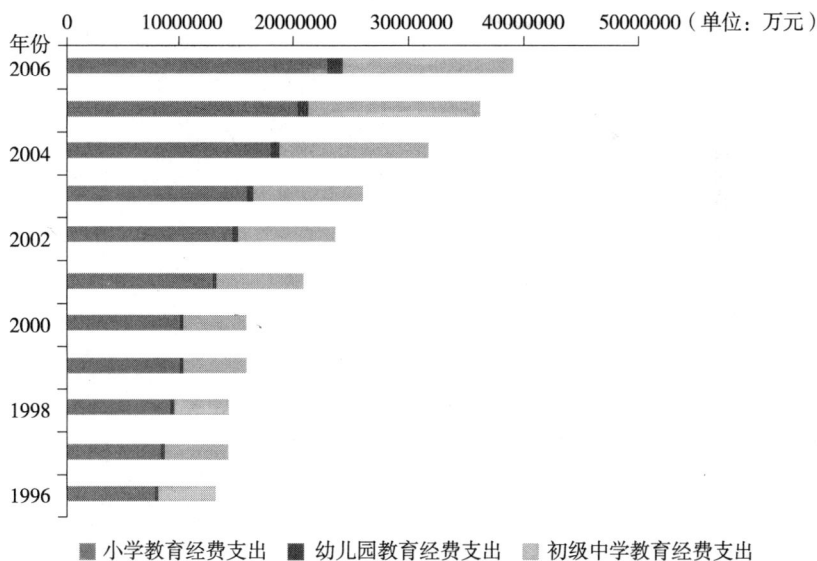

图 2　幼儿、小学、中学国家财政教育经费支出

（资料来源：教育部编：历年《中国教育年鉴》，人民教育出版社出版；中经网统计数据库）

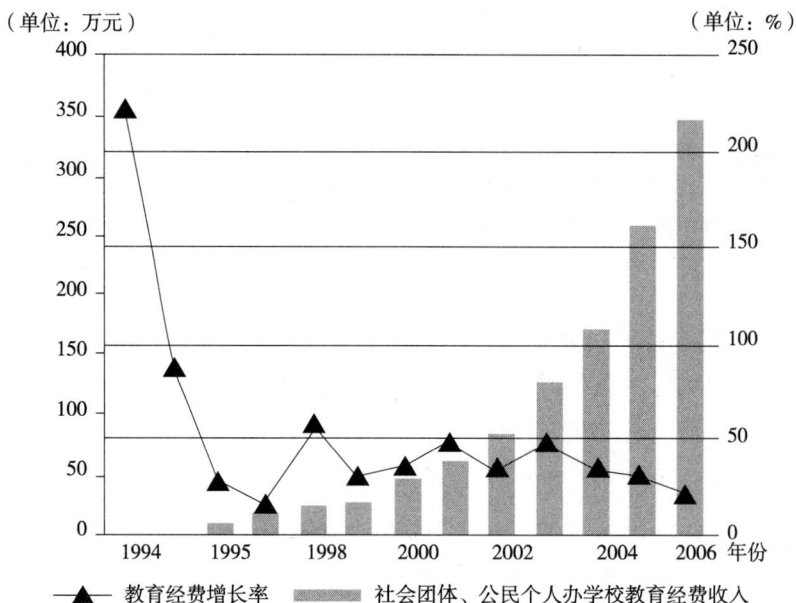

图3　社会团体及个人办校经费收入及增长

（资料来源：教育部编：历年《中国教育年鉴》，人民教育出版社出版；中经网统计数据库）

二、基础教育逐步普及

（一）新中国成立初期，基础教育的起步

1949 年以前，中国的基础教育十分薄弱，抗日战争和八年内战的持续使全国民不聊生，何谈朗朗读书、谆谆教诲。仅有的民间私塾和学校也不过是大部分没有受过专业训练的教师组成，但求教人识字而已。奴化教育的充斥更是严重阻碍人们对知识和真理的渴求。教育指标最好的 1946年，全国仅有幼儿园 1300 所，小学 28.9 万所，中学 4266 所。

（单位：所）

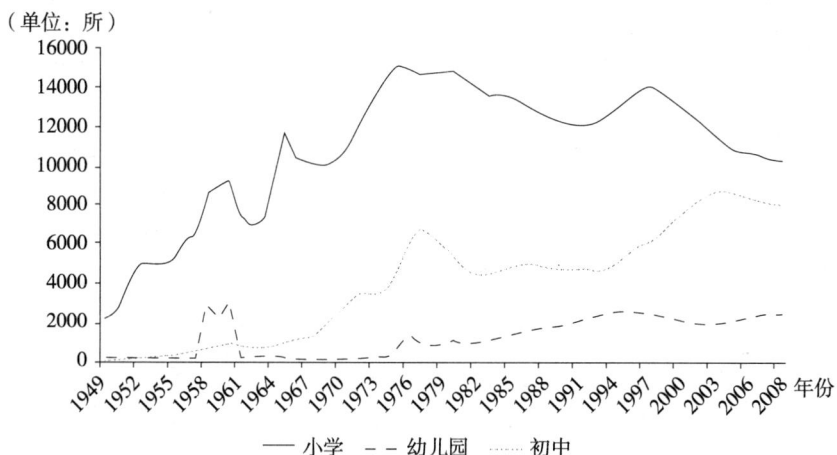

图4　中小学及幼儿园在校学生人数

（资料来源：教育部编：历年《中国教育年鉴》，人民教育出版社出版；中经网统计数据库）

1949 年新中国成立后，中央和地方各级政府非常重视发展基础教育，投入大量的人力和财力普及基础教育。政府的重视和新中国成立后人口的迅速增长大大促进了小学教育的发展，但中学教育和高等教育发展较为落后。接踵而至的抗美援朝、三年自然灾害和"文化大革命"纷纷在客观和主观上给百废待兴的教育造成巨大的影响。

（二）改革春天，基础教育的迅猛发展

1977 年，是中国现代教育史上具有重大历史意义的年份。因"文革"一度中止的全国高校招生统一考试制度得以恢复。政府与社会对知识的认可和重视更加速了基础教育的发展。如图 5 所示，普通中学招生人数由1965 的 345.7 万人升至 1976 年的 3205.4 万人，增长接近 10 倍。1977 年普通中学招生数达到至今为止的历史最高点——3360.8 万人，同时，普通中学毕业生人数也在 1979 年与 1980 年间迎来高峰。

1986 年全国人民代表大会颁布《中华人民共和国义务教育法》（以下

（单位：万人）   （单位：%）

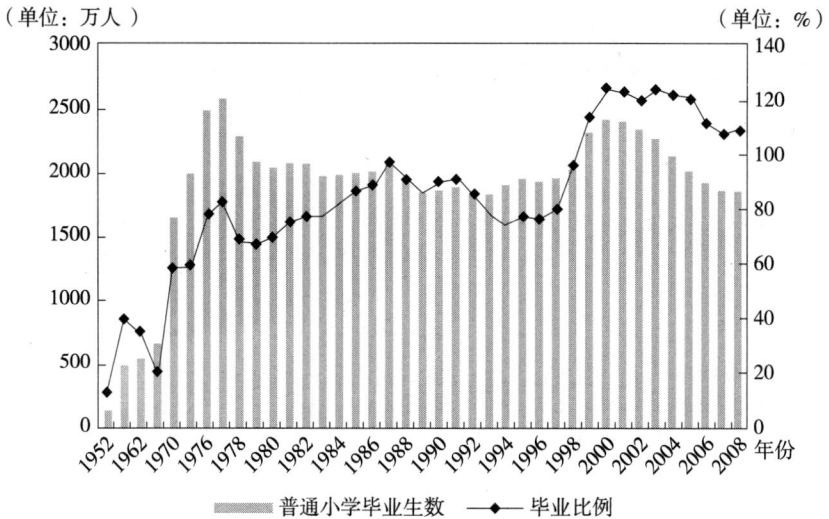

图 5　普通小学毕业生及毕业比例

（资料来源：教育部编：历年《中国教育年鉴》，人民教育出版社出版；中经网统计数据库）

（单位：万人）

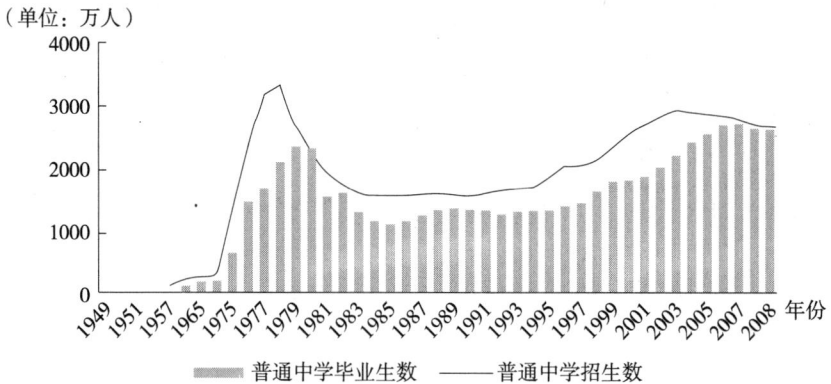

图 6　普通中学毕业生人数、招生人数

（资料来源：教育部编：历年《中国教育年鉴》，人民教育出版社出版；中经网统计数据库）

简称《义务教育法》）。1999 年年初国务院批转了教育部制定的《面向 21 世纪教育振兴行动计划》，6 月中共中央、国务院发布《关于深化教育改革，全面推进素质教育的决定》。一系列教育法律法规的颁布，使中国的基础教育走上了法制的轨道。为 21 世纪构建具有中国特色的社会主义教育体系指明了方向。

新中国成立 60 年来，我国扫除文盲 2 亿多人，成人文盲率由 1949 年的 80％以上降到了 1998 年的 16％。1998 年全国青壮年文盲降低到 5％，其中青壮年妇女文盲率下降到 8.78％。儿童入学方面，女童入学率也大大提高，由 1949 年的不足 15％达到 2001 年的 98.5％。基础教育正面向所有的儿童、青年和成人普及入学机会和科学文化知识。中国基础教育取得历史性进展。

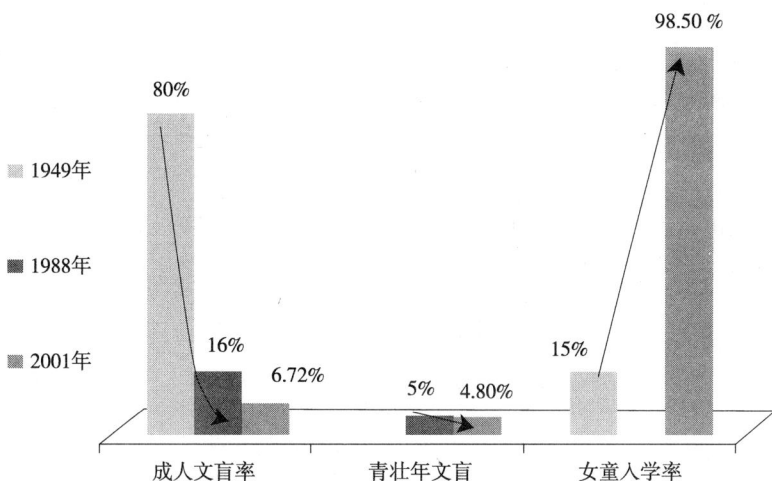

图 7　中国文盲统计

（资料来源：教育部编：历年《中国教育年鉴》，人民教育出版社出版；中经网统计数据库）

（三）基础教育迈向新世纪

2002 年，全国有小学 45.69 万所，在校学生 12156.71 万人，小学净入学率为 98.58％，小学毕业生升学率 97.02％，全国小学专任教师

577.89 万人。初中 6.56 万所，在校学生 6687.43 万人，初中毛入学率达 90%，初中毕业生升学率 58.3%，全国初中专任教师 346.77 万人。2002 年年底，全国 90% 以上的人口地区基本普及了九年义务教育，在九个发展中人口大国中义务教育普及率位于前列。到 2006 年，全国学龄儿童入学率达到 99.3%，小学升初中率达到 100%，初中升高中率高达 75.7%。基础教育的普及对高等教育的延伸功不可没。

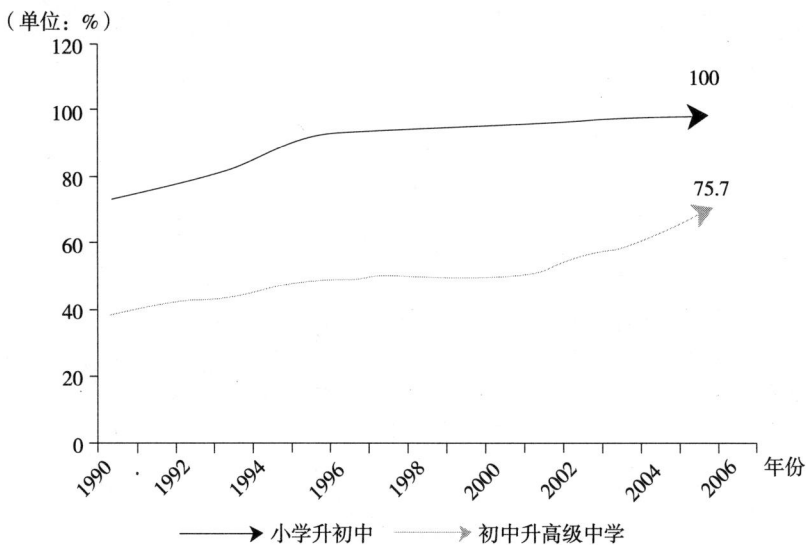

图 8　中小学升学率统计

（资料来源：教育部编：历年《中国教育年鉴》，人民教育出版社出版；中经网统计数据库）

2006 年 9 月 1 日，新《义务教育法》开始正式实施，这是我国义务教育立法和教育法制建设进程中一个新的里程碑。新《义务教育法》把义务教育"均衡发展"作为基本价值追求。第一次在法律中明确了素质教育的要求，明确了政府是实施义务教育的主要和首要的责任者，并引入了教育问责制度。2008 年，16 个省区市和 5 个计划单列市进行免除城市义务教育学杂费试点。2008 年 9 月 1 日，全国所有城市免除义务教育学

（单位：万人）

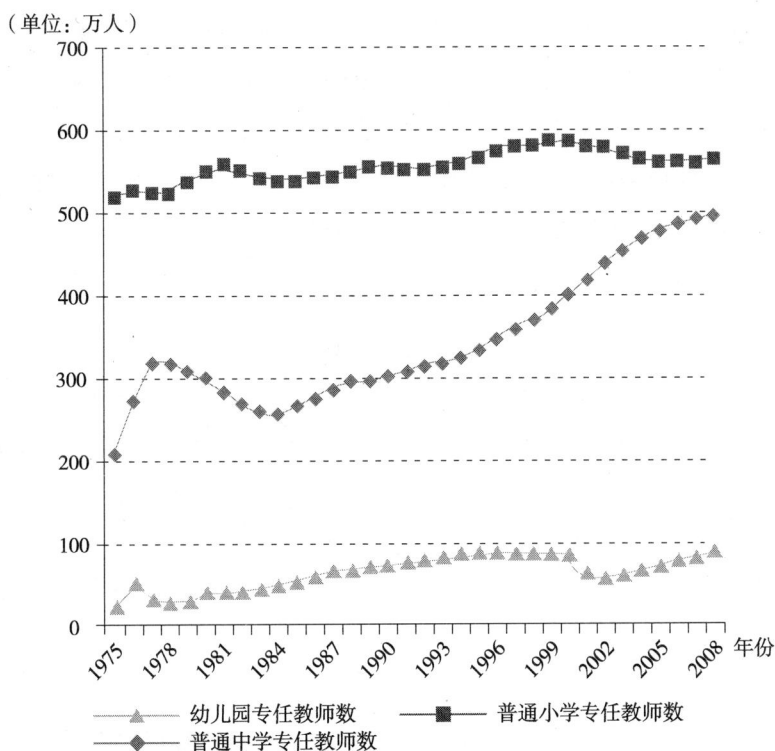

图9　中小学及幼儿园专职教师人数

（资料来源：教育部编：历年《中国教育年鉴》，人民教育出版社出版；中经网统计数据库）

杂费。

三、特殊教育日俱规模

1978 年全国有特殊教育学校 292 所，在校学生 3.1 万人，特殊教育教职工数仅为 0.7 万人。2002 年全国特殊教育学校已达 1540 所，办学规模

扩大了 5.3 倍；在校生 37.45 万人；特殊教育职工数为 4 万人，比 1978
年增长了 5.7 倍。在普通学校随班就读和附设特教班的残疾儿童在校生数
占特殊教育在校生总数的 68.29%。2008 年，全国特殊教育学校 1640 所，
与 1978 年相比增长 462%，在校学生 41.7 万人，残疾儿童入学率近
80%。他们不但学到了文化知识，还学习掌握一门生产技术，使其毕业后
能够自食其力，而这在旧中国是完全无法想象的。

（单位：万人）

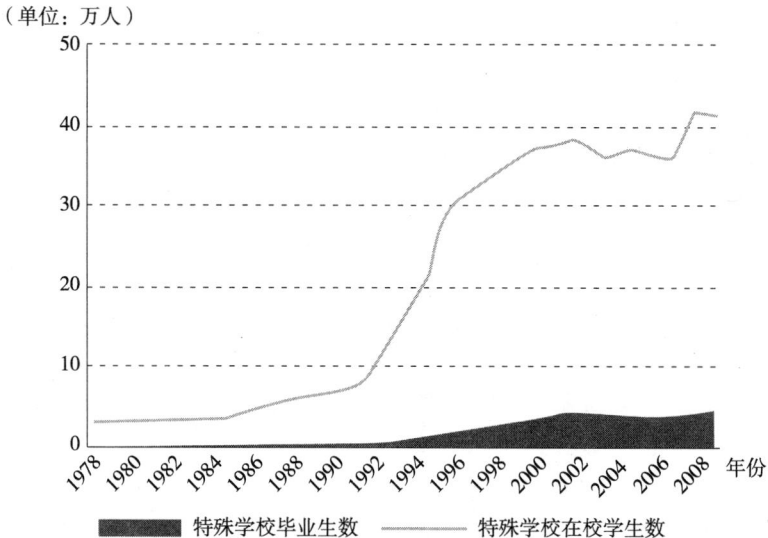

图 10　特殊学校毕业生、在校生人数（万人）统计

（资料来源：教育部编：历年《中国教育年鉴》，人民教育出版社出版；中经网统计
数据库）

四、农村基础教育水平大幅度提高

农村基础教育是基础教育的一项攻坚工程，是解决好"三农"问题
的关键，也是建设社会主义新农村的根本。

（单位：所）　　　　　　　　　　　　　　　　　　　　（单位：万人）

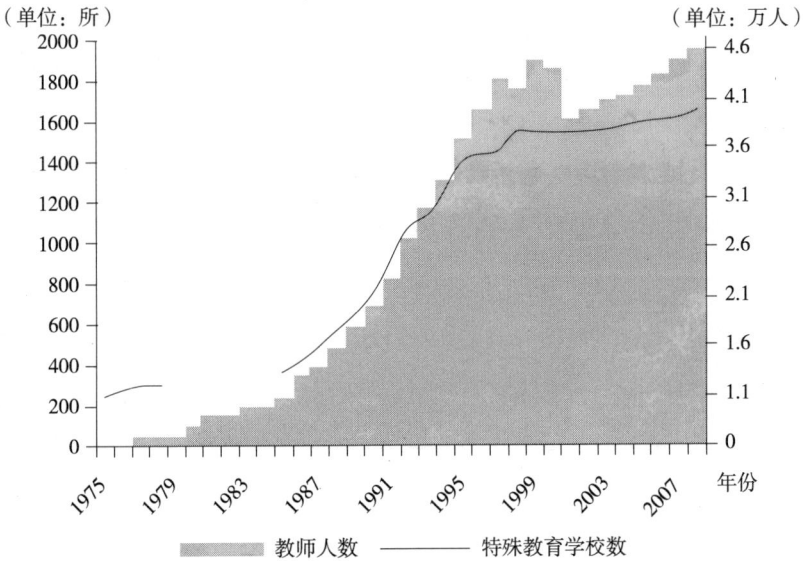

图11　特殊教育学校数及在校教师人数统计

（资料来源：教育部编：历年《中国教育年鉴》，人民教育出版社出版；中经网统计数据库）

（单位：亿元）　　　　　　　　　　　　　　　　　　　（单位：%）

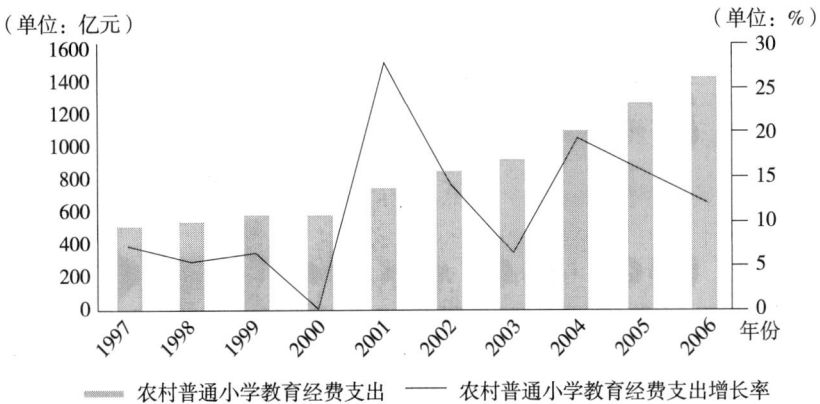

图12　农村普通小学国家财政性教育经费支出统计图

（资料来源：教育部编：历年《中国教育年鉴》，人民教育出版社出版；中经网统计数据库）

20 世纪末，农村教育经费有较大幅度提高。如图 13、图 14 所示，国家对中小学教育经费支出逐年递增，其中 2001 年国家对中小学教育经费支出分别为 368.9 亿元和 733.4 亿元，增长率均达到 28%。农村小学、初中生人均教育经费分别从 1993 年的 224 元、409 元增加到 2000 年的 536元、815 元，增加幅度分别达到 140% 和 199%。同时，县镇、农村小学和中学的校舍面积分别从 1990 年的 37450 万平方米、19709 万平方米增加到2000 年的 50538 万平方米、35359 万平方米，增加幅度分别达到 35% 和79%，学校硬件设施得到极大完善。

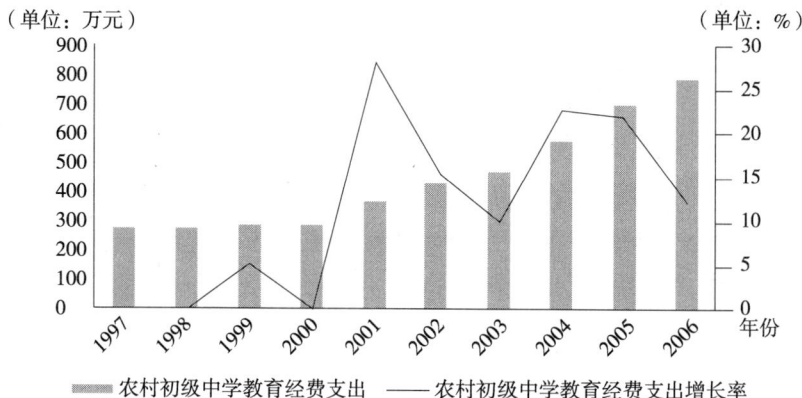

图 13　农村初级中学国家财政性教育经费支出统计图

（资料来源：教育部编：历年《中国教育年鉴》，人民教育出版社出版；中经网统计数据库）

同时，教育信息化水平的大大提高，为农村素质教育搭建起现代化平台。到 2001 年年底，中国教育科研网（CER2NET）已经覆盖了我国的主要城市，建成两万公里的高速传输网。2003 年开始，"远程教育"这项重大工程覆盖了中西部 36 万所农村中小学，丰富了 1 亿多农村中小学生的精神世界。

（单位：万人）

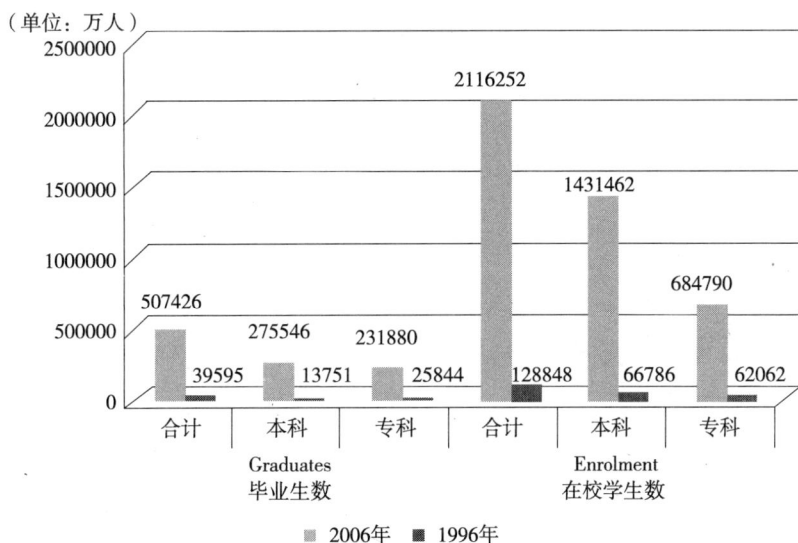

图 14　师范院校学生人数统计图

（资料来源：教育部编：历年《中国教育年鉴》，人民教育出版社出版；中经网统计数据库）

五、"教育大计，教师为本"

中国积极探索和加强教师队伍建设。1996 年到 2006 年的十年间，师范院校在校学生由 12.88 万人增加至 211.62 万人，平均年增长 154%。2006 年师范院校毕业生 50.74 万人，较 1996 年增长近 12 倍。

教师队伍整体素质不断提高，教师职务、年龄等结构渐趋合理。据统计，1980 年，我国小学、初中、高中教师的合格率分别为 50%、13%、36%；到 2000 年，全国小学、初中、高中教师学历合格率已分别达到 96%、87%、68%；小学教师中具有大专以上学历的占 20%，初中教师

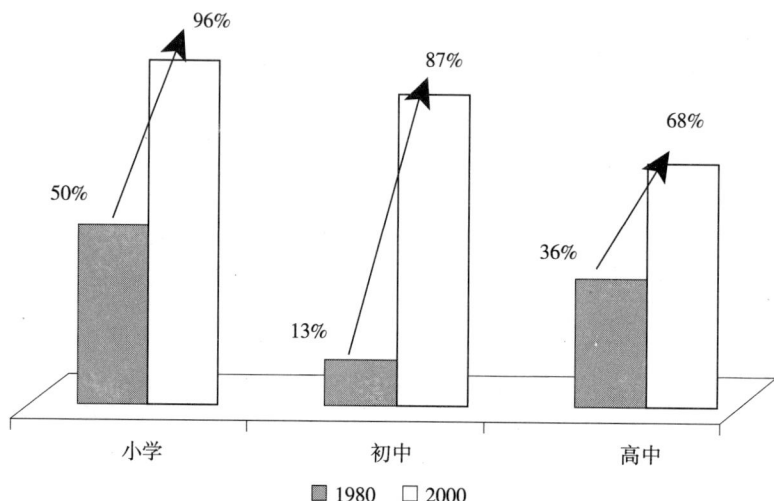

图 15　中小学教师合格率统计图

（资料来源：教育部编：历年《中国教育年鉴》，人民教育出版社出版；中经网统计数据库）

中具有本科以上学历的占 14%。教师队伍进一步年轻化，中青年教师成为主要力量。在加强教师队伍建设的同时，国家在 6 所部属师范大学实施师范生免费教育，使有志于从教的人可以安心从教，终身从教。

　　基础教育在各国的普及化趋势是民族振兴、国家现代化发展的客观需要，是人民大众走向市场经济与民主政治的必然产物。没有全民性的教育普及，科学文化知识就不可能得到很好的传播和发展。基础教育是整个教育的奠基工程，是每个社会成员所应接受的最基本的教育和训练。新中国成立的 60 年，基础教育事业蓬勃发展，国民文化素质广泛提高，注重培养受教育者认知能力的基础教育，必将使人们终身受益。

（执笔人：郑坤）

体育大国的崛起

体育是社会发展和人类文明进步的重要标志，是一个国家综合国力和社会文明程度的集中体现。无数的实践表明，体育是增强国力和培养人口素质的最有效的方法。中国是世界四大文明古国之一，我国古代虽没有"体育"一词，但体育活动却源远流长。骑马射箭、摔跤拳搏、举鼎投掷不仅广泛运用于军事训练之中，还被纳入学校教育的科目。西周将射箭驾车定为"六艺"之一，明清曾经把骑射作为科举考试的科目。此外，蹴鞠、围棋、龙舟、气功、武术、马球等民间体育活动广为流传，他们是中华灿烂文化中的瑰宝和中国人心中不朽的骄傲。

清朝末年，中华民族遭受帝国主义列强侵略掠夺，政治腐败，经济落后，鸦片盛行，导致人民生活贫困，体质孱弱，被外国人讥笑为"东亚病夫"。此时，西方体育体系如体操和球类运动等逐渐传入我国，但因缺乏群众参与基础，这些项目只成为大城市学校中做秀的课程开设。旧中国的竞技体育水平低下，在国际体育赛事中默默无闻，新中国成立以前，国民党政府曾先后组织运动员参加第十届（1932 年）、第十一届（1936年）、第十四届奥运会（1948 年），除撑杆跳高选手符保卢在第十一届奥运会上取得决赛权外，中国选手均遭预赛淘汰未取得成绩。

1949 年，新中国成立后，党和政府对体育高度重视，1952 年 11 月成立国家体育运动委员会（以下简称国家体委，1998 年改组为国家体育总局）和县市省各级地方体委，在教育部门、共青团、工会和部队的配合下，建立了大量的运动队，举办了众多的运动会和比赛，为竞技体育发展奠定了坚实的基础；1951 年开始试行的"劳卫制"是新中国实行的第一个国家体育锻炼标准，由此掀起了全民健身的热潮；兴建体育设施，建立体育院校和恢复体育教育等。这些举措使我国体育短时间内恢复了生机，我国的体育事业就这样起步了。60 年弹指一挥间，2008 年第 29 届奥运会在北京成功举办，标志着我国体育进入世界体育大国之林。一个拥有全世界人口最多的体育大国正在崛起。

一、竞技体育成绩斐然

1954 年，在德国多特蒙德举行的第二十五届世界乒乓球锦标赛上，容国团获得男子单打冠军，为新中国夺得第一个世界冠军。1956 年，陈镜开以 133 公斤的挺举，创造了中国体育史上第一个世界纪录。截至 1958 年年底，我国运动员先后 27 次打破举重、游泳、跳伞、射击世界纪录。1960 年 5 月，中国登山运动员王富洲、贡布、屈银华首次登上了世界最高峰珠穆朗玛峰，这是人类历史上首次从珠峰北路攀上顶峰。1963 年，在第二十七届世界乒乓球锦标赛上，中国代表团首次夺得女子团体和女子单打冠军，并独揽 5 项冠军，开创了世界乒乓球史上的中国时代。

"文革"期间，国家体育秩序出现混乱，优秀运动队被解散，国际性赛事几乎被取消。"文革"结束以后，被解散的优秀运动队得到恢复，对外体育活动得以增强，各项体育制度再次实行并不断创新改进。1980 年，为提高运动成绩，振奋民族精神，国家体委按照"以奥运会为重点，兼顾一般"的原则，对竞技体育做了重点部署：调整运动项目的重点布局，集中力量抓奥运会和重大国际比赛项目；改革完善训练体制，调整好一、二、三线队伍，建立层层衔接的训练网；加强体育科学研究工作。这些措施成为我国 20 世纪 80 年代在世界体坛上迅速崛起的根本原因。

1981年，中国代表团囊括第三十六届世界乒乓球锦标赛的全部七项冠军。同年，中国女排在日本举行的世界杯赛中第一次获得冠军。1982年第十二届的国际羽毛球赛上，我国羽毛球队首次获得汤姆斯杯，打破印度尼西亚的长期垄断地位。同年，李宁在第六届世界杯体操赛中获得6枚金牌。1983年，中国体操队获得世界锦标赛男子团体冠军。同年，我国跳高选手朱建华两破世界纪录。1984年，在第23届奥运会上。我国选手许海峰射落男子自选手枪慢射项目冠军，这是中国人在奥运会上获得的首枚金牌。在20世纪80年代，我国竞技体育成绩共计获得冠军394个，相比从前有了大幅度的提高。我国的竞技体育成绩不仅为国家赢得了荣誉，而且极大地振奋了民族精神。

20世纪80年代中期以后，随着我国市场经济改革的深入，我国的体育体制也作出了相应的改革，国家体委以社会化、产业化为方向改革体育项目，建立了运动项目管理中心，如篮球、排球职业俱乐部。竞技体育的辉煌成绩带动了体育用品业、体育服务业的发展，这些产业的发展又促进了竞技体育成绩的提高。

从20世纪90年代到现在，是中国竞技体育全面提高的阶段。除了乒乓球、羽毛球、体操、跳水、举重、射击等项目始终保持世界先进水平外，其他项目也屡屡有所斩获。在2002年，第二十九届冬季奥运会上，我国速度滑冰运动员大杨扬获得两枚金牌，实现中国运动员在冬季奥运会上金牌"零"的突破。

截至2008年9月底，在世界重大的体育赛事上，我国运动员共获得1249个世界冠军，创超世界纪录982项次，位居世界前列。图1是新中国成立以来我国运动员历年获得的冠军人数。可以看出，这些年来我国竞技体育取得了长足的进步。

从我国参加世界重大综合性赛事看，1963年，第一届亚洲新兴力量在印度尼西亚举行，在这次有48个国家参加的运动会上，我国健儿取得了金牌和奖牌总数第一的佳绩。这是新中国成立以来我国第一次在国际综合运动会上崭露头角。1973年，由于我国在亚运会的合法席位得到恢复，

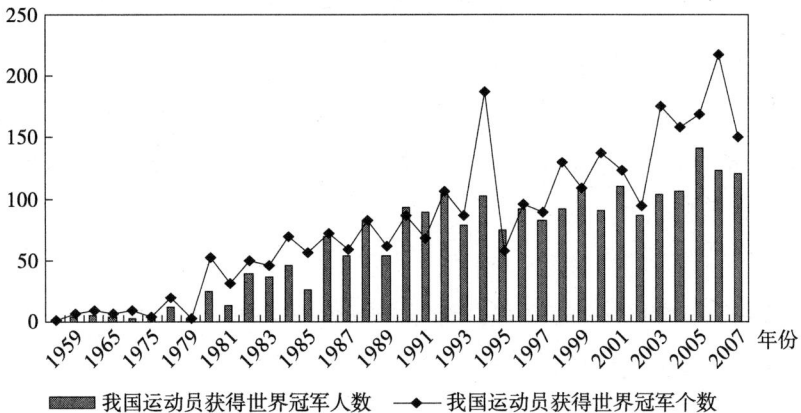

图 1　中国运动员获得世界冠军人数和个数

次年我国首次正式参加伊朗举行的第七届亚运会，这次亚运会我国获得
33 枚金牌，名列金牌榜第三位，奖牌榜第二位。从第九届到 2006 年举办
的第十四届多哈亚运会，我国实现了金牌和奖牌总数的"六连冠"，被誉
为"六冠王"。

　　从 1979 年奥组委恢复我国在奥运会的合法席位到 1980 年我国首次参
加第十三届冬奥会再到 1999 年我国成功申请举办北京 2008 年奥运会。四
年一届的奥运会，是世界竞技体育的最高平台，各国无一不以在奥运会上
得到一枚奖牌为荣。1984 年，我国代表队首次正式参加第二十三届奥运
会，获得了 15 金、8 银、9 铜的好成绩，列金牌榜的第四位。在此之后历
届奥运会上我国体育健儿屡次创造奇迹，获得佳绩。

　　从解放前我国奥运金牌为"零"的历史，到如今 2008 年北京奥运会
上获得的 51 枚金牌，位居世界第一。可以说，我国竞技体育在解放后的
变化是翻天覆地式的。图 2 表示了我国历届奥运会获得的奥运会金牌数和
奖牌总数，我国体育代表团在奥运会上的成绩几乎每届都比上届有较大的
提高，竞技体育迈入世界强国之林。

　　我国竞技体育取得辉煌成果的背后，是我国政府和社会对体育领域进

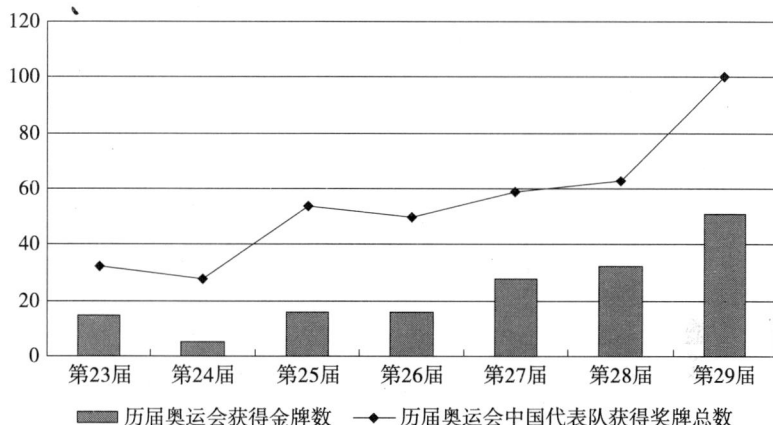

图2　历届中国参加奥运会获得金牌总数

行了大量的投入，图3是我国近年来对体育事业的投入，可以看出投入对体育竞技成绩的影响有着明显的正向作用。

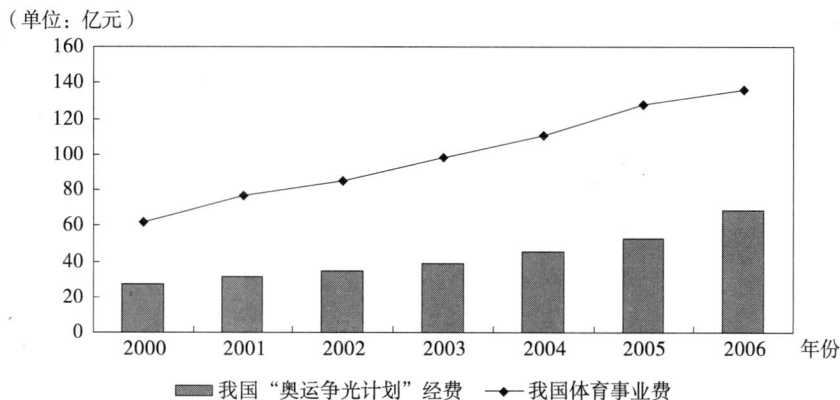

图3　近年来我国对体育的投入

（资料来源：国家体育总局体育经济司：《体育事业统计年鉴》（2000—2007））

二、群众体育迅速普及

群众体育也称大众体育，一般指由大众参与旨在强身健体的体育运动。新中国成立以前，我国群众体育的发展水平很低，全国仅有 13 个体育场、13 个体育馆、101 个游泳池、5 个有固定看台灯光的球场。新中国成立后，在党和政府的关怀下，我国的群众体育在 60 年里得到了辉煌发展。到 2008 年年底，我国体育场地数量达到 104 万个，每万人拥有7.9 个。

国家体育运动委员会（国家体育总局前身）是管理我国体育事业的组织机构。在各级体委的组织下，地区、一些社会组织（政府机构，大型生产企业，大学等）的运动会纷纷开展。图 4 是我国县以上体委历年举办的运动会次数。县以上体委每年举办的较大型运动会呈逐年增长。

（单位：次）

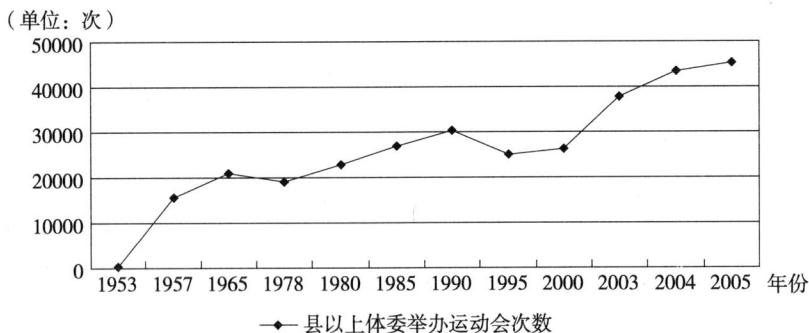

图 4　体委举办运动会次数

（资料来源：国家统计局编：《中国统计年鉴·2006》，中国统计出版社 2006 年版）

除县以上体委举办的运动会，城镇各大中小学校每年开展的田径运动会，各级单位举办的职工运动会，以及各种个人和协会举办的运动会更是数不胜数。1986年，中国农民体育协会在北京成立，该协会首次在农村举办的运动会，除了田径项目之外，还有符合农村特点的、深受农民喜爱的项目，如中国象棋、拔河、武术、龙舟、风筝等。我国逐年增加的运动会，极大提高了国民对体育锻炼的热情，增强了人民的体质。

1990年后，在竞技体育取得辉煌成绩的同时，我国体育界将"体育强国"的奋斗目标转向群众体育与竞技体育协调发展的战略。在该思想的指导下，1995年，国务院向全国发布由国家体委拟定的《全民健身计划纲要》，该纲要分两期执行，意在建立符合社会主义市场经济的全民健身管理体制，全面提高中华民族的体质与健康水平。为完成这项目标，国家制定了很多措施，其中最重要的是在2002年，颁布实施了《普通人群体育锻炼标准》、《中国成年人体质测定标准》。这两个标准补充了主要面向青少年的《国家体育锻炼标准》，满足了广大人民群众日益增长的体育健身需求。从1954年我国颁布的《劳卫制》到几经修订的《国家体育锻炼标准》（对在校青少年学生必测，对机关社会人员选测），我国达到体育锻炼标准人数比过去有了很大的提高。

1994年，国家体委颁布实施《社会体育指导员技术等级制度》，我国开始正式使用"体育指导员"一词，指在竞技体育、学校体育、部队体育以外的群众性体育活动中从事技能传授、锻炼指导和组织管理的工作人员。2001年，体委又颁布《社会体育指导员国家职业标准》，标志着我国正式把体育指导员作为一项职业。社会指导员们活动于运动场、公园、广场、街道活动中心，成为广大群众进行体育健身的良师益友。《全民健身计划纲要》计划：到2010年，我国体育指导员达到65万人。图6是我国体育指导员人数，从图中可以看出自从我国引进体育指导员制度后，其人数保持了强劲的增长，为我国群众体育作出了重大贡献。

国家体育总局在2001年对我国群众体育发展现状进行了第二次全国范围的抽样调查，第一次调查是1997年。调查发现，2000年，全国16岁以上城乡居民有35%的人参加过一次或一次以上体育活动，比1996年提高了0.65%；65%的人在这一年没有参加过体育活动。而我国16岁以上

（单位：万人）

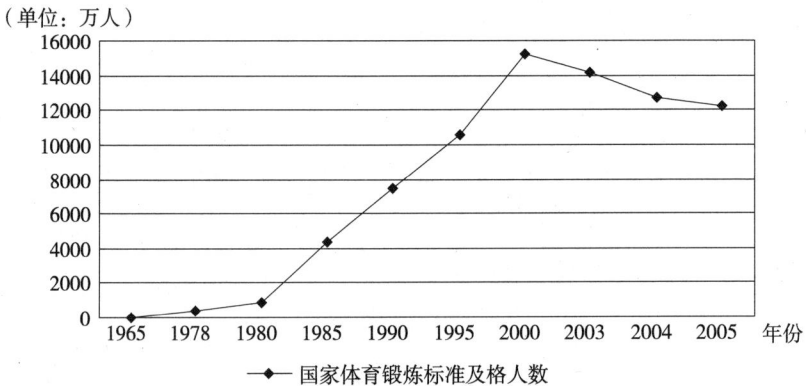

图 5　历年来国家体育锻炼标准达标人数

注：2000 年后，由于我国中小学生的在读人数持续降低，导致体育达标人数在绝对
　　量上出现下降现象。

（资料来源：国家统计局编：《中国统计年鉴·2006》，中国统计出版社 2006 年版）

（单位：万人）

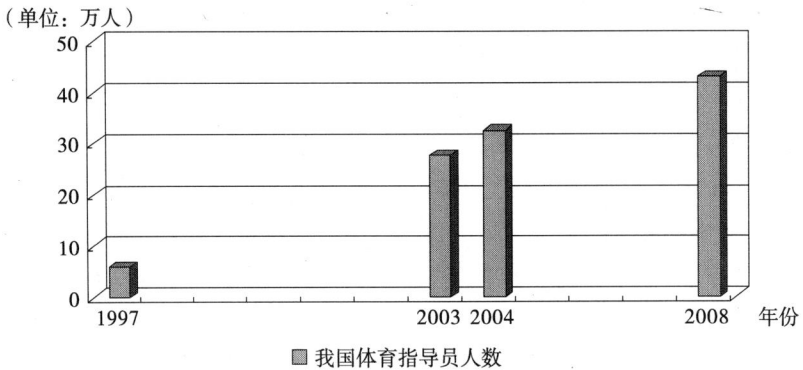

图 6　我国体育指导员人数

（资料来源：国家体育总局网站的数据收集整理）

的体育人口达到 18.3%，比 1996 年增长了 2.8 个百分点。根据 1997 年规
定的我国体育人口的基本标准（即每周身体活动三次以上，活动强度中
上，每次活动时间 30 分钟以上）。2007 年，国家体育总局发布《2007 年
中国城乡居民参加体育锻炼现状调查公报》，公告中指出：2007 年我国体

育人口已达27.2%。这体现了我国群众体育惊人的发展速度。图7是我国三年的体育人口占总人口的百分比图。

（单位：%）

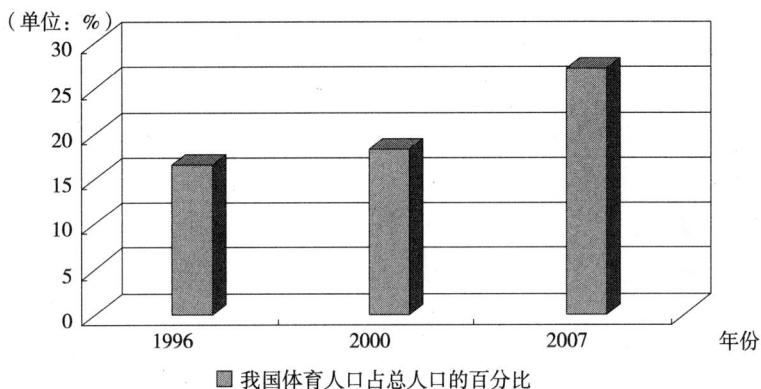

图7 我国体育人口占总人数的百分比

（资料来源：网站根据国家体育总局的《中国群众体育现状调查结果报告》、《2007年中国城乡居民参加体育锻炼现状调查公告》数据整理）

三、体育产业方兴未艾

一般认为，体育产业与体育有关的一切生产、经营、活动部门的总和。其产品包括体育物质产品、体育劳务和服务产品；其基本内容包括：健身娱乐、竞技观赏业、体育用品业、体育传媒业、体育博彩业等。1979年以前，我国学习苏联的体育制度，体育事业资金完全由国家投入，形成了我国竞技体育的"举国体制"。这种体制客观上使我国在竞技体育上取得了辉煌的成就，但其成本过高、效益低下。从1979年起，我国"摸着石头过河"开始探索发展体育产业。到20世纪90年代末，我国已经建立了足球、篮球、排球、围棋四个项目的职业体育俱乐部，其他有条件的项

目也积极向职业化发展。1998 年，国家体育运动委员会重组为国家体育
总局，由原来的国务院部门调整为国务院直属的事业单位，同时明确了协
会实体化的发展道路，从而标志着我国体育改革的全面启动。由于体育产
业的范围难以界定，有关全国的体育产值一直是一个谜。直到 2001 年，
国家体育总局设立体育产业调查方案动员下属省市单位进行调查，全国的
体育产业才露出了冰山一角，图 8 是我国 2001、2002 年部分省、直辖市
的体育产业总值。

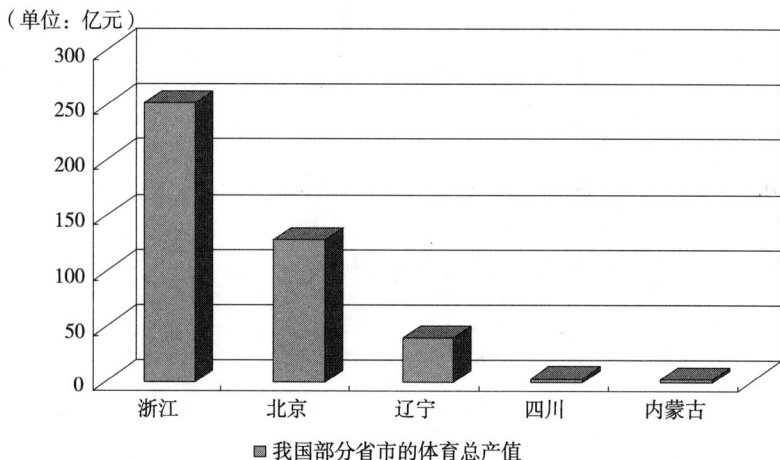

（单位：亿元）

图 8 我国部分省市的体育产业总值

注：图中浙江、辽宁、四川为 2001 年的调查数据，其余省、市为 2002 年的调查
数据。

（资料来源：鲍明晓：《中国体育产业发展报告》，人民体育出版社 2006 年版）

基于这些统计数据，《中国体育产业发展报告》中估算：2001 年我国
体育产业增加值约为 500 亿左右，约占当年 GDP 的 0.5%。2001 年，国家
体育总局发布《2001—2010 年体育改革与发展纲要》，纲要中计划 2010
年我国体育产业达到国内生产总值 1.5% 左右。从发达国家体育产业的发
展情况看，1994—1995 年，加拿大体育产值占 GDP 的 1.1%，德国为
1.25%，英国为 1.5%。这些数据表明，体育产业已经成为这些国家新的

成型的产业，其前途大有可为。图9是我国2001、2002年部分省、直辖市的体育产业的就业的人数，从中可以看出体育产业不仅促进了体育事业的发展，而且发展了经济，为社会提供了大量的就业机会。

（单位：万人）

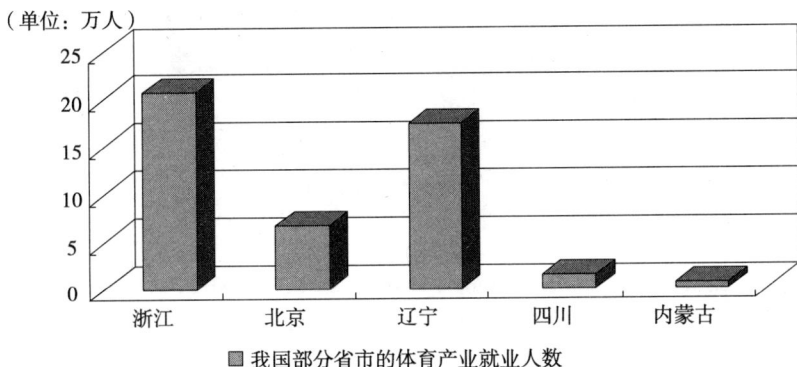

■ 我国部分省市的体育产业就业人数

图9　我国部分省市的体育产业就业人数

注：图中浙江、辽宁、四川为2001年的调查数据，其余省、市为2002年的调查
　　数据。
　　（资料来源：鲍明晓：《中国体育产业发展报告》，人民体育出版社2006年版）

　　下面以体育彩票为例。1984年北京举办马拉松赛时体育系统开始发售彩票用以筹集资金。到2008年年底，我国体育彩票的销售额增长迅速，成为我国《全民健身计划》、《奥运争光计划》重要资金来源。图10是我国历年来体育彩票销售额，从中可以看出我国体育彩票的年销售额相比以前已经有了大幅提升。体育产业的蓬勃发展已经成为我国经济发展的新的成长点，为体育事业作出了重大的贡献。

　　建国60周年在即，中国体育风风雨雨走过的是一条通向辉煌的路。100年前，中国人曾被人笑称"东亚病夫"，解放前，奥运会奖牌数量为"零"，世界纪录为"零"。2008年，北京奥运会成功举办，我国一举获得51枚金牌，金牌总数排名世界第一。沉甸甸的奖牌背后凝聚的是一个由13亿人民参与的庞大的健身运动的普及与展开，是一个正在走向成熟

（单位：亿元）

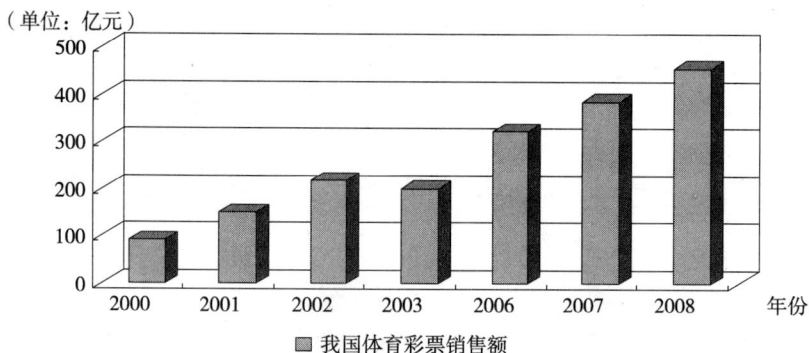

图 10　我国体育彩票销售额

（资料来源：《中国彩票年鉴》编委会：《中国彩票年鉴·2007》，中国财政经济出版社 2008 年版）

的体育科技产业链的兴盛与壮大。上到各级体委积极创造条件举办数量众多的运动会，下到遍布于城乡农村的群众团体和随处可见的体育设施场馆，参与体育运动已成为中国公民的必需。一个名副其实的体育大国正在崛起。

参考文献

1. 丛湖平：《体育产业理论与实践》，人民体育出版社 2006 年版。

2. 国家体育总局主管、国家体育总局体育文化发展中心主办：《中国体育年鉴·2007》，中国体育年鉴社 2007 年版。

3. 国家统计局编：《中国统计年鉴·1998》，中国统计出版社 1998 年版。

4. 国家统计局编：《中国统计年鉴·2005》，中国统计出版社 2005 年版。

5. 鲍明晓：《中国体育产业发展报告》，人民体育出版社 2006 年版。

6. 王濂：《中国体育》，安徽教育出版社 2003 年版。

（执笔人：朱建旭、王星）

影视艺术，流光溢彩

"1962 年，越剧《红楼梦》，新中国最神奇的票房大片，在人们月平均工资大约在 36 元的情况下，四年来创造 2 亿票房。"

"1982 年，《少林寺》，新中国最具国际影响力的票房大片，上映后一举轰动了国际影坛，观众遍及全球 100 多个国家和地区，仅在内地的观影人数就超过了 5 亿人次。"

"2007 年，《集结号》，新中国最具标志性的票房大片，影片上映三周，票房就突破 2 亿，这一纪录让中国电影的票房情况进入了新的领域。"

"万人空巷的《渴望》，诙谐幽默的《我爱我家》，精致唯美的《上海滩》，古典四大名著《红楼梦》、《三国演义》、《水浒传》、《西游记》，风靡全亚洲的《还珠格格》，火爆荧屏的《士兵突击》。"

我们还能创造什么奇迹呢……

60 年，于历史的长卷，是弹指一挥间，60 年，于新中国，是日月换新天，充满了风云变幻与时代变迁。电影和电视剧作为一种艺术的表现形式，同时也是历史的记录者。在影视的胶片里，我们可以看到共和国 60 年来的历史进程和社会变迁，看到 60 年来的生活风貌和时代特点。

在新中国成立的这 60 年里，时代与激情融合，才智与奋斗交织，中国的崛起也见证了中国影视的大发展。昔日历久弥新的精神盛宴，今天成为寻常的生活佐餐，60 年来，中国的影视事业从幼小走向成熟，在探索中寻找方向，在曲折中奋勇前行，中国影视人发扬了中华民族伟大的创新精神，记录着一段段的光影年华。观电影、看电视已经成为广大人民群众精神文化生活的重要组成部分，也是新中国成立以来中国百姓得到的最显著、最愉悦的实惠之一。回望这 60 年，犹如有一支神奇的马良的神笔，所绘之处，立刻栩栩如生，我们的生活也仿佛从一部黑白无声的电影，走向了全方位立体声的彩色电影。

悄然无息的时光，因文化的雕刻而流光溢彩。

一、电影——剪裁的时光

自从 1905 年北京丰泰照像馆的任景丰拍摄了由京剧大师谭鑫培先生主演的京剧《定军山》，中国人便拥有了自己的电影，由此也开启了中国人民的光影生活。

1949 年，在极为艰苦的条件下，由东北电影制片厂拍摄出了新中国第一部电影——《桥》，该片讲述了解放战争时期，东北某铁路工厂克服困难，按期完成制造桥梁的任务使得大桥顺利通车的故事。这部影片一上映，便受到了刚刚获得解放的人民群众的热烈欢迎，他们在银幕上第一次看到了自己扬眉吐气的国家主人公形象。这也是第一次在大银幕上正面塑造中国工人阶级的崇高形象，开创了中国电影发展的新局面。

新中国成立 60 年来，从老式的黑白电影到现代的彩色糅合了电脑特技的电影，从老式的革命故事电影到现代的都市情感电影，从老式的战争电影到极具史诗画面感的大片，随着新中国经济的发展、思想文化的进步，中国的电影也在紧跟着时代的步伐，思潮的涌动，述说着一辈又一辈的故事。而我国的电影发展，无论是从基础设施还是制片水平，随着经济的变革，都在逐步的提高，这不仅丰富了人民的生活，更反映了时代的变迁。

新中国成立初期我国仅有 4 家电影制片厂，而现在已经发展到 32 家，在这 60 年的时间里，有过曲折，也有过倒退，但是正是这样的洗礼，才能沉淀出一部部极富魅力的光影。新中国成立以来，中国电影经历了不同类型和样式的发展，一批批有着鲜明中国特色和民族特点的电影不断涌现，它们在文化内涵和民族心理上都烙上了深深的中国印记。《红色娘子军》和《女篮 5 号》曾经感动了一代中华儿女，《牧马人》和《芙蓉镇》则塑造了观众们喜闻乐见的个性化人物，而《红高粱》与《霸王别姬》终于让世界知道了中国电影及其独特的艺术造诣，《英雄》则成就了新中国电影史上第一部真正意义上的大片，《卧虎藏龙》更是让奥斯卡感受到华语电影的魅力。

（单位：个）

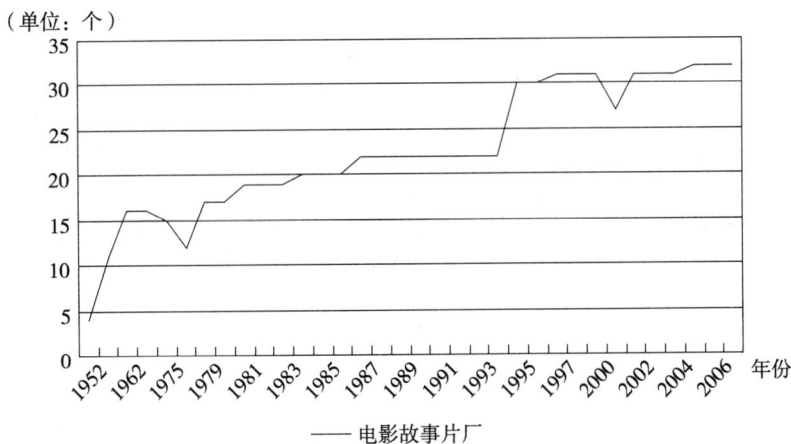

—— 电影故事片厂

图 1　全国电影故事片厂的数量变化图（1952—2007 年）
（资料来源：国家统计局编：《中国统计年鉴·2008》，中国统计出版社 2008 年版）

尤其是我国的电影故事片，在经历了新中国成立初期和"文革"时期的曲折发展之后，在度过了 90 年代末的缩减萎靡之后，在 21 世纪的开端，得益于中国社会经济的快速发展，人民生活水平的不断提高，终于迎来了它的怒放，无论是从数量上还是质量上，都有了极大的提高。新中国成立初期电影年产量只有几十部，而现今已达到年产 400 多部，并且题材上也更加多元化。无论是时代主题性的电影还是反映人们日常生活的电影，无论是艺术性的电影，还是其他的商业性质的电影；电影的表现技巧、制作技术以及剧本等等都更加成熟，一大批风格各异、形式多样的优秀影片登上中国银屏，并在国际电影节上频频赢得荣誉，中国电影的观众人数年平均达 200 亿人次。而由电影所带动的相关产业，也得到了急速的发展，据最新统计，仅 2008 年，我国共拍摄电影故事片 406 部，总票房突破 43.41 亿（不含农村地区），电影综合效益突破 80 亿元，我国也成为仅次于美国和印度的世界第三大电影生产国。

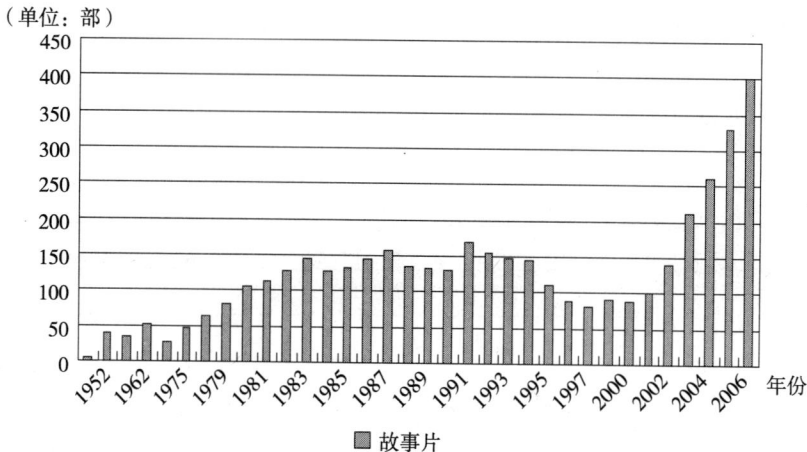

（单位：部）

图 2　全国电影故事片产量变化图（1952—2007 年）
（资料来源：国家统计局编：《中国统计年鉴·2008》，中国统计出版社 2008 年版）

二、电视剧——缤纷的岁月

1958 年 5 月 1 日，中国人有了自己的第一家电视台——北京电视台，这也就是现在的中央电视台的前身。当天第一个小时的节目便是新影的纪录片《到农村去》，同年 7 月播出第一部电视纪录片《英雄的信阳人民》。由此开启了荧屏与影院纪录片竞相发展的时代。

1958 年，北京电视台推出了一部 20 分钟的直播电视小戏《一口菜饼子》，这可以说是新中国的第一部电视剧。20 世纪 80 年代初，中央电视台制作了 9 集电视连续剧《敌营十八年》，而这也是新中国第一部电视连续剧。1990 年北京电视台、北京电视艺术中心联合录制的 50 集电视连续剧《渴望》，成为我国第一部大型室内电视连续剧，其万人空巷的壮景至今让人难以忘怀，"举国皆哀刘慧芳，举国皆骂王沪生，万众皆叹宋大成"，成为当年的一道独特风景，并创下了我国电视剧收视率的巅峰。1991 年由北京电视艺术中心拍摄的 25 集电视系列剧《编辑部的故事》，称得上我国第一部电视系列喜剧。

1985 年，北京郊区平谷县出现了全国第一个"彩电村"，此后，看电视成为最大众的休闲娱乐方式。这之后中国的电视剧蓬勃发展，日趋成熟，并屡出精品，像《红楼梦》、《围城》、《三国演义》、《激情燃烧的岁月》、《恰同学少年》、《士兵突击》、《奋斗》等一系列红遍全国的国产电视剧的推出，都获得了极大好评，并给电视观众带来了惊喜。

如果说电影的发展丰富了人们室外娱乐的方式，那么电视的出现则极大地改变了传统的家庭的娱乐方式——从室外走向室内。电视作为一种新的媒体，成为家庭装饰、娱乐、文化、共享的载体，它可以让家人朋友一起收看，一起参与，一起喜悲，并将周围的生活作为电视的内容来编排，以引起人们的共鸣，让观看电视的人们可以一起交流感受和体会，与此同时也增加了人们的沟通，促进了家庭的温馨。所以电视这种形式刚一出现，便迅速赢得了人民的喜爱，而电视机也成为家庭电器中必不可少的配置。而我国的电视媒体的发展，也随着经济的发展和人民需求的增长，在经历了试验阶段、转型阶段以及市场化阶段的改革之后，有了快速的进步。

60 年来，中国的电视剧经历了从低迷到高居世界第一的巨大变化。

（单位：台）

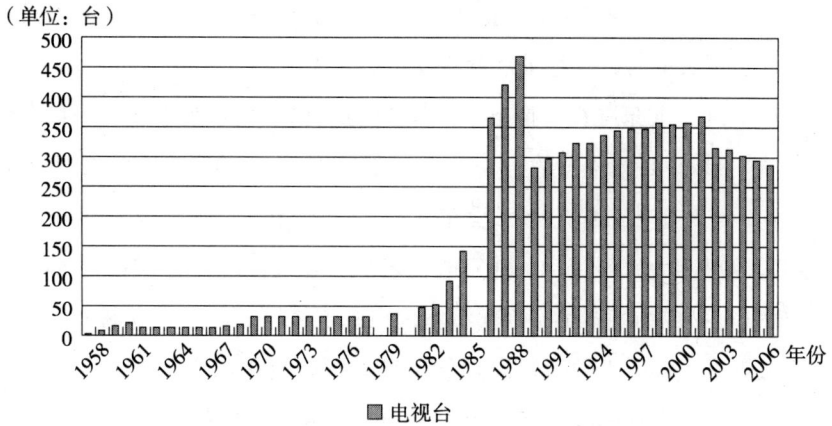

图3 我国电视台数量变化图（1958—2007 年）

注：我国 1998 年以后由于文化事业机构改革，部分地区广播电台和电视台合并，称
　　为广播电视台。

（资料来源：国家统计局国民经济综合统计司：《新中国五十五年统计资料汇编》，
中国统计出版社 2005 年版；国家统计局编：《中国统计年鉴·2008》，中国统计出版
社 2008 年版）

（单位：%）

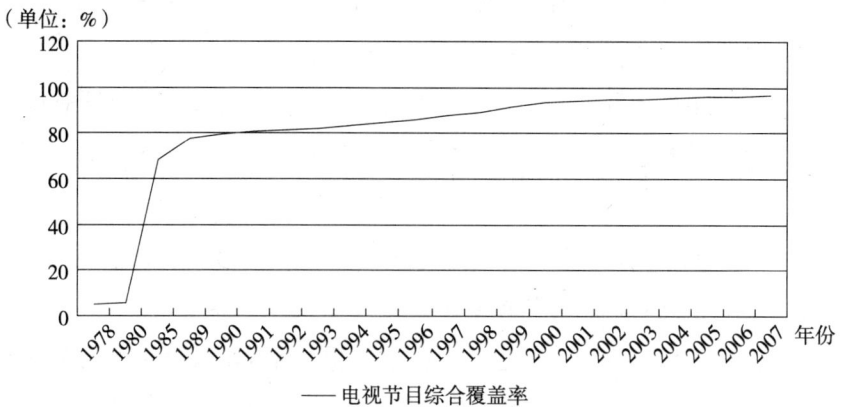

图4 我国电视节目综合人口覆盖率（1958—2007 年）

（资料来源：国家统计局编：《中国统计年鉴·2008》，中国统计出版社 2008 年版）

从 1958 年播出第一部电视剧《一口菜饼子》到 1976 年的 18 年间，全国

仅播出电视剧 180 多部。1978—1987 年，电视剧总产量增至 5875 集，是 1958—1978 年的近 30 倍。20 世纪 90 年代以来，进入市场化阶段的中国电视剧持续高产，截至 2007 年年底，我国共有广播电视台 1993 家，电视剧生产厂家 2511 家，日均生产电视剧 40 集，年产 529 部、14670 集，同时拥有 1764 个电视剧频道，电视节目综合人口覆盖率达到 96.58%，相较于 1978 年的 4.74%，增长了 20 多倍，我国已成为世界第一的电视剧生产大国和播出大国，同时，看电视也成为中国人最主流的休闲生活方式。而我们也将从这些浩如烟海的电视剧中，回味那些或沉重或美好的记忆。

三、雕刻的时光，流光溢彩的生活

"60 年的风风雨雨，60 年的崎岖坎坷，60 年的波澜壮阔，60 年的辉煌壮丽，我们走过了一个不平凡的 60 年。"

"60 年的艰苦成长锻造了今日中国的辉煌，60 年的韬光养晦铸就了今日中国的雄壮实力，60 年的励精图治成就了今日中国这条东方巨龙的腾飞。"

60 年的光影，立体化地反映出了中华民族奋发图强、勇往直前的奋斗历程。那一部部雕刻的时光，帮助我们在历史中找寻借鉴，回顾共和国的沧桑巨变、感受祖国前进的脉搏，重温共和国成长的岁月。

多年来，我国的影视艺术工作者紧紧把握时代脉搏，坚持现实主义的创作方法，创造了一批批感动人心、激励观众、启迪人生、弘扬主旋律的优秀力作，极大丰富了中国荧屏的艺术形象。特别是改革开放以来，我国一系列优秀影视作品艺术内容、表现形式的创新，制作机制和投入产出机制的创新，全面促进了影视艺术生产，加速了我国成为影视产品生产制作大国的步伐。中国人民在享受这些视觉盛筵的同时，也真切地感受到祖国的变化、时代的变迁。共和国 60 年的记忆，中华民族五千年的积淀，用光影的语言讲述出来的人生百态、个中情感，为生活增添了无限的遐想，并因此而变得五彩缤纷。光影年华，犹如雕刻的时光，所到之处，凹凸有致，岁月留声。

参考文献

1. 王一川：《新中国 60 年电影文化变迁探究》，新浪网 2009 年 4 月 13 日，http：//www. sina. com. cn。

2. 周牧：《中国电视剧发展五十年》，《南通大学学报（社会科学版）》2008 年第 2 期。

3. 王华：《浅析电视传播对家庭生活的影响》，中华传媒网 2005 年 4 月 7 日，http：//media. news. hexun. com/detail. aspx?id = 1099846。

4. 网易博客：《六十年风雨，六十年辉煌》，2009 年 3 月 18 日，http：//blog. 163. com/maofeng_ love@ 126/blog/static/11132703020092181111518733。

（执笔人：陈琳）

渐入佳境的文化事业

　　2009 年春晚，因为小品《不差钱》而一炮走红的小沈阳让我们耳目一新，也让我们不禁把视线转向了"刘老根大舞台"。这个由赵本山精心打造的东北二人转剧团，6 年间已经不知不觉地在全国开设了 9 家剧场。对比新中国成立初期的民间艺术，如今这红红火火的势头让人很欣喜。这仅仅是一个例子，回顾这 60 年间的文化道路不难发现，文化事业在经历了一些风雨后，又活跃在了百姓生活的舞台上。

　　话剧是一个典型的例子，1999 年出炉的《恋爱的犀牛》是孟京辉的经典作品，也是中国小剧场戏剧史上最受观众欢迎的作品之一。它创造了近十年来的票房奇迹，在北京掀起了一阵阵热烈的"犀牛"狂潮。随后的《暗恋桃花源》（内地版）、《两只狗的生活意见》等先锋话剧在全国几乎场场爆满。据北京市戏剧家协会秘书长杨乾武介绍，2008 年北京的小剧场演出场次高达 2000 多场，观众多达 40 多万人次。他也同时表示，小剧场数量的增长速度远远没有跟上戏剧观众数量的增长。

　　与此同时，陆续免费开放的博物馆和纪念馆，使参观人数成倍增长，也引起了社会的广泛关注。截至 2008 年年底，全国实现免费开放的博物馆、纪念馆达到 1007 家，接待观众 1.54 亿人次，是 2007 年的 1.6 倍；2009 年预计全国免费开放的博物馆、纪念馆将境至 1300 家以上。

　　纵观这 60 年，我国的文化事业在内容上也发生了一些变化。大力扶持的国家政策，规范娴熟的演出管理，丰富到位的媒体宣传和安定富足的百姓生活，都无一例外地推动着文化事业稳步发展。

新中国成立以来，艺术表演事业经历了一些坎坷，但是总体看来仍然是在稳步前进。一方面，从艺术表演团体和场所的数量、演出情况和收支情况都可以看出这一趋势；另一方面，文化场馆的大幅增加也体现出文化事业积极向上的发展势头。

一、艺术表演团体和场所的增加

艺术表演团体是指专门从事表演艺术等活动的各类专业艺术表演团体，含民间职业剧团，如话剧团、方言话剧团、滑稽剧团、儿童剧团、歌剧团、木偶团、皮影团等以及由若干剧种组成的综合性专业艺术表演团体，不包括半工半艺、半农半艺的剧团。艺术表演场馆指由文化部门主办或实行行业管理的，有观众席、舞台、灯光设备，公开售票、专供文艺团体演出的文化活动场所，包括剧院（场）、音乐厅、歌剧院（场）、舞剧院（场）、话剧院（场）、戏院、马戏场、影剧院等进行文艺表演的场所，不包括电影院、礼堂、体育场馆、美术馆及绘画、雕塑等艺术馆。

新中国成立初期，全国共有艺术表演团体1000个，艺术表演场所891个。这两个数字在1965年以前快速增加，最高达到3458个表演团体和2943个表演场所。然而，在20世纪60—70年代艺术表演受到了很大的影响，表演团体在1971年达到最少（2514个），表演场所在1978年达到最少（1095个）。经历了这样的波折以后，艺术表演团体先增加后逐渐减少，而又在2007年有了明显增加，从2006年的2866个增加到4512个，是新中国成立初期的4倍多；艺术表演场所则比较稳步地增加，在2007年全国共有表演场所2070个，比建国初期多了1倍多。

在这些艺术表演团体中，有3个剧种的团体数量最多（文工团、文宣队、乌兰牧骑，戏曲剧团和曲、杂、木、皮团）。他们是传统剧种，也是

（单位：个）

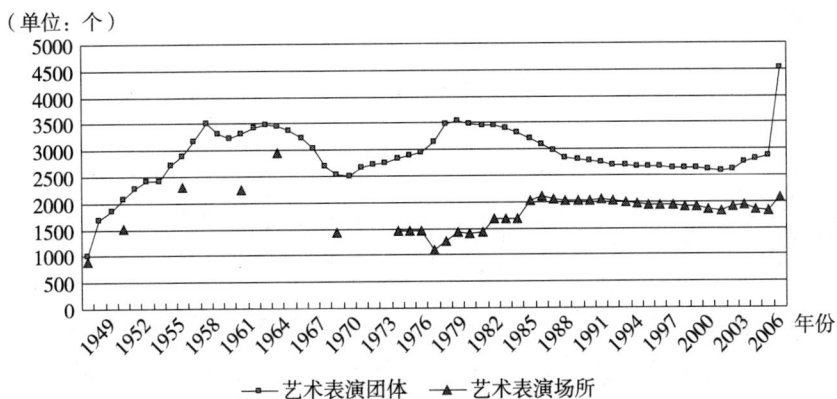

图 1　全国艺术表演团体和场所数量变化图（1949—2007 年）

（资料来源：国家统计局编：《新中国五十五年统计资料汇编》，中国统计出版社 2005 年版；国家统计局编：《中国统计年鉴·2008》，中国统计出版社 2008 年版）

文化动乱中受影响最大的剧种，如图 2 所示。文工团、文宣队、乌兰牧骑的数量自建国后略微下降，从 1957 年开始急速增加，在 1975 年达到最多（1225 个）之后便逐渐减少，到 2006 年全国还有 330 个团体。而戏曲剧团和曲、杂、木、皮团的数量变化与文工团的数量变化恰好相反，自新中国成立后迅速增加，而从 1965 开始迅速减少而后又迅速增加，1980 年以后便开始缓慢减少，截至 2006 年年底，全国还有戏曲剧团 1505 个，曲、杂、木、皮团 194 个。可以看出，这些传统剧种在历史事件中受到了很大的影响，而剧种团体的数量在总体上都趋于减少。

除了这 3 个传统剧种外，艺术表演团体还包括比较现代的剧种，如话剧、儿童剧、滑稽剧团、乐团、合唱团和歌剧、舞剧、歌舞剧团等（为了方便统计数字的对比，数据还包括歌舞团、轻音乐团）。这些剧种团体的数量较少，其数量变化趋势也与传统剧种差异较大。

话剧、儿童剧、滑稽剧团的数量变化很小，在新中国成立初期有 100 个剧团，在 20 世纪 60—70 年代下降到 58 个，然后就一直保持在 100 个左右。直到 2004 年剧团的数量才有明显增加，截至 2006 年年底，全国共

（单位：个）

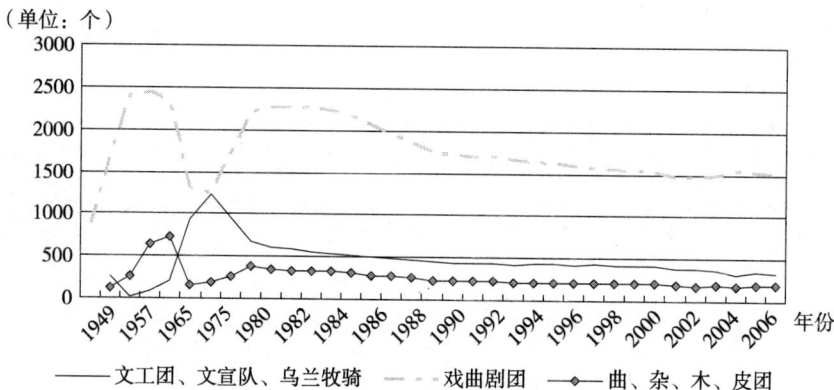

图 2　传统剧种艺术表演团体数量变化图（1949—2006 年）

（资料来源：国家统计局社会和科技统计司编：《中国社会统计年鉴·2007》，中国统计出版社 2007 年版）

有话剧、儿童剧、滑稽剧团 143 个。与此类似的是乐团和合唱团的数量变化，从 1962 年的 15 个团体经历了略微增加而又恢复的过程，直到 2003 年才有了较明显的增加（32 个），截至 2006 年年底全国共有乐团和合唱团 34 个。在图中可以看出这 60 年间，歌舞类剧团的数量明显在逐年增加，从 1957 年的 103 个增加到 2006 年的 489 个，增长了接近 4 倍。从以上不同剧种的团体数量变化可以看出，我国文化事业的内容在发生变化，重心逐渐从传统的剧种向现代剧种倾斜。歌舞类剧种发展迅速，而话剧、乐团等团体在近年来的兴盛也不可小视。

二、演出场次和观众人次的变化

从表演团体的演出情况来看，演出场次从新中国成立初期的 30 万场激增到 1958 年的 205 万场，之后迅速下降到 1978 年的 65 万场，然后便

（单位：个）

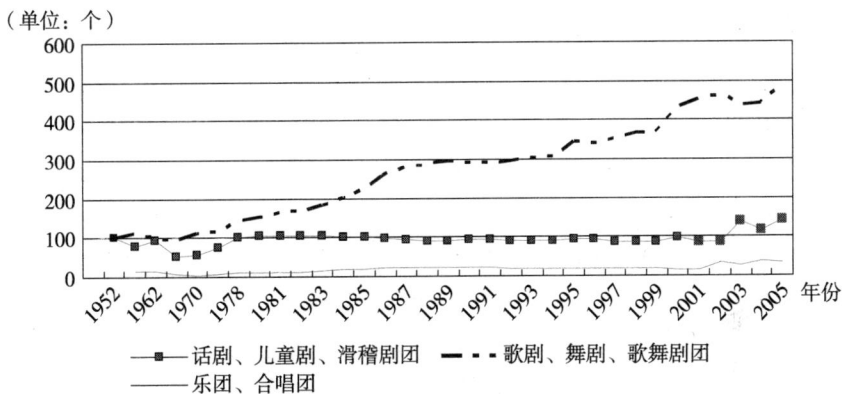

图3 现代剧种艺术表演团体数量变化图（1952—2006 年）

（资料来源：国家统计局社会和科技统计司编：《中国社会统计年鉴·2007》，中国统计出版社2007 年版）

基本保持平稳到2006 年年底的49 万场。观众人次的变化没有这么剧烈，但同样也是在1958 年出现小高峰后逐步恢复平稳，2006 年的观众达到46115 万人/次，从图上可以看出并没有出现增长的趋势。从演出的总收入来看，从1964 年到2006 年，演出收入从19030 万元逐年增加到590080 万元。

三、表演团体的演出收入增加

进一步来分析表演团体的收支情况，发现团体总收入与总支出之差在这近60 年间波动很大。从新中国成立初期到1990 年，总收入都大于总支出，但20 世纪90 年代基本都处于入不敷出的状况，期间起伏不定。从2001 年开始，收入明显大于支出，而且这个差异呈增长的趋势（2006 年达到6999 万元）。这个趋势可以看出艺术表演团体的演出事业正蒸蒸日

（单位：万人/万元）　　　　　　　　　　　　　　　　（单位：万场）

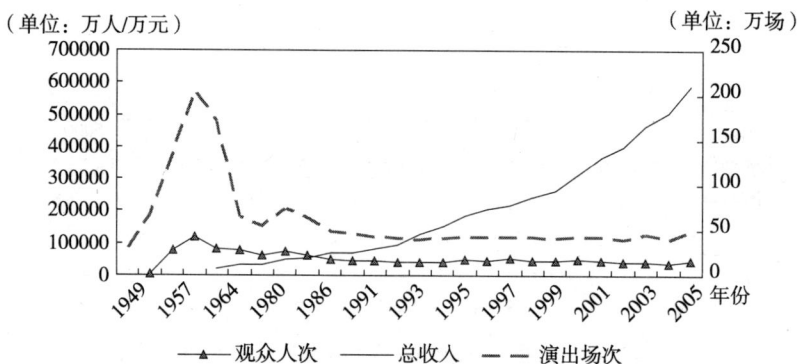

图 4　全国艺术表演团体演出情况变化图（1949—2006 年）

（资料来源：国家统计局社会和科技统计司编：《中国社会统计年鉴·2007》，中国统计出版社 2007 年版）

上，经济保证能够在一定程度上激励艺术事业的发展。

在团体演出的总收入中，财政补助收入的增长趋势很明显，从 1964 年的 5290 万元增长到 2006 年的 399920 万元；而演出收入的增长较缓慢，从 1978 年的 11079 万元增长到 2006 年的 109825 万元。国家财政一直在增加对文化事业的支持，并且这样的支持是不可忽视的，财政补助收入已经成为演出总收入的最主要部分。

四、文化场馆的发展与完善

在这 60 年间，文化场馆的数量有了明显的增加。文化馆从 1949 年的 896 个增加到 2006 年的 2819 个，公共图书馆从 1949 年的 55 个增加到 2007 年的 2799 个，博物馆从 21 个增加到 1722 个。从图 6 中可以看出，文化馆的增加主要发生在新中国成立初期，即 1949 年到 1952 年；图书馆的增加主要发生在 20 世纪 70 年代和 80 年代初；而博物馆的增加主要发

（收入 单位：万元）

（收－支 单位：万元）

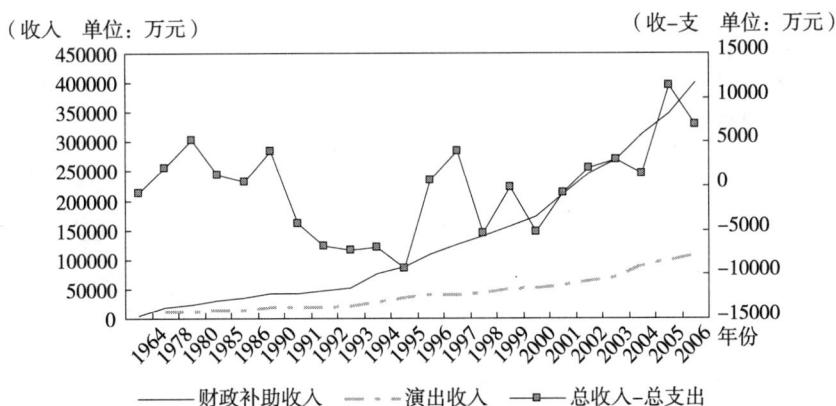

图5 全国艺术表演团体演出收支情况变化图（1949—2006年）

（资料来源：国家统计局社会和科技统计司编：《中国社会统计年鉴·2007》，中国
统计出版社2007年版）

生在20世纪80年代以后。尤其是2008年的开始的免费开放政策，更是
为博物馆的经营添了把火，参观人次有了大幅的增加。

（单位：个）

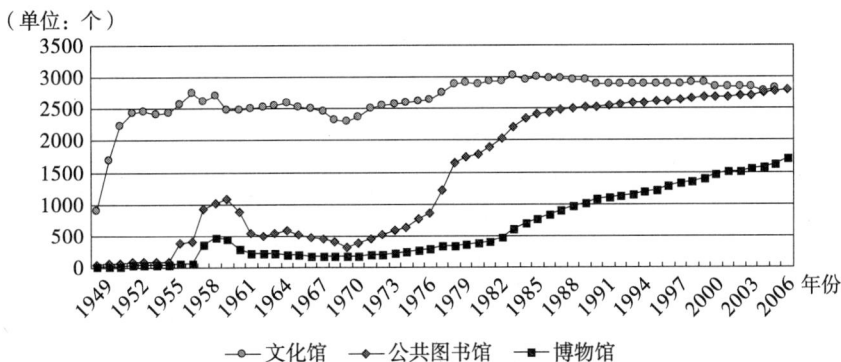

图6 全国文化馆、图书馆和博物馆的数量变化图（1949—2007年）

（资料来源：国家统计局编：《新中国五十五年统计资料汇编》，中国统计出版社
2005年版；国家统计局编：《中国统计年鉴·2008》，中国统计出版社2008年版）

　　蒸蒸日上的文化事业为我们的生活增添了许多精彩，这与国家的大力扶持也密切相关。享受欢乐与便利的同时，我们也要学会珍惜并支持文化事业的发展，因为不论是艺术表演事业还是文化场馆的建设，只有百姓的密切关注和积极参与，文化事业才能更加健康全面地前进。

（执笔人：马诚）

广播电视：
回顾与展望

当我们满怀豪情地迎来新中国成立 60 周年之际，我们也不禁为中国广播电视事业所取得的辉煌成就而感到自豪。广播电视作为大众传媒最重要的和不可或缺的工具，对于一国的政治、经济和文化建设具有十分显著的作用，也是舆论导向的窗口。经过 60 年的大力发展，我们可以看到我国广播电视业发生的沧桑巨变以及取得的辉煌成就。我国广播电视业的发展历经由小到大、从弱到强的过程，由新中国成立初期的几个中波、短波广播电台发展到 2007 年全国拥有 263 个广播电台和 287 个电视台，正是如此迅猛的发展，我国的广播电视已屹立于世界广播电视大国之列，并以坚实的脚步跨入新的辉煌时代。

一、从广电传播方式的变迁看我国
广播电视事业发展的辉煌成就

作为大众传媒重要形式的广播电视，在我国 60 年的辉煌发展中也有了很大的变化，下面通过光电传播方式的变迁来看我国广电事业的辉煌发展。

在新中国成立初期，由于电视机的缺乏，声音广播成为广播电视事业发展的重点，当时全国兴建了一批大功率的中波、短波广播发射台以及收音站，并在 1955 年提出大力发展农村广播。[①] 之后，在 1958 年，我国正式创办了黑白电视广播，这标志着我国电视广播事业的诞生。一直到 20世纪 60 年代末，我国的电视广播事业有了稳定的发展，并在后期出现了调频广播。

而在 1973 年，我国开始彩色电视节目播出，广播电视事业不断发展，特别是广播和电视转播台、微波传送站的大力建设使广播电视覆盖面得到迅速扩大。

进入 20 世纪 80 年代，广播电视进入大发展时期，1983 年党中央颁发 37 号文件，提出"四级办广播，四级办电视"的政策，大大调动了各级政府办广播电视的积极性，尤其是在 1985 年我国开始利用通信卫星向全国传送电视节目和广播节目，从根本上解决了传统的地面远距离节目传送难的问题，保证了广播电视覆盖率的快速增长。

到了 20 世纪 90 年代，我国广播电视事业稳步协调发展，特别是行政区域性有线电视网的兴起和迅猛发展，加上省级广播电视节目对卫星传送手段的使用，使我国广播电视呈现蓬勃发展的局面。1995 年我国首次采用数字压缩技术，实现电视节目的卫星数字传送。

进入 21 世纪，新的传播形式越来越多，尤其是在当代科学与信息技术的基础上发展而来的新媒体越来越受到欢迎。当今，随着数字技术、通讯技术的发展，交互式网络电视（IPTV）、网络电视、手机电视、移动电视等新媒体业务形态相继出现，应用越来越广泛，由传统媒体兴办的网络媒体，如央视国际、国际在线、中国广播网等，因为依托于本身的优势而成为互联网第二阶段发展的热点。

值得关注的是，目前位于新媒体发展的潮头浪尖的是移动多媒体广播

---

① 1955 年 11 月，毛泽东和 15 个省委、自治区党委书记就全国农业发展问题交换意见时，共同商定"十七条"，其中第十六条是：在七年内，建立有线广播网，使每个乡和每个合作社都能收听到有线广播。

电视（CMMB）。CMMB 是指通过卫星或地面无线广播方式，供七寸以下小屏幕、小尺寸、移动便携的手持终端，如手机、PDA、MP3、MP4、数码相机、笔记本电脑等接收设备，随时随地接收广播电视节目和信息服务等业务的系统（俗称手机电视）。手机从通信工具一跃变成名副其实的新媒体，并集文本、视听、娱乐于一身，掀起传播模式和视听方式的新革命。借 2008 北京奥运的东风，具有中国自主知识产权的移动多媒体广播（CMMB）在 37 个奥运城市和直辖市、省会城市、计划单列市共建设、运行了 61 个大功率发射点，覆盖了约 1.25 亿市区人口，圆满完成了全国性大规模试验工作和转播奥运、宣传奥运、服务奥运的任务。中国成功地举办了一届奥运会，CMMB 成功地服务了奥运。正是由于 CMMB 所具有的优势与发展前景，使广播电视在新形势下进行了一种新媒体的有益尝试，也使得广电系统在新媒体的发展中占据了重要地位。

二、我国广播电视事业发展的辉煌成就

经过 60 年的建设，我国已经形成了比较完整、配套的广播电视节目制作、播出、覆盖体系，基本建成由发射台、转播台、卫星上行站、卫星接收站、微波站、广播电视监测台（站）和有线传输覆盖网构成的多技术、多层次混合覆盖的现代化的、世界上覆盖人口最多的广播电视网。具体来看：

（一）我国广电规模飞速增长

从广播、电视台数来看，经过 60 年的发展，我国广播电视业已由新中国成立初期仅有 49 个广播电台迅速发展到 2007 年全国拥有 263 个广播电台和 287 个电视台，增幅 10 倍之多。具体来看，我国广播电视规模的发展大致经历了三个不同的阶段：一是 1950—1979 年的平稳发展时期，

我国广播电视事业的发展相对较为平稳，广播电台基本维持在 100 个以下，而电视台也在 40 个以下；二是 1980—1989 年的高速发展时期，尤其自 1985 年"租星过渡"开始利用国际卫星传送中央广播电视节目，1989年达到鼎盛时期，广播台和电视台的数量都达到最高水平，分别为 531 个和 469 个，广播电台数较新中国成立初期增长了近 10 倍；三是 1990 年至今，我国广播电视台的数量自 1990 年后开始回落至一个平稳水平。

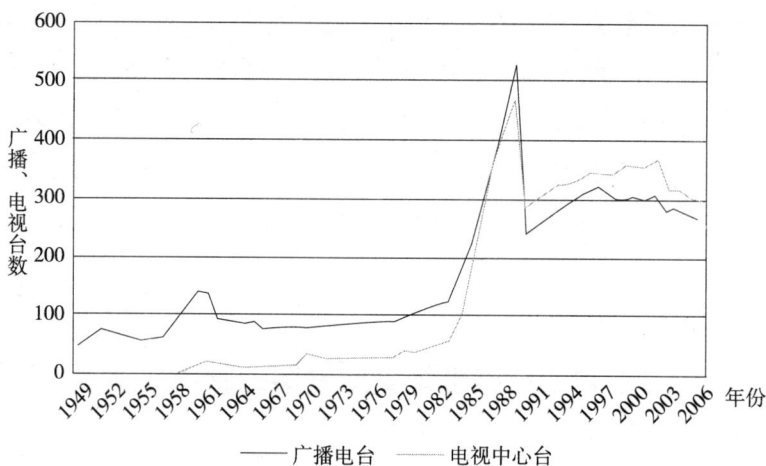

图 1　我国广播、电视台数变动趋势图

（二）全国广播电视人口覆盖率大幅增加

经过 60 年的艰苦努力，我国已建成了一个由中短波广播、高频广播、有线广播、有线电视和卫星广播电视网所组成的无线和有线相结合、星网结合、天地交融的比较完整的广播电视覆盖网。截至 2007 年年底，全国广播和电视的综合人口覆盖率已分别达到 95.43% 和 96.58%；全国共有播出机构 2587 座，（其中电台 263 座、电视台 287 座、教育电视台 44 座、广播电视台 1993 座），开办节目 4760 套（广播 2477 套、电视 1283 套），此外还开办了 155 套付费节目，卫星上行站 34 座、卫星收转站实际已超出 2000 多万座，微波站 2749 座、微波线路 8 万多公里，发射台和转播台 6.6 万座，有线电视网络 300 多万公里、有线电视用户 1.5 亿。广播电视的人口综合覆盖率分别超过 95.4%、96.6%。电视机、收音机社会拥有量分别超过 4 亿台、5 亿台。

（单位：%）

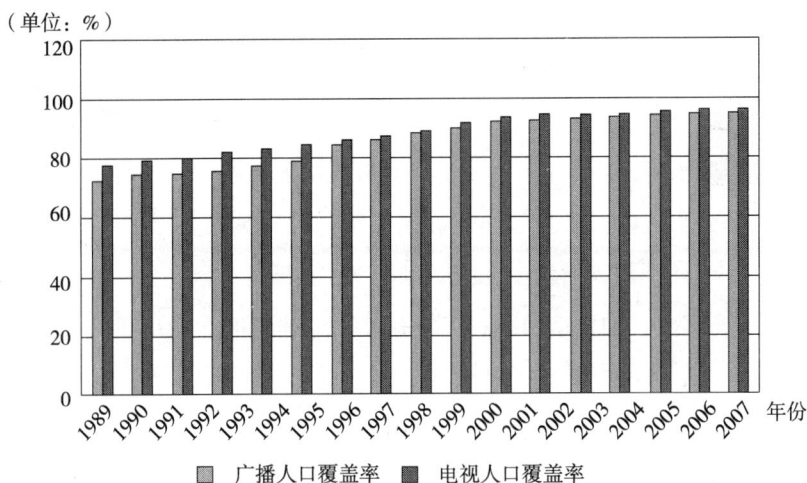

图 2　我国广播、电视人口覆盖率的变动趋势图

（三）形成了中央、省区市、地市、县市、乡镇五级广播电视机构并存，教育以及社会其他部门参与兴办广播电视的局面

据统计，我国 31 个省（区、市）、335 个地市、2614 个县市都有广播电视机构（指广播电视厅局、广播电视台站等）；在全国 4.5 万个乡镇中，设有广播电视站的有 3.9 万个；在全国 72 万个行政村中，有 63 万个村通广播、62 万个村通电视，有相当多的村设有广播电视室。此外，教育系统的教育电视台有 70 多座，教育电视收转台 500 多座；其他企事业单位、机关团体的有线电视系统上万个，一些国有大型企业的有线电视系统已有相当大的规模。这构成了我国广播电视业的基本格局：广电系统为

主体，社会其他系统参与。在节目制作、传输领域，社会化、市场化的趋势更为明显，我国的影视制作经营机构 400 多家，一些地方正在组建节目传输公司。

（四）形成了多种频道、多种节目、多种服务的广播电视生产格局

紧紧围绕全党全国工作大局，为人民群众提供更多更好的精神食粮，是广播电视的根本任务，也是广播电视社会大生产的根本目的。广播电视节目包括新闻类、社教类、文艺类以及服务类等多种内容。新闻类节目已从过去单纯的消息类新闻（如《新闻联播》等）发展到消息类新闻、新闻评论（如《新闻纵横》、《焦点访谈》等）、新闻专题（如《新闻调查》等）、现场直播（如香港回归、三峡截流等）等多种形式并存。科普、教育、体育、纪录片等丰富了社教类节目，尤其《毛泽东》、《周恩来》、《邓小平》、《望长城》等纪录片在国内外产生了极大影响。在文艺类节目中，除了文艺晚会、专题文艺等传统形式外，出现了音乐电视、娱乐游戏节目等新形式，新近出现的《快乐大本营》、《欢乐总动员》等娱乐节目吸引了不少观众，《水浒传》、《汉武大帝》、《潜伏》等电视剧形成了收视热点。信息服务、电视购物等在服务类节目中占有日益重要的位置。节目内容的丰富使频道设置也越来越对象化、专业化，除了综合频道外，还有体育频道、音乐频道、电影频道、教育频道、经济频道、信息频道等。卫星频道、有线频道以及无线频道之间形成了相互竞争的局面。

此外，广播电视利用自己的优势开展多功能服务，比如利用副信道开通数据广播、图文电视，为城市交通、商品交易、证券交易服务；利用广播电视网络的容量大、频带宽等特点提供会议电视、点播电视、信息传送等服务。中国国际广播电台、中央电视台等广播电台、电视台还利用因特网向全球直播。

我国广播电视有了较大的发展，成为我国最具实力的大众传媒，1997年电视广告经营额为 114 亿元，占全国广告经营额的 25%，广播广告经

营额仅次于电视、报纸广告，位居第三位。广播电视也是我国最具影响力的大众传媒，其受众达 10 亿人以上。

（五）节目制作能力大幅度提高

20 世纪 80 年代，随着电视事业的发展，对节目制作能力与水平提出了越来越高的要求，所有人都意识到提高节目制作能力与制作水平已成为刻不容缓的事实。因此，自 80 年代中期起，各地积极发展当地的广播电视事业，建设自己的广电大楼、彩电中心，中央、各省区市等纷纷扩建电台、电视台。为了扩大覆盖面，各省区市也都进一步完善了广播电视传输覆盖网，许多省区市建起了广播电视塔，通过进口购买了大量先进的制作播控设备，如摄像机、录像机、特技机及演播室设备和后期制作设备等，使广播电视的制作水平有了很大的提高。

（单位：小时）

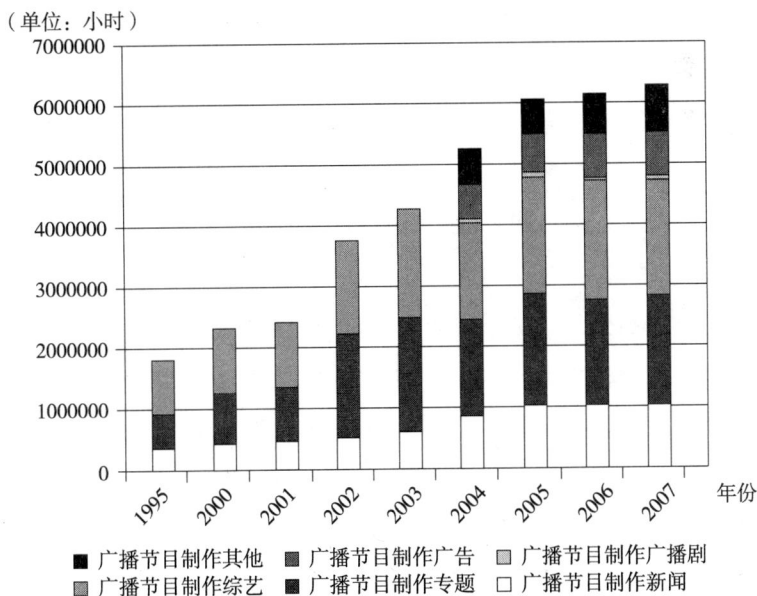

图 3　我国广播节目制作情况

（单位：小时）

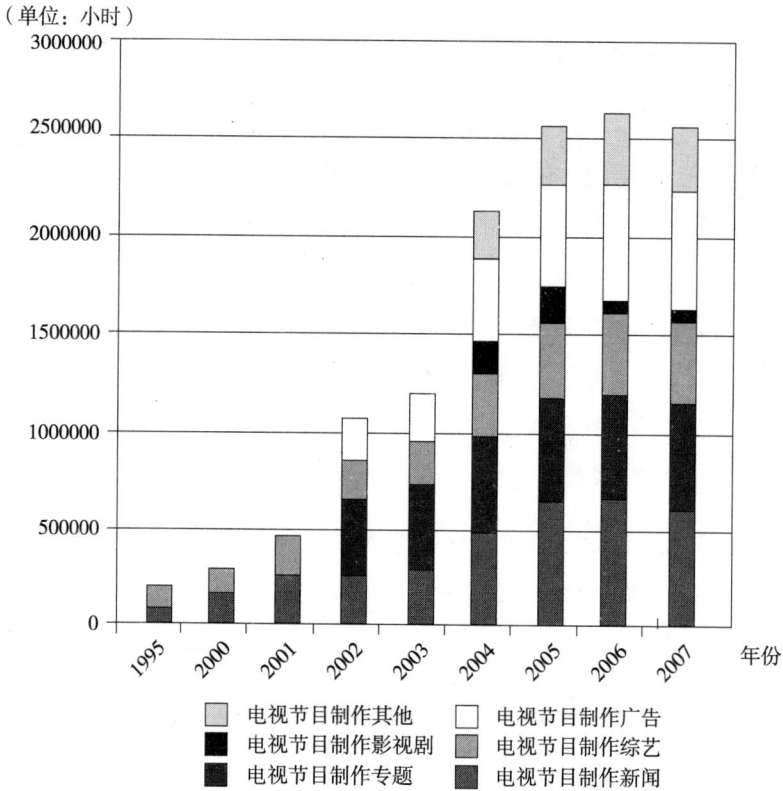

图4　我国电视节目制作情况

　　由图5可知，1952年全国四家电影故事片厂共出产故事片4部、动画片2部、科学教育片41部、纪录片157部；新中国成立初期，在一穷二白的情况下，这样的产量已是不小的成绩。图中最突出的是1979年到1993年这15年的数据，各种影片产量都有大幅增长，这也是我国广播电视事业高速发展的时期。到1988年电影故事片厂的数目增加到22家、制作故事片158部、动画片38部、科学教育影片344部、纪录片350部，均有较大幅度增长。

　　1994年是广播电视事业发展的特殊的一年，这一年纪录片骤减为22部，而其他种类影片产量并没有很大的变化。这说明我国的广播电视事业

（单位：部）

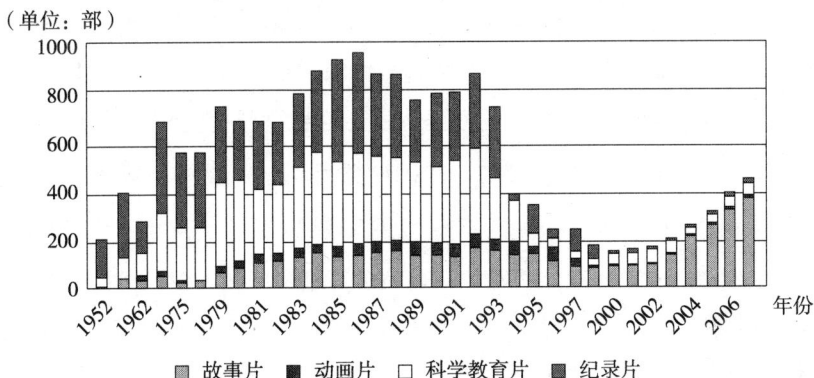

图 5　我国摄影电影片数量的变动趋势

更多的偏向大众娱乐，而减少了作为历史"刻录机"的色彩。如果说
1994 年是纪录片命运变化的一年，那么，1995 年则是科教片角色变换的
一年。科学教育片产量骤然下降，并且在此之后保持着这种较低的产量。
其主要原因归结于教育事业的发展，从消除文盲到当今的九年义务教育，
国家加大力度提高人们的科学文化水平，因此不再需要通过科教片来提高
人民的知识水平，因为广大人民群众已经可以通过其他渠道的汲取知识。
在接下来的几年里，我国广播电视事业走入了低谷，2000 年达到最低点。
各种影片产量均达到最低。动画片产量几乎为零。2000—2007 年，我国
电影事业经历着一个缓慢的恢复过程，其中，故事片比例逐年增加，且发
展相对较快，其产量达到 402 部，占全年影片总数的 83.23%，而其他种
类的影片产量仍然基本维持在 2000 年水平，电影业基本成了以娱乐大众
为主要目的的产业。

（六）建成了比较独立的广播与电视并举，内宣与外宣并重，中央和地方、城市和农村相结合的卫星、无线、有线等多种方式混合覆盖的广播电视网络

　　从功能看，这个网由网络前端（指广播电视台、站等）、传输覆盖网

（指卫星、微波、光缆以及发射台、转播台、卫星地面站、有线广播电视网等）和网络终端（指收录机、电视机、广播喇叭等）构成。网络前端负责节目、信息的采编、制作和播出，传输覆盖网负责把节目、信息高质量地送到千家万户，网络终端则把节目、信息呈现给听众、观众。由此，构成了广播电视活动的全过程，我国广播电视网是世界上覆盖人口最多的网。

总的来说，广播电视是信息含量大、传播速度快、覆盖面广的现代化大众传媒。全球广播电视新技术的迅猛发展，新思维、新观念、新技术的推动，必将使我国广播电视业在60年取得伟大成就的基础上，从专用传输网的系统规模到设备配置，从节目播出到信号传输，都产生前所未有的变革与创新。21世纪的中国广播电视发展，将集数字化、网络化、信息化、多样化于一体，建设一个中央和地方、有线和无线相结合、城市和农村并重、多功能开发、多手段并用、多层次传输、天地同播、立体交叉、直接入户的广播电视综合业务传输覆盖网，实现世纪跨越，在节目覆盖和播出效果上达到发达国家的水平，我国广播电视的发展必将会取得越来越多的辉煌成就。

参考文献

1. 江澄：《广播电视事业发展的回顾与展望》，《中国广播电视学刊》1999年第9期。

2. 国家统计局：《中国统计年鉴·2008》，中国统计出版社2008年版。

（执笔人：于超）

新闻出版：
大发展大繁荣

　　党的"十六大"提出全面建设小康社会的战略目标，文化建设是建设小康社会的重要内容，越来越受到各界的关注。新闻出版业是文化事业和文化产业的重要组成部分，新闻出版工作承担着培养人、激励人、传播知识、传播先进文化的重任，在丰富人民群众精神文化生活，构建社会主义和谐社会中有着举足轻重的地位和作用。

　　在新中国成立60年来，我国新闻出版业从小到大，从弱到强，从传统到现代，从事业到产业，走出了一条不平凡的发展道路，为全面建设小康社会提供了强大的精神动力和智力支持，为推进社会主义和谐社会的建设起到了巨大作用。

一、传统出版物品种、数量大幅增长

　　旧中国的新闻出版业衰落凋零，1949年全国仅出版图书8000余种，总印数1.05亿册；报纸315种，总印数4.12亿份；杂志257种，总印数0.2亿册。新中国成立后的第三天，在北京召开了全国新华书店出版工作会议，毛泽东同志为此次会议题词："认真作好出版工作"，对新中国的新闻出版事业寄予厚望。

新中国成立初期，新闻出版局集中力量统一规范全国的新闻出版事业。从1950年开始，图书出版业开始了社会主义改造，随着国民经济的全面恢复，书报刊品种日趋丰富，实现了较快的增长。这一时期马克思、恩格斯、列宁、斯大林、毛泽东的经典著作相继出版，《红岩》、《红日》、《红旗谱》等优秀文学作品照亮了老一辈人的心灵。到1956年年初，我国新闻出版业基本完成了对私营出版业的社会主义改造，形成了以国营出版为主题、编印发行合理分工、法规制度统一的出版体系。这一年全国出版图书28773种，总印数17.8亿册，分别是1949年的3.6倍和17倍；出版报纸347种，总印数26.1亿份，分别是1949年的1.1倍和6.3倍；出版期刊484种，总印数3.53亿册，分别是1949年的1.9倍和17.7倍。

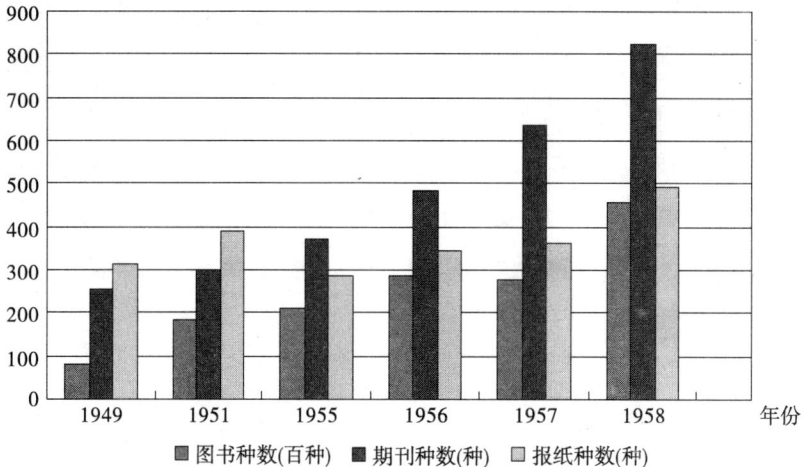

图1　1949—1958年全国图书、期刊、报纸出版种数

（资料来源：中国新闻出版总署编：《中国出版年鉴·2000》，中国统计出版社2000年版）

从1957年开始，由于受"大跃进"人民公社运动的影响，文化单位纷纷提出以增产节约为名、高指标为特征的"跃进计划"，出版机构相应

成立，出版社竞相出书，导致 1958 年成为解放后图书出版的最高峰，但出版物质量较低。"大跃进"运动停止后，书报刊等出版物急剧下降，1961 年，全国出版图书品种为 13529 种，比 1958 年减少了 31966 种；全国出版报纸 260 种，比 1958 年减少了 231 种；全国仅出版期刊 410 种，比 1958 年减少了 412 种。之后 1963 年和 1965 年情况有所好转，但好景不长，出版业又开始接受新一轮的挑战。

持续十年的"文革"给刚刚起步的出版业带来了致命的打击，出版管理行政机构陷于瘫痪状态，书刊结构严重失衡，造成了长期的"书荒"。1967 年，全国图书品种猛降至 2925 种，比 1965 年减少了 17218 种；全国出版报纸 43 种，比 1965 年减少了 300 种；全国仅出版期刊 27 种，比 1995 年减少了 763 种。

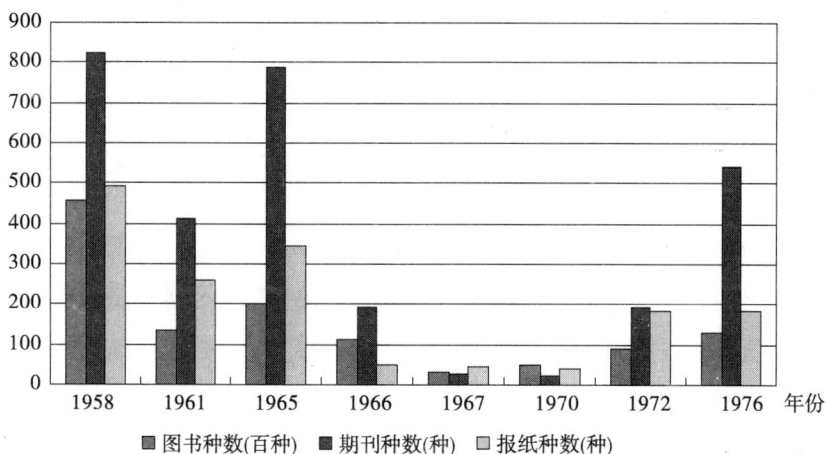

图 2　1949—1976 年间全国图书出版种数

（资料来源：中国新闻出版总署编：《中国出版年鉴·2008》，中国出版年鉴社 2008 年版）

1978 年 12 月召开的党的十一届三中全会不仅给我们国家的经济带来了新生，也给新闻出版工作带来了新生。此后，新闻出版事业以改革为主线大力发展，迎来了新中国成立后新闻出版事业的又一次大繁荣。改革开放 30 年来，全国出版社达 573 家，是 1978 年的 5.5 倍；图书品种和总印数分别是 1978 年的 16.6 倍和 1.7 倍；期刊品种和总印数分别是 1978 年的 10.2 倍和 4 倍；报纸品种和总印数分别是 1978 年的 10.4 倍和 3.4 倍。

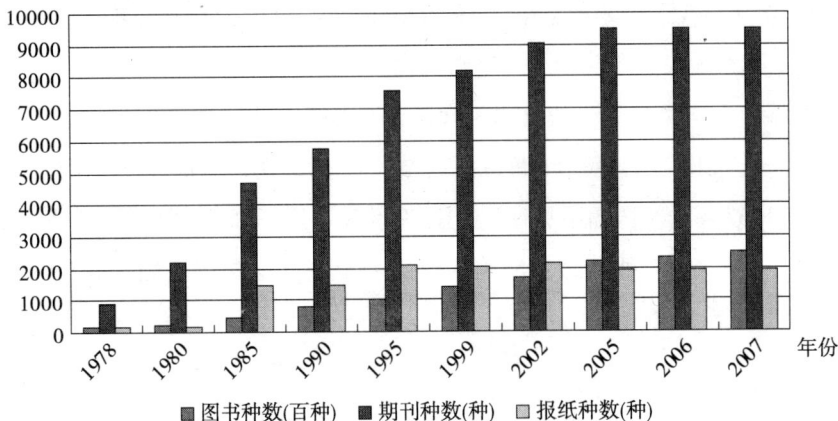

图 3　1978—2007 年图书、期刊、报纸种数

（资料来源：中国新闻出版总署编：《中国出版年鉴·2008》，中国出版年鉴社 2008 年版）

　　60 年前，农民看书、买书是匪夷所思的事情；60 年后，这件事情对于大多数农民来说已不再是天方夜谭。"农家书屋"建设工程是新闻出版总署等 8 部委于 2007 年年初共同发起的一项惠及 8 亿农民、推动农村文化建设的重大工程，国家规划"十一五"时期在全国建成农家书屋 20 万个，2015 年基本覆盖每个行政村，解决广大农民群众"买书难、借书难、看书难"的问题。2007 年是"农家书屋"工程正式实施的第一年，建成"农家书屋"约 2 万个，2008 年建成约 5 万个。"农家书屋"成为新农村建设的一道风景线，为活跃农村文化生活，帮助农民学习和掌握科学知识，丰富他们的精神生活发挥了重要作用。同时，作为发展出版业的新兴市场，"农家书屋"的意义和作用也不言而喻。

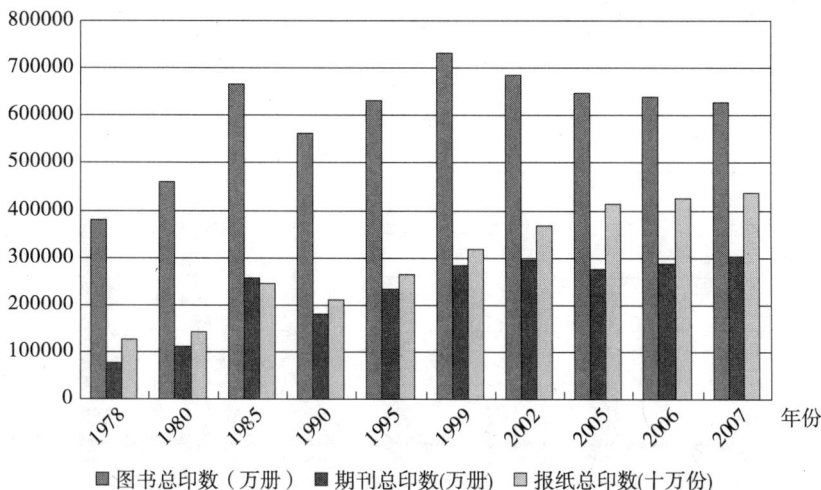

图4 1978—2007 年图书、期刊、报纸总印数

（资料来源：中国新闻出版总署编：《中国出版年鉴·2008》，中国出版年鉴社 2008 年版）

二、科技含量提高，出版物形态增多

60 年前，当人们谈到新闻出版的时候，几乎只有纸介质这样一种概念。随着出版业科技含量的明显提高，出版物的形态逐步增多，从单一的纸载体发展到纸、磁、光、电多种载体，从传统的书报刊发展到音像电子、网络出版物，代表着新闻出版业革命性变革的成功和质的飞跃，新闻出版业进入了全新的视听时代。

新中国成立初期，我国只有 1 家唱片公司，到 2007 年年底全国已有 363 家音像制品出版单位，228 家电子出版物出版单位。几经跌宕，截至 2005 年年底，我国电子书数量已达 21 万余种，位居全球第一；音像制品达到 34961 种，发行数量为 6.16 亿张，其内容包括社科、文艺、科技、教育、少儿等等各个方面。

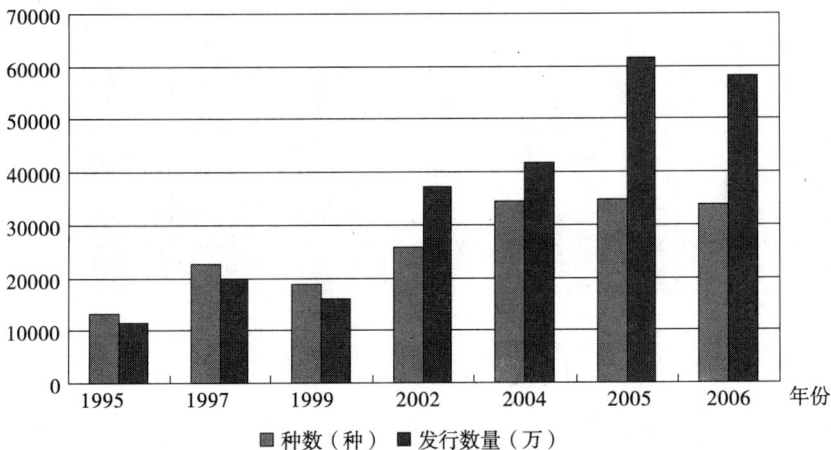

图 5　1995—2006 年全国音像制品出版情况

（资料来源：中国新闻出版总署编：《中国出版年鉴·2007》，中国出版年鉴社 2007 年版）

20 世纪 90 年代开始，计算机网络通信技术及多媒体技术的发展速度不断加快，新兴媒体逐渐壮大，互联网的普及带动了数字传媒时代的发展，网络在方便信息查询和网民交流的同时，也改变着网民的阅读习惯和思维习惯。相当多的读者尤其是年轻读者越来越习惯数字化阅读，数字化出版成为大势所趋。

2006 年，新闻出版总署对其批准的 50 家互联网出版机构的年检数据表明，这 50 家互联网出版机构的总收入、利润总额以及净利润均高于上一年，出版类网站总的经营趋势看好。互联网期刊大有作为，截至 2006 年，清华同方知网的"中国学术期刊全文数据库"共收录期刊 8206 种，维普资讯共收录中文期刊 8200 多种。网络游戏市场备受关注，2005 年我国网络游戏市场实际销售收入达 55.4 亿元。同时，手机出版初见端倪，成为新媒体出版中发展迅速的一部分。

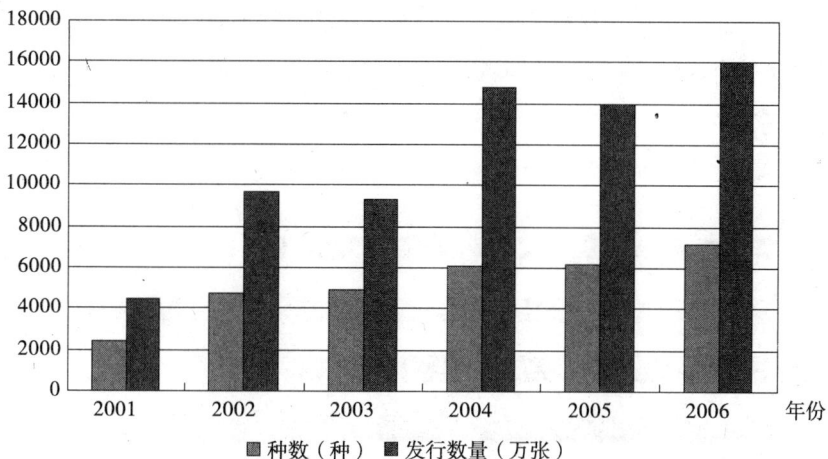

图6　1995—2006年全国电子出版物出版情况

（资料来源：中国新闻出版总署编：《中国出版年鉴·2007》，中国出版年鉴社2007年版）

从曾经唱遍大江南北的《解放军的天》、《没有共产党就没有新中国》、《咱们工人有力量》等唱片到目前随处可见的卡拉OK曲库，从藏书丰富的传统图书馆到目前的中国知网和超星图书馆，从大街小巷随处可见的报亭到报社网站和手机出版，这些变化足以验证中国新闻出版物形态的历史变迁。

三、加强国际文化交流，版权贸易扩大

出版物进出口能够带动知识在全球的流动，促进国际和地区间的知识传播与流转。20世纪90年代以来，出版物出口品种和金额基本呈现上升趋势，特别是图书出口品种；期刊出口品种在总体中所占比例较小，但其出口金额在整体出口金额中占有一定分量，且呈上升趋势；音像制品的出

口品种和金额上都有所增长。图书和期刊是构成出版物进口的主要品种，进口读物重点集中在科技类、管理类等国家急需的出版产品，其数量和结构基本符合我国战略需求，而报纸、音像制品和电子出版物的进出口量所占比例较少。

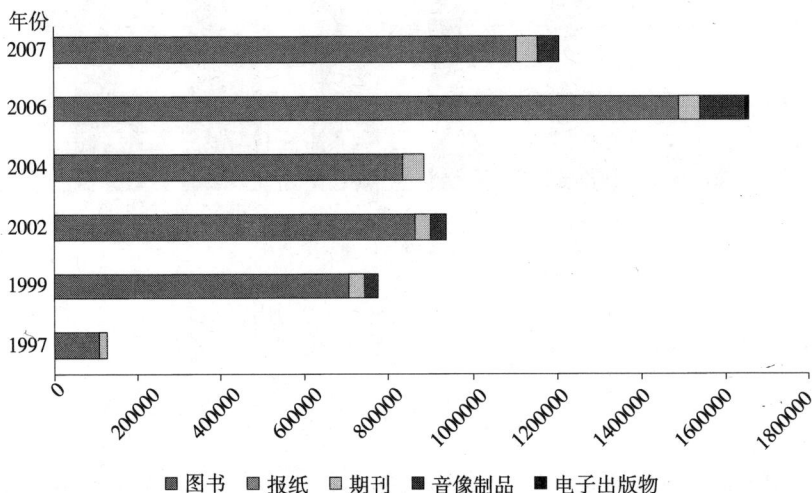

图 7　1997—2007 年全国出版物出口种次

（资料来源：中国新闻出版总署编：《中国新闻出版统计资料汇编·2008》，中国劳动社会保障出版社 2008 年版）

版权贸易是促进国际间文化交流的重要途径之一，我国版权贸易真正开始于 1992 年 10 月我国正式加入《伯尔尼公约》和《世界版权公约》之后。版权引进吸收了国外先进的科技和文化知识，一方面满足了国民经济发展的需要，另一方面又丰富了广大人民群众的精神生活，取得了良好的社会效益和经济效益。风靡全球的《哈利·波特》在中国掀起了巨大的阅读与视听浪潮，带给中国儿童一个神秘、令人向往的魔法世界；《谁动了我的奶酪》、《穷爸爸富爸爸》等世界畅销书使许许多多的人们深受启发。优秀图书的引进开阔了国民的视野，吸取了世界文化精髓，同时版权输出也将一批展现中华文化特色的作品推向海外市场。《狼图腾》、《中

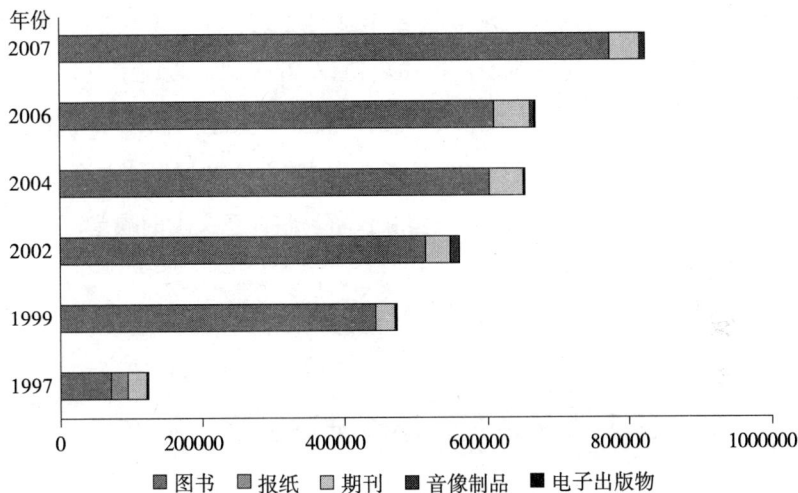

年份

图8　1997—2007年全国出版物进口种次

（资料来源：中国新闻出版总署编：《中国新闻出版统计资料汇编·2008》，中国劳动社会保障出版社2008年版）

国读本》堪称中国图书版权输出的成功案例；《于丹〈论语〉心得》已经签订了21个语种、26个版本的国际版权，涉及30多个国家和地区。

表1　1995—2007年全国图书版权贸易情况表

年份	全国引进（种）	全国输出（种）	全国引进/全国输出
1995	1664	354	4.7:1
1997	3224	353	9.1:1
1999	6461	418	15.5:1
2002	10235	1297	7.9:1
2004	10040	1314	7.6:1
2006	10950	2050	5.3:1
2007	10255	2571	4.0:1

（资料来源：中国新闻出版总署编：《中国新闻出版统计资料汇编·2008》，中国劳动社会保障出版社2008年版）

2006 年，第 13 届北京国际图书博览会上，我国的版权贸易出现了"拐点"，版权贸易协议和议定版权合作意向达到 12064 项，版权输出和版权引进基本持平。其中签下版权输出协议 1096 项，版权引进协议 891 项，输出引进比为 1.23∶1，实现了我国出版业在大型国际图书博览会上的首次版权贸易顺差。在随后的第 58 届德国法兰克福国际书展上又一次实现顺差。虽然这两次顺差不是我国版权贸易整体意义上的顺差，但是足以给我国版权输出带来新动力。

四、适应经济发展，不断推进出版体制改革

新中国成立的 60 年，是我国新闻出版业不断尝试改革、创新的不平凡的 60 年。

1949—1977 年，在全国推行计划经济体制的背景下，出版业经过社会主义改造，其商品属性逐渐消失，成为社会主义出版事业，实行计划体制。

1978 年党的十一届三中全会后，全国工作重心开始转移到以经济建设为中心的轨道上来，恢复了"解放思想，实事求是"的思想路线，出版业在改革春风的沐浴下开始了新的发展。1983 年 6 月，中共中央、国务院发出《关于加强出版工作的决定》，首次提出了出版工作不仅具有"社会效果"，还具有"经济效果"，初步明确了出版具有文化和经济的双重属性。这一决定成为新时期的纲领性文件。同时，我国出版管理体制和运行机制开始进入边发展边改革的轨道，出版业出现了快速繁荣发展。

1992 年邓小平同志南方谈话促进了全国思想大解放，我国改革进入新阶段，新闻出版业也开始了由传统计划经济向市场经济体制的转变历程，新闻出版业逐步繁荣起来。1993 年年底，新闻出版业正式提出"从规模数量为主要特征向以优质高效为主要特征"的战略性转移，成为出

版业在这一时期的发展思路。"八五"期间，图书品种不断丰富，1994—1995年出书种数均超过10万种，图书出版开始繁荣；报纸、期刊出版保持小幅增长。

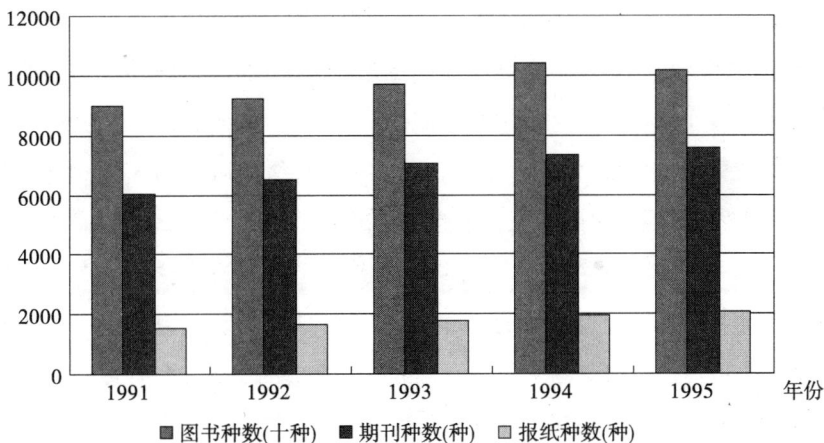

图9 "八五"期间书报刊出版品种情况

（资料来源：中国新闻出版总署编：《中国出版年鉴·1999》，中国出版年鉴社1999年版）

1997年，党的十五大提出新闻出版业要"加强管理，优化结构，提高质量"。在中宣部和新闻出版总署的领导下，出版单位组建集团，并按照建立现代企业制度的要求深化改革。1998年，新闻出版署批准组建广东出版集团、上海世纪出版集团、四川新华书店集团作为全国试点单位，新闻出版业进入集团化发展阶段。截至2001年，全国已有26家报业集团、6家出版集团、4家发行集团。

2002年，党的十六大报告提出了"积极发展文化事业和文化产业，推进文化体制改革"，标志着出版业改革进入新阶段。按照十六大精神，将出版单位分为两类：一类是社会公益性的事业单位；另一类是经营性的企业单位，对公益性事业单位和经营性企业单位实行不同的管理体制，要求经营性企业单位要创新体制，转换机制，面向市场，壮大实力，并明确进入出版集团的单位要改制为企业。在此原则之下，除极少数政治性强，公益性强的出版单位外，一般的出版单位将逐步转制为企业。2004 年 3 月，国务院下文批准中国出版集团整体转制为中国出版集团公司，正式明确了中国出版集团的企业身份，这在我国出版体制改革历程中具有里程碑式的意义。此后，广东出版集团、辽宁出版集团、湖南出版集团、上海世纪出版集团、科学出版集团等出版单位先后由事业集团转制为企业集团，出版单位转企工作迈出了一大步。截至 2005 年 5 月，经新闻出版总署正式批准成立的出版集团共有 19 家，其中，中央级出版集团 3 家，地方出版集团 16 家；期刊集团 1 家，报业集团 50 家；发行集团 22 家。

2006 年年初，中共中央、国务院发出的《关于深化文化体制改革的若干意见》指出，文化体制改革的目标任务是：以发展为主题，以改革为动力，以体制机制创新为重点，形成科学有效的宏观文化管理体制、富有效率的文化生产和服务的微观运行机制、以公有制为主体、多种所有制共同发展的文化产业格局和统一、开放、竞争、有序的现代文化市场体系；要形成完善的文化创新体系，形成以民族文化为主体、吸收外来有益文化，推动中华文化走向世界的文化开放格局。随着文化体制改革的不断深化，相信我国的新闻出版业必将做大、做强，成为具备国际竞争力的出版大国，我们拭目以待。

综上所述，新中国成立 60 年来，我国新闻出版业积极推进出版体制改革，传统出版物品种和发行数量大幅增加，出版物形态逐步增多，版权贸易逐年扩大，其变化举世瞩目。但是，发展过程中出现的一些问题亟待解决，如：如何解决库存问题？如何控制打击盗版？如何改善版权贸易逆差？如何推进出版业的数字化转型？道路是曲折的，但是我们有理由相信，随着我国新闻出版体制改革的不断深入，国际出版强国的梦想很快就会实现。

参考文献

1. 中国新闻出版总署编：《中国出版年鉴·2000》，中国出版年鉴社 2000

年版。

2. 中国新闻出版总署编：《中国新闻出版统计资料汇编·2008》，中国劳动社会保障出版社 2008 年版。

3. 王关义等：《中国出版业体制改革研究》，中国财政经济出版社 2008 年版。

（执笔人：付海燕）

责任编辑:洪　琼
封面设计:肖　辉
版式设计:曹　春
责任校对:王　惠

图书在版编目(CIP)数据

数字中国 60 年/金勇进 主编　蒋妍　杜子芳　李静萍　王星 副主编.
-北京:人民出版社,2009.10
(辉煌历程——庆祝新中国成立60周年重点书系)
ISBN 978 - 7 - 01 - 008167 - 0

Ⅰ. 数…　Ⅱ. 金…　Ⅲ. 中国-现代史-史料-1949～2009
Ⅳ. K27

中国版本图书馆 CIP 数据核字(2009)第 153141 号

数字中国60年

SHUZI ZHONGGUO 60 NIAN

金勇进 主编

蒋妍　杜子芳　李静萍　王星 副主编

人民出版社 出版发行
(100706　北京朝阳门内大街166号)

北京瑞古冠中印刷厂印刷　新华书店经销

2009 年 10 月第 1 版　2009 年 10 月北京第 1 次印刷
开本:710 毫米×1000 毫米 1/16　印张:30.25
字数:440 千字　印数:0,000—5,000 册

ISBN 978 - 7 - 01 - 008167 - 0　定价:65.00 元

邮购地址 100706　北京朝阳门内大街 166 号
人民东方图书销售中心　电话 (010)65250042　65289539